"十三五"国家重点出版物出版规划项目

国家自然科学基金应急项目系列丛书

WTO改革与中国企业"走出去"政策研究

林桂军 / 主编

科学出版社
北京

内 容 简 介

随着西方贸易保护主义的抬头，WTO的作用被明显削弱，面临的矛盾日益增多，我国企业的对外投资环境正变得空前复杂。本书将结合两个方面的问题进行研究。一是WTO相关议题的改革，以重新振兴WTO为目标，重点研究若干对未来WTO改革有影响的重要问题和新议题，并对WTO改革提出建议。二是我国企业"走出去"和"一带一路"建设问题。通过基于集成数据和科学方法的快速系统综合研究，提升"一带一路"倡议的合理性，为建设项目的安全保障提供政策建议，并建立起能有效吸引民间资本进入的机制体制。

本书可以为有关决策部门提供决策参考和科学依据，也可供政府相关决策人员、学术研究人员、相关院校师生及相关企业人员参考。

图书在版编目（CIP）数据

WTO改革与中国企业"走出去"政策研究/林桂军主编. —北京：科学出版社，2022.6

（国家自然科学基金应急项目系列丛书）

"十三五"国家重点出版物出版规划项目

ISBN 978-7-03-072382-6

Ⅰ. ①W… Ⅱ. ①林… Ⅲ. ①世界贸易组织-改革-研究　②企业-对外投资-研究-中国　Ⅳ. ①F743.1　②F279.247

中国版本图书馆CIP数据核字（2022）第094028号

责任编辑：陈会迎 / 责任校对：贾娜娜
责任印制：张　伟 / 封面设计：蓝正设计

科学出版社 出版
北京东黄城根北街16号
邮政编码：100717
http://www.sciencep.com

北京中科印刷有限公司 印刷
科学出版社发行　各地新华书店经销

*

2022年6月第 一 版　开本：720×1000　1/16
2022年6月第一次印刷　印张：22 3/4
字数：450 000

定价：238.00元
（如有印装质量问题，我社负责调换）

国家自然科学基金应急项目系列丛书编委会

主　编

　　丁烈云　教　授　国家自然科学基金委员会管理科学部

副主编

　　杨列勋　研究员　国家自然科学基金委员会管理科学部

　　刘作仪　研究员　国家自然科学基金委员会管理科学部

编　委（按姓氏汉语拼音排序）

　　程国强　研究员　同济大学

　　方　新　研究员　中国科学院

　　辜胜阻　教　授　中国民主建国会

　　黄季焜　研究员　北京大学

　　林毅夫　教　授　北京大学

　　刘元春　教　授　中国人民大学

　　汪寿阳　研究员　中国科学院数学与系统科学研究院

　　汪同三　研究员　中国社会科学院数量经济与技术经济研究所

　　王金南　研究员　生态环境部环境规划院

　　魏一鸣　教　授　北京理工大学

　　薛　澜　教　授　清华大学

　　赵昌文　研究员　国务院发展研究中心

本书课题组名单

总课题：加强"一带一路"建设与 WTO 规则的对接研究

承担单位：对外经济贸易大学

课题主持人：林桂军（教授）

课题组成员：Tatiana(巴西)、任靓

子课题一：顺应全球价值链发展需要的 WTO 改革研究

承担单位：对外经济贸易大学

课题主持人：王飞（教授)

课题组成员：杨军、祝坤福、裴建锁、陈全润、胡钟中、于安琪、张蒙、钟晓娜

子课题二：以中国实践为基础的 WTO 投资改革研究

承担单位：上海对外经贸大学

课题主持人：张磊（教授）

课题组成员：史龙祥、史东辉、应品广、王茜、王思语、张鹏、姜悦、卢毅聪、张开翼

子课题三："一带一路"的规则设定与相应国际机构的规则对接研究

承担单位：对外经济贸易大学

课题主持人：殷晓鹏（教授）

课题组成员：高宇、郭琳、魏巍贤、杨杭军、肖艺璇、王锋锋、赵磊、胡晓天、张瀚元

子课题四：建立适应"一带一路"和 WTO 未来改革的国有企业体制研究

承担单位：广东外语外贸大学

课题主持人：赵龙跃（教授）

课题组成员：刘胜、朱文珏、何传添、刘胜、肖奎喜、张建武、韦晓慧、华定、吴蓓蓓

子课题五："一带一路"的共同领导治理模式构建研究

承担单位：湖南大学

课题主持人：赖明勇（教授）

课题组成员：肖皓、方嘉宇、黄琳源、叶新建、冯连月、夏洁瑾

子课题六：规范"走出去"企业的经营行为研究
承担单位：对外经济贸易大学
课题主持人：洪俊杰（教授）
课题组成员：倪超军、陈明、芈斐斐、蒋慕超、隋佳良、詹迁羽、杨志浩、武昭媛、郑郁寒、李研、杨懿

子课题七："一带一路"项目投融资方式研究
承担单位：对外经济贸易大学
课题主持人：江萍（教授）
课题组成员：吴卫星、祝继高、邵新建、郑忱阳、李连梦、聂秀华

子课题八：跟踪"一带一路"进展的信息平台建设研究
承担单位：广东外语外贸大学
课题主持人：陈龙江（教授）
课题组成员：陈伟光、姜巍、韩永辉、李霞、钟晓凤、刘佳、刘洪铎

子课题九：我国参与WTO补贴问题改革的挑战和建议研究
承担单位：对外经济贸易大学
课题主持人：屠新泉（研究员）
课题组成员：杨荣珍、陈卫东、李思奇

子课题十：增加多边贸易体系灵活性的诸边谈判机制研究
承担单位：中央财经大学
课题主持人：唐宜红（教授）
课题组成员：符大海、林发勤、马光明、张艳、霍达、杨武

子课题十一：基于维护世界线上市场统一的贸易相关电子商务谈判研究
承担单位：对外经济贸易大学
课题主持人：周念利（研究员）
课题组成员：李玉昊

总 序

为了对当前人们所关注的经济、科技和社会发展中出现的一些重大管理问题快速做出反应，为党和政府高层科学决策及时提供政策建议，国家自然科学基金委员会于1997年特别设立了管理科学部主任基金应急研究专款，主要资助开展关于国家宏观管理及发展战略中急需解决的重要的综合性问题的研究，以及与之相关的经济、科技和社会发展中的"热点"与"难点"问题的研究。

应急管理项目设立的目的是为党和政府高层科学决策及时提供政策建议，但并不是代替政府进行决策。根据管理科学部对于应急管理项目的一贯指导思想，应急研究应该从"探讨理论基础、评介国外经验、完善总体框架、分析实施难点"四个主要方面为政府决策提供支持。每项研究的成果都要有针对性，且满足及时性和可行性要求，所提出的政策建议应当技术上可能、经济上合理、法律上允许、操作上可执行、进度上可实现和政治上能为有关各方所接受，以尽量减少实施过程中的阻力。在研究方法上要求尽量采用定性与定量相结合、案例研究与理论探讨相结合、系统科学与行为科学相结合的综合集成研究方法。应急管理项目的承担者应当是在相应领域中已经具有深厚的学术成果积累，能够在短时间内（通常是9~12个月）取得具有实际应用价值成果的专家。

作为国家自然科学基金专项项目，管理科学部的应急管理项目已经逐步成为一个为党和政府宏观决策提供科学、及时的政策建议的项目类型。与国家自然科学基金资助的绝大部分（占预算经费的97%以上）专注于对经济与管理活动中的基础科学问题开展理论方法研究的项目不同，应急管理项目面向国家重大战略需求中的科学问题，题目直接来源于实际需求并具有限定性，要求成果尽可能贴近实践应用。

应急管理项目要求承担课题的专家尽量采用定性与定量相结合的综合集成方法，为达到上述基本要求，保证能够在短时间内获得高水平的研究成果，项目的承担者在立项的研究领域应当具有较长期的学术积累和数据基础。

自1997年以来，管理科学部对经济、科技和社会发展中出现的一些重大管理问题做出了快速反应，至今已启动101个项目，共833个课题，出版相关专著57

部。已经完成的项目取得了不少有影响力的成果，服务于国家宏观管理和决策。

应急管理项目的选题由管理科学部根据国家社会经济发展的战略指导思想和方针，在广泛征询国家宏观管理部门实际需求和专家学者建议及讨论结果的基础上，形成课题指南，公开发布，面向全国管理科学家受理申请；通过评审会议的形式对项目申请进行遴选；组织中标研究者举行开题研讨会议，进一步明确项目的研究目的、内容、成果形式、进程、时间节点控制和管理要求，协调项目内各课题的研究内容；对每一个应急管理项目建立基于定期沟通、学术网站、中期检查、结题报告会等措施的协调机制以及总体学术协调人制度，强化对于各部分研究成果的整合凝练；逐步完善和建立多元的成果信息报送常规渠道，进一步提高决策支持的时效性；继续加强应急研究成果的管理工作，扩大公众对管理科学研究及其成果的社会认知，提高公众的管理科学素养。这种立项和研究的程序是与应急管理项目针对性和时效性强、理论积累要求高、立足发展改革应用的特点相称的。

为保证项目研究目标的实现，应急管理项目申报指南具有明显的针对性，从研究内容到研究方法，再到研究的成果形式，都具有明确的规定。管理科学部将应急管理项目的成果分为四种形式，即专著、政策建议、研究报告和科普文章，本丛书即应急管理项目的成果之一。

希望此套丛书的出版能够对我国管理科学政策研究起到促进作用，对政府有关决策部门发挥借鉴咨询作用，同时也能对广大民众有所启迪。

国家自然科学基金委员会管理科学部
2020 年 9 月

前　言

当下国际格局和国际体系正在发生深度调整，全球治理体系发生剧烈变革，国际国内力量对比正在发生近代以来最具革命性的变化，世界格局呈现出影响全体人类历史进程的重大态势。因此，习近平总书记多次在公开场合指出，"放眼世界，我们面对的是百年未有之大变局"。

在中华民族迎接百年未有之挑战，全球治理体系迎来大变局的同时，国际贸易领域也面临着诸多新的挑战和问题。一方面，贸易保护主义重新抬头，各国纷纷提高本国贸易壁垒以保护本国产业，逆全球化日益成为发达国家的主导力量。另一方面，世界各国在提高贸易壁垒的同时，也收紧了对外投资的审查和监管力度，发达国家纷纷以国家安全为理由提高了外商投资门槛，全球对外投资地缘政治色彩日益浓厚，资本回流成为发达国家决策需要考虑的因素，资本全球化配置面临挑战。这些新问题的出现，最终导致 WTO 框架下的原有国际贸易体系面临诸多困境，进而导致全球贸易规则和秩序面临一次重大改革。

随着中国经济实力的快速腾飞和对外开放水平的提高，中国的企业也逐渐走向世界，积极参与全球分工，中国对国际贸易的影响力也日益提高。中国对建立适应本国国情和世界经贸发展现状的全球贸易新规则的呼声也越来越高。WTO 是维护全球贸易开放的一个重要阵地，在新形势下，中国一方面需要和其他成员合作共同维护对边贸易体系的稳定，另一方面也需要推动 WTO 进一步改革，在改革中制定并实现中国方案和中国诉求。本书立足于"一带一路"倡议，结合中国经济发展的实际情况，重点研究若干对未来 WTO 改革有影响的重要问题和新议题，并对 WTO 改革提出相关建议。同时，针对"一带一路"建设和中国企业"走出去"相关问题，提出了未来的发展建议。

基于此，全书聚焦 WTO 改革和"一带一路"建设两个部分。第一章从"一带一路"建设如何与 WTO 规则对接出发，分析"一带一路"建设如何与 WTO 的规则机制深度结合，以实现双方合作共赢发展，对 WTO 框架下中国面临的具体问题逐一分析，并对未来贸易与投资的全球治理提出了相关建议。第二章从全球价值链（global value chain，GVC）的角度讨论 WTO 改革的理论基础，从全球价值链的视角下分析中美经贸摩擦、服务贸易与出口等问题，并在最后基于全球价值链的视角对 WTO 的改革方案和相关热点问题提出了政策建议。第三章以中国实践为基础，对 WTO 的投资专题进行深入研究。分析 WTO 的运行现状与改革进展，对 WTO 框架下的国际投资规则进行了解读，最后结合中国实践，对 WTO 投资领域改革提出了建议。第四章从"一带一路"规则与国际机构对接角度出发，分别从贸易规则、海上运输、能源合作、环境保护合作、投资争端解决机制、国际金融、基础设施建设规则、法律宗教等领域探讨"一带一路"规则与国际规则对接的具体方案。第五章分析国有企业需要做出哪些改变，以适应"一带一路"和 WTO 改革方向。回顾了国有企业改革的历史进程与"一带一路"建设下国有企业发挥的新作用。基于中国实际国情、WTO 改革方向和国际经验，提出关于国有企业改革的具体建议。第六章从"一带一路"共同治理模式构建的角度出发，探讨"一带一路"框架下的国际新型治理结构的理论基础与实践基础，并对"一带一路"共同治理提出具体的政策建议。第七章从企业"走出去"规范经营角度出发，对企业"走出去"的经营趋势和特点逐一分析，并对中国企业"走出去"的典型案例进行解读。最后，对中国企业海外规范经营提出改进建议。第八章着重分析"一带一路"项目投融资方式，从"一带一路"投融资目前面临的问题出发，提出应尽快建立以股权投资为主的"一带一路"投资公司，同时激发国有企业和民营企业共建"一带一路"的活力，并通过金融服务创新满足"一带一路"投融资需求。第九章分析"一带一路"信息平台建设现状与经验借鉴，对国内企业的"一带一路"信息需求，国内"一带一路"信息平台建设现状进行深度分析，并借鉴国际经济合作组织信息平台建设经验，对建设一站式"一带一路"信息平台提出了针对性建议。第十章对 WTO 补贴问题改革进行研究。分析 WTO 目前面临的危机与改革趋势，对 WTO 补贴规则改革的内容进行解析，并对 WTO 补贴改革的方向进行预测，最后对我国如何应对 WTO 改革提出相应的对策建议。第十一章对开放式诸边谈判进行系统论述，对比 WTO 规则和开放式诸边谈判的异同。分别对投资便利化、中小微企业、服务贸易、跨境电商、政府采购等领域的开放式诸边谈判进行深度论述，并对目前我国企业所面临的相关问题做了系统阐述，提出关于开放式诸边谈判的系统性建议。第十二章聚焦于 WTO 框架下的数字贸易规则研究，对其背景、谈判进展、发展趋势进行解析，并对我国如何应对 WTO 框架下的数字贸易规则谈判提出政策建议。

全书由林桂军负责全面策划，架构设计及总体编辑，第一章作者为林桂军、Tatiana（巴西）、任靓、胡钟中。第二章作者为王飞、杨军、祝坤福。第三章作者为张磊、王思语、卢毅聪、张开翼、姜悦。第四章作者为殷晓鹏、王锋锋、肖艺璇、赵磊。第五章作者为刘胜、朱文珏。第六章作者为赖明勇、肖皓。第七章作者为洪俊杰、陈明。第八章作者为江萍。第九章作者为陈龙江、钟晓凤、刘佳、刘洪铎。第十章作者为屠新泉、杨荣珍、李思奇。第十一章作者为唐宜红、符大海、林发勤、马光明、张艳、霍达、杨武。第十二章作者为周念利、李玉昊。

本书以我国"一带一路"倡议和 WTO 机构改革为研究背景，探究我国如何将"一带一路"与 WTO 改革国际规则相对接，从多角度阐述分析 WTO 机构改革将对我国对外经贸事业产生何种影响，并提出了适合我国需要的改革建议。希望本书对我国的"一带一路"顶层设计与国际规则对接的有关问题决策提供有效帮助，为国际贸易领域的理论工作和实际工作提供借鉴。

由于本书作者水平有限，书中难免存在疏漏，恳请同行批评指正。

林桂军
2021 年 11 月

目　录

第一章　"一带一路"建设与WTO规则对接 ……………………………… 1
- 第一节　"一带一路"与WTO规则对接：概述 …………………………… 1
- 第二节　WTO框架下的投资便利化：对中国的建议 …………………… 10
- 第三节　中国是否应该加入欧盟-加拿大临时仲裁机制？ ……………… 15
- 第四节　市场经济地位与中国的独特之处 ……………………………… 20
- 第五节　贸易与投资的全球治理——未来5～10年可能出现的情况 … 30
- 参考文献 …………………………………………………………………… 36

第二章　顺应全球价值链发展需要的WTO改革研究 …………………… 38
- 第一节　全球价值链概述 ………………………………………………… 38
- 第二节　全球价值链中双边问题的多边特征 …………………………… 39
- 第三节　全球价值链与服务贸易和就业 ………………………………… 45
- 第四节　贸易摩擦对参与全球价值链方式的影响 ……………………… 52
- 第五节　全球价值链与WTO改革 ………………………………………… 58
- 参考文献 …………………………………………………………………… 59
- 本章附录 …………………………………………………………………… 60

第三章　以中国实践为基础的WTO投资改革研究 ……………………… 63
- 第一节　WTO运行现状与改革 …………………………………………… 63
- 第二节　WTO规则下的国际投资 ………………………………………… 70
- 第三节　以中国实践为基础推动WTO改革和投资便利化谈判 ………… 79
- 参考文献 …………………………………………………………………… 86

第四章　"一带一路"的规则设定与相应国际机构的规则对接研究 …… 88
- 第一节　总体规划 ………………………………………………………… 88
- 第二节　"一带一路"中贸易规则对接研究 …………………………… 90
- 第三节　"一带一路"中海上运输规则研究 …………………………… 92
- 第四节　"一带一路"中能源合作研究 ………………………………… 95
- 第五节　"一带一路"中环境保护合作研究 …………………………… 98

第六节　"一带一路"中投资争端解决机制研究 …………………… 102
　　第七节　"一带一路"倡议中金融问题的研究 ……………………… 105
　　第八节　加强"一带一路"基础设施建设规则的研究 ……………… 108
　　第九节　"一带一路"沿线国家法律和宗教国际合作的比较研究 …… 111
　　第十节　主要研究发现和建议 ………………………………………… 114
　　参考文献 …………………………………………………………………… 117

第五章　建立适应"一带一路"和 WTO 未来改革的国有企业体制研究　121
　　第一节　我国国有企业的改革历程 …………………………………… 121
　　第二节　"一带一路"中的国有企业引领作用 ……………………… 126
　　第三节　"走出去"的国有难题 ……………………………………… 132
　　第四节　WTO 改革对国有企业的争论与竞争中立原则 …………… 137
　　第五节　国外经验的借鉴与政策建议 ………………………………… 143
　　参考文献 …………………………………………………………………… 149

第六章　"一带一路"的共同领导治理模式构建研究 ………………… 152
　　第一节　"一带一路"共同领导治理模式的内涵、理论与关键问题 … 153
　　第二节　"一带一路"共同领导治理模式的合作基础 ……………… 159
　　第三节　全球经济治理结构变迁的历史经验 ………………………… 171
　　第四节　"一带一路"共同领导治理模式的政策建议 ……………… 177
　　参考文献 …………………………………………………………………… 183

第七章　规范"走出去"企业的经营行为研究 ………………………… 184
　　第一节　中国"走出去"企业海外经营趋势与特点 ………………… 184
　　第二节　中国"走出去"企业海外经营不规范行为 ………………… 192
　　第三节　海外经营不规范因素分析 …………………………………… 196
　　第四节　"走出去"企业规范经营的案例分析 ……………………… 203
　　第五节　规范我国企业海外经营的改进建议 ………………………… 209
　　参考文献 …………………………………………………………………… 212

第八章　"一带一路"项目投融资方式研究 …………………………… 213
　　第一节　我国应尽快建立以股权投资为主的"一带一路"投资公司 … 213
　　第二节　发挥国有企业主导作用，助力"一带一路"建设 ………… 218
　　第三节　民营企业参与"一带一路"建设面临问题和对策 ………… 225
　　第四节　通过金融创新服务"一带一路"投融资需求 ……………… 231

第九章　"一带一路"信息平台建设研究 ……………………………… 237
　　第一节　问题的提出与研究现状 ……………………………………… 237
　　第二节　企业参与"一带一路"建设的信息需求 …………………… 240
　　第三节　国内"一带一路"信息平台建设现状 ……………………… 245

第四节　国际经济合作组织信息平台建设经验 ·················· 251
　　第五节　建设一站式"一带一路"信息平台的建议 ················ 256
　　参考文献 ·· 262

第十章　我国参与WTO补贴问题改革的挑战和建议研究 ············ 265
　　第一节　WTO的当前危机和改革趋向 ································ 265
　　第二节　WTO补贴规则改革的内容 ··································· 271
　　第三节　WTO主要成员的补贴政策 ··································· 275
　　第四节　补贴规则改革的前景展望与我国应对策略 ············· 285
　　参考文献 ·· 291

第十一章　增加多边贸易体系灵活性的诸边谈判机制研究 ········· 292
　　第一节　WTO改革与诸边协定谈判 ··································· 292
　　第二节　有关投资便利化的开放式诸边谈判模式研究 ·········· 297
　　第三节　有关中小微企业的开放式诸边谈判模式研究 ·········· 303
　　第四节　关于服务贸易国内规制的开放式诸边谈判研究 ······· 307
　　第五节　关于跨境电商的诸边谈判模式研究 ······················ 312
　　第六节　有关政府采购的诸边谈判模式研究 ······················ 316
　　参考文献 ·· 322

第十二章　WTO框架下全球数字贸易规则研究 ······················· 324
　　第一节　全球数字贸易规则谈判背景 ································ 324
　　第二节　WTO框架下数字贸易规则谈判历程 ····················· 327
　　第三节　基于成员提案分析WTO框架下数字贸易规则发展趋向 ··· 332
　　第四节　中国的应对策略 ·· 343
　　参考文献 ·· 345

第一章 "一带一路"建设与WTO规则对接

第一节 "一带一路"与WTO规则对接：概述

一、前言

中国对全球事务的未来发展具有长远眼光（The State Council Information Office of the People's Republic of China，2019）。中国要在2049年前实现构建繁荣社会的目标，面临着重要的经济挑战（Dollar et al.，2020）。为了推进某些政策的实施、具体目标的实现并最终追求自己的发展道路，中国需要在全球范围内运作。现有机构，如世界贸易组织（World Trade Organization，WTO），或类似"一带一路"倡议（Belt and Road Initiative，BRI）的新尝试，可以在中国实施总体经济战略及其国际构想中发挥关键作用。

从学术角度来看，人们通常会对WTO和BRI分别进行研究，但事实上应该将它们放在一起分析，因为二者会以互补的方式对另一方进行潜在的塑造和影响，从而影响中国的经济抱负、外交政策和利益。鉴于此，中国应如何寻求在BRI和WTO之间的协同发展？BRI与WTO应如何相互支持并有助于提升中国的利益？中国加入WTO（2001年）助推其成为世界最大的贸易国。一个稳定、可预测和运转良好的贸易体系符合中国的利益。多年来，尽管面临着各种严峻的环境，包括近来美国破坏WTO的种种行为，但中国已清楚地表明要信守其对WTO做出的坚定承诺。

截至2020年5月，WTO有164个成员，其贸易额约占世界贸易总额的98%[①]。WTO具有法律约束力的规则涵盖货物和服务贸易，也影响到包括投资在内的其他

[①] https://www.wto.org/english/thewto_e/thewto_e.htm[2020-12-11]。

政策领域。当前和未来的谈判有希望建立一个更加开放和稳定的全球贸易体系。与 WTO 不同，近期提出的 BRI 更为灵活。BRI 于 2013 年启动，截至 2020 年 11 月，中国已与 138 个国家和 31 个国际组织签署了 201 份合作文件。BRI 对所有国家开放，目标是促进区域和全球范围内的联通与合作。

BRI 背景下[①]，一些中国公司已通过中国的财政支持，对其他 BRI 沿线国家投资，包括基础设施和互联互通项目等。

当前的国际经济环境可以用"正在经历一场可以影响全球的重大危机"来描述，它对全球合作特别对 WTO 提出了新挑战，也对 BRI 提出了新挑战。至于 WTO，专家指出，经济民族主义的兴起可以说是新型冠状病毒肺炎（COVID-19）危机的结果（Baldwin and Evenett, 2020）。虽然这一趋势在 COVID-19 出现以前就已存在，但 COVID-19 似乎加速了以保护主义、民族主义、国家安全等为理由任意实施保护措施的趋势。当然，在这场大流行病之前，WTO 就已经面临着严重危机，特别是美国特朗普政府对以规则为基础的贸易体系的蔑视。这场流行病，再加上全球贸易流动的紧缩和经济衰退，进一步增加了 WTO 面临的风险，包括它在未来几年可能会丧失重要性。同时，美国政府可能发生的变动也会影响其在 WTO 的地位，从而为参与 WTO 的建设及其进步打开了机会之窗。事实上，对于某些 WTO 成员来说，当前的危机只会使关于 WTO 改革和恢复其信誉的讨论变得更加紧迫（Wolff, 2020）。然而，寻求 WTO 改革实质内容的一致性仍具挑战。

BRI 也面临着由流行病和与之相关的经济危机所带来的挑战。其中，一个突出的挑战是一些 BRI 沿线国家偿还债务的难度将加大，这会引发中国的债务减免困难和 BRI 项目的风险提高等重要问题。这场危机可能会延缓一些 BRI 项目的实施，其他项目可能会被重新考虑。具有挑战性的经济环境可能会削弱一些国家提供新贷款的财政能力。这也可能会增加中国和其他通常为此类项目提供资金的国家的金融风险。我们注意到，随着经济复苏的加快和基础设施需求的持续增加，BRI 可能会恢复之前的发展速度。

总之，尽管当前的经济危机和具有挑战性的国际形势给中国带来了重大风险，但重要的是不要忽视与 WTO 和 BRI 有关的机会，因为二者在未来几年可能会发生一些变化。这些机会可能为中国调整发展路径提供时机，并为中国创造机会，也会使抓住 WTO 和 BRI 机会的国家变得更强大并获得二者相互支持带来的好处。

---

① "一带一路"倡议坚持广泛协商、共同贡献、利益共享的原则；遵循和平与合作、开放与包容、互学与互利的丝绸之路精神。重点关注政策协调、基础设施连通、贸易畅通、金融一体化和人与人之间更密切的联系。资料来源：中国促进"一带一路"倡议小组领导办公室，2019 年。

二、以中国的系统性建议为基础建立 BRI 与 WTO 之间的联系

很明显，中国在 BRI 和 WTO 中的利益存在潜在的协同作用，这种联系源于三个方面的共同点。

（一）所涉议题

投资、贸易、电子商务及其他等问题都与 BRI 和 WTO 相关。因此，市场自由化和政策准则，其至一方采用的约束规范，都可能对另一方产生影响。依此逻辑，其他相关主题也会将 BRI 和 WTO 联系起来，这必然会带来风险和机遇。

第一，WTO 的改革可以解决单方面和歧视性壁垒，以及基于安全考虑而采取的贸易和投资措施，如今这些措施影响到了 BRI 项目。

第二，有些国家希望 WTO 重新谈判国有企业和补贴等问题，这可能会对 BRI 产生影响，因为 BRI 项目中的相当大一部分是由中国国有企业承担的。

第三，WTO 缺少在投资和数字经济等议题上的规则，WTO 谈判可以用适合中国 BRI 目标的方式解决这些问题。

第四，投资便利化是 WTO 正在谈判的议题。成功达成一项广泛的投资便利化协议将给 BRI 带来重大利益，尤其会给中国在 BRI 沿线国家的对外直接投资（outward foreign direct investment，OFDI）带来重大利益。

第五，WTO 改革有助于减少 BRI 的投资阻力，因为 BRI 沿线国家将遵守国际上已形成的标准。

第六，BRI 可以成为实施 WTO《贸易便利化协定》的重要合作伙伴，为 WTO 和直接参与的成员（包括中国）带来双赢。

第七，BRI 可能成为中国讨论数据治理的平台（包括 2020 年 9 月中国发起的《全球数据安全倡议》[①]）。在 BRI 沿线国家中引起对数据治理的大量关注不仅有其自身价值，还有助于在 WTO 开展更广泛的讨论。

（二）参与者范围

二者在国家参与方面有相当大的重叠。WTO 是全球性组织，BRI 有 100 多个合作伙伴，是开放的倡议，不受地域限制。

---

① https://www.mfa.gov.cn/web/ziliao_674904/1179_674909/202009/t20200908_7947959.shtml[2020-09-08].

（三）开展时间

BRI 和 WTO 的发展同时进行。当然，它们的时间跨度不完全一致，而且 WTO 的改革可能是一个永无止境的过程。但即便如此，二者的重要发展都是在目前阶段形成的，而这本身需要中国具有广阔的视野和协调措施。

如何通过最优方法解决上述因素造成的复杂性？如何解决 WTO 和 BRI 之间因相互作用产生的动态效应？中国如何利用其在 WTO 中的利益，通过双边层面（与其 BRI 合作伙伴）制订并实施有助于实现 BRI 的总体规划？如何通过塑造 BRI 来促进中国获取 WTO 的利益？哪些举措可以同时有助于 BRI 和 WTO？中国如何利用它们？如何对它们进行排序？如何充分利用多边进程来促进 BRI 的进展？

BRI 和 WTO 与中国的关系都极为密切。二者都是当今世界全球经济治理的特质，而且它们是相互关联的。因此，可以考虑下列建议。

第一，中国应该同时采取行动，有意识地寻求 BRI 和 WTO 的互补性，最终使二者能够相互支持。如果能够设计并实施一项同时容纳二者的全面战略，中国则可以从其协同效应中受益。BRI 的目标应反映中国在 WTO 中的立场。同样，通过充分利用 WTO，中国可以改善其对外直接投资的国际环境，减少外国对 BRI 的抵制，还要推进其他与 BRI 相关的目标，包括贸易和数字经济领域。

第二，鉴于 WTO 目前面临的严重风险，中国的一个深层次目标应该是通过 BRI 来减少处境艰难的 WTO 给中国带来的不利影响。

三、中国如何在 WTO 和 BRI 之间建立互利关系以维护自身利益？

（一）WTO 能为 BRI 做出的贡献

1. WTO 可以为 BRI 沿线国家提供贸易政策的可预测性

如果不考虑 BRI 或 WTO 改革，WTO 规则适用于中国和大多数的 BRI 合作伙伴。仅因此，WTO 对中国在 BRI 中的利益就是有价值的。维护 WTO 信誉的一个重要原因是 WTO 会影响中国在 BRI 沿线国家的利益。例如，如果成员开始公然无视 WTO 规则，将会影响 BRI 沿线国家贸易和投资政策的开放性与稳定性，会损害中国的利益。

WTO 的成员地位使各成员在贸易政策方面受到约束。这就为中国与 BRI 伙伴合作的政策环境提供了更多的开放性、稳定性和可预测性（如关税上限、非歧视条款、允许外国公司在特定行业开展商业活动的承诺等）。这对于接受中国直接投资和没有与中国签订自由贸易协定（否则自由贸易协定也将规定具有法律约束力的政策边界）的合作伙伴尤其重要。

2. 可以降低中国与 BRI 沿线国家的合作成本

WTO 规则为中国提供了可借鉴的基准。它有助于中国以较低的政治成本在 BRI 沿线国家定义额外的约束性规则或做出市场准入承诺。通过借鉴 WTO 规则，可以减少中国在某些 BRI 沿线国家的阻力。于中国而言，如果不诉诸 WTO 框架内已达成的协议，而是从零开始谈判新规则，将会非常困难。

从这个意义上来说，WTO 规则可以为中国的 BRI 提供保护，这将有助于中国克服潜在合作伙伴之间的阻力。WTO 的规则被所有成员方接受且被视为国际标准，中国公开借鉴 WTO 规则会更有利于应对现有的担忧。从国际角度来看，中国可以根据 WTO 的既有规则提出 BRI 规则。这种保护即便是对于非 WTO 成员的 BRI 沿线国家也普遍适用，因为它们普遍认同 WTO 规则代表了某种国际共识。

同样，中国应优先考虑 BRI 沿线国家（及潜在的 BRI 沿线国家）加入 WTO。截至 2020 年底有 23 个国家或关税区要求加入 WTO。其中包括一些重要的 BRI 合作伙伴，如埃塞俄比亚、塞尔维亚甚至乌兹别克斯坦。加入 WTO 后，这些国家或关税区将自动遵守一系列规则，并且其政策环境对中国的对外直接投资更具开放性和可预测性。BRI 将从中受益，同时将不必承担与特定 BRI 合作伙伴单独谈判此类承诺的成本。

3. 以 WTO 改革为契机，促进中国获取 BRI 利益

目前，WTO 改革所讨论的一些问题也是 BRI 关心的，如电子商务和投资便利化等。多边环境下进行此类讨论有助于中国获取 BRI 利益，鉴于 BRI 合作伙伴将遵守国际标准，中国将无须与它们进行双边谈判，无须单方面定义这些条款，也无须承担将其作为项目的部分附加条件的成本。简言之，中国越多利用 WTO 及其改革就越能够获取 BRI 利益。

同时，中国有必要谨慎行事。WTO 改革也会给中国及其 BRI 带来风险。WTO 改革的讨论显然给中国带来了一些挑战并可能影响其 BRI。一些主要国家和地区，如美国、欧盟和日本，将 WTO 改革视为对中国制定更严格规则的机会。这种努力可能与中国实现对外直接投资中的 BRI 目标背道而驰，如 WTO 改革将使中国面临改革其国有企业法律和实践的压力，这些法律和实践在 BRI 中深入参与了中国的对外直接投资。

（二）BRI可以为WTO及中国获得WTO利益所做的贡献

1. 通过降低壁垒和促进贸易支持WTO目标

BRI能够促进开放和伙伴之间的贸易，它甚至有利于非BRI合作伙伴。总体来说，开放和贸易增长是WTO的目标，因此，在一个非常基本的层面上，推进BRI将会支持WTO的目标。

2. 促进BRI伙伴间开展合规贸易和执行WTO规则

在一定程度上，BRI将必然建立在WTO规则之上（鉴于中国和大多数BRI沿线国家都是WTO成员）。因此，BRI加强了参与者遵守WTO的纪律性，支持执行WTO协定，并为贸易合规创造了新的激励，这一点在贸易便利化领域非常明显。BRI特别注重互联互通，因此，在推进BRI目标的过程中，可以支持《贸易便利化协定》的实施。在WTO改革中，这种积极势头也可能出现在新的贸易领域，包括电子商务和投资便利化的相关规则等。总之，BRI通过反映WTO规则并以此为基础建立规则，成为遵守WTO规则的驱动力。

3. 为WTO改革提供支持

在WTO规则缺失或不足的领域，BRI将依赖自己的规则。因此，BRI参与者可以根据BRI的经验或未来利益，协调各自的立场，共同推动WTO在某些议题上取得进展。BRI可以通过促进参与者融合来支持WTO在某些议题上的改革（如投资便利化或电子商务），这将有助于WTO的多边（诸边）进程。

4. 支持贸易便利化和协助制定全球新规则

BRI的实施使其参与者获得了更多的贸易与投资机会。BRI背景下更开放的贸易使各国更倾向于在多边层面进一步实现贸易自由化。BRI的积极经验有助于抵制保护主义趋势。将BRI规则和标准转变为多边规则和标准的可能会激励BRI参与者在WTO讨论这些议题。从WTO的角度来看，重新推动贸易谈判是积极的。

总而言之，通过不同渠道，BRI有助于重拾成员方对WTO的信心，也有助于为WTO谈判创造激励机制，并为当前的改革谈判注入动力。它可以通过促进众多BRI合作伙伴的融合来推动这些讨论。然而，必须指出的是这些潜在利益的获得取决于成员方加强WTO建设的能力。尽管BRI有潜力支持WTO的建设，但WTO仍需要像美国这样的大国的严肃承诺，否则很难看到WTO会像最初设想的那样繁荣。

同时，中国必须认识到，即使WTO改革非常成功，仅依靠WTO规则也无法满足中国管理与BRI伙伴关系时的所有法律要求。在WTO规则缺失或不充分的领域，中国需要与合作伙伴谈判或确定"WTO+"的规则。即使 WTO 改革有可能填补其中的一些差距，中国也需要同时采取行动，与伙伴国一同推进规则的制定，并在 WTO 改革讨论中捍卫这些做法（最好能得到这些伙伴的支持）。简言之，即使改革看起来很困难，且改革自身无法解决某些重要的 BRI 监管需求，但 BRI 仍然可以成为推动中国获取 WTO 利益及加强 WTO 改革的手段。

四、如何通过现有的自贸协定推动 BRI 的实施？

（一）概述

促进贸易和投资是 BRI 的一个关键目标。因此，BRI 沿线国家实施的贸易和投资政策可能帮助或阻碍 BRI 目标的实现。对于 BRI 伙伴制定的有助于实现 BRI 目标的贸易政策，中国可以通过双边或区域自由贸易协定（free trade agreement，FTA）促进其最终达成。尽管 FTA 可能包括投资条款，特别是投资便利化条款，但中国建立 BRI 治理结构时，也可以考虑与 BRI 伙伴签订独立的投资协议。

截至 2022 年 3 月，中国已签署 21 个 FTA，其他 FTA 正在谈判中[①]。因此，我们只能探讨中国如何从现有的 FTA 中获益并推动 BRI 的建设。这个目标可以通过不同方式实现。原则上，中国可以尝试以下方式。

（1）加快现有 FTA 的有效实施，同时特别注意与 BRI 有关的规则。例如，可以优先考虑关税减让、贸易便利化和服务业的市场准入等问题。比如，中国与 BRI 的重要伙伴巴基斯坦签订了 FTA，中国可以根据其 BRI 利益考虑该协定的关键领域，如可以采取额外的监管措施或使巴基斯坦加速履行某些承诺等。同样的逻辑也适用于中国与格鲁吉亚、智利和秘鲁等其他国家签订的 FTA。

---

① 资料来源：http://fta.mofcom.gov.cn/[2022-04-10]。中国已签署的 FTA 包括：区域全面经济伙伴关系协定（Regional Comprehensive Economic Partnership，RCEP）、中国-毛里求斯 FTA、中国-格鲁吉亚 FTA、中国-韩国 FTA、中国-冰岛 FTA、中国-秘鲁 FTA、中国-新加坡 FTA、中国-智利 FTA、中国-巴基斯坦 FTA、中国-东盟 FTA、中国-柬埔寨 FTA、中国-马尔代夫 FTA、中国-澳大利亚 FTA、中国-瑞士 FTA、中国-哥斯达黎加 FTA、中国-新西兰 FTA（含升级）、中国-新加坡升级 FTA、中国-智利升级 FTA、中国-巴基斯坦第二阶段 FTA、中国-东盟升级 FTA、内地与港澳更紧密经贸关系安排。

（2）通过促进 BRI 承诺的实施深化现有协议。中国利用 FTA 谈判来推进 BRI 目标的实现是很自然的，尤其是那些可以超出 WTO 定义范围的规则。例如，中国可以在 FTA 的基础上，就贸易便利化领域的 WTO 附加规则进行谈判，如果这些 FTA 伙伴也是 BRI 伙伴，那将是非常有价值的。即便与现有协议无关，中国也可以考虑与某些特定的 BRI 合作伙伴签署新的 FTA。总之，中国可以同时扩大和深化其 FTA 网络并将其作为推进 BRI 目标实现的工具。例如，FTA 通常不包含投资保护条款。如果政治条件允许，中国可以在现有 FTA 基础上优先增加这一议题，因为这对于 BRI 和中国对外直接投资都十分重要。

（3）中国可以在新签署的 FTA 中增加与 BRI 有关的具体条款。事实上，这是中柬 FTA 于 2020 年 7 月宣布的一项创新。协议文本尚未公布，但据报道，其中一整章都与 BRI 相关。中国可以 FTA 为手段获取 BRI 利益并为获取利益的承诺增加法律保障，同时，中国的贸易伙伴也将从中获益。这样，中国更易于将政治承诺转化为法律承诺，能够增强承诺的稳定性，并在 BRI 伙伴发生政治动荡时提供获取 BRI 利益的保障。

（二）推动 BRI 制定贸易规则和自由化的不同架构

1. 中国与 BRI 沿线国家签订 FTA 的"中心与辐射"方式（Alba et al., 2010; Deltas et al., 2005）

"中心与辐射"方式意味着 BRI 的承诺会把中国（中心）与不同的 BRI 合作伙伴（辐条）联系起来。这种联系将采用签署新协定或在现有协定中增加新规则的方式。作为中心，中国将与 BRI 合作伙伴进行双边谈判（而不是多方计划）。中国要确保含有 BRI 义务的各种协议的一致性，并保留对 BRI 架构的更多控制。

与 BRI 伙伴的合作以现有 FTA 为基础。原则上，中国与同是 BRI 和 FTA 伙伴的国家，可以在现有的 FTA 基础上，增加新的 BRI 相关规则。也就是说，中国与 BRI 伙伴将以现有的具有法律约束力的框架（FTA）为基础加强两国关系，而不是重新开始。

与 BRI 合作伙伴签署新的 FTA。如果中国目前与 BRI 沿线国家之间没有任何协定，双方可以在适当的时候签署 FTA。这一点对于非 WTO 成员的 BRI 沿线国家尤其重要，因为 WTO 规则提供了稳定性最低的规则基线。如前所述，BRI 章节可纳入新的 FTA，如中柬 FTA。

2. 以多边协议作为替代方案

中国还可以寻求一个广泛的 BRI 贸易协定，让尽可能多的 BRI 沿线国家参与，最好是所有的 BRI 沿线国家都能参与。它将是一个多边且高标准的 FTA，可以促成一个互联互通的网络，从而在 BRI 沿线国家之间构建新的价值链。

（三）在双边层面更具抱负，在多边层面努力融合

鉴于不同方法的优缺点，最适合中国的途径显然是混合方法，即在双边层面按照以自身为中心的辐射设计，追求更多由 BRI 带来的利益，包括 FTA 和投资协议。在 BRI 层面（多边层面），中国可以率先考虑那些低期望值的目标，如降低"区域性"FTA 的标准，对任何感兴趣的议题都采用不具约束力的"贸易政策指导方针"，这将是一种更明智的做法。

无疑，中国将来会把已有的多个 FTA 组合，形成一个 FTA。大的自由贸易区也许会提高效率和改善 BRI 治理，但在初始时就制定这样宏大的目标是非常危险的，因为许多国家并不热衷于 FTA，特别是很多国家不愿意和中国签订 FTA。中国的 BRI 叙述应该避免将 BRI 与中国的 FTA 联系起来。

现在看来，追求较为温和的目标更为合适。中国可在不同领域采取行动，在双边领域，谈判具有法律约束力的 FTA；当政治条件允许时，在 BRI 层面讨论指导方针、行为规范和其他软法手段等。与中国在二十国集团（Group 20，G20）层面提出的投资便利化非约束性原则方式相同，中国可以在 BRI 框架下，对其他感兴趣的议题（如数据管理）采取类似的做法。

在 WTO 的重要性和公信力缺失的情况下，加强双边及 BRI 层面的贸易和投资管理更为重要。在这种情况下，管理国家间贸易关系的基本原则（包括大多数的 BRI 沿线国家）可能不再适用。因此，一个能覆盖 BRI 伙伴间最基本的贸易和投资问题的法律框架十分重要。中国必须考虑如何利用双边和区域方案来巩固与 BRI 伙伴之间的关系。

中国需要做好准备以应对这种情况并制定 BRI 管理机制，在 WTO 变得不那么可靠的情况下，为中国的利益提供一个安全网。随着时间的推移，多边贸易体系的前途命运不确定，BRI 对中国在全球经济治理方面的需求可能会越来越重要。考虑到当今世界的不确定性，中国应尽可能降低自己的风险，致力于同时加强 WTO 和 BRI 建设。

中国政府还应为负责 BRI 和 WTO 建设及维护中国与 BRI 伙伴双边关系的不同部委制定和部署统一战略。中国必须清晰地认识这些经济治理要素之间的沟通渠道，最大限度地提高回报率，更好地探索 BRI 与 WTO 的协同效应。

第二节　WTO 框架下的投资便利化：对中国的建议①

一、为什么中国应该将对外投资作为一个核心议题？

（一）中国对对外投资规则的需求不断增加

在 BRI 共建的推动下，中国的对外投资大幅增加，而近年来全球投资环境却在迅速恶化，问题主要出在一些发达经济体。联合国贸易和发展会议（United Nations Conference on Trade and Development，UNCTAD）指出，目前越来越多的国家对外国投资的进入采取更为排斥的态度。UNCTAD 发布的《世界投资报告 2018》显示，2017 年新出现的投资限制措施主要集中在国家安全、土地和资源收购等方面。一些国家还强化了对外资并购的审查，特别是对战略资产和高科技企业并购的审核。这趋势目前呈不断加剧的态势，给中国的对外直接投资带来了巨大挑战。

建立一系列有效的国际规则可以保证中国企业更好地进入国外市场，获得更优惠的设立条件和更可靠的安全保护等。总而言之，中国及中国企业将从更透明、更稳定、更可预测的投资环境中获得利益，而国际规则有助于创造这样的环境，为中国企业在境外创造投资机会。目前，全球投资条约（本节也称投资协定）正处在转折点，根据 UNCTAD 的统计，2017 年签订的新投资协定数量是 1983 年以来最低的，协定终止的数量（22 项）首次超过了新签署的数量（18 项）。这预示着全球投资正在步入低潮。

（二）中国企业对外直接投资面临的挑战

1. 市场准入限制

世界各国都对某些领域外资的进入实施了不同程度的准入限制。这些准入限制的程度有所不同，从完全禁止到较为温和（如一些国家要求东道国的政府或居

---

① 本节的先前版本已在《国际商务研究》（期刊）2020 年第 4 期发表，本节是修改过的版本。

民必须参加董事会），其中值得关注的是越来越多的国家以国家安全为由扩大市场准入限制的范围，按照常规，一些在市场准入方面非常开放的国家也在以国家安全为由限制外资的进入，可见这个问题已变得十分严重。近来很多针对投资审核程序立法的修订多以中国的对外直接投资为目标，明显提高了战略性产业的国家安全标准。对此，中国已指出，滥用国家安全标准会损害以规则为基础的多边贸易体制。如果各国都以国家安全为由设置壁垒，国际贸易规则将毫无用处，多边贸易体制将丧失其作用。目前，对外资准入限制最多的行业主要体现在服务业，如电力、运输和电信等部门，而这些部门恰恰是中国企业具有较高国际竞争力的部门。比较起来，制造业限制措施一般较少。

关于市场准入限制的问题可以通过谈判和国际协议解决。国际协议可以稳定已取得的开放成果，防止政策逆转。服务领域的开放可以通过部门开放或供应模式开放来实现。为准确反映市场开放度的不断扩大，WTO在减少或消除市场准入限制措施方面采取的是承诺表的方式，成员可以调整其承诺的开放义务（特别是在商业存在方面）。目前，WTO关于服务市场准入问题的谈判已长期陷入停滞状态。服务贸易协定（trade in service agreement，TISA）谈判是诸边性质的，虽一时轰轰烈烈，但没有取得任何成果。FTA中关于服务贸易的谈判进展较大。

2. 行政壁垒

相比于市场准入限制，行政壁垒更加隐蔽。即使东道国对外国投资没有市场准入的限制，在海外投资的公司也可能面临官僚性质的非正式障碍。这些挑战涉及东道国的行政能力和烦琐的行政程序，这些程序增加了费用、减少了收益、拖延了项目、增加了投资的不可预测性和风险。行政限制在实践中极有可能会完全削弱市场准入的承诺。

市场开放（自由化）在很大程度上不同于便利化。行政壁垒对投资的负面影响可以通过投资便利化来解决，这一过程所形成的措施将转化为投资便利化国际协定中的条款。消除或减少行政壁垒同各国正在进行的投资便利化改革相呼应；投资便利化协定有助于总结出各国的最优方案、了解更多国家的实践，进而协调各国的做法。制定相应的国际规则、引入监督机制可以降低政策逆转的风险。特别是目前WTO关于投资便利化的讨论为中国维护其对外直接投资利益提供了良好机遇。

（三）美国等一些发达国家的投资民族主义对中国对外投资产生的负面影响

对外投资成了当前兴起的经济民族主义的牺牲品。当前反对外资的情绪是以对外资"鸡蛋里挑骨头"的形式表现出来的，具体地，通过更加仔细、完备的行政审核机制来降低外资进入的热情，或抵制外资的进入。欧盟于 2019 年 4 月生效的针对外商投资的新审查框架实际上是以中国为目标的。该框架建立了一套审查外国投资的措施，目的是保护欧盟的"关键部门"，即具有战略意义的技术和基础设施。按照新规定，欧盟委员会将根据外资是否损害了欧盟的利益展开对外资的审查。欧洲议会明显扩大了关键部门的清单，将卫生、食品供应和电池等都列为"关键部门"。欧盟框架没有强制要求欧盟成员国必须遵守投资审查程序，但要求有相关制度的国家必须与其他成员国和欧盟委员会分享信息。截至 2019 年 4 月，已有 14 个成员国建立了国家筛查机制。

美国外国投资委员会（Committee on Foreign Investment in the United States，CFIUS）建立了具有美国特点且稳定的外资审核机制。2018 年，美国又通过了更加严格的《外国投资风险评估现代化法案》(Foreign Investment Risk Review Modernization Act，FIRRMA），目的是扩大 CFIUS 的管辖范围；有些外国投资引发了对国家安全的日益增长的担忧，而这些投资在传统上不属于 CFIUS 的管辖范围。有观点认为，FIRRMA 中提到的"现代化"是对中国投资担忧的委婉说法，其目的是弥补特定投资方面的"漏洞"，包括有可能触及美国商业和技术敏感信息且没有控制权的少数股权投资，可能产生技术转移效应且日益增多的合资企业等。CFIUS 网站的数据显示，CFIUS 审查最多的是中国投资，审核程序对中国有明显的歧视。2013～2015 年，CFIUS 审查的交易中，74 项来自中国，49 项来自加拿大，40 项来自日本，21 项来自法国。审核程序一方面具有歧视性，另一方面延迟了投资且增加了投资的不确定性，对外资进入形成障碍。

根据 UNCTAD 发布的《世界投资报告 2018》，德国和日本也修订了外资审查机制。意大利通过加强政府管制来阻止那些威胁国家安全或引发公共秩序风险的非欧盟公司在高科技行业的并购。俄罗斯、委内瑞拉和立陶宛也对外资实施了某些新禁令。一些欧盟国家在欧盟协调机制的基础上采取了更严格的措施。

二、WTO 的投资便利化问题

许多 WTO 成员对于探索投资便利化的国际准则充满了热情。2017 年 12 月，70 个 WTO 成员集体呼吁要开启"建立投资便利化多边框架"的讨论。WTO 数据显示，2016 年这些成员的贸易额占全球贸易额的 73%左右，对外直接投资占全球外国直接投资的 66%。中国一直是 WTO 投资便利化的最积极推动者，在推动投资便利化方面发挥着领导作用，巴西和阿根廷等其他发展中国家也对投资便利化的倡议持非常积极的态度。支持投资便利化的成员不仅在日内瓦开展研究和探讨，还在非洲和中亚地区进行研讨；他们认为这一改革可以提高投资措施的透明度和可预测性；减少行政审批制造的投资壁垒；促进国际合作、信息共享、实践交流并防止摩擦加剧。

WTO投资便利化宣言中强调，所谓投资便利化"不涉及市场准入、投资保护和投资者-国家争端解决（investor-state dispute settlement，ISDS）机制"，也就是说投资便利化协定不同于一般意义的投资协定。从投资开放程度来看，投资协定的自由化程度更高，而投资便利化只能算作是有限开放。随着中国对外投资的不断增加，中国需要一个更加自由的外部投资环境。尽管WTO构建的投资便利化规则不能解决中国对外投资的所有问题，但至少可以解决部分问题。例如，投资便利化不能解决WTO成员开放服务业的问题（如果WTO成员没有承诺开放服务业，投资便利化协定便不能要求其开放），也不能解决由威胁国家安全引发的准入限制问题。但是，投资便利化可以提高服务业准入的透明度，建立国际规范的国家安全审查机制。尽管投资便利化只能有限地涉及开放，但能够对服务业的开放起到积极的推动作用，不仅在现实中可行，而且中国也可从中获益，国内的管理水平可以得到提高。

三、WTO投资便利化的中国方案

（一）推进投资便利化的不利国际环境

在推动WTO投资便利化的进程中，中国首先要意识到当前不利的国际环境。第一，WTO正在受到较为广泛的指责，人们对WTO是否有能力达成新协议缺少信心。第二，当前的国际形势不利于开展关于投资问题的谈判，一些力量和思潮可能会设法干扰这一进程。另外，WTO过去关于投资谈判所遗留的包袱可能对现在产生不利的影响。第三，在战略层面，西方国家有"凡是中国拥护的我们就要反对"的思维定式。当它们看到中国要推动投资便利化时，可能会寻找各种借口进行阻挠。

（二）中国倡议WTO投资便利化的战略方针

（1）中国要利用重要的世界论坛，公开反对投资民族主义。拟定一整套话语体系，让世界相信投资民族主义对所有国家、对多边贸易体系和全球经济构成的威胁。这套话语体系要避免让其他国家认为投资民族主义只威胁中国，而没有损害其他国家甚至全世界的利益。

（2）中国应制订一个综合且兼顾各方利益的投资便利化方案，并将其正式提交 WTO。

（3）尤其重要的是中国应积极组建国家集团、建立联盟，联盟不仅要包括发展中国家，还要包括发达国家，同时，也可以考虑在不同的议题上，与不同的国家建立联盟。

（4）根据目标水平定位，中国应瞄准 WTO 第十二届部长级会议，争取取得成果。即使没有达成投资便利化的最终协议，也应向部长级会议提交一项阶段性成果（如框架协议），为谈判提供重点和动力。中国应尽早着手在 WTO 总部和主要国家的首都开展积极动员，唤起世界各国对投资便利化倡议的支持。

（5）中国应尽最大努力降低中美贸易分歧对推动 WTO 投资便利化进程带来的负面影响。同时，中国应向 WTO 其他成员展示，即使在 WTO 最困难的时期，它仍能发挥积极的作用。

（三）中国提案的目标范围

中国在倡导投资便利化时，在考虑要有利于 WTO 改革的同时，也要充分结合中国自身的利益需求。对中国在投资便利化谈判中应提出的目标主要建议如下。

（1）简化与外资进入有关的行政程序，减少不必要的行政要求，加强国际合作。

（2）减少（消除）歧视性和单边措施。

（3）最大限度抑制以国家安全为由的投资限制措施，初期可将重点放在对透明度、限制措施和审核程序进行多边评估的办法上。

（4）提高东道国贸易和投资政策的透明度和可预测性。

（5）加强 WTO 对影响投资政策和规制因素的监测。

（6）为国内政策的自主权（调控经济的权利）保留合理空间。

（7）以建设性方式保护发展中国家利益。

（8）在平衡参与者数量和承诺水平的同时，确保尽可能多的成员参与谈判。

（9）确保关键成员参加可能形成的诸边协议，这些成员应包括最大经济体、中国对外直接投资最多的对象国和 BRI 沿线国家，最不发达国家和发展中成员也应在这一组合中得到充分体现。

（10）为今后的投资便利化谈判铺平道路。

（四）中国推进投资便利化应采取的策略

考虑到目前的国际环境，中国宜采取低调、低起点和渐进式方略。至少在多边层面（WTO），中国对于投资便利化的改革应采取更温和的态度，初始时应只关注阻力小的方面。在多边层面的"狭隘"关注可以减少阻力，确保车轮向前运转。当然，这并不妨碍中国在单边、双边和区域内力争实现更远大的目标。低调、低起点和渐进式方略可以通过灵活使用如下策略实现。

（1）只注重投资便利化（即暂时搁置市场准入和投资保护等问题）。

（2）在适当时机支持涵盖关键多数成员的诸边结果，而不是一味等待达成全面的多边协议。

（3）支持在投资便利化协定中创立与贸易便利化类型相关的特殊和差别待遇（special and differential treatment，S&D）条款，而不是简单地向发展中国家让利。避免引入当前WTO中争议的问题（如发展中国家地位、自我认定、毕业等），采取务实的态度以防干扰投资便利化的谈判。

（4）为了得到更多支持，考虑拟定框架协议，可以包含更多的原则、减少生硬的纪律规范。

（5）尝试"软规则"，即在开始或者结果部分引入一些非约束性的指导建议。

（6）采用渐进的方法，把有争议的话题放到未来解决，以免超出谈判负荷。

（7）鉴于WTO成员对贸易便利化的抵制程度较低，根据WTO的《贸易便利化协定》构建投资便利化的相应纪律。

（8）考虑采用模块化方法推进谈判进程。将谈判内容细分，允许参与者自主选择，从而使成员可以对所选模块的内容进行深入谈判。

投资便利化谈判所面临的情况十分复杂，即使是支持"便利化"的成员，对于不同问题也可能持不同观点。实际上，一些WTO成员对投资便利化谈判持全面否定态度；还有一些成员可能以要求"让步"作为谈判的条件，结果是协定很难达成。中国必须做好应对挑战的准备，并灵活使用上述策略。迈出第一步十分重要，通过采取低调、低起点和渐进式方略，争取在起步阶段就能赢得多数成员的支持。

第三节　中国是否应该加入欧盟-加拿大临时仲裁机制？[①]

一、WTO上诉机构的危机

WTO上诉机构一直被视为WTO皇冠上的宝石。但自2017年7月起，美国

[①] 本节的先前版本已在《国际经济评论》（期刊）2020年第1期发表，本节是修改过的版本。

不断阻挠 WTO 上诉机构新成员的任命,使 WTO 上诉机构走向了瘫痪的边缘。截至 2019 年 12 月 10 日,WTO 上诉机构成员从原来的 7 名减少到 1 名。按照 WTO 规则,如果上诉机构成员数量低于 3 人,该机构将停止运行。面临 WTO 上诉机构出现的瘫痪,几乎所有成员都呼吁要尽快找到解决办法。为此,WTO 理事会任命了协调人,试图找到解决方案。面对 WTO 成员的大量努力,美国仍然顽固地坚持自己的立场,指责 WTO 成员只是关注解决当前问题,从不查究问题的根源。目前还不清楚美国要瘫痪 WTO 上诉机构的真正动机是什么。一般的看法是美国想以瘫痪上诉机构为筹码,迫使 WTO 争端解决机制(Dispute Settlement Mechanism, DSM)按照美国的意愿进行改革。也有观点认为美国的真正目的是终止 WTO 上诉机制,取而代之的是一种不同于法庭、缺少约束力的关税与贸易总协定(General Agreement on Tariffs and Trade,GATT)时代的仲裁体制。如果现行的 WTO 争端解决机制停止运行,实际上就等于实现了美国期待的目标。

二、欧盟-加拿大临时仲裁申诉制度

在 WTO 上诉机构临近危机之时,2019 年 7 月 25 日加拿大和欧盟宣布将依据 WTO 争端解决机制第 25 条建立临时仲裁机制,拟建立的仲裁机制只适用于涉及加拿大和欧盟之间的贸易争端;关于机制的细节,2019 年 9 月 30 日欧盟和加拿大在 WTO 争端解决机制会议上做了具体说明。欧盟-加拿大临时仲裁机制(以下简称欧-加临时仲裁机制)有如下特征:仲裁由 3 名前 WTO 上诉机构法官组成;仲裁将遵循 WTO 上诉机构的原则和程序处理争端案件;仲裁结果是终局性的,双方将把仲裁结果提交 WTO 争端解决机构;其他涉及纠纷的方面(非第三方)也可以采用本仲裁程序;第三方可以书面方式提交仲裁,由仲裁员做出裁决。

WTO 争端解决机制的危机点出在上诉阶段,专家评判阶段并未发生变化。加拿大和欧盟试图建立的是以仲裁替代上诉机构,当上诉机构危机结束后,仲裁机构将停止运行。应该强调的是,加拿大和欧盟建立的仲裁机制是强制性的,如果一方在上诉过程中决定起诉另一方,该方不能拒绝,而且必须接受裁决的结果。

另外,更重要的是加拿大和欧盟关于建立临时仲裁机制的声明中没有提到其他 WTO 成员如何参与这一机制的问题。最初欧盟计划吸收众多国家参与这一机制,以获得 WTO 成员的广泛支持,但是,方案一经公布,各国反应不一。最后,欧盟决定和加拿大合作创立临时仲裁机制,其意图是尽快形成一个能够替代上诉机构并被其他国家效仿的上诉机构框架。

由于欧盟和加拿大的协议是双边性质的，这意味着欧盟失去了与广泛成员签署整体协议的机会，未来的参与模式很可能是欲加入的成员按照欧盟-加拿大模式，签署若干独立的双边参与协定。按照目前的设计，欧-加临时仲裁机制只管辖双方之间的贸易争端。但是历史上，欧盟和加拿大之间的贸易纠纷案件很少，最近的一次是2011年。所以，欧盟和加拿大的主要目的是提供一个框架模式，以吸引更多成员使用这一机制。如果欧盟-加拿大方案能够吸引众多经常使用WTO争端解决机制的成员参与，这一模式框架的重要性将会大幅提高。

在2019年9月30日的争端解决机构会议上，欧盟和加拿大对方案做了更详细的解释。从欧盟公布的资料来看，一些WTO成员可能对欧-加临时仲裁机制是不是临时性的存在疑问。欧盟表示将与其他成员继续沟通临时仲裁机制问题。2019年10月21日挪威率先加入这一机制，加入方式是挪威与欧盟单独签署了协议，而不是同欧盟和加拿大共同签署协议。从这点上看，欧盟似乎倾向以自己为中心，按照欧盟与加拿大达成的模式，与其他欲加入的成员签署多个双边协议，而不是以欧盟和加拿大为中心，同参与者签署协议。

三、欧盟-加拿大方案对中国的利弊

我国是使用WTO争端解决机制较为频繁的成员之一，是否应该参与欧-加临时仲裁机制？需要分析加入这一机制的利弊。由于挪威在WTO成员中极具影响力，因此，挪威参与临时仲裁机制的决定值得我国高度重视。

（一）对我国有利的方面

无论从国际需求还是我国自身需要，我国加入欧-加临时仲裁机制都有一定益处。

第一，可以向世界发出信号，不论美国如何失态，我国将严守规则，坚定不移地维护多边贸易体系。

第二，我国可以确保在遵循WTO规则的基础上，拥有解决贸易纠纷的渠道，抑制其他成员的违规行为。

第三，如果美国的目的是通过瘫痪上诉机构在WTO改革上获得更多筹码，我国参与欧-加临时仲裁机制可以削弱美国讨价还价的能力。即便临时仲裁机制无法和WTO上诉机构相比，但它的存在可以起到制约美国将其意志强加于WTO改革的作用。

第四，可以带动更多 WTO 成员也参与，这样可以增强这一机制维护中国利益的能力，减少美国对争端机制改革的影响。

第五，可以展示我国对欧盟（领导地位）的支持。实际上许多 WTO 成员也希望中国能够加入其中，为解决争端解决机制危机注入动力。

（二）对我国不利的方面

我国加入欧-加临时仲裁机制确有一定利益，但在 WTO 中承担的义务及在与美国博弈中也存在一定的隐患。

第一，一旦加入欧-加临时仲裁机制，我国对其他 WTO 成员的义务将受到法律约束，而美国等未参加的成员的义务将不受约束，导致义务不平衡。

第二，欧盟-加拿大方案很有可能正合美国之意。该方案是临时的，对于未来的贸易纠纷缺少法理基础，人员构成也不固定。这一机制以应对美国对争端解决机制的挑战为初衷，但实际结果却有可能顺应了美国反对上诉机制、反对 WTO 授权制裁和更加灵活的争端解决机制的愿望。

第三，该方案会使美国处于被孤立的境地，结果可能刺激美国创建自己需要的仲裁机制。比如，通过双边协议，迫使其他国家按照美国的意愿推进争端解决机制的改革。这一结果不符合我国利益。

因此，在处理 WTO 上诉机构问题上，我国不宜将美国逼到独立创建仲裁机制的地步。

四、我国是否应该加入欧-加临时仲裁机制

临时仲裁机制是非常敏感的问题，欧盟和加拿大提出的方案不是完美的解决办法。但目前还找不到更好的替代方案。我国的对策在相当程度上取决于那些使用 WTO 争端解决机制较多的成员的决定。许多 WTO 成员希望中国能够加入以提升临时仲裁机制的动力，抵制美国绑架 WTO 争端解决机制的行为，维护以规则为基础的多边贸易体系的稳定。对于中国是否应该加入欧-加临时仲裁机制，本节提出以下两个方案。

（一）采取顺势而为的策略

我国的对策在相当程度上取决于那些使用 WTO 争端解决机制较多的成员的决定。在应对 WTO 上诉机构危机问题上，我国应主要依赖这些成员，加强与这

些成员的合作，形成较为一致的对策。如果 WTO 成员，特别是使用争端解决机制较多的成员，倾向加入欧-加临时仲裁机制，我国宜与这些成员采取一致的立场，并加强与这些成员的沟通与协调，使最终结果符合中国自身利益。

如果 WTO 争端解决机制的主要使用者选择加入，而我国游离于欧-加临时仲裁机制之外则会存在以下风险。第一，从多边贸易体系发展的历史来看，一项暂时性的方案往往最后都变成了永久性的。因此，如果其他成员加入欧-加临时仲裁机制，我国被排除在外，当这个机制成为永久性机制的时候，我国会处在十分不利的环境。第二，WTO 争端解决机制最初是由美国设计的，如果未来的美国总统倾向自由贸易，那么就会存在美国按照自己的利益主动重塑争端解决机制的可能性。

在加入欧-加临时仲裁机制的过程中，我国应该借鉴欧盟的立场，主张签署包容的单一整体协议，而不是众多的双边协议。众多双边协议存在两方面的问题：一是具有分裂 WTO 争端解决机制的效果，二是可以为美国的双边主义推波助澜。在主张签署包容的单一整体协议的基础上，我国必须考虑这个包容的协议如何服务自身利益。可以考虑在协议中加入类似"毒丸"条款的内容，即明确加入欧-加临时仲裁机制的国家不得参加其他类似的仲裁或争端解决机制。这样做能够增加加入欧-加临时仲裁机制的成员同未加入成员（美国）建立其他仲裁机制的难度，消除美国按照自己的意志同加入欧-加临时仲裁机制的成员创造新机制的可能性。应该指出的是，"毒丸"条款只在美国-墨西哥-加拿大协定（United States-Mexico-Canada Agreement，USMCA）中使用过，在 WTO 是前所未有的，WTO 成员对这一建议的反应也难以预测。因此，我国必须认真权衡开启这一先例的风险，以免这一做法未来成为抑制中国的工具。

在策略上，为了减少一些成员对我国动机的过度猜疑，我国应该与一些使用 WTO 争端解决机制的成员共同组成联盟，避免充当倡议的牵头者或领导者。

（二）不加入欧-加临时仲裁机制以待未来变化

我国还可以选择不加入任何临时性的争端解决机制，坐观美国未来政策的转变。选择这一方案的好处是可以消除美国政策的不确定性，现行政策将来可能出现逆转。目前选择"等待"可以使我国根据未来美国选情的变化，更清楚地判断美国对 WTO 和争端解决机制政策的走向。但由于美国对上诉机构积累的长期不满和美国国内贸易保护主义的高抬，美国政策出现实质性改变的概率较低，因此，待美国大选结束后再做决策有可能使我国错失加入欧-加临时仲裁机制的时机；而且选择"等待"还会坐视 WTO 信誉的衰落，失去及时解决危机的机会。

即使选择"坐等"方案，我国也应该继续表示对 WTO 改革的关切，谴责美国剥夺其他 WTO 成员通过正当渠道解决彼此贸易纠纷的权利。与此同时，我国应该与其他成员一道，加强对美国商界和国会的说服，向其说明 WTO 争端解决机制的瘫痪给美国带来的负面影响。虽然短期内这些努力不会产生什么效果，但从长期来看，这些努力同更好地解决当前危机是一致的。当然，我国也不应为这一选择所束缚，要适时调整自己的立场。

第四节　市场经济地位与中国的独特之处

"市场经济地位"是个概念模糊的词语。其对应的国家类型和倾销幅度计算方法决定了一国受贸易摩擦侵害的程度。本节从两个角度讨论中国"市场经济地位"的判定：一是欧美现有标准的合理性，二是中国和经济合作与发展组织（Organization for Economic Cooperation and Development，OECD）国家市场化程度差异的来源。通过回顾国际反倾销法律的演变，以及中国市场化程度实证研究，我们认为即使按照当前欧美标准，中国也不属于"非市场经济国家"。"市场经济地位"是基于政治考量的分类，从经济定义上讨论并无意义。但我们同时发现，与 OECD 国家财政支出横向比较，经济刺激大于福利支出是造成中国与欧洲分歧的主要原因，同时产业政策存在多种负面效果可能对经济增长起负面作用。中国应当全面审视对重点产业的扶持和一般性的刺激性财政支出的区别。政策建议上，本节认为该放弃争取"市场经济地位"，抛弃"市场经济国家"分类做法，并在欧盟方案基础上修改反倾销幅度的计算方法。本节建议在欧盟的方案下讨论市场扭曲程度，通过指数化衡量，避免"非市场经济国家"数量有限，天然与中国有共同利益的国家很少的窘境。

一、市场经济地位是政治因素而非经济因素

（一）反倾销法律的演变

1947 年的《关税与贸易总协定》（以下简称《关贸总协定》）第 6 条基于美国的《1921 年反倾销法》。《关贸总协定》第 6 条规定征收反倾销和反补贴税，将倾销定义为一个国家的产品以低于产品正常价值的价格引入另一国的商业活动。其

中出口国正常价值的计算均来源于出口国的相关价格。虽然三种正常价值的计算方法都假定出口国拥有正常的市场价格和市场经济，但是条款足够灵活可以包含不同类型的国家。

经过30年的演变，法律演变成了当认定"非市场经济国家"后，可以直接跳到按第三方计算倾销幅度。通过回顾法律的演变我们可以发现，其过程一直是朝着维护重要签署国利益的方向变化。下面为其中三个重要的改变及时间点。

1. 改变一：1955年的解释性说明

随着捷克斯洛伐克（GATT发起国）加入苏联所提倡成立的华沙条约组织，为了处理其位置，1955年GATT工作小组对第六条（1）（b）款第（i）段提供了新的解释性注释，不再要求出口价格必须是原产国的出口价格。从长远来看，此解释为后面的解释创新，引入替代国提供了可能。

2. 改变二：引入第三国价格代替出口国价格

1960年美国财政部在处理从捷克斯洛伐克进口自行车的案件中，对《关贸总协定》（1947年版）第六条（1）（b）款第（i）段第1句进行了灵活运用。在原来的理解中，出口到第三国的价格是被告公司出口到任意其他国家的价格，而经过美国财政部的解释，出口的主体并不明确（任意正常贸易的国家都可以作为比较主体），而出口到第三国变成了第三国出口到美国，以此来确定价值。

接下来在《关贸总协定》肯尼迪回合谈判中，参与国家依据美国的行政管理办法，依据处理捷克斯洛伐克的案例，形成了专家报告。经过1963~1968年的谈判，新的守则在1968年7月1日生效。这意味着肯尼迪回合对《关贸总协定》第6条进行了重构，明确了如何使用替代国计算第三方出口价格。而肯尼迪回合制定的反倾销协议是第一个反倾销规则，欧洲共同体（以下简称欧共体）是肯尼迪法案的签署方。可以说1955年的《解释性说明》和肯尼迪回合制定的反倾销协议相结合，已经实证上改变了法律。

3. 改变三：引入"非市场经济国家"概念替代"贸易受国家控制"概念

1979年的部长理事会《第1681/79号条例》中首次使用了"非市场经济国家"的概念，并规定对来自此类国家的进口产品适用特殊的正常价值计算规则。它把第一份《反倾销基本条例》第3条第6款中原来的"几乎以垄断或者完全垄断方式进行贸易，且国内价格均由政府予以规定的国家"这一文字表述修改为"非市场经济国家，以及尤其是欧洲经济共同体《第2532/78号条例》和《第925/79号条例》对之适用的那些国家"。这里被援引的两份条例是部长理事会分别针对中国和11个国有贸易国家发布的进口保障措施二级立法文件。据此，包括中国在内的

12 个国家被间接认定为非市场经济国家。

至此,关于"市场经济国家"的分类和通过"替代国"计算反倾销幅度的做法已经基本确认。而这个基于冷战的分类标准,是美国和欧盟的共同利益。其法律上模糊的点,已经被争论多年,并不能成为突破口。

(二)中国"市场经济地位"的评估

"非市场经济国家"并没有统一的认定标准。欧盟和美国根据自己的评判标准单独认定部分国家,并出具评估报告。其中,据欧盟的报告,截至 2020 年,欧盟认定的非市场经济国家有 14 个,包括中国、越南、哈萨克斯坦、阿尔巴尼亚、亚美尼亚、阿塞拜疆、白俄罗斯、格鲁吉亚、朝鲜、吉尔吉斯斯坦、蒙古国、塔吉克斯坦、土库曼斯坦和乌兹别克斯坦[①]。而美国认定的国家则为 11 个,分别为亚美尼亚、阿塞拜疆、白俄罗斯、格鲁吉亚、吉尔吉斯斯坦、摩尔多瓦、塔吉克斯坦、土库曼斯坦、乌兹别克斯坦、越南以及中国[②]。因此,如果其他国家均被承认是市场经济国家,在全部 WTO 成员中,如果中国按照所谓市场经济衡量指标,市场经济状况不是排名最后 20 位,中国应该被认为是市场经济国家。

本章将回顾欧盟和美国对中国的三次评估,并根据其评估重点采用欧美及国际组织数据测算中国相对其他发展水平相似国家的排名,说明中国市场化程度排名中下,符合其发展水平,并未达到"非市场经济国家"程度。

1. 美国 2017 年《作为非市场经济的中国状况备忘录》

美国商务部 2017 年对华市场经济地位的评估报告(U.S. Department of Commerce, 2017)认为政府干预过多,在资源配置、法律制度执行力、土地分配、货币可兑换程度等多方面不达标。中国的制度结构及中国政府和中国共产党借此结构所进行的控制造成了根本性的经济扭曲,使非市场条件在中国经济中占据了主导地位。因此,中国是一个非市场经济国家,其价格和成本不能被采用。

2. 欧盟 2008 年《对华市场经济评估报告》与 2017 年《对华贸易保护导致市场扭曲调查》

在欧盟委员会发布 2008 年《对华市场经济评估报告》(Commission of the European Communities, 2008)中,中国只在部分方面存在市场扭曲(公共设施相关费用国家价格管制、税收和投入补贴)和在知识产权保护方面未达标,其余均符合要求。然而,2017 年《对华贸易保护导致市场扭曲调查》(European

---

① http://www.hfw.com/EU-anti-Brosmann-amendment-January-2013[2020-10-31]。

② https://www.trade.gov/nme-countries-list[2020-10-31]。

Commission, 2017）大幅修改评价标准，删除法律标准，加入更多的市场扭曲方面的评价维度，以及国际直接投资和国有企业等方面相关的标准，使得中国离"达标"更远。

3. 当前欧美评估报告下中国市场程度的要素小结

基于美国和欧盟关于市场扭曲的三次评估报告结果（表 1-1），不难看出，2008 年这两大经济体基于两套不同的评价体系——美国更看重政府对市场要素的介入方向，而欧盟则看重法律在国家制度和公司治理方面的监管地位。然而，在美国提供 2017 年关于中国的评估报告后，二者评判标准趋同。2017 年欧盟对中国的评判标准发生重大转变，完全不提法律所起的监管作用，取而代之的是政府和国有企业在实际执行中是否获得更好的待遇。与 2017 年美国评估相比，除货币自由兑换外，2017 年欧盟评估中其他各个方面都基于美国商务部的评判标准进行了加强，并单独提出了国有部门及政府采购对市场造成的扭曲。因此，在 WTO 上诉机制失效的时候，所谓获得欧美市场地位认定变成了在谈判中能否在这几个关键方面妥协。

表1-1 美国和欧盟三次评估报告关注要点（2008年、2017年）

评估重点	2008 年欧盟	是否满足	2017 年美国	是否满足	2017 年欧盟	是否满足
市场扭曲	要素市场扭曲	√	资源配置	×	要素、部门、生产过程等方面的扭曲	×
	出口和进口限制	√	产业政策	×		
	公共设施相关费用国家价格管制	×	上游行业国家价格管制（电力）	×	能源扭曲（电力）	×
	税收	×	不同制度安排下的利率差异	×	不同制度安排下的利率差异	×
	投入补贴	×				
	市场化交易方式	√	土地分配	×	土地分配	×
			政府规定用途	×	政府规定用途	×
			土地出让公平价格	×	土地出让公平价格	×
					支持产业政策	×
			工资	×	工资	×
			劳动力流动	×	劳动力流动	×
			工会	×	工会	×
					政府采购	×

续表

评估重点	2008年欧盟	是否满足	2017年美国	是否满足	2017年欧盟	是否满足
法律制度	法律制度设定	√				
	基于法律的公司治理	√				
	管理国有资产，公司治理	√				
	会计准则	√				
	基于法律的国家制度	√				
	财产权	√				
	知识产权	×				
	破产程序	√				
	竞争政策	√				
	法律制度执行力	×	法律制度执行力	×		
			法律机关独立性	×		
金融部门	独立金融部门	√			独立金融部门	×
	私营部门（中小型企业，small and medium scale enterprises, SME）获得信贷	√	国有控制融资借贷	×	国有控制融资借贷	×
	利率	√			金融产品定价	×
	银行业改革，改善贷款业务，尊重审慎标准	√			企业进入退出	×
	不良贷款（non-performing loans, NPL）和信用风险评估	√				
	政策性银行的作用	√				
			货币可兑换程度	×		
			经常账户	√		
			资本账户	×		
			国外直接投资	×	国际直接投资	×
			不透明管制	×	不透明管制	×
			技术转让	×		
			本土化要求	×		
					产业政策导向	×
					偏向性	×

续表

评估重点	2008年欧盟	是否满足	2017年美国	是否满足	2017年欧盟	是否满足
国有部门					国有部门	×
					优先获得资金	×
					市场准入限制	×
					优先获得土地	×
					能源	×

资料来源：2008年欧盟委员会《对华市场经济评估报告》、2017年美国商务部《作为非市场经济的中国状况备忘录》、2017年欧盟委员会《对华贸易保护导致市场扭曲调查》

（三）新指标体系及国家排名

针对表1-1评估报告涉及的经济指标，我们构建评价体系，说明中国属于市场经济的合理性。该评价体系数据基于经济自由指数①和美国统计局Rotemberg和White（2017）的部分发展中国家"要素配置扭曲"测度，加权后对国家排名。由评估结果发现，中国在可比国家中排名中等，理应视为市场经济地位。

具体而言，该评估体系基于表1-1三次欧美市场扭曲报告中法律制度、市场扭曲、金融部门、国有部门的评估标准，并重点引入"要素配置扭曲"，将从法律规定、市场开放、监管效率、政府规模、资源要素配置5个维度进行评估，每一类别指标赋予20%权重。其中，前4类"经济自由指数"着重应用于评价政府政策控制的经济和企业环境，与欧美评估报告标准相对应。考虑到欧美普遍要求加入国内市场的要素扭曲，此处引入资源要素配置指标，应用于衡量资本和劳动力在企业层面扭曲的加总影响。

受限于资源要素配置指标的样本量，我们仅对14个可比发展中国家进行排名。如表1-2所示，我们计算了基于欧美评估报告的经济自由指数下的国家排名和在经济自由指数基础上加入资源配置标准后的国家排名。具体而言，二者均先通过计算最大区间内中国的相对位置来确定该指数的排名，其中，前者对经济自由指数的四项指标各赋予25%权重,后者以0.8×经济自由指数排名+0.2×资源要素配置将这14个国家重新排名，确定中国的相对自由化程度。

---

① 经济自由指数是由美国传统基金会和《华尔街日报》于1995年创建的年度指数和排名，用以衡量世界各国的经济自由度。该指数的创建者采用了与《国富论》中亚当·斯密的方法相似的方法，即"保护个人追求自己的经济利益的自由的基本制度为整个社会带来了更大的繁荣"。

表1-2 各国市场化程度排名（基于欧美评估报告和市场扭曲指标）

国家	经济自由度排名	经济自由指数	市场扭曲排名	加权平均值	加权平均排名
智利	18	75.4	11	146.923 076 9	44
哥伦比亚	49	67.3	2	50.692 307 69	49
乌拉圭	40	68.6	7	104.153 846 2	53
斯洛文尼亚	58	65.5	4	72.076 923 08	61
印度尼西亚	58	65.8	10	136.230 769 2	74
萨尔瓦多	84	61.8	3	61.384 615 38	79
墨西哥	66	64.7	14	179	89
中国	100	58.4	12	157.615 384 6	112
巴西	150	51.9	1	40	128
印度	129	55.2	13	168.307 692 3	137
阿根廷	148	52.2	6	93.461 538 46	137
厄瓜多尔	170	46.9	5	82.769 230 77	153
玻利维亚	173	42.3	5	114.846 153 8	161
委内瑞拉	179	25.9	9	125.538 461 5	168

不难发现，以欧美评估标准对应的前4类经济自由指数，将所有部分得分加权平均后，中国排名100，高于巴西、印度等大型新型发展中经济体。而在新指标体系下，即加上资源要素配置，中国排名112，仍然属于中等稍偏下水平，远不在最后20名内。总而言之，即使基于欧美评估指标，中国排名远超过全球倒数20名，理应被当作市场经济国家考虑。因此，我们认为所谓市场经济地位认定，更多是基于政治上的一种贸易阻碍的手段，而非基于任何客观指标评价体系。

二、中国市场的独特之处——对比 OECD 国家

（一）以财政支出分类体系评估中国产业政策

本节通过对比中国与 OECD 国家在财政支出规模和分类方面的差异，解释中国与 OECD 国家在市场化程度上存在差异的来源。相比于后者，前者更倾向于经济刺激而非福利支出，而且国有企业利润由于政府干预未被计入，将进一步扭曲我国产业政策的产出效果。

从国家财政支出规模上看（图1-1），相比2007年，我国于2009年全口径财政支出占国内生产总值（gross domestic product，GDP）比重上升约8个百分点，而该比例在2013年维持在40%左右，接近于OECD国家水平（汪德华，2015）。

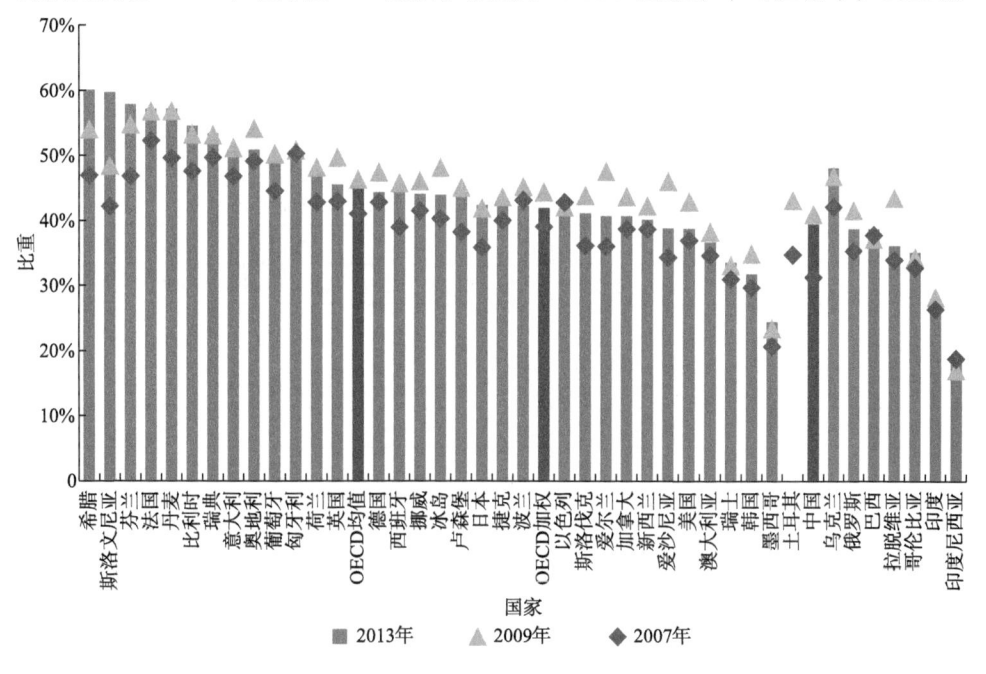

图1-1 全口径财政支出跨国比较

资料来源：OECD数据库。巴西、印度、印度尼西亚和乌克兰等其他主要经济体的数据来自国际货币基金组织（International Monetary Fund，IMF）的《世界经济展望》(2015年4月)。中国的数据来自汪德华（2015）。缺少智利数据。由于缺少时间序列数据，土耳其2013年的基准值没有标出。哥伦比亚和俄罗斯采用2012年而不是2013年的数据

在财政支出分类方面，我们采用按功能划分的政府财政支出（classification of the functions of government，COFOG）来衡量中国全口径财政的使用情况。COFOG体系是由OECD编制，按政府职能将财政支出分10类（表1-3）。我们将上述10类按支出目的整理为三大类（表1-4），第一类是和效率相关的指标，用于纠正市场失灵或追求传统的"产业政策"的目标，包括一般公共服务、环境保护和经济事务。第二类是与福利和社会公平相关的指标，通过援助解决社会问题，如政府可以将资金用于教育，医疗，社会保护，住房和社会福利设施，娱乐、文化和宗教。第三类则是国防与公共秩序和安全，政府采购可能对私营部门造成扭曲，但一般不属于竞争性产业政策关注的范畴。在表1-3中，我们对不同国家使用财政支出的方式进行了比较，衡量了不同支出类型占该国总财政支出的比例。

表1-3 财政支出方式分类（跨国比较，2013年）

成员	一般公共服务	国防	公共秩序和安全	经济事务	环境保护	住房和社会福利设施	医疗	娱乐、文化和宗教	教育	社会保护	第一类比例	第二类比例	第三类比例
澳大利亚	12.9%	3.9%	4.7%	11.1%	2.9%	1.7%	18.8%	2.0%	14.4%	27.7%	26.9%	64.6%	8.6%
奥地利	14.2%	1.2%	2.6%	11.1%	1.0%	0.7%	15.6%	1.9%	9.8%	41.9%	26.3%	69.9%	3.8%
比利时	15.5%	1.7%	3.4%	12.2%	1.8%	0.6%	14.6%	2.4%	11.8%	36.1%	29.5%	65.4%	5.1%
捷克	11.1%	1.8%	4.2%	14.3%	2.5%	2.0%	17.4%	2.7%	12.3%	31.7%	27.9%	66.1%	6.0%
丹麦	13.6%	2.3%	1.8%	6.3%	0.7%	0.5%	15.3%	3.2%	12.3%	43.9%	20.6%	75.2%	4.2%
爱沙尼亚	10.3%	4.7%	4.9%	12.5%	1.7%	1.4%	13.0%	5.4%	15.4%	30.7%	24.5%	65.9%	9.6%
芬兰	14.4%	2.6%	2.4%	8.2%	0.4%	0.7%	14.5%	2.5%	11.2%	43.1%	23.0%	72.0%	5.0%
法国	11.9%	3.1%	2.9%	8.7%	1.8%	2.4%	14.2%	2.6%	9.6%	42.9%	22.3%	71.7%	5.9%
德国	14.3%	2.4%	3.5%	7.5%	1.3%	0.9%	15.8%	1.9%	9.7%	42.6%	23.1%	70.9%	5.9%
希腊	16.3%	3.6%	3.1%	25.5%	1.4%	0.5%	8.6%	1.1%	7.6%	32.4%	43.2%	50.1%	6.7%
匈牙利	20.9%	1.0%	4.2%	13.7%	1.8%	1.6%	10.4%	3.7%	9.5%	33.3%	36.4%	58.5%	5.2%
冰岛	19.2%	0.0%	3.1%	10.4%	1.3%	2.4%	16.3%	6.9%	16.9%	23.6%	30.9%	66.0%	3.2%
爱尔兰	16.5%	1.0%	3.9%	7.5%	1.6%	1.6%	17.4%	1.8%	10.2%	38.6%	25.6%	69.5%	4.8%
以色列	13.5%	14.4%	3.9%	6.8%	1.5%	1.1%	12.2%	3.7%	16.3%	26.6%	21.8%	59.9%	18.3%
意大利	17.5%	2.3%	3.8%	8.2%	1.8%	1.4%	14.1%	1.4%	8.0%	41.3%	27.6%	66.3%	6.2%
日本	10.6%	2.1%	3.1%	10.3%	2.8%	1.8%	17.5%	0.9%	8.5%	42.4%	23.6%	71.1%	5.3%
韩国	17.1%	7.8%	4.0%	16.8%	2.4%	3.0%	12.1%	2.2%	16.3%	18.4%	36.2%	52.0%	11.8%
卢森堡	11.5%	0.8%	2.3%	9.5%	2.6%	1.6%	11.9%	2.6%	12.7%	44.4%	23.6%	73.2%	3.2%
荷兰	11.0%	2.5%	4.2%	8.2%	3.2%	1.1%	17.7%	3.4%	11.8%	36.7%	22.5%	70.8%	6.7%
挪威	9.7%	3.1%	2.3%	10.6%	1.9%	1.6%	17.0%	3.1%	11.1%	39.7%	22.1%	72.5%	5.4%
波兰	13.5%	3.9%	5.3%	9.6%	1.8%	1.7%	10.9%	2.5%	12.5%	38.3%	24.8%	65.9%	9.2%
葡萄牙	17.9%	2.1%	4.4%	6.7%	0.8%	1.4%	13.3%	2.0%	13.5%	37.8%	25.4%	68.0%	6.5%
斯洛伐克	13.4%	3.1%	8.0%	7.9%	2.2%	1.7%	18.3%	3.1%	12.2%	30.1%	23.6%	65.4%	11.1%
斯洛文尼亚	11.3%	1.6%	3.6%	24.2%	1.2%	1.2%	11.6%	3.0%	10.9%	31.4%	36.7%	58.0%	5.2%
西班牙	15.5%	2.1%	4.5%	10.0%	1.9%	1.0%	13.6%	2.6%	9.1%	39.7%	27.4%	66.0%	6.6%
瑞典	14.6%	2.8%	2.6%	8.1%	0.6%	1.5%	13.1%	2.0%	12.4%	42.3%	23.4%	71.3%	5.3%
瑞士	11.7%	3.0%	4.9%	12.3%	2.2%	0.6%	6.5%	2.5%	17.8%	38.6%	26.2%	66.0%	7.8%
英国	12.5%	5.0%	4.8%	6.8%	1.8%	1.5%	16.7%	1.7%	12.0%	37.2%	21.2%	69.0%	9.8%
美国	14.3%	9.8%	5.6%	9.2%	0.0%	1.5%	22.3%	0.7%	16.0%	20.7%	23.5%	61.2%	15.3%

续表

成员	一般公共服务	国防	公共秩序和安全	经济事务	环境保护	住房和社会福利设施	医疗	娱乐、文化和宗教	教育	社会保护	第一类比例	第二类比例	第三类比例
OECD成员国加权平均值	13.8%	5.5%	4.4%	9.5%	1.2%	1.5%	17.7%	1.5%	12.5%	32.4%	24.5%	65.6%	9.9%
OECD成员国未加权平均值	14.0%	3.3%	3.9%	10.8%	1.7%	1.4%	14.5%	2.6%	12.1%	35.7%	26.5%	66.3%	7.2%

资料来源：OECD 数据库；欧盟统计局政府财务统计数据（数据库）。其中澳大利亚的数据基于其统计局提供的政府财政统计数据。缺乏加拿大、智利、墨西哥、新西兰和土耳其的数据。冰岛采用 2012 年数据。西班牙 2013 年经济数据包括向银行提供的 48.9 亿欧元金融援助

表1-4 中国与欧盟三类支出对比（2013年）

支出分类	一般性政府预算+五项社保 金额/亿元	一般性政府预算+五项社保 比例	前项+土地出让金+政府性基金 金额/亿元	前项+土地出让金+政府性基金 比例	前项+地方债 金额/亿元	前项+地方债 比例	OECD 比例
第一类（效率相关）	73 222	44.4%	105 068	53.4%	135 068	59.6%	26.5%
第二类（福利和社会公平相关）	76 448	46.4%	76 448	38.9%	76 448	33.7%	66.3%
第三类（国防与公共秩序和安全）	15 096	9.2%	15 096	7.7%	15 096	6.7%	7.2%
合计	164 766	100%	196 612	100%	226 612	100%	100%

基于上述分类方法，OCED 国家与效率相关的第一类"产业政策"支出占总支出的约 26.5%。然而，若将此法套用于我国，则会大大低估我国产业政策效果。原因在于住房和社会福利设施划作社会公平类，与产业政策无关，而我国大量产业政策资金流入了房屋建设方向。但总体而言，OECD 国家平均对产业政策最大的支持程度占 GDP 的约 8%，若将一般公共服务归类于政府职能，则只占 GDP 的约 4%。

（二）中国特色产业政策影响市场扭曲

为了和 OECD 国家横向比较，我们采用 2013 年财政支出数据进行测算。基于同样的分类，我们测算出和产业政策相关的支出。根据 2013 年财政收支情况，

政府公共财政支出情况如表 1-4 所示。

基于 2013 年财政支出数据的测算，在总支出中，我国经济建设支出占比至少达到 44.4%，比其他 OECD 国家高 20% 左右。如果考虑政府性基金和地方债绝大部分被用于经济政策相关方面支出，我国比例近 60%，是 OECD 平均水平（26.5%）的两倍。然而，在国防与公共秩序和安全方面支出基本持平的情况下，意味着我国福利和社会公平相关的支出（33.7%）只有 OECD 国家（66.3%）的一半左右。从这个结果看，中国虽然对于产业发展的财政支持规模较大，但用于福利目的的财政支出较低。加之国有企业利润不参与分配，产业政策的实际力度被低估，造成更高程度的扭曲和更大规模的产业政策相关投入。

三、中国就市场经济地位应坚持的观点

从历史角度看待此类问题，Chang（2002）在其著名的 *Kicking Away the Ladder：Development Strategy in Historical Perspective* 中提供了一些有趣的见解。以英美为代表的发达国家通过国家干预、补贴、技术政策、产业激励措施和其他手段来促进经济增长和发展，这恰恰是现在针对发展中国家的工具。Chang（2002）认为，发达国家制定规则惯例，以防止其他国家使用曾经的工具，因此贸易自由化对不同发展程度国家的影响是不平衡的。

市场经济并没有国际公认定义，尽管如此，一些国家（特别是发达国家）仍以政治导向的标准宣称中国是非市场经济国家，责难中国政府干预经济，以此向中国施加压力，要求其遵循 WTO 规则进行政策改革。我国遵循欧美衡量市场经济度的标准，排名位于全球中等程度，不应该从政治立场上被认定为非市场经济。因此，我国应关注现有政策的有效性、产业政策的合理性，降低资源要素配置的扭曲，完善国家治理体系，在硬指标上与国际接轨。

第五节　贸易与投资的全球治理——未来 5～10 年可能出现的情况

全球治理正在不断变化。我们可以在不同的国际体制中看到这种情形。例如，在环境（《巴黎协定》的命运）、教育和文化（美国退出联合国教育、科学及文化

组织)、人权(美国决定退出联合国人权理事会)、安全(美国总统称北大西洋公约组织已"过时")及核裁军(伊朗核问题协议瓦解和《中程导弹条约》的终止)等领域。在区域层面上,一些成熟的制度也遭到了严重破坏,尤其是英国脱欧。欧盟目前面临着自成立以来的最大挑战,欧盟成员国(世界第五大经济体)决定退出欧盟,这在历史上还是第一次。

第二次世界大战后建立起来的国际体系正在遭受质疑,尤其受到了美国的质疑。有些人甚至认为,我们正在目睹以国际规则为基础的秩序遭到破坏。还有些人认为,冷战后由美国、欧洲及其所代表的体系的统治已经结束。这种复杂现象的出现有不同的原因。尽管民粹主义和民族主义在世界不同地区兴起本身是更深刻的社会变革的结果,但也是影响目前全球秩序大变革的重要驱动力,"全球主义"现已成为美国,当然不仅是美国,在解释全球化和全球治理现状时鄙视的关键概念。有人指责全球化的意识形态削弱了国家政府为获取自身利益而采取行动的能力。此外,于美国而言,现有秩序面临的挑战也可以从现任大国在其实力相对衰落的情况下还努力保持领导地位的视角来看。

与此同时,中国作为一个崛起的大国,在国外越来越自信,更愿意去塑造全球治理的未来。最近的一些举措,如亚洲基础设施投资银行(Asian Infrastructure Investment Bank,AIIB;以下简称亚投行)和新开发银行(New Development Bank,NDB)都将中国作为主要推动力。中国也是现有治理结构的坚定支持者,如WTO。目前,关于中国是否是一个修正主义大国存在争议,似乎一个正在崛起的国家希望在塑造国际体制、规则和机构时拥有更多的发言权是不合理的。同时,有人认为美国已成为一个修正主义大国,美国退出现有体制、谴责已签署的协议、破坏国际组织。撇开学术讨论,事实是,在未来的几年里,中国将在塑造全球治理方面扮演越来越重要的角色。这可能会在很大程度上支持全球治理改革,并巩固部分现有国际体系,如IMF、WTO和联合国系统等;同时,在BRI、AIIB和NDB等新的治理方案中也将贯彻改革与巩固并行的做法。

目前的贸易体制正面临着最深刻的变化。自由贸易并没有得到同等程度的支持,特别是在发达国家。有人指出全球化的收益分配不均,而贸易常常被认为是加剧不公平和失业的罪魁祸首。重商主义的贸易方式现已在美国明显占优,讽刺的是,美国是现有国际自由贸易体制的缔造者。

在双边、区域和多边等贸易体制中,很多重要进展正在重塑国际贸易秩序。多边贸易体制的基石,如非歧视原则,每天都在受到破坏,单边主义和保护主义措施日益增多,这些威胁挥之不去。上诉机构曾被视为WTO皇冠上的明珠,如今正濒临瘫痪,美国一直阻挠上诉机构新成员的任命。重要的是,国家安全越来越被认为与经济问题密不可分。贸易、技术和国家安全经常被强行结合在一起,为贸易壁垒创造了空间。这对贸易活动中的国际合作提出了新挑战,并考验着现有协定和组织的局限性。它给贸易关系增添了不可预测性,并给以规则为基础的贸易体系带来了严峻的挑战。

鉴于此,很难预测全球贸易体制在未来5~10年的状况。设计场景是探索未来可能性的一种方法。这种做法有助于贸易决策,特别是对有能力影响国际发展的国家来说,它可以帮助它们制定战略和采取行动,以形成未来的结果。这种特殊的做法也清楚地表明了领导的必要性,特别是要减少出现不太理想的情况的机会。

一、贸易和投资政策的未来情景

(一)合作和冲突场景:关键特征

图1-2所示的程式化场景是两个极端(合作和冲突)的示意图,旨在突出它们之间的差异。连接场景的线反映了一系列的可能性,并且任何特定时刻的情况都可能被两种极端场景的特征(有时特征是相互冲突的)所标记。现实总是更微妙,而不是那么泾渭分明。

按照箭头(图1-2)从左向右的走向,"合作"的程度不断增强,表1-5中右栏的特征将不断增强;相反,当箭头按照从右向左的走向,"冲突"的程度不断增强,由此而产生的结果,可用表1-5中的左栏表示。

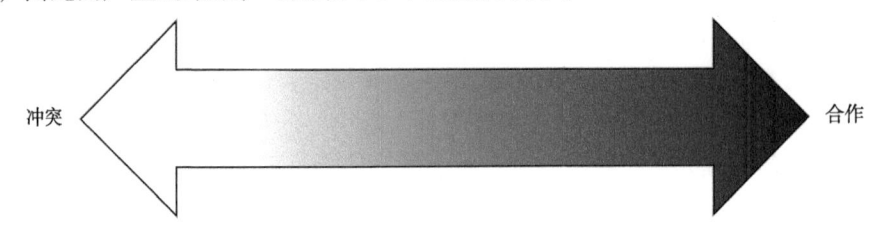

图1-2 合作和冲突场景

表1-5 合作和冲突场景的特征比较

冲突	合作
更多的破坏和单边主义,更少的合作	更多的合作,更少的单边主义
民族主义、保护主义、民粹主义在起推动作用。对地缘政治的关注上升。提升对经济自立的关注	民族主义和保护主义的趋势得到逆转。更多地抑制了对地缘政治的关注。自力更生的重要性降低
贸易和投资活动基于权力。国家、领导人及机构之间的信任度较低。国家被迫选择立场	贸易和投资活动基于规则。对合作的经济和政治基础有更高程度的信任和共识。国家间能够广泛和自由地交往,不会因为它们在技术标准和贸易伙伴等方面所做出的决定而受到惩罚

续表

冲突	合作
贸易和投资决策受到了限制性政治干预（制裁、壁垒等）的影响。结果是全球价值链重塑，投资重新定位	贸易和投资决定是在改善的市场准入条件、更有利的贸易环境和宽松的政策干预（自由贸易协定、单方面自由化等）下形成的。这为全球价值链的发展创造了更有利的条件
创新和生产力增长处在充满挑战的环境中。影响企业和消费者信心因素的不确定性很高。设置资本和人员流动壁垒	有利于构建创新和生产力增长的环境。更强的可预测性和稳定性提振了企业和消费者的信心。减少资本和人员流动壁垒
限制与外国研究人员、学者、科学家、工程师和学生的合作，甚至限制商业活动和旅游，特别是中美之间的合作与活动	提供有利于外国留学生和科技人员合作的条件
减少了在标准制定方面的合作，增加了贸易和投资的额外壁垒	在标准制定、互操作性和互认协议等方面加强合作以促进贸易便利化
安全问题（合法与否）日益与贸易、投资和技术的政策交织在一起	贸易和国家安全问题仅限于少数合法案件
拉起数字铁幕和形成分裂网。分散治理数据流	加强全球电子商务合作，在数据流合作上达成一致意见

（二）冲突情景：多边、区域和双边贸易体制的可能发展

1. 多边层面

（1）美国决定退出WTO，其他成员也因此重新考虑对WTO的承诺。或者，不那么引人注目的是WTO上诉机构瘫痪，由此美国提出了一些预算问题，这进一步降低了WTO的重要性。

（2）关于WTO改革的讨论没有任何吸引力。

（3）成员方不再用多边贸易体制约束其行为。它们无法强制执行这些规则，同时也看不到遵守这些规则的激励措施。

（4）与WTO倡导的不一致的措施激增，如单边贸易保护措施。起初，与贸易、投资和技术有关的措施越来越多地成为维护国家安全的正当理由。随着时间的推移，成员方甚至懒得辩称他们的政策符合WTO的准则。

（5）贸易摩擦已成为新常态。强制设计关税和其他贸易政策工具并将其作为应对贸易摩擦的武器，其中还包括与贸易无关的政策目标，如美国通过关税威胁墨西哥改变移民政策。

（6）尽管WTO继续存在，但已成为不那么重要的组织，既没有谈判采用新规则，也没有谈判通过争端解决来执行现有规则。

（7）WTO会议由级别较低的官员参加；部长级会议演变成了仪式性活动，

有一系列的演讲，但没有适当的贸易谈判。

2. 区域层面

（1）各国都在考虑区域层面上可以采用哪些替代方案来填补濒临倒闭的 WTO 留下的治理空白。一些人计划在志同道合的国家通过 OECD 设立新规则。RCEP 的谈判将变得更加有意义。尽管面临着 USMCA "毒丸"条款带来的挑战，但中国也会考虑加入全面与进步跨太平洋伙伴关系协定（Comprehensive and Progressive Agreement for Trans-Pacific Partnership，CPTPP）。

（2）美国、欧洲和中国在经济影响（包括监管标准）方面存在全球争议。一些地区（如拉丁美洲和撒哈拉以南非洲地区）被夹在势力范围之间。

3. 双边层面

（1）中美关系进一步恶化，美国极力遏制中国的发展。这种升级对其他领域，特别是安全和国防领域有着重大影响。中国在关键领域加强自力更生，进一步加剧了与美国的竞争。

（2）双边谈判取得了前所未有的重要成果，尤其是在尚未签署贸易协定的主要国家之间。迄今为止，没有一个贸易协定将三个主要经济体（中国、欧盟和美国）联系起来；如果把日本加入其中，除了欧盟-日本签署的 FTA 以外，这些经济体之间没有签署过任何其他协定。

（3）各国被迫选择立场，这些决定影响了价值链、投资决策、网络标准和技术模式等。许多国家面临着非常困难的抉择。例如，它们一方面考虑情报和安全的威胁，另一方面考虑具体的经济机会。

（三）合作设想：多边、区域和双边贸易体制可能的发展

1. 多边层面

（1）改革和振兴 WTO，使其更加灵活，更有能力促进贸易交易。

（2）诸边谈判是 WTO 交易工具箱中有效和重要的工具。

（3）对与所谓的"中国威胁"有关的实质问题，如国有企业和知识产权问题，有一定理解。

（4）WTO 有一个实用和有效的争端解决体系。

（5）成功完成一些具体谈判，包括电子商务、投资便利化和渔业补贴。各成员还同意并遵守关于通知和透明度的强化准则。这些取得成功的谈判为其他领域的谈判提供了新动力。虽然形式灵活，但成员方都参与了市场准入谈判。

（6）成员方同意采用新方法来处理贸易和安全问题，包括增加将贸易和安全

联系起来的单方面措施。

我们找到一个解决特殊与差别待遇问题的折中方案,该方案具有建设性且十分务实,能缩小发展中国家与发达国家之间在该问题上的分歧。《贸易便利化协定》中关于特殊与差别待遇的做法以及其他切实可行的方案有助于形成新协议。

2. 区域和双边层面

(1)中国和美国解决了他们最紧迫的贸易和投资问题,或者说至少找到了一个相对稳定的调解方案。他们同意削减贸易战背景下引入的壁垒。中美协议是WTO改革的催化剂。在商界、有影响力的国会代表和州长的支持下,与中国接触的支持者在美国政治体系中的影响力越来越大。中国设法遏制了由中美科技和贸易的紧张局势所产生的民族主义冲动。

(2)区域和双边层面的成功协定激发了WTO讨论中的灵感,与会者对区域谈判的"多边化"结果(如CPTPP、USMCA或潜在的RCEP)很感兴趣。

同时,中国通过BRI推动建立准则和标准,并在伙伴国获得更有利的贸易和投资条件。中国试图以此网络为基础,在WTO谈判中为自己的利益争取支持。

二、最后的考虑

未来的5~10年我们的方向将在哪里?我们很有可能处于这两种极端情况之间且倾向于更具冲突性的情形。这一假设基于这样的观点,即我们今天所看到的潜在紧张局势,特别是中美之间的紧张关系将持续相当长的一段时间,应该不止5~10年。

中美关系将是未来10年全球贸易治理的关键因素(如果不是秘籍的话)。它不仅会影响现有的合作机制,还会影响将来可能做出的新努力。如果中美两国能够设法避免最坏的情况发生,中美两国在未来的竞争中将出现一系列并不完美的调解。目前,还很难预测我们是否正在走向两极世界,但毫无疑问,这两个主要参与者在贸易体制中的互动将在各种可能中决定未来世界的走向。其中的一个关键因素是2020年的美国大选。尽管目前显而易见的是与中国崛起有关的担忧并不局限于共和党,但如果政府更迭,美国对中国的态度可能会发生改变。诚然,美国在全球扮演的角色已非常不确定,但美国各政治派别都已取得一定共识,即中国是应加以遏制的对手(如果不是威胁的话)。

美国似乎不太可能退出WTO,但因为没有能够对美国强制执行的争端解决制度,也没有有意义且积极的谈判,所以WTO的重要性有可能大大降低。如果WTO的改革没有突破的话,那么改革可能会在数年后失败。例如,推动电子商务的讨论可能会取得成果，但不会从根本上改变相关性下降的整体局面。然而，关于 WTO 改革的讨论没有取得进展，并不意味着欧盟、美国和日本对中国施加的压力就会消失。他们可以通过 WTO 以外的其他途径给中国施压。

如果中国能够探索出一种情景，在这种情景下，WTO 的重要性可以弱于当前，那么，这对中国而言是十分重要的。如何减轻风险及消除单方面和歧视性措施的影响？中国应该探索哪些方案来改善其市场准入和对外直接投资的条件？中国应如何提高自己的标准（如扩大其数字能力）？中国如何增强合作伙伴的信心并继续成为外国直接投资的主要目的地？

在与美国的长期竞争中，中国应该仔细考虑，在没有有效的全球准则来管制不守规矩的行为时，哪种治理结构最符合中国的贸易和投资利益。BRI 和 "区域经济伙伴关系"肯定是有可能的，其他可能应该根据情况和中国的战略目标进行彻底探索。即使不太可能出现全面冲突，中国也应该做好准备以迎接更糟糕的局面。

本章执笔人：林桂军　Tatiana（巴西）　任　靓　胡钟中

<h1 style="text-align:center">参 考 文 献</h1>

汪德华. 2015. 中国全口径财政支出规模核算与分析：2003—2013. 地方财政研究，（7）：53-56.

Alba J, Hur J, Park D. 2010. Do hub-and-spoke free trade agreements increase trade？A panel data analysis. https://www.adb.org/sites/default/files/publication/28520/wp46-hub-spoke-free-trade.pdf [2020-11-03].

Baldwin R, Evenett S. 2020. COVID-19 and trade policy：why turning inward won't work. https://voxeu.org/content/covid-19-and-trade-policy-why-turning-inward-won-t-work[2020-11-03].

Baldwin R, Low P. 2009. Multilateralizing Regionalism：Challenges for the Global Trading System. London：Cambridge University Press.

Baltensperger M, Dadush U. 2019. The Belt and Road turns five. https://www.jstor.org/stable/resrep 28494?seq=1#metadata_info_tab_contents[2020-11-01].

Bertelsmann Stiftung. 2018. Revitalizing multilateral governance at the World Trade Organization. Report of the high-level board of experts on the future of global trade governance. https://www.wto.org/english/ news_e/news18_e/bertelsmann_rpt_e.pdf[2020-11-01].

Chang H J. 2002. Kicking Away the Ladder：Development Strategy in Historical Perspective. London：Anthem Press.

Chen M X Y, Lin C H. 2018. Foreign investment across the Belt and Road：patterns, determinants and effects. https://openknowledge.worldbank.org/bitstream/handle/10986/30577/WPS8607.

pdf?sequence=1[2020-11-02].

Commission of the European Communities. 2008. Commission staff working document on progress by the People's Republic of China towards graduation to market economy status in trade defence investigations.

Deltas G, Desmet K, Facchini G. 2005. Hub-and-spoke free trade areas. https://www.etsg.org/ETSG2005/papers/desmet.pdf [2020-11-02].

Dollar D, Huang Y P, Yao Y. 2020. China 2049: Economic Challenges of A Rising Global Power. Washington: Brookings Institution Press.

European Commission. 2017. Commission staff working document on significant distortions in the economy of the People's Republic of China for the purposes of trade defence investigations.

European Union. 2017. Measures related to price comparison methodologies. https://trade.ec.europa.eu/wtodispute/show.cfm?id=658&code=2[2017-11-23].

Hoekman B, Mavroidis P C. 2020. Preventing the bad from getting worse: the end of the World (Trade Organization) as we know it?. https://scholarship.law.columbia.edu/cgi/viewcontent.cgi?article=3610&context=faculty_scholarship[2020-11-05].

Office of the Leading Group for Promoting the Belt and Road Initiative. 2019. The Belt and Road initiative progress, contributions and prospects. https://eng.yidaiyilu.gov.cn/zchj/qwfb/86739.htm [2020-11-03].

Rodrik D. 2017. Straight Talk on Trade. Princeton: Princeton University Press.

Rotemberg M, White T K. 2017. Measuring cross-country differences in misallocation. U. S. Census Bureau Working Papers.

Ruggie J G.1982.International regimes, transactions and change: embedded liberalism in the postwar economic order. International Organization, 36 (2): 379-415.

Sauvant K. 2018. China moves the G20 toward an international investment framework and investment facilitation. https://papers.ssrn.com/sol3/papers.cfm?abstract_id=2901156[2018-01-01].

The State Council Information Office of the People's Republic of China. 2019. China and the world in the new era. http://www.70prc.cn/english/2019-09/27/c_1125047826.htm[2020-11-05].

U.S. Department of Commerce. 2017.The memo of China's status as a Non-Market Economy. Public Document E&C VI: MJH/TB.

Wolff A. 2020. Time to start preparing for the post-pandemic recovery. https://www.wto.org/english/news_e/news20_e/ddgaw_09apr20_e.htm [2020-11-01].

Yu S, Qian X W, Liu T X. 2019. Belt and Road Initiative and Chinese firms' outward foreign direct investment. Emerging Markets Review, 41: 100629.

Zhao J R, Sun H. 2019. Research on the evolution of trade relations between China and the countries along the Belt and Road. International Economics and Trade Research, 35 (11): 36-48.

第二章　顺应全球价值链发展需要的 WTO 改革研究

在全球化的背景下，曾经积极推动全球化的美国开始趋于保守，虽然欧盟和中国仍然重视多边，但 WTO 已不能满足各方的期待，改革势在必行。WTO 所面临的除了争端解决机制和上诉机构的问题之外，其他如多边主义与单边主义、给予发展中国家特殊和差别待遇等问题都与当今国际生产分工和全球价值链贸易的新特点和趋势有着直接的关联。影响 WTO 改革的因素来自多方面，其中有一个重要的方面是全球价值链发展所呈现出新的特征和新变化。本章主要对全球价值链发展的重要阶段和主要特征，以及外界冲击对国际生产分工和全球价值链的影响进行分析，并基于分析所得到的一些结果对 WTO 改革的相关问题展开讨论。

第一节　全球价值链概述

20 世纪 90 年代以来全球价值链的发展可大致划分为三个阶段。每个阶段发展的影响因素、特征和变化趋势概述如下。

首先，20 世纪 90 年代开始，国际生产分工越来越细化（学术界称之为"片段化"，fragmentation），发达国家将一些非核心的生产和服务等业务分离出去并进行全球采购，从而使得发展中经济体参与到国际生产过程之中并融入全球价值链。其背后主要驱动因素是，信息与通信技术（information and communications technology，ICT）的突破性进展使得生产细分后的分散管理和协调的成本降低了，同时发展中国家低成本的劳动力作为诱因也促进了国际分工的细化，垂直专业化成为这一时期经济全球化的特征，其结果导致了大量中间品贸易。与现在的世界形势相比，当时国际政治形势以"和平与发展"为主题，为全球价值链的发展迎来了黄金发展期。在 2002~2008 年，全球价值链生产或贸易活动达到了全盛期。

其次，金融危机期间全球价值链活动下降和危机后全球价值链活动的短暂恢复。金融危机不仅打击了欧美发达国家的经济，也使得 2009 年前后复杂的全球价值链生产活动占比有所下降；而刺激经济的扩张政策特别是其滞后影响又导致了全球价值链生产活动出现的快速回弹（恢复）。

最后，2012 年开始，全球价值链出现了一些新的重要特征和变化趋势。从表面上看，全球价值链贸易的份额不再扩大甚至停滞，但重要的并不是简单的数量或份额的变化，而是在这背后出现了一些新的变化。比如，跨境的服务贸易快速增长、货物贸易日渐弱势；关税之外其他影响贸易成本的因素及国际分工中累积叠加的成本和贸易便利的措施日益受到重视；国际分工中劳动力成本的影响似乎变弱，创新研发愈发重要，知识密集型服务业与贸易的关联加深；数字贸易的影响扩大，"数字"成为一种重要的中间投入；全球价值链的区域化特征加强，同时价值链呈现出本国化或本地化的趋势；等等。

有关这一阶段变化的原因和特征，学者仅仅是开始关注，还没有形成明确的认识。近期出现的新技术，如新能源技术、5G 和 3D 打印等很可能是今后一段时间影响生产分工或国际贸易的重要因素。此外，在中美贸易摩擦等背景下，世界形势的变化对全球价值链的发展也是十分重要的。美国在其服务业具有强大竞争力的背景下又号召制造业的回归，同时推行贸易保护主义挑起贸易摩擦。中美这两个大国的一举一动对目前乃至今后的全球价值链都会产生很大的影响。中国加入 WTO 取得了经济和贸易的快速增长之后，自身经济贸易结构也发生了变化，不仅会从供给方面还会从需求方面对世界经济贸易产生重要影响。中国国家层面的政策及企业层面的发展战略也会日益受到国际社会的关注。

第二节　全球价值链中双边问题的多边特征

在全球价值链背景下，双边贸易是在多边合作的基础上发展而来的，双边问题在本质上都是多边问题。当双边贸易出现不平衡等问题时，除了考虑双方自身的经济结构因素外，从全球多边生产网络的视角分析问题也是必不可少的。国家贸易与产业政策的调整不能仅仅局限在双边贸易平衡上。下面以中美之间贸易特别是贸易平衡问题为例,分析双边贸易的多边特征。因为美国和中国分别是全球第一和第二大经济体,同时互为重要的贸易伙伴。两国建交以来,双边经贸关系持续发展,目前,美国已成为中国的第一大出口市场,中国是美国第三大出口市场。中美两国经济有很强的互补性,全球价值链分工下,两国之间的贸易为两国居民福利水平的提高和世界经济的发展做出了重要贡献,但是在中美双边贸易繁荣发展的同时,中国出口引起了美国越来越多的"指责"。

在具体的分析中,首先利用贸易数据研究了中美贸易不平衡的特征,其次基于双边贸易核算框架研究了中美贸易多边特征。

一、中美贸易失衡的多边特征

20 世纪 90 年代末美国制造业产品贸易逆差急剧增加,2001 年中国加入 WTO 后该数字加速增长,并在全球金融危机后几年进一步扩大。相关研究认为,近年来美国大幅增加从中国的进口,由此导致的双边贸易失衡的加剧,在很大程度上是其他主要亚洲发达国家和地区生产转移到中国的结果。第二次世界大战后,东亚成为美国对外贸易逆差的主要来源地,日本、韩国、中国及中国台湾地区等分别在美国对外贸易中扮演了主要逆差来源地的角色。随着东亚生产网络的结构变化,对美的最终出口地呈现依次从日本向韩国和我国台湾地区,再向中国和东盟转移的态势。因此,美国对华制造业贸易逆差自中国加入 WTO 以来急剧增加的主要原因是其他工业化国家(主要是日本和亚洲新兴工业化国家)向中国的产业转移。例如,在 1990 年,日本和"亚洲四小龙"占据了美国制造业贸易逆差的 75%左右,但它们的份额在 2016 年前下降到不到 12%。同期,中国在美国制造业贸易逆差中的份额从 10%大幅增加至 2013 年的 73%左右,此后一直在下降。换句话说,随着中国正在成为越来越重要的制成品来源,其他工业化国家的相对重要性正在下降,因为这些经济体中的许多公司正在以国际直接投资(foreign direct investment,FDI)的形式向中国转移它们的制造线和组装线。中国海关贸易统计数据证实,尽管中国私营企业近年来正扮演着越来越重要的角色,中国与美国制造业的贸易顺差却主要来自外商独资企业和合资公司。

图 2-1 展示了中国不同技术等级(根据 OECD 公布的国际行业标准分类第三版的技术强度定义)制造业的对外贸易特征。不管是高技术产品、还是中高技术和中低技术产品中的最终品,中国对美贸易和对欧贸易都是显著顺差,而且顺差的规模不断扩大,同时中国与韩国和我国的台湾地区的中间品贸易都是呈现显著逆差,且逆差规模不断扩大。中国与韩国和我国的台湾地区的中间品贸易逆差和

中国对美欧最终品贸易顺差呈现明显的三角贸易态势，中国从韩国和我国的台湾地区进口中间品，加工组装成最终品出口至美国和欧盟。随着人均收入的增加和工业的升级，韩国和我国的台湾地区等现在专门生产技术密集型制造产品的高附加值零部件。中国拥有大量可用于非技术劳动密集型作业的工人，逐渐地成为最终组装一系列技术密集型产品的首选地点。因此，中国对美贸易顺差中隐含了大量来自日本、韩国和我国的台湾地区的进口中间品价值，具有显著的全球价值链多边特征。

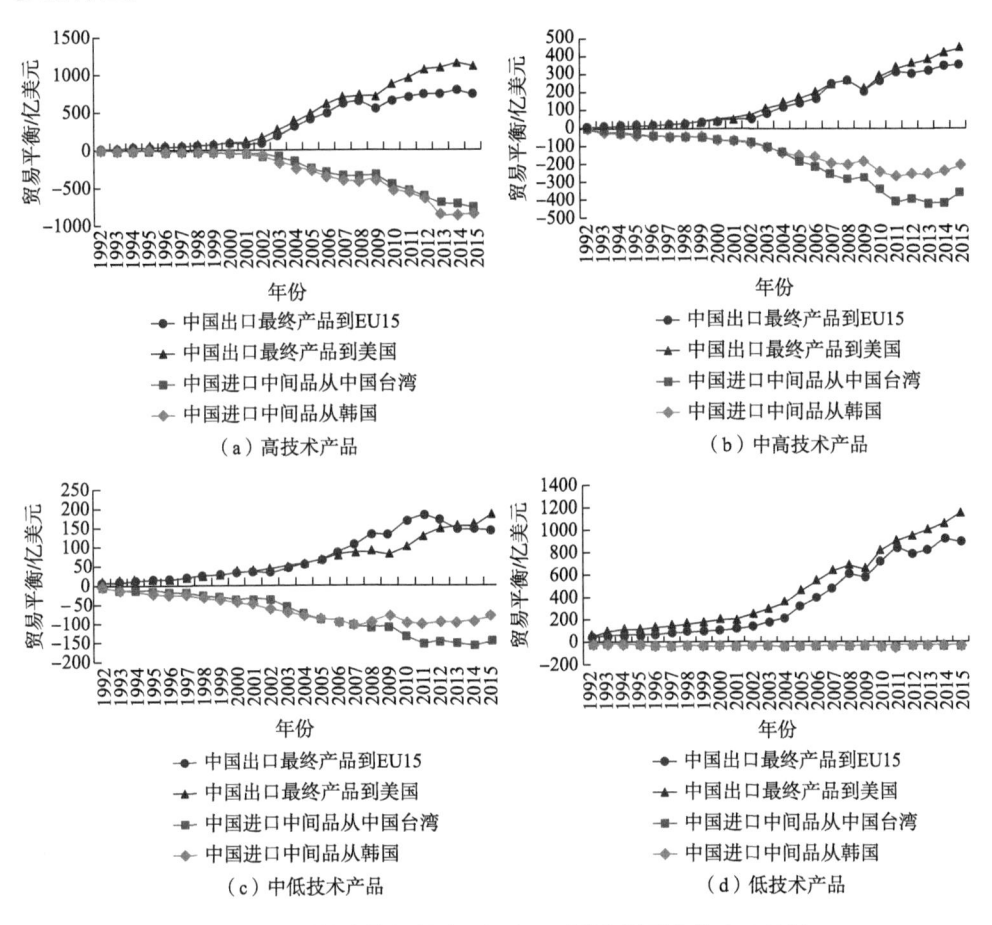

图 2-1 不同技术等级制造业的中国对外贸易平衡的多边特征

资料来源：BTDIbyE，2017 年版，OECD

不同技术密集型行业分类的参考文献是 OECD 的 "ISIC Rev.3 技术强度定义，2011 年"

与中国一样，其他新兴经济体如墨西哥和东盟国家，自 2000 年开始也越来越多地融入全球生产网络，其在美国制造业全球贸易逆差中的份额也在逐年上升。这进一步表明，自 2000 年开始，全球价值链的发展是美国与中国在制造业方面双边贸易逆差日益增长的主要驱动力之一。

二、中美双边贸易的多边效应测算结果分析

为了研究全球价值链在中美贸易顺差扩大中所起的作用，本节使用王直等（2015）提出的总贸易核算法。根据这一方法，一个国家的总出口可以分解为四个概念上不同的组成部分：①最终被国外吸收的国内增加值，即 Johnson 和 Noguera（2012）提到的增加值出口（记为 VAX）；②出口（作为中间出口）后返回国内的国内增加值（记为 RDV）；③用于出口生产的国外增加值（记为 FVA）；④由于来回跨境中间贸易而产生的纯重复计算（记为 PDC）。详见表2-1 的第一列。双边贸易的进一步分解表明，这些出口总额中的所有组成部分都与 GDP 统计数据具有特定类型的关系：VAX 是本国用于满足国外需求的 GDP，其中总出口所体现的要素含量至少跨越国界一次；RDV 不是本国增加值出口的一部分，而是本国 GDP 的一部分，最终在国内吸收，作为国家的最终需求，其隐含的要素至少跨越国界两次；FVA 是其他国家 GDP 的一部分，也是出口中至少两次跨越国界的部分；PDC 不算入任何国家的 GDP 中，因为它至少被上述三个组成部分中的一个计入，并且跨越国界至少三次，且每个国家的海关都各自至少记录过一次。

表2-1 双边贸易总额的分解，以确定和衡量第三国在双边贸易中的作用

总贸易核算法核心分解	细分	经济解释	与GDP统计数据的关系	过境次数
VAX_G 增加值出口	DVA_DIR	国内出口生产中最终被贸易伙伴吸收的增加值	国内GDP中满足贸易伙伴国家的最终需求的部分	至少一次
	DVA_IND	出口生产中最终被第三国吸收的国内增加值	国内GDP中满足第三国的最终需求的部分	至少两次
RDV_G 返回国内的国内增加值	RDV_G	先出口但最后返回国内并在国内消耗的增加值	国内GDP中通过国际贸易而满足本国需求的部分	
FVA 国外增加值	MVA	贸易伙伴用于出口生产，但返回国内并由合作伙伴吸收的增加值	贸易伙伴GDP中满足其本国最终需求的部分	
	OVA	第三国用于出口生产但最终被合作伙伴吸收的增加值	第三国的GDP中满足合作伙伴国家的最终需求的部分	
PDC 纯重复计算	ODC	来自第三国的出口总额的纯重复计算	不被算入任何国家的GDP	至少三次
	GDP	来自本国的出口总额的纯重复计算	不被算入任何国家的GDP	
	MDC	来自贸易伙伴国的出口总额的纯重复计算	不被算入任何国家的GDP	

注：斜体表示第三国在双边贸易中的作用

通过确定贸易总额相对于GDP统计数据的重复计算部分,总贸易核算法提供了一种用增加值(相对于GDP)正确解释贸易数据的方法,并将贸易总额和GDP统计数据(两个现在最重要且最常用的经济统计指标)基于国民账户体系(the system of national accounts,SNA)标准联系起来。通过总贸易核算法对双边贸易分解的四个大组成部分划分成更细的小项,可以清楚地确定和衡量第三国在双边贸易中的作用。

在表2-1中,双边贸易被详细分解为8项,分别使用表中第二列代码表示,其相应的含义见表的第三列。第三国在双边贸易中的作用是通过其中的DVA_IND,OVA和ODC三项来衡量的。DVA_IND与总贸易的比率体现了贸易伙伴国家作为本国DVA被第三国吸收转移平台的重要性。该比率由本国和贸易伙伴国家之间的生产分工及第三国的最终需求决定。同样,OVA与总贸易的比率用于衡量第三国因素对本国出口生产的重要性。这一比率是由贸易伙伴国家的最终需求和本国与第三国之间的生产分工所决定的。ODC与总贸易的比率用于衡量第三国效应的复杂性。该比率由本国、贸易伙伴国和第三国的生产关系决定。ODC仅指跨越国界至少三次的中间投入(企业使用来自一个国家的中间投入在另一个国家生产中间投入,用于生产出口到第三国的产品,涉及至少三个国家的生产分工活动)。

表2-2是依据上述的分析框架利用经济合作与发展组织国际投入产出(Organization for Economic Cooperation and Development,Inter-Country Input-Output,OECD-ICIO)表计算出的中美的"计算机、电子和光学设备"行业(在OECD-ICIO数据库中,由C30、C32和C33三个部门构成[①])双边贸易进行分解的结果。第一列为出口总值(记为TEXP,价格为现价,单位为万美元)。第二列为总贸易流的增加值出口(记为VAX_G)。在接下来的五列中,报告了出口总额的主要组成部分:最终由伙伴国吸收的国内增加值(记为DVA_DIR);最终由第三国吸收的国内增加值(记为DVA_IND),这取决于第三国的最终需求;包含在出口中但最终返回国内被国内吸收的增加值(记为RDV_G),这是本国GDP和最终需求的一部分;双边贸易伙伴之间的循环效应(分别记为DDC和MC),第三国的总出口增加值(记为OVA)和来自第三国的纯重复计算(记为ODC)。

---

① C30:办公室、会计及计算机械的制造。C32:无线电、电视、通信设备和装置的制造。C33:医疗器械、精密仪器、光学仪器及钟表的制造。

表2-2 中美"计算机、电子和光学设备"贸易分解（单位：万美元）

贸易方向	年份		TEXP (1)=(2)+(3)+(4)+(5)+(6)+(7)	VAX_G (2)=(2a)+(2b)	DVA_DIR (2a)	DVA_IND (2b)	RDV_G (3)	DDC (4)	MC (5)	OVA (6)	ODC (7)
中国对美国出口	2000	价值	1 755 300	435 600	365 200	70 400	2 100	6 400	178 500	938 500	194 200
		占比	100%	24.8%	20.8%	4.0%	0.1%	0.4%	10.2%	53.5%	11.1%
	2007	价值	9 415 300	3 386 900	2 982 600	404 300	19 500	100 300	622 900	4 750 200	535 600
		占比	100%	36%	31.7%	4.3%	0.2%	1.1%	6.6%	50.5%	5.7%
	2014	价值	16 629 600	7 657 300	6 742 200	915 100	67 500	253 700	930 100	6 903 500	817 600
		占比	100%	46%	40.5%	5.5%	0.4%	1.5%	5.6%	41.5%	4.9%
美国对中国出口	2000	价值	536 200	344 100	250 400	93 600	57 200	13 900	4 600	72 500	44 000
		占比	100%	64.2%	46.7%	17.5%	10.7%	2.6%	0.9%	13.5%	8.2%
	2007	价值	1 393 000	918 200	489 100	429 100	201 600	23 700	42 700	88 600	118 200
		占比	100%	65.9%	35.1%	30.8%	14.5%	1.7%	3.1%	6.4%	8.5%
	2014	价值	2 505 400	1 854 400	1 109 900	744 500	334 600	31 700	75 400	103 300	106 100
		占比	100%	74%	44.3%	29.7%	13.4%	1.3%	3.0%	4.1%	4.2%
美中贸易差额	2000	价值	1 219 100	91 500	114 800	−23 200	−55 100	−7 500	173 900	866 100	150 200
		占比	100%	7.5%	9.4%	−1.9%	−4.5%	−0.6%	14.3%	71.0%	12.3%
	2007	价值	8 022 300	2 468 700	2 493 500	−24 800	−182 100	76 500	580 200	4 661 600	417 400
		占比	100%	30.8%	31.1%	−0.3%	−2.3%	1.0%	7.2%	58.1%	5.2%
	2014	价值	14 124 200	5 802 900	5 632 300	170 600	−267 100	222 000	854 700	6 800 200	711 400
		占比	100%	41.1%	39.9%	1.2%	−1.9%	1.6%	6.1%	48.1%	5.0%

资料来源：依据对外经济贸易大学 GVC 指数（RIGVC UIBE，2016）计算

注：由于四舍五入，个别数据可能存在误差

表 2-2 的分解结果不仅揭示了从贸易统计总值计算贸易差额的误导性，还揭示了这种统计误差的来源。在中国加入 WTO 之前，中国向美国出口"计算机、电子和光学设备"的总额仅 24.8% 为出口增加值（VAX_G）。此后该份额增加，但 2014 年仍然低于 50%。在整个样本期间，来自第三国的出口增加值一直占中国这些商品出口的 45% 以上。美国对中国出口的构成恰恰相反，因为在整个样本期间，VAX_G 的份额占主导地位（64.2%～74%）。来自第三国的增加值内容（OVA + ODC）占美国这些商品总出口的不到 22%，并且在 2014 年下降到仅 8% 左右。MC + OVA + ODC 占中国出口的最大份额，中国利用美国和第三国的上游投入来生产对美出口品；DVA_IND + RDV_G + DDC 是美国出口的最大部分，是由于美国出口中国的产品大量用作生产再出口产品。因此，中美双边"计算机、电子和光学设备"贸易的不平衡主要原因是来自第三国的增加值。第三国因素占 2000

年贸易赤字总额的 83.3%，2014 年降至 53.1%。

对中美双方之间贸易进行全行业的分析。分析结果表明，从双边出口对上游第三方经济体的拉动作用来看，中国对美出口中隐含了从上游经济体进口的大量增加值，美国对华出口中主要是本国增加值。2018 年中国对美出口生产中使用了大量的中间进口品，其增加值占出口总值的 24.3%，而美国对华出口生产中使用的中间进口增加值只占出口总值的 13.5%。中国对美出口中，出口量最大的大类电子光学设备隐含的中间进口品价值占比高，有 1/3 价值来自日韩等上游经济体。美国对华的加征关税不仅影响中国本身，也会波及中国的上游经济体。

从中美双边贸易的第三方效应来看，中国对美出口中隐含了大量第三方上游经济体的进口价值（第三方供给），美国对华出口中很大一部分被中国用于向第三方下游经济体出口中（第三方需求）。因此中美贸易冲突的连锁效应明显，将对全球经济产生严重影响。

从双边出口被进口国用于再出口比例（即双边出口由下游第三国的需求拉动比例）来看，中国对美出口很少被用于再出口生产（7.3%），绝大部分被美国用于满足国内需求（87%），相对而言，美国对华出口被中国用于再出口生产（15.9%），前向垂直专业化分工特征显著。

2018 年中国对美国的增加值出口中，只有 18.3% 的比例是通过先出口第三方经济体，被用于再出口，最终被美国吸收，这一比例与全球平均水平基本一致。但是美国对华增加值出口中，有近 1/3（32.4%）的比例是通过向第三方经济体出口，最终被中国吸收。中国作为供给方，增加值出口主要是以直接出口美国的形式被美国吸收，通过第三方被美国吸收的比例较低。这说明在中美贸易摩擦中，中国通过向第三方转移规避美国对华加征关税的空间较小。只有不断提高和巩固中国在全球价值链分工中的上游位置，才能更好地化解美国挑起的贸易摩擦。

第三节 全球价值链与服务贸易和就业

在全球价值链背景下，服务贸易、出口与就业的关系等问题有着与以往不同的特点。这主要是大量间接的服务出口和进口、出口间接带动就业。比如，一些服务行业即使自己不直接出口服务，但可以为国内其他出口行业提供生产性服务实现间接的服务出口。这种服务出口模式是国际分工细化和大量中间品贸易背景下所特有的，超越了在《关贸总协定》乌拉圭回合达成的《服务贸易总协定》（General Agreement on Trade in Services，GATS）中所定义的四种服务贸易形式。在本节主要使用世界投入产出表对间接的服务出口和出口间接带动的就业进行分析。

一、服务贸易

首先，以亚洲开发银行（Asian Development Bank，ADB）编制的 2019 年版世界投入产出表为数据基础利用出口增加值分解模型对一些国家的服务业出口进行分析。在分析中，主要选取了中国和印度尼西亚等一些发展中经济体，以及美国等发达国家为例进行分析。

表 2-3 为所选的 13 个经济体在 2010 年和 2018 年以传统统计口径核算的服务业出口额和以增加值为基准核算的服务业增加值出口金额，其中也单独计算出两年服务业间接的增加值出口金额。

表2-3 主要经济体服务业出口：出口额和增加值出口

国家或地区	2018年 出口额/亿美元	总增加值出口/亿美元	间接增加值出口/亿美元	间接增加值占比	2010年 出口额/亿美元	总增加值出口/亿美元	间接增加值出口/亿美元	间接增加值占比
中国	4747.92	8877.99	6362.48	71.7%	2888.34	4451.48	3040.11	68.3%
印度尼西亚	111.29	353.01	291.03	82.4%	149.15	317.45	240.98	75.9%
印度	1292.11	1962.99	1017.06	51.8%	1394.18	1483.02	498.98	33.6%
马来西亚	348.92	525.43	355.16	67.6%	322.57	420.28	259.80	61.8%
中国台湾	806.30	809.28	334.16	41.3%	509.40	591.64	300.92	50.9%
中国香港	1888.77	1449.98	596.70	41.2%	1270.33	966.98	396.90	41.0%
新加坡	2377.17	1479.17	535.35	36.2%	1363.96	885.99	304.78	34.4%
韩国	881.31	1516.62	1038.74	68.5%	540.87	1072.42	805.25	75.1%
日本	1623.45	3032.59	2011.27	66.3%	1918.75	3057.59	1924.76	63.0%
美国	8312.41	9542.65	4618.65	48.4%	5946.15	6864.74	3314.86	48.3%
德国	3528.45	5557.39	3681.52	66.2%	2617.71	4358.10	2997.84	68.8%
英国	3993.22	3874.85	1676.35	43.3%	3083.85	3073.21	1389.70	45.2%
澳大利亚	763.49	1228.34	820.18	66.8%	572.91	918.93	622.26	67.7%

资料来源：依据 2019 年版亚洲开发银行编制的世界投入产出表计算

在表 2-3 中，除了英国和我国香港地区之外其余经济体的服务业增加值出口额都超出其出口额。即使是英国,其服务业的增加值出口金额也仅仅是略低于其出口额。这主要是因为服务业存在大量的间接增加值出口。2018年,表2-3中所列的大多数经济体服务业的间接增加值出口占总增加值出口的份额超过了一半,有的甚至到了80%多。即使较低的美国、英国,以及我国的台湾、香港地区,其份额也基本超过了40%(新加坡的份额为36.2%)。与制造业相比,这是服务业增加值出口的一大特点。

依据表2-3计算出2010年至2018年8年间增加值出口的年均增长率,可以发现,中国及中国香港地区、印度尼西亚、印度、马来西亚、新加坡、日本和美国这些国家或地区的服务业间接增加值出口的年均增长率都超出了其总的增加值出口增长率。

从规模上来看,无论是按照传统口径还是增加值口径来核算,美国服务业的出口都是世界的第一位。2018年,美国服务业出口额为8312.41亿美元,位居第二位的中国服务业出口额为4747.92亿美元,仅是美国的一半多些。从增加值口径来衡量,中国服务业出口8877.99亿美元,非常接近第一位的美国(服务业增加值出口9542.65亿美元)。其背后原因是中国服务业的间接增加值出口6362.48亿美元,远远超过了美国的4618.86亿美元。

服务贸易在整个贸易中的重要地位不仅体现在出口金额上,还体现在隐含在其他行业特别是制造业出口中对其他行业的出口甚至国际生产分工产生重要的影响。

表2-4是依据2016年版的世界投入产出数据库(world input-output database,WIOD)计算出的中国制造业出口中包含的美国等国家或地区的增加值及行业构成排序。地区构成是按照服务业增加值多少排序的。在行业排序中,仅列出了前20名的行业及全行业合计和服务业合计的结果。之所以把这些国家或地区制造业等行业的增加值列出来,是为了便于把服务业与它们进行对比。

表2-4 2014年中国制造业出口中包含的美国等国家或地区的增加值及行业构成排序

行业排序		国家或地区、行业代码及金额										
^	^	美国		韩国		日本		德国		中国台湾		英国	
^	^	行业代码	金额/亿美元	行业代码	金额/亿美元	行业代码	金额/亿美元	行业代码	金额/亿美元	行业代码	金额/亿美元	行业代码	金额/亿美元
前20个行业	1	c17	23.3	c17	86.0	c17	52.2	c19	10.8	c17	130.2	c04	3.9
^	2	c11	17.8	c11	27.5	c29	15.4	c45	10.1	c29	14.5	c29	3.5
^	3	c29	16.2	c30	15.1	c15	13.9	c18	9.1	c11	12.2	c41	3.1
^	4	c45	12.7	c29	12.4	c11	10.4	c17	8.4	c06	4.2	c50	2.6
^	5	c04	11.8	c15	8.0	c18	8.4	c29	7.4	c41	3.9	c15	2.5
^	6	c01	9.0	c18	7.9	c49	8.3	c11	7.3	c15	3.8	c45	2.5
^	7	c50	8.0	c06	6.7	c13	7.9	c20	5.8	c24	3.5	c19	1.6

续表

行业排序		国家或地区、行业代码及金额										
		美国		韩国		日本		德国		中国台湾		英国	
		行业代码	金额/亿美元	行业代码	金额/亿美元	行业代码	金额/亿美元	行业代码	金额/亿美元	行业代码	金额/亿美元	行业代码	金额/亿美元
前20个行业	8	c33	7.2	c10	6.0	c19	7.7	c50	5.5	c10	3.1	c40	1.4
	9	c31	5.5	c16	5.9	c41	6.9	c16	4.5	c30	2.9	c17	1.4
	10	c41	5.4	c19	5.7	c10	6.3	c44	4.0	c13	2.6	c21	1.3
	11	c19	5.3	c24	5.6	c31	5.8	c15	3.5	c14	2.1	c43	1.2
	12	c10	4.6	c41	5.5	c16	5.7	c13	3.4	c31	1.6	c11	1.1
	13	c44	3.5	c50	5.0	c20	4.4	c34	3.2	c50	1.5	c16	1.0
	14	c51	3.3	c31	4.6	c06	3.7	c40	2.9	c19	1.3	c31	0.9
	15	c16	3.3	c44	4.4	c24	3.3	c31	2.4	c16	1.2	c42	0.9
	16	c40	2.9	c34	3.3	c36	3.2	c41	2.3	c18	1.1	c34	0.9
	17	c46	2.6	c45	2.8	c14	3.1	c24	1.9	c44	1.1	c28	0.8
	18	c15	2.5	c13	2.7	c28	2.8	c26	1.8	c23	0.8	c46	0.8
	19	c21	2.5	c46	2.7	c40	2.7	c46	1.6	c51	0.7	c24	0.8
	20	c18	2.3	c21	2.6	c30	2.6	c51	1.4	c34	0.7	c18	0.8
全行业合计			188.0		253.1		206.9		117.6		200.3		43.8
服务业合计			86.8		74.4		65.7		51.1		31.0		24.5
份额			46.2%		29.4%		31.8%		43.5%		15.5%		55.9%

资料来源：根据2016年版WIOD计算

注：①行业代码参见本章附表2-1。②服务业使用斜体表示，以便于与其他行业的区分

考察几个主要国家或地区服务业整体在中国制造业出口中的增加值，即表2-4中底部服务业合计一项。2014年，美国全行业在中国制造业出口中的增加值为188.0亿美元（表2-4中底部全行业合计），而其中服务业的增加值为86.8亿美元，占全部美国增加值的46.2%。在这一份额上，仅次于美国的是德国。德国全行业在中国制造业出口中的增加值为117.6亿美元，其中服务业的增加值为51.1亿美元，占全部德国增加值的43.5%。英国的服务业增加值占全行业增加值的份额为55.9%，虽然很高，但无论是全行业合计的增加值还是服务业合计的增加值都很低（分别为43.8亿美元和24.5亿美元），在水平上与美国和德国相差太多。

虽然韩国、日本和我国的台湾地区的全行业合计的增加值分别为253.1亿美元、206.9亿美元和200.3亿美元，但其服务业合计的增加值却都低于美国的服务业合计。韩国、日本和我国的台湾地区的服务业合计的增加值分别为74.4亿美元、65.7亿美元和31.0亿美元，低于美国的服务业合计的86.8亿美元。

从细分的服务行业层面来考察的话，可以发现2014年在中国制造业出口中包

含的美国行业增加值的排序中,排在第一和第二位的行业是两个制造业:计算机、电子及光学产品(c17)和化工产品(c11),增加值的金额分别为 23.3 亿美元和 17.8 亿美元。排在第三和第四位的则是两个重要服务业行业:批发贸易(c29)和法律、会计和总部经济(c45)增加值的金额分别为 16.2 亿美元和 12.7 亿美元。对比金额后,可以发现美国这两个服务业参与中国制造业生产分工的程度并不比前面提到的两个美国制造业差多少。但是,需要注意和强调的是这些行业的性质不同,不能简单地在增加值金额上进行比较,更重要的是要看服务业的具体行业属性。

在中国制造业出口中,所包含的其他几个国家或地区批发贸易行业的增加值在金额和行业的排序上,也凸显出了其重要的地位。但在法律、会计和总部经济这个行业上,除了德国之外,其他几个国家或地区的该行业的表现要比美国差很多。韩国的零售贸易(c30)在行业排序上位于第三位,高于位居第四位的批发贸易,这是与其他国家或地区相比一个显著的不同之处。

二、出口与就业

以下采用 Lin 等(2018)的分析方法,使用 2016 年版 WIOD 中世界投入产出表和社会环境账户中的就业数据对出口带动的就业特别是间接带动的就业进行简要的分析。同时,针对与出口相关就业的国别途径,即是与本国(本地区)最终产品(服务)出口相关还是与其他国家(其他地区)最终产品(服务)出口相关的就业进行了探讨。在分析时,仅从计算结果选取了中国及其台湾地区、印度尼西亚、印度、澳大利亚、日本、韩国、美国、德国和英国 10 个经济体进行分析。

首先,依据表 2-5 的数据可以计算各经济体就业对外依赖度——总就业中与出口相关就业(直接依赖和间接依赖的合计)的占比。2014 年,我国台湾地区就业对外依赖度最高(29.6%),其次是德国(27.7%)、韩国(25.7%)和英国(19.6%)。中国就业对外依赖度为 16.5%,印度为 10.4%,印度尼西亚为 14.4%。从分行业的数据来看,就业对外依赖度较高的国家或地区,其制造业的就业对外依赖度一般也很高。2014 年,美国的直接和间接与最终产品和服务出口有关的就业人数为 1087.6 万人,规模虽然不小,但其就业对外依赖度只有 7.0%,是所列 10 个经济体中对外就业依赖度最低的。这说明美国的就业主要依赖其国内需求。从分行业的数据来看,美国制造业基业对外依赖度为 22.6%,服务业就业对外依赖度为 5.5%,在 10 个经济体中也是比较低的。

表2-5　世界主要经济体的出口与就业（单位：万人）

经济体	行业	2014年 与出口相关的就业 (1)直接	(2)间接	合计	总就业	2000年 与出口相关的就业 (1)直接	(2)间接	合计	总就业
中国	全行业	4 447.5	9 704.8	14 152.3	85 836.7	3 449.8	6 372.4	9 822.2	71 960.4
	制造业	2 641.8	2 978.5	5 620.3	16 829.5	1 632.7	1 626.8	3 259.4	11 038.3
	服务业	1 577.5	3 616.2	5 193.8	39 140.8	1 283.4	1 758.3	3 041.7	21 846.0
印度尼西亚	全行业	985.4	1 447.1	2 432.5	16 880.4	748.0	1 306.3	2 054.3	9 687.5
	制造业	671.2	105.3	776.6	1 912.0	493.4	91.9	585.3	1 116.0
	服务业	121.5	561.7	683.2	8 648.9	96.0	551.2	647.2	4 413.1
印度	全行业	3 498.5	3 330.5	6 829.1	65 877.6	1 808.9	1 902.8	3 711.7	41 006.3
	制造业	1 177.6	595.8	1 773.4	8 424.1	685.9	285.0	970.9	4 494.2
	服务业	1 227.1	1 168.4	2 395.4	21 558.1	516.3	477.9	994.2	10 021.7
澳大利亚	全行业	82.9	82.0	164.9	1 186.3	75.2	75.5	150.8	904.5
	制造业	19.0	9.3	28.2	91.2	23.7	12.5	36.2	104.9
	服务业	42.3	57.9	100.3	924.5	37.5	47.1	84.5	676.0
日本	全行业	346.1	408.4	754.6	6 123.4	246.2	315.8	561.9	6 525.2
	制造业	231.3	148.9	380.2	967.9	169.7	132.5	302.2	1 230.8
	服务业	112.6	234.1	346.7	4 379.9	74.8	163.8	238.6	4 216.1
韩国	全行业	248.6	378.8	627.4	2 444.9	165.0	198.6	363.6	1 820.8
	制造业	121.3	96.1	217.4	370.6	113.1	56.7	169.8	337.2
	服务业	124.9	255.0	379.9	1 753.3	49.6	120.9	170.6	1 127.0
中国台湾	全行业	360.1	237.0	597.2	2 020.7	252.6	179.3	431.9	1 692.8
	制造业	172.7	81.5	254.2	362.3	143.8	59.6	203.4	298.9
	服务业	171.4	114.6	286.0	1 357.2	84.3	93.5	177.7	1 086.6
美国	全行业	591.6	496.1	1 087.6	15 577.0	492.7	413.0	905.6	15 043.3
	制造业	208.8	73.5	282.3	1 250.7	235.4	82.5	317.8	1 761.2
	服务业	343.0	376.6	719.6	13 096.2	232.6	300.1	532.7	12 004.9
德国	全行业	613.7	567.7	1 181.4	4 270.6	419.4	404.4	823.8	3 991.7
	制造业	395.4	96.8	492.2	724.6	291.1	104.9	395.9	763.0
	服务业	189.4	417.9	607.3	3 154.7	105.1	264.3	369.5	2 780.1
英国	全行业	342.1	258.8	601.0	3 072.6	256.8	241.4	498.2	2 748.2
	制造业	81.6	33.0	114.6	236.0	137.8	36.8	174.6	364.3
	服务业	250.4	199.4	449.7	2 544.7	111.0	184.8	295.8	2 117.9

资料来源：依据2016年版WIOD计算

注：由于四舍五入，部分合计数存在误差

表2-5中，不少的经济体的与出口间接相关的就业超出了直接相关的就业。我国台湾地区的间接就业比直接就业人数低。2014年前者与后者的比值为65.8%（2000年时为71.0%），是10个经济体中最低的。除我国台湾地区外，在间接就

业比直接就业低的几个经济体中，英国的比值为75.7%（2000年为94.0%），德国的比值为92.5%（2000年96.4%），美国的比值为83.9%（2000年83.8%），印度的比值为95.2%（2000年105.2%），澳大利亚的比值为98.9%（2000年100.4%）。

我们再计算出表2-5中几项就业的14年间（2000年至2014年）年均增长率并进行比较可以发现，除了印度尼西亚和澳大利亚两个国家之外，其他国家或地区与出口直接相关或间接相关的年均就业增长率要高于总就业的增长率。这意味着，尽管出口不是就业的主要渠道，但却是带动就业增长的主要途径。同与出口直接相关的就业相比，间接就业也不可忽视，有时更为重要。

表2-6为2014年10个经济体与最终产品（服务）出口（直接和间接）相关的就业，通过区分本国（本地区）最终产品（服务）的出口与国外（本地区以外）最终产品（服务）的出口，可以识别出就业的一个"途径"特征。2014年，中国与最终产品（服务）出口有关的总就业为14 152.3万人。其中，7860.9万人是通过中国国内最终产品（服务）的出口实现的就业，6291.4万人是通过其他国家或地区最终产品（服务）的出口实现的就业。后者所占的份额为44.5%，而表中所列其余9个国家或地区的相应的份额都超出了50%。最高的两个国家或地区为澳大利亚（77.9%）和我国的台湾地区（71.5%），较低的两个国家为印度（51.7%）和德国（54.9%）。剩余5个经济体，日本为57.7%，韩国为59.9%，美国为62.8%，英国为64.0%，印度尼西亚为68.7%，其份额也都高于中国、德国和印度。考查行业构成又可以发现，在通过其他国家或地区最终产品（服务）出口所实现的就业中，95%以上甚至近100%都是通过制造业出口实现的。

表2-6　出口相关就业的国别或地区途径（2014年）（单位：万人）

经济体	通过本国（本地区）最终产品（服务）出口		通过国外（本地区外）最终产品（服务）出口	
	全行业出口	其中：制造业	全行业出口	其中：制造业
中国	7 860.9	6 769.8	6 291.4	6 175.3
印度尼西亚	762.1	653.3	1 670.4	1 611.1
印度	3 298.3	2 049.7	3 530.8	3 381.8
澳大利亚	36.5	18.1	128.4	125.7
日本	319.4	244.3	435.2	428.8
韩国	251.4	195.7	376.0	370.4
中国台湾	170.0	96.7	427.2	420.6
美国	404.5	216.6	683.2	669.6
德国	533.3	414.0	648.2	637.0
英国	216.5	79.8	384.5	379.6

资料来源：2016年版WIOD

第四节 贸易摩擦对参与全球价值链方式的影响

本节模拟中美贸易摩擦对双方的经济影响及参与全球价值链方式的影响。根据中美两国的贸易征税方案，设计了两种政策模拟方案。政策方案 1（美方 2500 亿美元和中方 1100 亿美元贸易争端方案）：根据双方已经实施的征税方案，先加权计算得到与全球贸易分析（global trade analysis project，GTAP）模型产品分类相对应的税率变化，然后作为政策冲击引入 2018 年模拟时期。其他假设与基准方案完全一样。政策方案 2（美方 5500 亿美元的制裁措施和中方新的反制措施）：模拟美国政府 8 月 28 日宣布的对从中国进口的约 3000 亿美元商品加征 15%关税，同时在政策方案 2 中考虑中国对美出口的 3000 亿美元产品加征 15%的关税（依据中国商务部新的应对措施和税目清单计算了相应美国输华产品的进口关税）。依据世界银行等机构在 2017 年对各国今后的 GDP、人口、劳动力和投资等预测，采用动态递归方法构建 2018～2025 年的基准方案（没有中美贸易战下的世界经济与贸易状况）。

在方法上，我们首先对标准 GTAP 模型及其数据库进行改进，同时把动态 GTAP 模型与王直等（2015）的贸易分解模型结合来分析模拟的结果，使得一般均衡模型分析和全球价值链分析很好地结合在一起。

一、贸易争端对中美宏观经济的影响

中美贸易战给两国经济都带来了负面影响，对我国经济的负面影响更为显著。在政策方案 1 下，我国实际 GDP 在 2025 年相对于基准方案降低 0.78%，美国的实际 GDP 降低 0.19%。由于出口受阻，我国 GDP 平减指数和消费者物价指数下降，相对基准方案分别降低 1.07%和 0.67%。由于美国限制进口，本国必须生产相应产品或者从更高生产成本的国家进口，美国 GDP 平减指数和物价指数上涨，分别提高 0.78%和 0.68%。贸易战将使我国经济紧缩，美国经济滞胀。中美经济福利明显下降，相对基准方案分别降低 905.36 亿美元和 112.72 亿美元。

中美贸易争端将恶化两国的贸易，进出口明显降低。相对于基准方案，我国贸易条件在 2025 年降低 1.15%，实际出口降低 3.19%；由于国内经济增速下滑和进口替代，实际进口降低 6.70%。因为进口降幅显著高于出口，我国贸易顺差不仅没有降低，反而提高 568.32 亿美元。由于成本上涨，美国的贸易条件提高 0.18%，这将减弱美国出口竞争优势。相对于基准方案，美国的实际出口降低 5.94%，实际进口降低 4.40%；虽然贸易条件改善、进口下降，但是由于出口显著降低，美国贸易顺差仅小幅提高 60.90 亿美元。

在政策情景 2 下，中美贸易摩擦对经济的影响与政策情景 1 基本一致，但是幅度更大。在政策方案 2 下，我国与美国的实际 GDP 分别下降 1.11%和 0.32%。因为出口受阻程度加大，我国 GDP 平减指数和物价指数降幅更显著，分别降低 1.62%和 1.11%；经济紧缩特征更为突出。美国将不得不提高国内生产或从生产成本更高的国家进口，GDP 平减指数和物价指数显著增长，相对于基准方案分别提高 1.11%和 1.01%，美国经济的滞胀问题加剧。在政策方案 2 下，中美的贸易都将严重萎缩，贸易摩擦不会明显改善美国贸易逆差。我国贸易条件下降 1.76%，实际出口降低 4.22%，实际进口降低 9.02%，贸易平衡提高 729.97 亿美元。美国实际进口降低 5.50%，实际出口降低 7.49%，贸易平衡仅增长 48.36 亿美元。

二、贸易争端对全球价值链的影响

中美贸易冲突对我国贸易方式具有较显著的影响，我国传统出口和简单 GVC 中的国内增加值明显下降，复杂 GVC 带来的国内增加值提高。在政策方案 1 下，相对于基准方案，中美贸易冲突使我国的传统贸易（即最终品出口）和简单 GVC 创造的国内增加值分别降低 365.23 亿美元和 503.86 亿美元（相对于基准方案的增加值分别降低 2.66%和 4.03%）。然而，复杂 GVC 带来的国内增加值增长 33.30 亿美元（相对于基准方案增长 0.65%）。这种变化表明：中美贸易冲突将对我国的传统贸易和简单 GVC 贸易造成显著负面影响，这与我国对美国出口以最终产品和简单 GVC 产品为主的贸易特征有关。同时，复杂 GVC 出口增加，即出口到第三国市场并被其加工利用后，再出口到美国或其他国家。

相对而言，美国传统贸易、简单 GVC 和复杂 GVC 的国内增加值都显著萎缩，特别是 GVC 活动。美国将不得不生产贸易限制导致的"短缺"产品，造成生产资源配置低下，严重伤害其出口优势产业；同时我国的反制措施，也将显著影响其出口。美国的传统贸易、简单 GVC 和复杂 GVC 创造的国内增加值分别减少 148.17 亿美元、746.44 亿美元和 329.57 亿美元（相对于基准分别降低 1.58%、6.09%和 7.49%）。一般而言，复杂 GVC 活动以科技和资本密集型经济活动为主。这种变化意味着：贸易冲突降低美国在全球价值链分工中的高端产业部门的优势，从全球资源特征和价值链分工特点来看，美国产业结构没有优化提升，而是较为显著地被弱化。

中美贸易冲突使我国出口转向美国之外的国家，这是在过去"严重依赖美国市场变化"的骤然"逆变化"。在政策方案1下，中国对美国的各种出口活动的国内增加值都大幅降低，对美国的传统贸易、简单GVC和复杂GVC的国内增加值在2025年分别降低1024.34亿美元、1244.25亿美元和345.56亿美元（共计2614.15亿美元）；相对于基准，分别降低31.9%、48.3%和55.3%。在这种情况下，我国出口将出现极为显著的流向调整，与美国以外国家的贸易关系将更为紧密。中国对美国之外国家的传统贸易、简单GVC和复杂GVC的国内增加值分别增加659.11亿美元、740.40亿美元和378.85亿美元（共计1778.36亿美元），相对于基准分别提高6.3%、7.5%和8.4%。从增幅可看出，在中美贸易逐渐脱钩的情况下，中国产业升级压力加剧，出口方式将被迫转向更加依赖向其他国家提供中间产品以参与其他国家的生产活动（GVC活动），由价值链的中下端向上游端转移（即复杂GVC活动增加）。

虽然中美之间的直接贸易联系大幅降低，但是我国通过参与其他国家的价值链，通过其他国家对美出口增加实现国内价值增值。通过欧盟、日韩、澳大利亚-新西兰、东盟、印度、俄罗斯和世界其他国家或地区对美国的出口，我国国内增加值分别提高22.0亿美元、24.8亿美元、0.8亿美元、47.0亿美元、6.2亿美元、0.5亿美元和78.5亿美元（共计179.8亿美元）；相对于基准，分别提高14.8%、18.5%、10.8%、22.0%、12.8%、6.4%和15.5%。值得一提的是，日韩、东盟等与我国价值链融合程度较高国家和地区，通过其对美国出口获取的国内增加值增幅最为显著。

中美贸易摩擦对我国经济具有负面影响，然而复杂GVC的国内增加值反而提高。相对于基准方案，国内经济活动、最终产品出口和简单GVC的国内增加值分别降低1.46%、2.62%和4.07%，而复杂GVC的国内增加值提高0.92%。前三项下降主要是国内需求降低和对美国出口大幅减少所致，复杂GVC增加值的提高主要通过参与其他国家生产活动增加。我国总的经济活动增加值（名义GDP）相对于基准方案降低1.71%。

从GVC后项分解的结果看，我国最终产品生产对进口中间产品的依赖程度显著下降，具有较明显的"去加工贸易化"的特征。用于国内最终消费产品生产的国内成分增加值（国内-国内最终需求）、中间产品进口的外国增加值（国外-国内最终需求），以及用于最终产品出口生产的国内成分增加值（国内-出口最终产品）、进口中间产品的外国增加值（国外-出口最终产品）分别下降1.46%、2.62%、5.19%和7.37%。其中，进口中间产品增加值下降幅度都极为显著。例如，用于国内最终消费的进口中间产品增加值下降2.62%，几乎是使用国内增加值下降的2倍（1.46%）；用于出口最终产品生产的进口中间产品的增加值降低7.37%，明显高于国内投入要素增加值的5.19%的降幅。这种变化表明：国内企业将使用更多的国内生产原料,以替代进口中间产品,这将使得单位出口产品中所含的国内增加值份额显著上升。特别是第四项(用于最终产品出口生产的进口中间产品的外国增加值),将降低 7.37%,这表明我国"进口元部件,然后加工后以最终产品的形式出口"加工贸易模式将大幅降低。

在政策方案 2 下,中美贸易摩擦对我国参与全球价值链方式的影响与政策方案 1 一致,但是影响幅度更为显著。我国传统贸易和简单 GVC 的国内增加值分别减少 644.39 亿美元和 609.71 亿美元(相对于两类活动的基准方案增加值,分别降低 4.69%和 4.88%);但是,我国复杂 GVC 的国内增加值提高 142.12 亿美元,相对于基准水平增加 2.76%。这意味随着中美贸易升级,我国传统出口和简单 GVC 创造的国内增加值进一步萎缩,但是复杂 GVC 贸易创造的增加值却明显提高,出口面临较大的转型压力,被迫通过参与其他国家的生产过程来出口并创造国内增加值。

对美国出口所创造的国内增加值将大幅度降低,出口不得不转向其他国家,特别是参与其他国家的生产活动的出口增长最为显著。在政策方案 2 下,我国对美国的传统贸易出口、简单 GVC 和复杂 GVC 创造的国内增加值分别减少 1614.35 亿美元、1722.60 亿美元和 457.02 亿美元(共计 3793.97 亿美元);相对于基期,分别降低 50.2%、66.8%和 73.1%(总增加值降低 59.1%)。但是,对其他国家出口将显著提高,创造的国内增加值也明显增长。相对于基准方案,我国对美国之外的其他国家的传统贸易出口、简单 GVC 和复杂 GVC 创造的国内增加值分别提高 969.96 亿美元、1112.89 亿美元和 599.14 亿美元;相对于基准增加值分别增长 9.2%、11.2%和 13.2%。这种变化表明:我国与美国以外国家的经贸关系将更为紧密,而且以参与这些国家生产的出口(即 GVC 活动)增长最为显著。

前项 GVC 分解表明:虽然国内经济活动、最终产品出口、简单 GVC 的国内增加值都下降,但是复杂 GVC 的国内增加值却明显提高。国内经济活动、最终产品出口和简单 GVC 的国内增加值相对于基期水平分别降低 2.23%、4.65%和 4.94%;复杂 GVC 创造的国内增加值不仅没有降低,反而提高 3.20%。前三项下降为主导,致使我国名义 GDP 降低 2.49%。但是从复杂 GVC 变化可看出,在中美贸易摩擦升级的背景下,促进复杂 GVC 发展对促进我国经济发展和抵消美国贸易限制的负面影响具有十分积极的作用。

后项 GVC 分解表明:最终产品生产中所隐含的国外增加值显著降低。在国内消费的最终产品生产中,国内投入要素的增加值降低 2.23%,但是中间品进口的增加值却降低 4.55%;在出口的最终产品中,国内投入的增加值降低 6.93%,但是国外投入的增加值降低 10.12%。这种变化表明:一方面,最终产品生产将使用更多的国内中间投入品,以替代进口中间投入品;另一方面,国内"大进大出"的加工贸易生产模式将显著萎缩。前项和后项 GVC 的分解结果表明:中美贸易摩擦对我国参与全球价值分工的模式具有显著影响,我国经济活动将更加依赖复杂GVC活动,"进口中间部件、出口最终产品"的加工贸易将显著萎缩,这种变化意味着中美贸易冲突对我国企业参与全球价值链方式具有"强制性升级"效应。

其次,以电子产品为例从行业层面来看全球价值链参与方式变化。

在整个行业中,我国电子产业受到的负面影响更显著,最终产品出口和简单GVC的国内增加值大幅降低。由于对美国市场的依赖强,同时美国对电子产品加征较高的进口关税,我国电子产品的传统贸易和简单GVC所创造的国内增加值大幅度减少。相对于基准方案分别降低100.28亿美元(3.43%)和161.93亿美元(7.35%)。虽然电子产品的复杂GVC创造的国内增加值有所提高,但是增长幅度极小;相对于基准方案,仅增加7.43亿美元(0.59%)。这种变化意味着:我国电子产品出口受美国限制性贸易政策的负面影响很大,传统贸易和简单GVC创造的国内增加值显著下降。同时,由于我国电子产业处在全球价值链的中端位置(以生产低技术和低附加值产品为主),转向出口高端元部件等中间产品的难度较大,难以通过显著增加复杂GVC来减弱传统贸易和简单GVC大幅下降的负面影响。因此,电子产业出口的国内增加值降低254.78亿美元(相对于基准方案降低4.00%)。

电子产品出口将经历极为显著的贸易流向的转变,对美国出口的国内增加值大幅降低,对美国以外国家出口的国内增加值将显著提高。我国对美国以外国家的电子产品的传统贸易、简单GVC和复杂GVC的国内增加值分别增长168.87亿美元、138.20亿美元和106.27亿美元,相对基期水平提高7.5%、8.3%和9.4%。简单GVC和复杂GVC的增幅都高于传统贸易,特别是复杂GVC的增幅最显著。这表明:在中美贸易摩擦下,我国电子产品生产将更多地通过参与美国以外国家的生产,从而获得贸易增长。

从GVC前项分解来看,传统贸易和简单GVC显著收缩导致电子产业的国内增加值显著降低,复杂GVC对电子产业国内增加值的拉动作用微弱。相对于基准方案,国内经济活动使电子产业的国内增加值提高0.45%(5.88亿美元)。但是,传统贸易和简单GVC带来的电子产业国内增加值大幅度萎缩,分别减少4.60%(55.43亿美元)和8.40%(77.09亿美元)。复杂GVC拉动的电子产业的增加值基本不变。

从GVC后项分解来看,电子产业将使用更多的国内中间投入进行最终产品生产,对进口元部件的替代较显著,去"加工贸易"特征明显。用于国内消费的电子产品生产中,国内投入的增加值提高0.97%;但是,使用国外投入品的国外增加值降低5.18%。在出口用作最终产品的电子产品生产中,使用的国内投入品的增加值减少3.36%;但是使用进口投入的国外增加值降幅更显著,降低9.46%。这表明:通过大量进口国外产品,加工后用作最终产品出口的加工贸易生产方式将大幅度降低。

在政策情景 2 中，美国对进口我国的电子产品关税显著提高，这将导致电子产品出口大幅降低，除了复杂 GVC 的国内增加值略增以外，传统贸易出口和简单 GVC 的国内增加值将显著降低。我国传统贸易出口和简单 GVC 的国内增加值分别减少 227.66 亿美元和 367.38 亿美元；相对于基期分别降低 7.54%和 15.53%。虽然复杂 GVC 的国内增加值提高，但是增幅极为微弱；复杂 GVC 的国内增加值提高 11.18 亿美元，增幅仅为 0.89%。

在美国贸易限制加剧的情况下，我国电子产品对美国之外国家的出口将进一步提高。从增幅来看，GVC 增加值增幅显著高于传统贸易出口，特别是复杂 GVC。这意味着我国电子产品出口对全球价值链的依赖程度更高，将通过参与其他国家的生产的贸易方式来提高国内增加值。

从 GVC 前项分解看，传统贸易出口和简单 GVC 活动萎缩导致电子产业的国内增加值显著降低，国内经济活动和复杂 GVC 对电子产业国内增加值有促进作用，但是极为微弱。传统贸易出口和简单 GVC 带动的国内增加值分别减少 106.46 亿美元和 158.24 亿美元，相对于基期分别降低 8.45%和 15.90%。国内经济活动和复杂 GVC 使电子产业的增加值小幅提高 9.65 亿美元和 2.72 亿美元，相对于基期仅分别提高 0.74%和 0.52%。这种变化表明：电子产业的国内增加值将更加依赖国内经济，前期传统贸易出口和简单 GVC 对国内增加值的拉动作用将大幅度降低。从后项分解来看，我国采用本国投入替代进口中间产品的特征将更为明显，而且"大量进口与大量出口"的加工贸易方式收缩得更为严重。

三、主要结论和政策建议

中美贸易冲突对我国总体经济发展、参与全球价值链的方式都将产生极为显著而且深远的影响。随着贸易战的不断升级，需要制定具有前瞻性和系统性的应对政策。根据研究结果，我们提出以下三点建议。

第一，中美贸易战的实质是切断美国消费端和中国生产端的联系，迫使产业从中国向外转移。相对于改革开放以来，我国对美出口不断增长，对美国市场的依赖程度越来越强，当前的变化可谓是前期长期发展趋势的"逆变化"。随着美国不断增加我国输美产品的关税，这将导致国内相关产业的销售和经营困难。因此，国家需要根据贸易摩擦的升级程度，适时地启动相应的刺激消费的政策，以消除出口受滞导致的有效需求不足的影响。同时，减少外向型出口企业的经营成本，降低企业向国外转移的动力，避免较大数量的企业外迁。

第二，为国内企业转型升级提供相应的支持技术和政策支持。中美贸易冲突导致我国贸易的一个重大变化是：从前期主要出口最终消费产品，转向出口中间投入品，特别是居于全球价值链前端的元部件产品（复杂 GVC 产品）。这意味我国产品出口将被迫从前期居于全球价值链中端的"加工贸易"，转向价值链的前端的高附加值的"元部件"。这种转型对我国企业的生产技术、装备水平和国际市场参与能力等都提出了更高的要求，亟须国家在政策、市场机制和海外市场开拓等方面提供系统性的支持与帮助，协助并促进企业转型升级。

第三，强化与美国之外国家，特别是周边国家的经贸合作，促进相关贸易协定的达成和贸易变化水平的提高，这对应对美国贸易限制具有重要的意义。随着美国对我国输美产品贸易限制的加剧，我国出口的转移效应日益明显。促进达成相关贸易协定和贸易变化水平的提高将有助于我国出口增长，对于化解中美贸易冲突的负面影响意义重大；同时，进一步强化与周边国家的经贸合作，以形成更为紧密的区域价值链，这对我国输出中间产品、促进国内产业转型升级具有十分积极的作用。

同时，有两个风险问题需要高度重视。首先，避免由于大量的贸易转移出口造成的潜在贸易冲突。随着与美国贸易冲突的加剧，我国对其他国家的产品出口会显著提高；因此，我国需要提醒和规范企业的销售行为，同时适当考虑从这些国家增加进口（例如，进口博览会加大这些国家产品的宣传），使双边贸易平衡处在一个合理的区间，以防止并避免潜在的贸易争端。其次，注意短期可能出现的失业问题，特别是关注非熟练劳动力和进城务工农民的就业问题。研究表明"大量进口中间品、大量出口最终品"的加工贸易将受到较显著负面影响，萎缩严重；而其就业主体主要是非熟练劳动力和进城务工的农民。因此，在政策上需要考虑中美贸易冲突对就业影响，特别是特定人群的就业和收入问题。

第五节　全球价值链与 WTO 改革

经济全球化是世界经济发展的重要推动动力。随着社会经济的发展，产品的技术含量的不断提高和生产过程日益复杂化是一个不变的趋势。企业为了追求专业分工和规模生产所能带来的高效率，国际分工也就会不断地发展。尽管全球经济一体化进程中出现了若干逆全球化现象，但经济全球化仍然是不可逆转的时代潮流。WTO 的改革应该积极顺应全球价值链发展的需要。WTO 除了争端解决机制和上诉机构的问题之外，所面临的其他如多边主义与单边主义、给予发展中国家特殊和差别待遇等问题都与当今国际生产分工和全球价值链贸易的特征和变化趋势有着密切的关联。有关全球价值链的特征和变化趋势的研究及相关结论，可以帮助我们抽丝剥茧以更好地理解 WTO 所面临的问题。

全球价值链背景下，双边问题具有很强的多边特征，在本质上都是多边的问题。WTO 应该力主多边主义，在多边的框架下处理世界贸易问题。中国对美国的贸易逆差问题的形成及解决，不能单纯视为中美两个国家间的事。在当前全球价值链分工盛行的背景下，在一个全球多边生产网络中简单地追求双边贸易平衡是没有意义的，国家贸易与产业政策不应把重点放在双边贸易平衡上。中美之间贸易问题主要是全球价值链分工导致全球生产网络结构变化带来的结果，中国向美出口实际上是东亚经济体多边生产联系加强，这是美国对华制造业贸易逆差不断扩大的明显推动力。

贸易保护主义会阻碍生产分工和市场规模的扩大，从而阻碍生产效率提升与经济的发展。WTO 在改革和不断完善的过程中应该坚守促进经济效率和全球经济增长的准则。我们模拟的结果表明，美国对中国贸易的限制虽然会对中国经济带来一定的负面影响，但在生产全球化的背景下，我国与美国以外国家的经贸关系将更为紧密，而且以参与这些国家生产的出口（即 GVC 活动）增长最为显著。在多数国家奉行自由贸易的情况下，少数国家的贸易壁垒不会从根本上改变经济全球化的趋势。

一些发达国家通过其在关键工业产品具有的优势和先进的服务业在国际分工过程中处于主导地位，并且在国际贸易中占有很强的竞争优势。但是现在却过多地强调和指责发展中国家在制造业加工和终端组装环节具有的优势。甚至把自身经济结构调整对就业所造成的影响归咎于别人。WTO 在解决贸易争端和发展中国家特殊和差别待遇等问题上，也应该适当考虑不同国家在国际生产分工和全球价值链上不同位置上的差别。

企业本身为了追求低成本和高效率，促进了国际分工和全球价值链的发展。国家政府及国际机构应该积极出台相应的政策和规则，使得全球价值链具有更好的包容性，让更多的群体享有到就业机会，让更多的国家参与到全球价值链中享受经济增长的好处。

本章执笔人：王　飞　杨　军　祝坤福

参 考 文 献

王直，魏尚进，祝坤福. 2015. 总贸易核算法：官方贸易统计与全球价值链的度量. 中国社会科学，（9）：108-127，205-206.
Johnson R C，Noguera G.2012. Accounting for intermediates：production sharing and trade in value added. Journal of International Economics，86（2）：224-236.
Lin G J，Wang F，Pei J S.2018. Global value chain perspective of US-China trade and employment. The World Economy，41（8）：1941-1964.
RIGVC UIBE.2016. UIBE GVC Indicator. http://rigvc.uibe.edu.cn/english/D_E/database_database/index.htm[2019-09-03].
Wang Z，Wei S J，Zhu K F. 2013. Quantifying international production sharing at the bilateral and sector levels. NEBR Working Paper.

本章附录

附表2-1 为表2-4行业代码及其对应全称。

附表2-1　2016年版WIOD的行业代码及其解释

行业代码	中文解释
c01	农作物及动物生产、狩猎和相关服务活动
c02	林业和伐木业
c03	水产捕捞及水产养殖
c04	采矿和采石
c05	食品、饮料及烟草制品
c06	纺织、服装及皮革制品
c07	木材及软木制品（家具除外）；稻草和编结材料制品
c08	造纸及纸制品
c09	印刷和可记录媒介复制品
c10	焦炭及精炼石油产品
c11	化学原料和化学制品
c12	基础药剂制品及药剂制剂制造
c13	橡胶、塑料制品
c14	其他非金属矿物制品制造
c15	基本金属制造
c16	金属制品制造（机械及器材除外）
c17	计算机、电子及光学产品
c18	电气设备及器材制造

续表

行业代码	中文解释
c19	机械及设备等制造业
c20	机动车、挂车和半挂车制造
c21	其他运输设备制造
c22	家具制造等
c23	机械设备修理与安装
c24	电力、燃气、蒸汽和空气调节供应
c25	水收集、处理和供应业
c26	污水处理；废物收集、处理及处置活动；物料回收；污染防治活动及其他废物管理服务
c27	建筑业
c28	机动车、摩托车的批发和零售贸易及修理
c29	批发贸易（机动车和摩托车除外）
c30	零售贸易（机动车和摩托车除外）
c31	陆路运输和管道运输
c32	水上运输
c33	航空运输
c34	仓储及辅助运输
c35	邮政
c36	住宿及餐饮服务
c37	出版
c38	电影、录像及电视节目制作、录音及音乐出版活动；节目制作及广播活动
c39	电信
c40	计算机程序设计、咨询和相关服务；信息服务
c41	金融服务（保险和养老基金除外）
c42	保险、再保险和养老金（强制性社会保障除外）
c43	辅助金融和保险服务
c44	房地产
c45	法律和会计；总部经济；管理咨询
c46	建筑和工程的设计活动；技术检验和分析
c47	科学研究及研发
c48	广告和市场调查
c49	其他专业性的科学和技术活动；兽医活动
c50	管理及辅助服务
c51	公共管理和国防；强制性社会保障
c52	教育

续表

行业代码	中文解释
c53	人类健康卫生及社会工作
c54	其他服务
c55	家庭作为雇主的服务活动(不区分商品和服务)
c56	境外组织和机构的活动

资料来源：2016年版WIOD

第三章 以中国实践为基础的 WTO 投资改革研究

第一节 WTO 运行现状与改革

国务院于 2018 年 6 月首次针对 WTO 改革这一问题发表《中国与世界贸易组织》白皮书,白皮书指出我国将会坚定支持以 WTO 为核心的多边贸易体制,同时继续推进更高水平、更高质量的对外开放政策。同年 12 月 1 日,G20 领导人第十三次峰会在阿根廷闭幕,此次峰会成为在全球治理层面上推动 WTO 改革的一个重要契机,并于当日发表了《二十国集团领导人布宜诺斯艾利斯峰会宣言》。该宣言强调了国际贸易和投资对于经济增长、生产力提高、创新发展和解决就业问题等方面的重要作用,并声明支持 WTO 进行必要的改革,积极推动多边贸易体制的发展和完善,促进 WTO 在多边领域发挥更有效的作用[1]。截至 2020 年底,不同谈判集团的 WTO 成员先后提出了 WTO 改革的倡议或提案,但对 WTO 改革的必要性尚未在所有 WTO 成员间达成共识。因此,中国作为 WTO 的一个重要发展中成员,有必要先行对 WTO 改革进行探讨,并依托中国实践提出自己的主张和方案。

一、WTO 遭遇危机

部分发展中成员,如南非,对当前 WTO 的运作表示满意,认为不存在改革的迫切性。南非的这一主张具有一定的合理性,这是因为"改革"这一术语在

---

[1] 详情参见《二十国集团领导人布宜诺斯艾利斯峰会宣言》,https://www.fmprc.gov.cn/ce/ceindo/chn/wjyw/t1621446.htm[2018-12-02]。

WTO 涵盖的协定里没有法律地位。与此同时,部分发展中成员还清醒地认识到,不能排除个别成员试图通过"改革"这一新概念否定多边贸易体制。一般而言,多数成员认可的 WTO 危机主要是争端解决机制面临崩溃、WTO 监督职能缺失及决策机制不灵活等三个方面。

(一)争端解决机制面临崩溃

《关于争端解决的规则和程序的谅解》是 WTO 在国际法治的创举之一,它是在 GATT 争端解决机制的基础上发展而来的,使得 WTO 中所有单项协定中关于各成员间的贸易争端解决有了统一的规则秩序,创造性地设立了 WTO 所特有的争端解决机构,该机构使得 WTO 原则能够有效实施。争端解决机构主要负责裁决各成员之间的贸易争端,由专家组组成,自 1995 年 WTO 成立以来,有超过 50% 的贸易争端案件由该机构及其专家做出决策,保证各方都得到应有的尊重与诉求回应,上诉机构的约束性也可见一斑。正是出于此,WTO 争端解决机制被誉为模范国际法。上诉机构由争端解决机构任命的七名成员组成,每名成员任期四年,同时有可能连任一次。由于上诉机构的特殊性,WTO 要求上诉机构成员应能够广泛地代表 WTO 各成员。然而,上诉机构所有大法官任期均已满。截至 2020 年 12 月 1 日,WTO 上诉机构最后一位成员赵宏(中国籍)四年任期届满,正式离任。上诉机构已彻底瘫痪。显而易见的是,目前上诉机构成员已不具备广泛的代表性。同时,从需要处理的争端案件数量上看,争端解决机构的上诉成员已很难满足案件裁决的要求,若不及时纳新,争端解决机构必将停滞。

(二)WTO 监督职能缺失

在 WTO 所涵盖职能之中,其明确要求各国政府将现行的、与贸易有关的法律及所采取的措施通报 WTO,使其贸易政策透明化。同时,各 WTO 理事会和委员会需力求确保这些要求得到遵守,WTO 各项协定得到了适当执行[1]。WTO 监督职能的有效实行不仅能够促进国际贸易体系的正常运行,同时更能够为争端解决机制和上诉机构减少压力。

然而,WTO 各委员会对各成员贸易政策的监督职能正在逐步丧失,具体表现为贸易争端愈演愈烈及上诉案件数量快速增长。以美国发动的"232"和"301"等调查为例,其悍然发动贸易战是对 WTO 基本规则明目张胆的违背,公然无视 WTO 规则的存在。而就 WTO 角度而言,其也并未能履行监督的职能,放任美国

---

[1] 参见 WTO 官网中对于 WTO 职能的定义,https://www.wto.org/english/thewto_e/whatis_e/what_we_do_e.htm [2020-12-01]。

主动挑起贸易争端。

（三）WTO决策机制灵活性不足

在WTO的决策体制中，尽管有"票决一致"机制的设置，其中还包括了"全票通过""多数票通过"等多种决策方式的存在，但在WTO成立至今的20多年里，"票决一致"机制并未有过任何付诸实践的记录可言，相反更多采用的是"协商一致"原则。然而，随着WTO成员的逐步增加，成员间利益的多样性上升，"协商一致"原则的执行变得越来越困难，这直接造成了议题数量的下降及由时间跨度过长造成的政策时效性下降等方面的问题。同时，在"协商一致"基础之上达成的议题是否真实地反映了成员意愿仍然存疑，即谈判成果可能不是成员的真实意思而是所谓的"胁迫共识"。WTO成员所提议题所面临的被否决风险提高，同时已通过的议题的实行也要耗费较多时间，多边贸易体制的发展也因此而受到限制。相比而言，更容易转化为结果的双边或者区域性贸易协定就成为WTO的"旁路"选择。

二、WTO危机出现的原因

促成目前WTO陷入深度危机的原因是多方面的，既包括了中美双边的经贸分歧对WTO的深刻影响，也包含了全球单边主义、经济民族与保护主义的兴起，WTO自身规则更新不及时等因素。

（一）中美双边经贸分歧被扭曲性地嵌入WTO

2011年底，在WTO成员根据《中华人民共和国加入议定书》对中国加入WTO十周年后履行入世承诺进行最后一次过渡性审议时，美方的态度就已十分明了。其在报告中强调中国政府对于经济的干预及频繁使用包含扭曲性贸易措施的产业政策，并称"中国正在丧失加入之前和之初的改革动力，实行'国家资本主义'的趋势愈发明显"（雷蒙，2011）。2018年5月31日，美国又联合日本、欧盟共同发布《美日欧贸易部长联合声明》，声明就第三国非市场化政策、国企补贴、强制技术转让等方面达成了一致态度[①]。声明所指对象虽然以第三方

[①] 三方部长认为，某些第三方国家采取非市场导向政策和做法导致了其国内严重的产能过剩。此举对于国际贸易的正常运作和现有规则的有效性产生严重威胁。详情参见：Office of United States Trade Representative, "Joint Statement on Trilateral Meeting of the Trade Ministers of the United States, Japan, and the European Union", https://ustr.gov/about-us/policy-offices/press-office/press-releases/2018/may/joint-statement-trilateral-meeting[2018-05-31]。

为名，但其矛头所向世人皆知。在美方看来，中国在产业补贴等方面的歧视性做法，是在扭曲市场的公平竞争。特朗普政府此举直接向中国施压，并突破了 WTO 规则，其目的就是强迫中国做出改变，进而迫使 WTO 的规则做出改变，甚至最终取消中国发展中成员的身份。特朗普政府于 2018 年对多个国家发动的贸易战中多项措施针对中国，如美国启动对进口钢铁业和铝业的"232"调查及拟对华进口的 2000 亿美元商品加征关税等[①]。美方坚称，WTO 没有对发展中成员进行认定的标准导致中国受益，且中国自加入 WTO 之后一直存在贸易滥用，WTO 未给予美国公平的对待。如此看来，美国悍然发动明显违反最惠国待遇及约束关税等基本规则且针对性极强的"贸易战"，并消极抵制新规则的谈判，中美双边经贸分歧已完全复制至现行的 WTO 中。

（二）单边主义和保护主义的兴起直接导致当前的 WTO 危机

在导致当前 WTO 危机的所有因素中，单边主义和保护主义是全球经济形势新变化中最突出的特征之一。极个别成员通过单方面措施，如悍然发起"贸易战"，甚至不惜重拾自愿出口限制等严重损害 WTO 协定最惠国待遇的过时措施并使单边主义和保护主义死灰复燃，其在很大程度上违反了现有义务。WTO 的前身为 GATT，是国际经济三驾马车中唯一以通过降低关税促进贸易和发展的临时适用的国际机构。《马拉喀什建立世界贸易组织协定》规定 WTO 的宗旨是"期望通过达成互惠互利安排，实质性削减关税和其他贸易壁垒，从而为实现这些目标做出贡献"[②]。但是，美国等国家反其道而行之，把 WTO 变成"关税提升组织"，从根本上违反了 WTO 的创设宗旨。同时，作为 WTO 争端解决机制的主要创始成员，美国却以种种无法理解的理由持续不断地阻止新上诉机构成员填补上诉机构空缺席位，阻挠上诉机构成员的遴选进程，其理由大多似是而非、不能自圆其说，包括诸如上诉机构成员超过授权范围释法、在没有听取成员意见的情况下自创法规、部分上诉机构成员在任期期满后仍然审案等。

美国的做法连一贯保持中立的 WTO 成员瑞士都难以理解。在 2018 年 12 月 17 日至 19 日进行的 WTO 对美贸易政策审议中，瑞士成员质疑以瑞士钢铁和铝产

---

① 2018 年 2 月 16 日，美国商务部公布对美进口钢铁和铝产品的国家安全调查，调查认为进口钢铁和铝产品对美国国内产业造成严重伤害；2018 年 7 月 10 日，美国贸易代表办公室公布新一批面临加收关税的 2000 亿美元中国产品清单，此举显示出美方开启对中国新一轮加征关税的行动。

② 这些目标包括贸易、经济、环境及发展中国家和最不发达国家的发展问题，详情请参见《马拉喀什建立世界贸易组织协定》。

品出口的微小规模如何构成对美国国家安全的威胁。有些成员则质疑,同样是钢铁和铝出口,为何有些国家对美国的钢铁和铝出口构成对美国国家安全的威胁,而另外一些成员则可豁免?从这一角度看,中国对美国提高关税的反制措施无须诉诸 WTO 协定具体条款确认其合法性。

(三) 规则更新停滞不前导致 WTO 不能与时俱进

WTO 规则未能实现与时俱进。成立于 1995 年的 WTO,自成立后仅仅在农业出口补贴、《信息技术协定》及扩围和《贸易便利化协定》等方面取得了进展[①]。原定于 2005 年 1 月 1 日前结束的多哈回合自 2001 年启动以来,经过长达 12 年的推动于 2013 年第九届部长级会议达成《贸易便利化协定》,成为近些年来唯一一个全部成员一致通过的货物贸易多边协定。但是,该协定的生效距离 1995 年 WTO 设立已经过去了 22 年。

2017 年 12 月,WTO 第十一届部长级会议就渔业补贴、电子商务工作计划、小经济体工作计划、知识产权非违反之诉和情景之诉等做出部长决定,同时,相当数量的成员共同发表了关于投资便利化和中小微企业的联合部长声明,以及关于服务贸易国内规制的联合声明[②]。然而,成员就关键的议题均未能取得突破和达成相关协议。截至 2021 年底,考虑到 WTO 涵盖的绝大多数规则即便从 1995 年成立之日起计算也已经存在了 26 年,有些甚至可以追溯到更早的谈判时期,WTO 呈现出无力更新其规则并使其现代化的疲态。同时,跟不上时代的 WTO 规则也迫使 WTO 陷入危机之中。

(四) 新兴经济体的崛起与 WTO 领导力的缺失

新兴经济体的崛起改变了 WTO 的领导力分布。在经济层面,受困于 2008 年全球金融危机,诸多发达国家的经济发展脚步放缓,甚至出现负增长的情况[③]。

与此同时,随着新兴经济体深度参与 GVC,其与发达国家在经济上的差距逐步缩小,原本居于领导地位的发达成员在 WTO 体系中的话语权和影响力因此而逐步下降,而原有多边贸易体制中发达国家一枝独秀的局面也就此被打破,

---

① 2015 年 12 月 WTO 第十届部长级会议中达成了关于全面取消农产品出口补贴的决定,同时《信息技术协定》扩围谈判也成功结束;虽然中国早在 2015 年 8 月就已经对外宣布我国政府接受《贸易便利化协定》议定书的决定,但因该协定成员不满协定生效的法定门槛,所以直至 2017 年 2 月才得以实施。

② 详情参见:《商务部召开例行新闻发布会(2017 年 12 月 14 日)》,http://www.mofcom.gov.cn/article/ae/ah/diaocd/201712/20171202684974.shtml[2017-12-14]。

③ 详情可参见世界银行公开数据库(World Bank Open Data)关于 GDP 及增速的统计,https://data.worldbank.org/。

话语权体系更加平衡。在国际经济治理层面，金融危机之后发展起来的巴西、中国、印度、南非和俄罗斯组成金砖五国（Brazil、China、India、South Africa、Russia，BRICS），并自2009年起每年都举行会晤。金砖国家不仅在金砖国之间的合作和发展方面发挥了强大的政治引领作用，同时在全球重大问题上共同发声①。除金砖国家外，东盟、非盟等组织中的发展中成员均积极推进全球经济治理改革进程，成为发达国家不得不重视的经济力量。因而在WTO内部原多边贸易体制美、欧、日、加四方主导WTO事务的格局被打破，一个更多元的WTO体系正在形成。

三、WTO改革进展

（一）WTO争端解决机制

在2020年1月欧盟与其他16个WTO成员发表联合声明称，在WTO建立多方临时上诉仲裁安排（multi-party interim appeal arrangement，MPIA）。同年3月，中国、欧盟和其他10多个WTO成员联合发表部长声明，表示将设立多方临时上诉仲裁安排。2020年4月30日，中国、欧盟和其他17个WTO成员正式向WTO提交通知，共同建立多方临时上诉仲裁安排以维护WTO争端解决机制在上诉机构停摆期间的正常运转②。这是基于《关于争端解决规则与程序的谅解》第25条规定的仲裁程序，期以推动恢复WTO争端解决机制上诉机构的工作。也正是由于争端解决机制特别是上诉机构的存在，WTO协定才能得以实施。自1995年WTO成立以来，在WTO争端解决机制受理的案件中，有近乎一半由上诉机构做出裁决，并得到了应有的尊重和执行，上诉机构的约束性可见一斑。此前，美国以WTO上诉机构对解决争端并无必要为由阻挠上诉机构成员的连任和遴选工作③。上诉机构所有大法官任期均已满。截至2020年12月1日，WTO上诉机构最后一位成员赵宏（中国籍）四年任期届满，正式离任。

---

① 2017年9月4日，金砖五国领导人共同签署了《金砖国家领导人厦门宣言》。《金砖国家领导人厦门宣言》第三部分和第四部分分别表述了金砖国家对于全球经济治理及国际和平与安全的态度，从中可以明显看出金砖各国参与国际经济治理的决心。详情请参见《金砖国家领导人厦门宣言》。

② 本次提交上诉仲裁安排的成员包括：澳大利亚、巴西、加拿大、智利、哥伦比亚、哥斯达黎加、欧盟、危地马拉、冰岛、墨西哥、新西兰、挪威、巴基斯坦、新加坡、瑞士、乌克兰、乌拉圭、中国及中国香港地区。

③ 2016年5月，美国首次以上诉机构超越权限发表咨询意见为由，反对上诉机构成员张胜和（韩国籍）连任。自此以后，美国以上诉机构发表咨询意见作为核心理由之一，持续阻挠上诉机构成员的遴选工作。这也直接导致了上诉机构的停摆。

上诉机构已彻底瘫痪。

(二) WTO贸易谈判职能

在WTO的核心职能——贸易谈判方面,在WTO成立至今的20多年里,虽然"票决一致"机制一直存在,但并未有过显见的付诸实践的记录可言,相反更多采用的是"协商一致"原则。然而,随着WTO成员的逐步增加,成员间利益的多样性上升,"协商一致"原则的执行变得越来越困难,这直接造成了议题数量的下降及由时间跨度过长造成的政策时效性下降等方面的问题。另外,在WTO的透明度职能方面,其明确要求各成员通过贸易政策审议机制将现行的与贸易有关的法律和所采取的措施通报WTO,使其贸易政策透明化[①]。然而,WTO各委员会对各成员贸易政策的监督职能呈现弱化。综上所述,WTO的三个重要职能均已面临亟须严肃对待的危机,多数WTO成员因此赞成对WTO进行必要改革。

部分WTO成员先后提出了WTO改革的倡议或提案。然而,通过对各成员改革倡议或提案的梳理发现,争端解决机制等程序性改革并非WTO改革的难点和终点,真正的分歧在于对于国有企业的歧视对待、发展中国家认定和退出、补贴问题、强制技术转让问题及公平市场等问题。此外,对于外资准入等涉及国际投资领域的议题,我国与欧美等成员也均认同应进行必要的改革。同时,由于WTO专注于成员间的贸易问题及其争端,在已达成的协议当中仅有《与贸易有关的投资措施协定》(Agreement on Trade-related Investment Measures, TRIMs)和GATS所定义的模式3情形下涉及成员之间的投资问题,进一步的投资议题存在着较大的谈判空间。表3-1列示了WTO改革的有关重大事件。

表3-1　WTO改革重大事件

名称	时间	成员	内容
美日欧贸易部长联合声明	2017年12月12日 2018年3月10日 2018年5月31日 2018年9月25日 2019年1月9日 2019年5月23日 2020年1月14日	美国 欧盟 日本	主要谈判内容聚焦于第三国的非市场导向政策,其中重点关注了产业补贴、国有企业、强制技术转让、投资审查等话题。于第四次三方会议联合声明中明确了WTO需进行必要性改革的看法

---

① 参见WTO官网中对于WTO职能的定义,https://www.wto.org/english/thewto_e/whatis_e/what_we_do_e.htm [2020-12-01]。

续表

名称	时间	成员	内容
WTO 现代化：欧盟未来方案	2018 年 9 月 18 日	欧盟	强调公平贸易、推动多边谈判、争端解决机制、调整对发展中国家的贸易待遇
加强 WTO 使之现代化交流讨论稿	2018 年 9 月 21 日	加拿大	关注非市场导向政策造成的市场扭曲
渥太华部长会议联合公报	2018 年 10 月 25 日	加拿大等[1]	强调争端解决机制是 WTO 的中心支柱；重振 WTO 的谈判职能；加强贸易政策的监督和透明度
中国关于世贸组织改革的立场文件	2018 年 11 月 23 日	中国	三项基本原则、五点主张
2019 年贸易政策议程及 2018 年年度报告	2019 年 3 月 1 日	美国	该报告深入阐述了当前的全球贸易体制；使美国的贸易政策更好地为美国工人服务；推动新的贸易交易和更强有力的执法以重振美国在全球贸易体系中的地位
中国关于世贸组织改革的建议文件	2019 年 5 月 13 日	中国	中国支持 WTO 的必要改革，推进贸易投资自由化、便利化，鼓励广大发展中国家参与加入国际多边贸易体制
改革世界贸易组织发展中国家地位备忘录	2019 年 7 月 26 日	美国	出台对于发展中国家认定的政策；改变 WTO 与发展中国家地位相关的灵活性；结束不公平贸易利益
WTO 总干事遴选	2021 年 2 月 15 日	WTO	恩戈齐·奥孔乔·伊韦阿拉当选为新一届 WTO 总干事

1）参与渥太华部长会议的成员包括：澳大利亚、巴西、加拿大、智利、欧盟、日本、肯尼亚、韩国、墨西哥、新西兰、挪威、新加坡和瑞士

第二节 WTO 规则下的国际投资

一、WTO 现行投资规则利与弊

（一）WTO 现行投资规则及其影响

乌拉圭回合第一次将特定范围的投资措施纳入了 WTO 的多边贸易体制，既打破了国际贸易法律体系和国际投资法律体系长期隔离的局面，又将 WTO 的管辖范围拓展至投资领域。而在此前，WTO 的涉猎范围仅限于处理贸易问题。其规则及影响主要如表 3-2 所示，这些投资协议虽然为跨国公司对外投资行为提供了

一些基本规则，但是由于其条约覆盖的内容相对有限，已经不能满足现在的跨国投资需求。

表3-2 WTO现行投资规则及其影响

规则	影响
TRIMs	TRIMs 有效遏制了以投资措施取代关税措施的新贸易保护主义的蔓延趋势，在消除与贸易有关的投资障碍方面有了很大进步。特别是 TRIMs 将 1994 年《关贸总协定》中的国民待遇、取消数量限制和透明度等普遍适用的贸易原则运用到了国际投资法领域。TRIMs 还借助 WTO 的有序机制，成了第一部世界范围内有约束力的实体性国际投资协定，为国际投资与贸易自由化的范围不断扩大做出了重要贡献
GATS	GATS 对国际投资的促进具有巨大意义在于其补充了 TRIMs 在服务贸易投资方面的规则缺失。GATS 延续了 WTO 倡导的最惠国待遇、国民待遇、市场准入和透明度等核心原则，为服务业对外直接投资创造了良好条件，极大地推动了服务贸易与投资的国际化
《与贸易有关的知识产权协定》（Agreement on Trade-related Aspects of Intellectual Property Rights, TRIPs）	TRIPs 是一个全新的关于知识产权保护的国际协定，特别是对知识与技术密集型的国际投资有着重要的促进保护作用。TRIPs 的达成有助于消除各国之间关于外国投资者知识产权保护问题的争端，一定程度上打消了国际高新技术投资者的顾虑，有效促进了国际投资的世界性流动
《补贴与反补贴措施协定》（Agreement on Subsidies and Countervailing Measures, SCM）	SCM 通过对禁止性补贴与可诉补贴的规定限制了投资激励措施的使用。补贴是各国政府为了支持国内某些产业、部门的发展而提供的财政资助或其他形式的收入，或价格的支持措施。而反补贴则是各国为了保障本国产业保持良好发展具备竞争优势对从其他国家进口的补贴产品采取的限制措施

（二）WTO投资规则优势

WTO 投资规则最明显的特点在于其广泛的参与度，相比其他的区域性、双边投资协定（bilateral investment treaty, BIT），WTO 成员覆盖了全球绝大部分国家和地区。其成员组成的复杂性使得 WTO 投资规则的利弊都很突出。

WTO 规则的优势主要讨论以下三点。第一，规则广泛的适用性。这主要基于 WTO 规则实行"协商一致"原则。WTO 规则的建立不单只表达了发达国家的投资诉求，还考虑到了发展中国家，以及极不发达地区的贸易增长和经济发展目标。其他的区域性或者双边条约在成员范围和影响力方面，无法与 WTO 体系进行比较。第二，WTO 规则统一性。由于 WTO 是一个多边组织，其规则的建立能降低各成员间投资条约谈判的成本。UNCTAD 的研究表明，如果通过签订双边投资规则建立健全的全球双边投资网络，大约需要签订约两万个条约。然而，现阶段全世界只有约三千个生效的 BITs。这个数量还远远达不到通过 BITs 来建立全球投资规则体系的要求。此外，BITs 之间由于签订的国家和背景不同，普遍缺乏一致性、连续性，协议内容反复、冲突等问题常见。这些因素增加了国际投资规则体系的不确定性。近年来，UNCTAD 呼吁各国尽快对国际投资条约体系进行改革。根据《世界投资报告 2019》，截至 2019 年，国际投资协定数量已经达到 3317 项，2019 年底至少有 2658 项仍在实行，国际投资条约改革任务十分艰巨。投资者-国家争端，仅 2018 年就新增 71 个。WTO 的投资规则由于其统一性，一定程度上弥补了 BITs 的不足。第三，WTO 争端解决机制。WTO 专门成立了独立的争端解决机构，通过建立法治化、专业化的 WTO 争端解决机制来处理成员之间关于投资与贸易争端。WTO 争端解决机制已经成为 WTO 规则体系的中流砥柱。其包含的上诉机制和专家组程序为 WTO 规则提供了稳定性和确定性，而强制管辖权、禁止单边行动、补偿机制及报复机制等则有效地促使成员维护 WTO 多边协议并尊重其运行机制。

（三）WTO 投资规则缺陷

WTO 的投资规则弊端主要有以下四点。第一，协议范围狭窄。由于 GATT 本身的职能所限，WTO 与投资有关的协议范围有限。如 TRIMs 仅限于与货物贸易有关的少数几种投资规范，而非覆盖更广泛的投资规则。因此，WTO 在处理投资问题时依然存在较大的局限性。第二，协议缺乏一致性。这一点主要体现在 GATS 与 TRIMs 在国民待遇义务免除方面的不同。由于 GATS 采取"正面清单"来界定成员的核心义务，在"正面清单"框架中，成员在特定部门可以免除国民待遇义务，相反的是，TRIMs 中却不允许免除国民待遇义务。两个协议彼此之间缺乏一致性，这也为 WTO 处理投资纠纷问题埋下了隐患。第三，协议边界不清晰。SCM 虽对投资激励措施有一定约束，但是对其中的一些条款并未进行细致的界定。由于各成员可以根据自己的需要来界定，这反而助长了一些成员利用 SCM 漏洞来推行贸易保护政策的行为。例如，其目前针对"非市场经济体"的反倾销调查中常规采取"替代国价格"，但对如何选取"替代国"却没有给予明确的规定。各成员在实际操作中，为保护本国（或本地区）产业，往往选择与"非市场经济体"的经济发展水平不相似的第三国来作为替代国参考。第四，协议缺少时代需求。现行 WTO 的规则大多是 20 世纪 90 年代建立的，基本体现资本强国意志，"公平"的规则实际上并不公平。另外，随着科技的不断进步，很多新产品、新技术、新行业及新的投资模式不断涌现。WTO 的规则到了要与时俱进、加以完善的关键时刻。除了投资规则"碎片化"导致的一系列问题之外，WTO 争端解决机制的缺点也有很多，如执行期过长、不允许发回重审权、上诉审查程序透明度不够、强制执行力不足等问题。

二、WTO 规则下的国际投资模式

据《世界投资报告 2019》，自 2015 年来，对外直接投资持续减少。一方面，流入发达国家的对外直接投资与 2018 年相比下降了 27%，达到了 2004 年以来的最低点。由于美国税改、英国脱欧等不确定因素，流入欧洲和美国的对外投资均大幅减少。另一方面，流入发展中国家的对外直接投资保持稳定，比 2018 年上涨 2%。2018 年，约 55 个经济体颁布了约 112 个新的投资政策措施。针对外国投资的甄别机制正变得越来越重要。其中，34% 的新措施增加了关于国家安全方面的甄选机制。与此同时，为了吸引外资，剩下的 66% 的投资政策增加了投资便利化有关的措施，如降低对外投资限制、简化手续等。另外，2018 年还新增了 40 个国际投资协议（international investment agreement，IIA），全球 IIA 已经达到 2658 个。

由于美国和中国为全球主要对外投资国，在对外投资中具有比较典型的发达国家与发展中国家投资差异，因此接下来，我们将先讨论美国对外投资模式和其对外投资规则的优缺点，在后一部分继续分析中国投资模式及规则的优缺点。

（一）美国企业对外投资的动机与目的

作为全球对外直接投资的最大资本输出国，美国是最早一批进行对外投资的国家。早在 20 世纪之初，美国企业就开始了资本输出和扩张。随后，伴随着美国资本垄断地位的形成，大规模的对外直接投资也就成了美国对外经济扩张的一个重要手段。美国企业之所以进行对外直接投资，一是为获取垄断利润，二是为了维护经济霸权。首先，美国跨国企业凭借技术创新优势形成产品的技术差距，并通过垄断性的产业或产品控制当地市场以达到牟取高额利润的目的，21 世纪以来这方面的动机表现尤其明显。其次，美国长期保持着对外直接投资第一大国的地位，而伴随着这一过程的是美国在世界范围内的经济霸权建立和扩张的历史，经济霸权有助于美国对外直接投资，实现经济增长，反过来对外直接投资及其政策促进了美国经济霸权的建立和巩固。美国对企业的投资引导政策与金融帮助也助推了美国企业对外直接投资的这一行动。

（二）美国对外投资的具体模式与不足

1. 美国对外投资主要模式

美国主要是"以跨国公司为主导，以追逐利润为目标"的海外投资模式。美国本土的企业主动寻求海外扩张，以实现利润最大的目标。美国众多实力强劲的跨国公司是对外直接投资的主力，而绿地投资、跨国并购等对外直接投资方式成为美国企业对外投资的主要模式。在此过程中，美国政府只是在双边协议及信息情报方面提供框架性的支持，而对海外投资的具体行业、具体区域并未做出详细的战略规划。

2. 美国企业对外投资模式的不足

第一，干预和限制美国企业的对外直接投资。拜登上台后，在高科技领域侧重于拉拢其盟友建立"抗中联盟"。在经济与安全领域中，加大对国内基建与中高端制造业的投资提升核心竞争力，以"小院高墙"的方式防止核心技术的外溢。美国参议院于 2021 年 6 月 8 日通过了《2021 年美国创新和竞争法案》（The United State Innovation and Competition Act of 2021，USICA），该议案旨在扩大科技类投资来抑制崛起的发展中大国。在特朗普执政时期，一方面，美国政府通过征收关税、减少政府采购的威胁，对考虑将生产基地外迁的美国企业发警告。特朗普政府多次威胁将对那些在海外建立工厂，然后把产品回销国内的美国企业征收税率为 35% 的惩罚性关税；另一方面，特朗普政府也对"听话"的企业允诺了各种优惠补贴。政府放松了对市场的监管力度，并取消对传统能源的开采限制的监管改革和能源改革措施，帮助企业降低成本和能源开支。此外，特朗普政府还在 2017 年底成功地推动国会通过新的税收法案，大幅度降低美国企业的税费负担，并通过税收手段吸引制造业回流。

第二，加大对外来投资的安全审查力度。美国政府对外国投资的审查越发苛刻，甚至泛化国家安全概念、无理打压别国特定领域和企业，破坏国际投资环境。富而德（Freshfields）律师事务所 2021 年 12 月 15 日发布年度《外国投资监测报告》，由于并购活动的增加和 CFIUS 审查力度加大，该机构今年审查案件数量显著激增。该报告估计，CFIUS 于 2021 年审议的案件数量将比去年多出约 40%～50%。未来 CFIUS 有可能获得审查更广泛的涉及敏感技术的非控制性投资方面的权力。虽然特朗普政府重视吸引外资，特朗普本人及其内阁经济部门成员都曾公开表示欢迎外来投资，但相较于之前，特朗普政府在对待外来投资上更加谨慎，其外资政策具有明显的安全化倾向和民族主义色彩。在外来投资的安全审查上，特朗普政府的力度也明显高于往届政府。在其执政第一年，CFIUS 对 240 项外来投资进行了审查,而在奥巴马政府执政初期的 2009 年和 2010 年,类似的审查案件不到 100 件。

第三,强调国家经济主权,主张弱化投资者—国家争端解决机制。拜登在 WTO 争端解决机制面前采取了同特朗普政府一样的"强硬"立场,理由是需要解决与上诉机构相关的"系统性"问题。特朗普政府主张在国际贸易和投资谈判中弱化甚至取消投资者—国家争端解决机制,认为该机制一方面削弱了美国的国家主权和政府对外资的监管权,另一方面还在一定程度上助推了美国企业将工厂转移到国外。在 2017 年 3 月发布的总统年度贸易政策报告中,特朗普政府明确提出要强化美国的经济主权,反对国际贸易和投资规则凌驾于国内法规之上。为了减少国际投资规则对美国的约束,特朗普政府在修改北美自由贸易协定(North American Free Trade Agreement,NAFTA)的谈判中,极力主张采取"选择性"的投资者—国家争端解决机制[①]。

三、中国国际投资模式

(一)中国企业对外投资的动机与目的

西方国家企业可以用"垄断优势论""边际产业扩张论"等理论解释,构成企业对外投资的主要冲动是利用有利的技术、规模、资金等条件,占领国际市场,以获取海外高额垄断利润,掠夺、盘剥和控制东道国资源。而中国产业结构还有待调整,整体产业素质不高,企业国际竞争力偏弱。但中国发展水平极不平衡,既有发达国家的特质,也具有发展中国家的现实,所以对外投资的动机和目的也比较复杂,发达国家对外投资的理论基础不能概括中国的对外投资动机。如果非要把中国的对外投资动机上升到理论的话,我们不妨称其为"内因需求论",具体按我国的经济结构特点可以分为三个方面。一是利润目的。我国的资源分布和经济发展具有显著的不平衡性,具有高技术优势、垄断优势的企业及大部分私营企业在对外投资中通过整合所形成的适用性优势和劳动力密集性优势获取经济利益。二是生存目的。这类企业的对外投资比较被动,一般为贸易出口大户与加工制造业企业,为了绕开贸易壁垒、保持和扩大国际市场份额及国内产业结构优化与升级,主动实现由商品输出到海外直接投资、生产的转变与升级。三是战略目的。这类企业对外直接投资一般以国家利益、长远效益和综合性效益为目标。其到发达国家投资是为了寻求技术与市场,而到发展中国家投资是为了获取市场份

---

① 即在面临外国投资者的法律诉讼时,接受国政府可以自主选择是否接受第三方国际仲裁机构的裁决。

额与自然资源。

（二）中国企业对外投资具体模式

与美日等发达国家多年来通过签订多边（WTO）、地域性[自贸区如 NAFTA 和经济合作协定（economic partnership agreement, EPA）；关税同盟如欧盟]及 BITs 形成多维成熟的国际投资网络不同，中国的对外投资规则体系因为建立时间较晚，投资规则的签订数量少。入世以来，我国开始积极地活跃在 WTO 体系里，一方面在"一带一路"的大环境影响下，中国企业在"一带一路"沿线国家的投资活动不断增多；另一方面，中国也在以 WTO 改革为契机，探讨 WTO 与《G20 全球投资政策指导原则》如何相互契合并贴近当前国际直接投资发展需要，并持续提出符合我国引进外资和对外投资（包括服务贸易的商业和跨境电子商务）需要的投资便利化和保障投资安全的新规则。

1. "一带一路"下中国国际投资模式

"一带一路"沿线国家的投资模式主要有两种。一种是承包工程，另一种是直接投资。首先是承包工程。在基础设施建设市场上，中国以"基建狂魔"的身份闻名全球，特别是在公路、高铁、机场、港口、桥梁等公共交通设施，从建造数量、速度、规模等各个方面上不断刷新数字、创造纪录。考虑到"一带一路"沿线国家大多基础设施建设薄弱、缺口大，承包工程已经成为"一带一路"沿线国家经济发展的催化剂。根据 2019 年发布的《"一带一路"国家基础设施发展指数》报告，基础设施建设行业仍主要集中在交通和能源行业，通信及水务行业占比较小。在交通行业，公路和桥梁、铁路项目分别占比 47.5%和 39.2%。在能源行业，电力项目占主要部分，与此同时，清洁能源项目（风能、太阳能、核能）也不断增加。通信与水务行业需求保持稳定。其中，通信行业项目主要集中在西亚、北非，水务项目则集中在南亚。已建成的项目如肯尼亚蒙内铁路、巴基斯坦卡西姆港、越南永河水电站、中俄亚马尔液化天然气（liquefied natural gas, LNG）项目、斯里兰卡莫勒格哈坎达水库，不仅改善了东道国基础设施建设情况，加强了各国间的互联互通，还为处于全球生产链、价值链不利位置的国家提供了巨大的上升空间。然而，基础设施建设项目也引发很多争议。争议主要集中在对基础设施建设项目定位、选择及实施风险可控性，项目经济效益可预见性，以及基础设施建设资金缺口引发的政府负债危机方面的担忧。

其次在于直接投资。商务部公布消息显示，2013～2018 年，中国企业对"一带一路"沿线国家的对外直接投资额超过 900 亿美元。商务部发布的《中国对外投资发展报告 2018》显示中国企业在"一带一路"沿线国家拥有 82 个境外合作产业园区。截至 2018 年底,园区累计投资超过 400 亿美元,上缴东道国税费超过 30 亿美元,为当地创造超过 30 万个就业岗位。根据新地理经济学理论,境外园区不仅能使我国优势产业在东道国形成集聚效应,也降低了中国企业"走出去"的风险与成本。

2. 中国企业对外投资模式的优势

首先,促进发展中国家参与"一带一路"建设和国际产能合作。为了营造开放、透明和有益的全球投资政策环境,促进包容的经济增长和可持续发展,G20 成员提出了非约束性原则,为投资政策制定提供总体指导(《G20 全球投资政策指导原则》)。"一带一路"与《G20 全球投资政策指导原则》重申了外国投资在拉动经济增长中的关键作用,有助于各国政府提高对利用外资的认识,引导各国特别是发展中国家制定实施有效的投资促进政策,主动改善投资环境,加入国际产业链体系,增强对包括我国投资者在内的外资吸引力。这将有助于我国对外投资,特别是在发展中国家开展基础设施建设合作,建立生产基地和原材料供应基地,整合国际资源,降低生产运营成本,形成部分产业转移,构建以我国为主的跨国产业体系,发挥积极作用。

其次,保护我国投资者利益,利于中国企业"走出去",有利于中国投资者利用法律武器维护自身的合法权益。例如,《G20 全球投资政策指导原则》引导 G20 为投资者提供良好的法律环境和法律保护,处理争端解决应保持公平、开放、透明的原则,防止权力滥用对投资者造成的损失。近年来,我国投资者的海外并购受到越来越多的"国家安全审查"。《G20 全球投资政策指导原则》为中国企业通过法律程序应对海外投资纠纷提供了重要依据。

最后,提高我国企业的跨国经营能力,有助于培育一批世界水平的跨国公司。近年来,国际社会对中国跨国企业的关注度越来越高,不仅关注经济指标、技术指标,更加关注社会指标,中国政府主管部门也在多项规章制度中要求企业承担社会责任。随着《G20 全球投资政策指导原则》在政策中得到体现,中国跨国公司在治理体系上会更加完善,成为负责任的国际典范。

3. 中国企业对外投资模式不足

根据中国一带一路网公布的数据,截至 2019 年 11 月,中国已与 137 个国家和 30 个国际组织签署 197 份共建"一带一路"合作文件。这个数字一方面说明了国际社会对"一带一路"体系的关注和支持;另一方面,值得注意的是,合作文件不具有法律约束力。目前,中国主要通过与"一带一路"沿线国家签署的 BITs 来明确双方权利和义务,保护中国企业的对外投资。然而投资规则拥有诸多不足。

首先,BITs 网络覆盖范围存在巨大空白。就中国而言,其并没有与"一带一路"沿线的所有国家签署投资协议。截至 2019 年 7 月，我国尚未与尼泊尔、阿富汗、不丹、马尔代夫、伊拉克等国家签署 BITs。与此同时，"一带一路"参与国各方也缺乏 BITs 的覆盖。BITs 网络的真空会导致投资者-东道国之间、投资国-投资国之间基于"一带一路"倡议下的投资争端无法解决。

其次，BITs 内容更新迟缓。现在已经生效的 BITs，一大部分由于是 2000 年前签订的，协议内容简陋过时，已经无法反映时代需求。但是，这些条约仍是中国企业遇到争端时主要依靠的保护手段。另外，新签订的 BITs 虽然对协议内容进行了更新，但是有些协议还没有生效。

最后，BITs 与区域性投资协定的重叠与差异引发投资者"条约选购"（treaty shopping）。"条约选购"的情况主要针对东盟国家。我国在 2009 年与东盟签署《中国-东盟自由贸易区投资协议》之前，已与大部分东盟成员国分别缔结了 BITs。其中 8 个 BITs 是在 20 世纪 80 年代、90 年代缔结的，内容过时。现在由于《中国-东盟自由贸易区投资协议》与这些 BITs 同时存在，而国际投资争端解决中心（The International Center for Settlement of Investment Disputes，ICSID）并未对条约挑选做禁止。这可能会促使东盟投资者选择对自己有利的条约使我国处于不利位置。

同时，我国境外园区面临以下挑战。第一，东道国政策、法律法规的稳定性不确定。东道国应允给予园区和中国企业的优惠政策不一定能兑现。由于很多沿线国家政治环境并不稳定，存在由于领导人的更换改变甚至取消优惠政策的可能。第二，园区缺乏内生、可持续性的经营机制。虽然园区建设初期可以依靠中国和东道国在政府层面给予政策、法规等方面的支持和带头企业的产业优势，但是如何使园区可以靠完善的园区服务不断吸引其他企业进入园区建厂投资促进园区可持续发展则是一个长期的困难。第三，缺乏配套的投资规则及争端解决机制。由于"一带一路"倡议目前仍是一个相对松散、开放的组织，缺乏制度化和约束力。如何在这个松散的框架下平衡投资国、投资者和东道国的利益，需要靠规则和争端解决机制的建立。由于"一带一路"沿线各国情况复杂，随着沿线投资体量不断增大，缺乏统一的、基于"一带一路"沿线国家实际情况的规则及争端解决机制将增加"一带一路"参与国之间的摩擦风险。这非常不利于"一带一路"多边模式的构建。

四、WTO 投资规则与我国投资规则的异同

（一）约束力不同

WTO 投资规则由于有争端解决机制和独立的争端解决机构，加上成员众多，

其协议的约束力与执行力比较强。而"一带一路"多边框架松散,沿线国家BITs覆盖率严重不足,国际法漏洞多,不足以有力地约束参与国遵守条约。另外,各国和国际组织签署的"一带一路"合作备忘录也只是表达了合作意向,本身并不具备任何约束力。

(二)灵活度不同

WTO规则基于"协商一致"原则,灵活性非常低,必须所有成员方一致同意才能更改、增加或废除WTO条约。但是,由于成员方经济发展水平不均,各方利益迥异,条约谈判常常旷日持久,最后功亏一篑。多哈回合的失败就是个例子。在这一方面,BITs由于只涉及两个国家,双方可以根据自身情况较快达成协议,协议的更改相对于WTO协议也来得简单。

(三)主导国家不同

WTO规则由于历史原因,20世纪90年代之前一直是由发达国家或地区特别是美、欧、日、加主导WTO体系。这使得WTO条约更偏向保护发达国家的跨国投资活动和利益。我国在产业补贴、技术转让、国有企业等问题上多次受挫。随着中国经济影响力的增加,中国签署的BITs从最初以吸引外资为主逐步升级与国际接轨,最近缔结的BITs开始强调投资自由化、边境后措施、加强东道国监管,并增加了争端解决机制,特别是与"一带一路"沿线国家缔结的BITs,以中国为主导的框架正在形成。这是中国第一次以领头羊的方式主动领导全球新秩序。

第三节 以中国实践为基础推动WTO改革和投资便利化谈判

当前,WTO正面临多重危机,多个成员已公开表明支持WTO进行必要改革,但是成员间分歧仍然较大。我国作为多边贸易体制的坚定支持者和维护者,推动WTO必要改革和多边投资框架不应空对空,而应为自贸试验区探索适用的国际投资标准,避免陷入一味追求最高标准的窠臼。WTO改革、投资便利化谈判和自贸试验区建设均应以中国实践为圭臬。

一、以 WTO 为首选平台推进投资便利化和自由化

当前国际投资体系仍处于零散状态,全球范围内存在着超过 3300 个多边或双边投资条约,且投资条约间的投资者保护程度和市场开放规定程度均不尽相同。这些投资条约所组成的国际投资规则体系的复杂多样性极易形成类似"意大利面碗"效应的交错。因此,国际社会需要一个能够进行有关国际投资规则谈判的平台,使规范国际贸易规则的 WTO 在当前推动国际投资便利化和自由化方面可以发挥其专长。

(一)国际投资规则谈判应充分利用现有多边体系

从历史上看,OECD 曾在 1995~1998 年尝试推进成员缔结多边投资协议(multilateral agreement on investment,MAI),试图规范由发达国家跨国公司扩张带来的海外投资保护与投资自由化诉求。一个彰显的事实是,发达国家和发展中国家在建立国际统一的投资规则体系这一议题上存在诸多分歧。为了能够在短时间内在投资议题上找到突破口,OECD 决定率先由发达国家发起谈判,在该议题达成一致后再寻求发展中国家的加入。此种做法意味着 OECD 国家期望通过先行形成国际投资规则体系来胁迫发展中国家后续接受有明显的偏向性的投资规则体系。然而,最终不仅发达国家间未能达成一致,发展中国家也因明显缺乏动力而拒绝接受高标准的国际投资规则。

由 MAI 的推进过程不难发现,国际投资规则的建立应基于有关规则宜被多层次成员方所接受,充分顾及不同成员对于国际投资规则的接受程度,以期寻找各成员对于国际投资规则接受的最大公约数以形成各成员各有所得、互利共赢的局面,因而能够成为多边而非区域性的投资规则。国际投资规则的谈判可以诉诸成熟的多边体系或已经在位的国际组织进行。

除 WTO 以外,目前与国际投资便利化、自由化等密切相关的多边机构或国际经贸治理平台包括 OECD、UNCTAD、G20 及亚太经济合作组织(Asia-Pacific Economic Cooperation,APEC)等(表 3-3)。

表3-3 与国际投资有关的国际经贸治理平台

多边体系	成员数量	成员发展情况	成员分布
WTO	164	发达成员、发展中成员及欠发达成员	各大洲
UNCTAD	192	发达成员、发展中成员及欠发达成员	各大洲

续表

多边体系	成员数量	成员发展情况	成员分布
OECD	36	发达成员、发展中成员，全部为市场经济成员	欧洲、北美洲、南美洲及亚洲
G20	20	发达成员、发展中成员	欧洲、北美洲、南美洲、亚洲及非洲
APEC	21	发达成员、发展中成员及欠发达成员	欧洲、亚洲及大洋洲

根据表3-3，WTO和UNCTAD的成员数量远超其他多边体系和国际组织，同时WTO成员既包含了发达成员，也包含了欠发达成员和发展中成员，且成员分布于世界各地。G20由于受到国家成员数量和代表性的限制，虽然也曾达成《G20全球投资政策指导原则》等具有软约束力的成果，但是仍然很难能够与WTO相媲美。同时，OECD目前由不同市场经济国家组成，国家间差异性较为明显，也没有包括其他经济形态的国家或成员，且部分OECD成员已采取不合理方式规避承认中国的市场经济地位，因而OECD所推进的国际投资规则体系很难被广泛接受。最后，UNCTAD作为审议有关国家贸易与经济发展问题的国际经济组织，是联合国系统内唯一综合处理发展和贸易、资金、技术、投资、可持续发展领域相关问题的政府间机构，虽然截至2022年4月6日，共有195个成员，但是随着发展中国家的快速崛起导致利益分歧凸显，发达国家对于发展合作态度逐渐消极等，UNCTAD的谈判职能早已被削弱。相比之下，WTO虽然面临停摆危机，但其国际影响力和谈判职能相对较强。

（二）WTO具有推进投资便利化谈判的便利性

与其他多边机构或国际组织相比，WTO自身的优势在于其具备了促进贸易便利化多边框架的经验，并能够依此经验拓展至投资领域。2014年11月，WTO总理事会通过了《修正〈马拉喀什建立世界贸易组织协定〉议定书》，将《贸易便利化协定》作为附件纳入《马拉喀什建立世界贸易组织协定》。该议定书成为WTO成立以来达成的第一个多边货物贸易协定。

首先，国际投资规则体系的广泛认同离不开投资便利化协定的建立。与贸易便利化议题相似的是，投资便利化议题同样是伴随着国际投资的不断发展而被提上日程的，其对于国际投资的重要价值首先引起了不同国际组织的关注。历史上多次就投资规则及便利化进行讨论。前文已经提到，OECD曾早在1995~1998年就期以形成MAI。随着国际投资话题热度的不断升级，2016年，我国在担任G20轮值主席国期间就投资及投资便利化谈判的非约束指导原则成立了新的工作组，促成 G20 最终批准了历史上首份《G20 全球投资政策指导原则》。2017 年 12 月，WTO 第十一届部长级会议上发表了《关于投资便利化的部长联合声明》，呼吁成员就投资便利化发展的多边框架进行结构性讨论[①]。经过多次尝试和会议讨论，国际投资规则体系建立问题尤其是投资便利化问题，已成为 WTO 各成员所认可的谈判议题，各 WTO 成员对于投资便利化已有了相应的预期。

其次，在各成员已有预期的基础上，WTO 可参照贸易便利化推进的经验对投资便利化议题进行安排。在 WTO 推进贸易便利化的过程中，先就各成员认同的贸易壁垒开展了专题研讨会，分析得出目前全球阻碍贸易发展的主要壁垒，在此基础上，WTO 将贸易便利化多边框架话题列入谈判议题当中，并逐步启动贸易便利化谈判。整个贸易便利化塔盘流程长达 20 年，谈判过程进展缓慢，但 WTO 能够逐一有效地解决谈判中的分歧和问题，最终达成了《贸易便利化协定》。不论是贸易便利化谈判议题的安排，还是妥善处理谈判中的各种阻碍，WTO 均已积累了大量的实践经验。显然，投资便利化多边框架的议题可参照贸易便利化议题谈判进行安排，WTO 的实践经验将有效地应用在新的投资便利化多边框架议题谈判之中，加快投资便利化的落地速度，进而推进国际投资规则体系的建立。

最后，由于目前国际投资体系处于零散状态且碎片化严重，WTO 成员既可以考虑通过修改目前的 TRIMs 达成谈判目的，也可以通过对《贸易便利化协定》进行解释或修订该协定中的投资模块实现多边投资框架的构建。

（三）在推动中美就 WTO 改革达成一致的过程中推动投资便利化谈判

不可否认的是，当前中美双边经贸分歧已被美国成功地塞到 WTO 之中。以美日欧三方贸易部长会议联合声明为例，美国联合日本、欧盟共同发布七次《美日欧贸易部长联合声明》，声明就多方面达成了一致态度[②]。声明所指向对象虽然以第三方为名，但其矛头所向世人皆知。在美方看来，中国在产业补贴、国有企业、强制性技术转让等方面构成了歧视性的做法，此举是在扭曲市场的公平竞争。美方悍然发动了明显违反最惠国待遇及约束关税等 WTO 基本规则且针对性极强的"贸易战"，正是通过这些直接或间接举措，美方已将中美双边经贸分歧完全塞入 WTO。

---

① 《关于投资便利化的部长联合声明》强调了投资和贸易与发展密切相关，支持开展深入探讨以建立投资便利化多边框架，同时呼吁第十一届部长级会议进行投资便利化议题部长级专题讨论。

② 详情参见《美日欧贸易部长联合声明》，其关注重点及一致态度已在表 3-1 中进行总结。

就投资问题而言，我国与美方的主要关注点聚焦于不同所有制企业在市场当中的待遇问题，两方均支持在市场准入门槛问题方面进行改革，但改革的方向不尽相同。我国在2019年5月提交的《中国关于世贸组织改革的建议文件》中建议对来自不同所有制类型企业的同类投资提供非歧视待遇[①]。而美国则支持消除外资进入障碍，取消市场准入前后歧视外国投资者措施和市场扭曲措施，并开始对国有企业的市场准入采取特别审查措施。不难看出，虽然双方均对目前的投资市场准入状况并不满意，也均有改革意愿，但两方的改革方向不尽一致甚至相左。

因此，在WTO平台推进投资便利化谈判，需要就中美双方外资市场外资准入问题，特别是涉及国有企业的外资市场准入问题进行正面的讨论和谈判。从我国的角度出发，主动在WTO成员间就国际投资规则议题推动谈判体现了我国进一步开放市场、进行更深层次改革及建立开放型经济新体制的决心，但是同时需要清醒地认识到，这一谈判也取决于双方在WTO改革上能否达成一致。

二、WTO改革和投资便利化与我国自贸试验区建设

推动投资便利化自由化意味着统一投资标准、降低投资差异性门槛，同时意味着我国现行的投资规则必须与国际通行的投资规则相适应。以上海自贸试验区为例，截至2019年4月，上海自贸试验区区内累计登记注册6万多户企业，其中新设的外资企业仅1.1万多户，占比仅20%左右[②]。这说明，对外资而言，我国自贸试验区与国际通行的投资规则尚未接轨，在国际认可标准的营商环境上有待提高。具体的差距可以从负面清单、自贸试验区争端解决机制两个方面加以说明。

（一）负面清单设置与高标准投资规则仍有差距

我国自贸试验区外商投资准入现主要依据《自由贸易试验区外商投资准入特别管理措施（负面清单）》（以下简称自贸试验区负面清单）来进行判断。自2013年首次发布以来，负面清单管理措施数量已从最初的190项逐步减至2019年版本的37项。与2018年版本相比，最新版本在渔业、采矿业、制造业、供应业、交

---

① 《中国关于世贸组织改革的建议文件》在"行动领域"中"增强多边贸易体制的包容性"就国有企业相关内容提出建议，具体表述为："在外资安全审查中，实行公正监管，按照透明度和程序适当原则，对来自不同所有制类型企业的同类投资提供非歧视待遇。"

② 详情参见 http://www.gov.cn/guowuyuan/2019-07/04/content_5405818.htm[2019-07-04]。

通运输业、信息技术服务业等方面进一步进行了深化开放。然而，从多边投资规则来看，它与国际高标准的投资规则仍有较大差距。

首先，我国负面清单管理制度与现行国际高标准投资规则差距体现在负面清单的具体表述上。《外商投资准入特别管理措施（负面清单）(2019年版)》"说明"第六条中"未列出的文化、金融等领域"及"行政审批、资质条件、国家安全等相关措施"均用"等"来省略表述，以此为实施时留出管理空间[①]。这不仅会使外资投资者对我国自贸试验区负面清单产生疑惑，同时很难找到相应的操作规定，对投资者造成实际的投资困难。

其次，我国负面清单管理制度与现行国际高标准投资规则的差距体现在负面清单的分类标准上。目前国际通行的产业分类体系为北美产业分类体系、欧洲经济活动统计分类委员会分类体系、国际标准产业分类及日本标准产业分类。然而，自负面清单建立以来，我国的负面清单体系中产业分类的依据一直沿用我国发行的《国民经济行业分类》并规定了18个限制性领域行业门类，与国际主流产业分类标准不同[②]。因此，采用《国民经济行业分类》(GB/T 4754—2017)的自贸试验区负面清单可能会导致因为分类标准的不同引起外国企业的误解甚至争端，难以和国际规则接轨。

最后，我国负面清单管理制度与现行国际高标准的投资规则的差距体现在限制措施数量上。以同样采用负面清单管理模式的USMCA为比较，截至2020年12月，美方在USMCA中的现行限制措施共有9项，另外一位发达成员加拿大的现行限制措施为18项，而发展中成员墨西哥现行的限制措施也仅有31项[③]。与USMCA中的美墨加三位成员相比较，我国自贸试验区负面清单截至2020年12月仍有37项限制措施，限制仍然较多。

（二）自贸试验区外资争端解决机制尚待完善

我国自贸试验区自2013年起发展步伐不断加快，开放次序从沿海逐渐深入内陆，从早期点状分布及东南沿海扩散到现在全国多点开花，逐渐形成网状布局。但在各自贸试验区存在着立法滞后、执法困难的局面，这一点在争端处理上尤甚。

---

① 自贸试验区负面清单"说明"第六条的具体表述为："《外商投资准入负面清单》中未列出的文化、金融等领域与行政审批、资质条件、国家安全等相关措施，按照现行规定执行。"

② 《国民经济行业分类》(GB/T 4754—2017)是由我国国家统计局起草并由国家质量监督检验检疫总局、国家标准化管理委员会批准发布。历经四次修订，于2017年完成《国民经济行业分类》(GB/T 4754—2017)，《外商投资准入特别管理措施（负面清单）(2019年版)》所参考的行业分类标准即为上述2017年版本。

③ 与我国负面清单体系不同的是，USMCA将限制措施分为现行不符措施和未来不符措施，未来不符措施与我国负面清单体系中括号内表明未来开放路线的措施相对应。在USMCA中，美国、加拿大和墨西哥的未来不符措施分别有7项、10项和4项。

就国家立法层面，2019年3月15日，全国人民代表大会正式通过了《中华人民共和国外商投资法》（以下简称《外商投资法》），取代了之前的"外资三法"，成为外资领域的基础性法律[①]。但是，《外商投资法》中仅仅粗略地规定了外商投资企业投诉工作机制[②]。除此以外，自贸试验区争端的管辖问题也未加以明确规定。《中华人民共和国民事诉讼法》仅在第二百七十三条专属管辖中做出对于三种涉外合同的管辖权全部由中国法院管辖的规定[③]。但由于各地区对于自贸试验区就地域管辖、级别管辖和专属管辖方面并未做出更为明确的规定，这造成了各自贸试验区区内争端案件的解决分属不同地域管辖、级别管辖和专属管辖的范畴之内。

在自贸试验区争端解决平台层面，自贸试验区管理机构试图为自贸试验区专设法院，提供诉讼平台以解决外商争端。但是，由于目前我国自贸试验区争端解决机制的不完善，且诉讼方式费时费力，我国部分地区以调解等替代性争端解决方式解决外资争端，缓解外资矛盾。虽然调解较诉讼而言效果良好，但由于自贸试验区并无替代性争端解决机制的相关规定，其调解过程并不规范；在执行层面，自贸试验区内发生的外商投资争端中明显地包含涉外因素，但因我国目前与涉外相关的法律规定相对松散，涉外法条散布多部法律之中，其执行难度非常大。同时由于涉外，案件还有可能会上升至国家的司法主权问题。

以上两个例子中所涉及的问题，有的是程序性问题，有的是实体性问题。部分问题无法在国内层面加以突破，因而需要在WTO层面推动多边投资框架内加以解决。为此，WTO改革、投资便利化谈判需要能够及时反映我国自贸试验区建设所遇到的各种问题；进一步而言，不能仅为完成谈判而谈判。

在WTO面临必要改革的前提下，投资便利化谈判已经成为WTO一项正式谈判。在国际投资日趋频繁却无相关国际投资规则体系建立的前提下，一方面，我国应根据本国利益积极稳妥地推进投资便利化谈判，坚持以WTO为首选平台建立多边投资框架；另一方面，我国应通过自贸试验区的"先行先试"，将WTO改革、投资便利化谈判与自贸试验区建设挂钩，WTO投资便利化谈判应为我国

---

① "外资三法"包括了《中华人民共和国中外合资经营企业法》、《中华人民共和国中外合作经营企业法》及《中华人民共和国外资企业法》。我国曾在2015年发布《中华人民共和国外国投资法（草案征求意见稿）》（以下简称《外国投资法（草案征求意见稿）》），相比于2015年发布后被暂时搁置的《外国投资法（草案征求意见稿）》，《外商投资法》则是一部原则性法规，其篇幅从原《外国投资法（草案征求意见稿）》的170条锐减为42条。

② 《外商投资法》第二十六条规定："国家建立外商投资企业投诉工作机制，及时处理外商投资企业或者其投资者反映的问题，协调完善相关政策措施。外商投资企业或者其投资者认为行政机关及其工作人员的行政行为侵犯其合法权益的，可以通过外商投资企业投诉工作机制申请协调解决。"

③ 《中华人民共和国民事诉讼法》第二百七十三条专属管辖规定："因在中华人民共和国履行中外合资经营企业合同、中外合作经营企业合同、中外合作勘探开发自然资源合同发生纠纷提起的诉讼，由中华人民共和国人民法院管辖。"

自贸试验区建设提供对照标准，有关争议性议题可以先行在自贸试验区进行压力测试。总之，作为多边贸易体制的坚定支持者和维护者，通过 WTO 必要改革和投资便利化谈判建立多边投资框架，不仅能够解决 WTO 各成员方对于外资市场准入等相关投资问题的普遍性关切，而且能够为我国自贸试验区建设提供适用的国际标准，而不是盲目对照 CPTPP 等高标准投资协定，从而进一步完善自贸试验区投资相关规则，推动建设更高水平开放型经济新体制，实现以开放促改革、促发展。①

（课题组成员：张　磊　王思语　卢毅聪　张开翼　姜　悦）

本章执笔人：张　磊

参 考 文 献

段小梅，李晓春. 2020. 中国对外投资：发展历程、制约因素与升级策略. 西部论坛，30（2）：109-124.

雷蒙. 2011. WTO 十年中国过渡性审议机制终结. WTO 经济导刊，（12）：57.

李思奇，牛倩. 2019. 投资负面清单制度的国际比较及其启示. 亚太经济，（4）：95-104.

林桂军. 2020. WTO 框架下的投资便利化：对中国的建议. 国际商务研究，41（4）：29-37.

刘辉. 2018. 我国自贸区准入前国民待遇与负面清单管理制度研究. 经济法论丛，（1）：324-356.

马一宁，马文秀. 2020. 中国对"一带一路"沿线国家直接投资的实证研究. 经济问题探索，（8）：114-122.

全毅. 2019. 各国 WTO 改革方案比较与中国因应策略. 亚太经济，（6）：110-117，147.

萨旺 C，葛顺奇，蒲红霞，等. 2016. 中国与 G20：为诸边或多边投资协定奠定基础. 国际经济合作，（9）：14-19.

桑百川，任苑荣. 2017. 落实《G20 全球投资指导原则》推动建立全球投资规则. 国际贸易，（1）：37-40.

太平，李姣. 2019. 中国对外直接投资：经验总结、问题审视与推进路径. 国际贸易，（12）：50-57.

王光，代睿，林长松，等. 2020. 双边投资协定与中国对外直接投资. 国际经贸探索，36（3）：95-112.

王思语. 2020. 依托 WTO 规则对外投资模式与中国对外投资模式对比. 工作论文.

文洋. 2016. 全球投资治理：现状、趋势及中国的参与路径. 理论视野，（10）：65-68.

谢娜. 2020. 中国对"一带一路"沿线国家直接投资的贸易效应研究——基于制度距离差异的实证分析. 宏观经济研究，（2）：112-130，164.

---

① 备注：本章节引用课题组成员自然阶段性成果，即张磊（2020）和王思语（2020）。

张耕, 孙正樑. 2019. 自贸区知识产权产品平行进口的法理分析. 兰州学刊, (6): 36-45.
张磊. 2018. 积极稳妥地推动 WTO 投资便利化框架. WTO 经济导刊, (9): 62.
张磊. 2020. 以中国实践为基础推动 WTO 改革和投资便利化谈判——基于自贸试验区视角. 国际商务研究, 41 (4): 53-61.
朱文晖, 李华. 2013. 中美双边投资协定谈判策略思考. 开放导报, (5): 19-23.

第四章 "一带一路"的规则设定与相应国际机构的规则对接研究

第一节 总 体 规 划

一、"一带一路"倡议与国际性/区域性组织规则对接的理论基础

本章研究与两方面的理论相关：第一，国际协调机制的选择；第二，规则冲突及其解决方式的法理基础。

在国际协调机制选择方面，现有文献基于相互依存理论、博弈论与国际形势，论证了国际协调的必要性与可行性。国际协调主要通过国际机制发生作用，国际机制指一系列围绕行为体的预期汇聚到一个既定国际关系领域而形成的原则、规范、规则和决策程序。其中，原则是国际关系中行为体参与国际机制所追求的目标；规范是对行为体行为和利益追求的约束；规则是对行为体行为的特别规定和禁止；决策程序是做出和执行集体选择的方式和习惯。国际机制有三个功能：第一，明确法律责任；第二，降低交易成本；第三，提供完全信息，减少信息不对称与不确定性。国际协调机制按照不同分类方式可划分为：全球性/区域性国际协调，政府间国际组织/非政府间协调，规则性/相机性协调，政治/经济/文化协调等。建立国际协调机制有两种方式：硬框架与软框架。硬框架指以现行国家组织为架构，通过事先制定的明确规则，包括原则、协定、条款及其他指导性条文等，达成一致协议，在全球或区域层面具体执行"事务性"协调的机制。联合国、WTO、IMF 等均属于硬框架范畴。软框架指以大国或国家集团协调为先导，以相关国际组织后续协调为基础，通过国际会议特别是首脑峰会对全球或地区性重大紧急事务迅速提出议程设置，做出决策建议，制定行动规则，并引导相关国家或国际组织实施具体协调的机制框架。八国集团首脑峰会、亚欧峰会、OECD等均属于软框架范畴。

在规则冲突及其解决方式的法理基础方面，国际法上关于规则冲突的定义并未在规范性法律文件中明确，在理论上也一直存在争议。一般来说，冲突的定义有广义与狭义之分。广义上的冲突指权利规则与义务规则的冲突；狭义上的冲突仅指义务规则的冲突。由于"一带一路"倡议在进行国际经贸合作时，关于权利的规定同义务的规定一样重要，因此本章在分析时，采用最广义的角度来定义规则冲突，即违反一项规则已经或可能引起违反另一项规则的情形，这一广义的界定也为国际法委员会赞同。规则冲突在表面上表现为：第一，具体条款的不一致；第二，各国对同一条款的司法解释不同。表面上的规则冲突实质上反映的是不同领域或不同制度要保护和追求的目标不一致，以及规则制定主体——国家（地区）或集团基于自身利益最大化带来的博弈。在"一带一路"倡议进行各领域规则整合协调时，现存条约与规则的固有特点必然导致规则冲突，具体体现在：第一，立法机关多元化，这将导致对同一争端不同法庭都有管辖权，且有各自的解释与适用规则；第二，时间因素，即使是相同缔约国签订的条约，先前的规则也可能与后续签订的规则发生冲突；第三，国际合作导致的冲突，如WTO与世界卫生组织出于同一目标共同签订某条约，然而该条约与分支部门法律体系的规则相冲突。

厘清国际机制相关的概念，有助于明确"一带一路"倡议的定位。在短期，"一带一路"倡议更适合采用软框架的方式进行组织建构，因而研究"一带一路"倡议与现有国际性、区域组织规则的对接有着重要的理论意义与现实意义。解决规则冲突的指导思想是：从单边主义到互动协调，从共处向合作转变。解决规则冲突的具体方法包括：第一，设立冲突条款；第二，后法原则；第三，特别法原则；第四，利用条约解释；第五，国际协调合作。在后文利用"一带一路"倡议实现"一带一路"沿线国家在八大方面的规则协调时，我们根据具体情形，综合运用了这五种方法进行规则对接。

二、研究逻辑、理论与方法数据

本章主要内容包含"一带一路"所涉及八个领域的国际合作，分别是海上运输、贸易、能源、环境保护、产业投资、基础设施、金融和人文。本章研究思路为：第一，研究"一带一路"倡议与国际性/区域性贸易组织规则对接的理论基础；第二，探究在八个领域，相关国际组织的影响、作用及主要协议或规则；第三，分析沿线国家在对应多边国际组织和协定的参与度与地位；第四，结合前三点，主要针对这些领域对国际组织和协定的争端解决机制做深入的分析，明确提出在每个领域合作的国际机构，以及在具体规则上是保持现状还是有所突破，提出"一带一路"倡议规则对接的方案；第五，为每个领域中国如何推进对应设想提出政策建议。

厘清国际协调机制相关的概念，有助于明确"一带一路"倡议的定位。在短期，"一带一路"倡议更适合采用软框架的方式进行组织建构。研究规则冲突及其解决方式的法理基础，得出解决"一带一路"倡议与现有规则冲突的指导思想为：从单边主义到互动协调，从共处向合作转变。

本章的研究方法主要为文献分析法和比较分析法。在八大领域，我们对各国背景和国际组织参与度进行比较分析，弥补和充实"一带一路"与 WTO 之外的国际组织的对接，将"一带一路"置于现行国际组织的框架下。主要数据来源于各国际性/区域性组织官方网站的报告、数据及与之相关的协议文本。在现有文献中，综合考虑与相关国际组织（WTO 除外）构建合作网络对"一带一路"积极作用的研究尚少。然而，推动"一带一路"倡议亟须明确合作的国际机构和范围，尤其是对如何推进八个领域的国际合作和争端解决提出具体建议。

第二节 "一带一路"中贸易规则对接研究

一、"一带一路"倡议与国际性/区域性贸易组织规则对接研究

"一带一路"合作国家数量众多，各国签约的贸易协定呈现出区域性、"意大利面碗效应"、不一致性等特点。在现行国际组织与贸易协定制定的规则下，如何实现各方贸易规则的协调与世界贸易规则体系的建立，是中国作为"一带一路"倡议发起者与推动者亟须解决的问题，也是本节的研究重点。为了实现研究目标，本节查阅了贸易类国际组织近年来的报告、文件、论文、新闻资讯，归纳总结出在贸易领域上国际最为关注的议题。并将"一带一路"沿线国家划分为亚太、欧洲、非洲、拉美四大地区，详细研究各区存在的区域性贸易组织，比较分析各组织的影响力、主要特点、重要议题，从而得出"一带一路"倡议在不同地区应与哪些区域性贸易组织进行合作。

在国际组织方面，国际标准化组织、UNCTAD、国际贸易中心、世界海关组织共同关注的贸易话题有：国际标准认证对贸易的影响、跨境电子贸易的规则制

定、市场垄断问题与中小企业的发展。

在亚太地区，亚太一体化可通过自贸区协定网络、CPTPP、OECD、RCEP、亚太自由贸易区实现。Sohn 和 Lee（2010）的实证表明，高质量自由贸易区对发达国家福利影响显著，东亚地区自由贸易区对经济增长的推动作用不明显；白洁和苏庆义（2019）认为 CPTPP 标准较高，中国短期不会加入；王丽琴和朱美琳（2018）的研究表明在 OECD 谈判中，中国还达不到主导程度；张珺和展金永（2018）利用 GTAP 模型量化 RCEP 与 CPTPP 对中国的福利影响，指出 RCEP 更符合中国利益。

在欧洲，区域性贸易组织包括欧盟、欧亚经济联盟、跨大西洋贸易与投资伙伴协议（未达成）。欧盟对于"一带一路"倡议存在以下疑虑：制度框架尚不完整、投资信息不透明、平等市场准入问题"一带一路"倡议是否会对欧盟内部决策程序产生潜在影响（Kaczmarski，2017；Gabuev，2016）。欧亚经济联盟五个成员国均为"一带一路"合作国，但 Li（2017）的研究表明欧亚经济联盟的发展面临着俄罗斯主导性过强、成员国主权意识过强和外部强国吸引力大等问题。跨大西洋贸易与投资伙伴协议则对"一带一路"倡议存在潜在冲击。

在非洲，2019 年非洲大陆自贸区生效前，区域内的自贸区呈现显著分区特点，南非、北非、西非、东非、东南非均有各自的区域内一体化组织。非洲大陆贸易总量只有 13% 发生在非洲国家之间，是全球各区域中的最低水平（倪杰瑞，2018）。非洲大陆自贸区正在将市场一体化与工业和基础设施发展结合起来，以解决非洲生产能力和供应方面的限制问题（Manfred，2018）。据商务部统计，截至 2020 年，中国连续 12 年是非洲最大的贸易伙伴。中非经济具有显著互补性，但也存在地区、行业不平衡问题。

在拉美，主要区域性贸易组织包括：南方共同市场、中美洲共同市场、加勒比共同体和共同市场、太平洋联盟、拉丁美洲一体化协会和安第斯共同体。中国是拉美第二大贸易伙伴，拉美是中国重要的大宗商品进口地区，拉美将会成为"一带一路"倡议布局中的重要一环（马丹丹，2018）。但由于中国与拉美地理位置相距遥远，联系相对较晚且频度有限，中拉文明对话有必要性、紧迫性和理论意义。沈安（2017）指出，在拉美地区的对外关系中，美拉关系是居第一位的，在中拉合作过程中应尤其重视美国对外政策的影响。

综上，在亚太一体化上，通过 RCEP 达成包容性增长的亚太经济一体化，但 RCEP 以东盟为主导，中国可借助"一带一路"倡议提升话语权；在亚欧一体化上，建议与欧亚经济联盟进行合作，尤其注重地缘政治的影响；在中非合作中，中国应为非洲国家贸易的标准化水平做好示范，以金融手段促进中非贸易，大力发展农业合作，同时中非立法、执法、司法等部门需要合作起来，为中非贸易构筑法治保障网；在中拉合作上，重视文化交流，重点分析美国政策对拉美地区的影响，在具体贸易规则对接上可参考亚太自由贸易区。

二、"一带一路"贸易框架与规则制定政策建议

建议一：以 WTO 体系为依托，利用"一带一路"倡议整合区域贸易协定。

"一带一路"倡议亟须建立固定的组织框架、统一的法律框架与规则。具体而言，应以现有 WTO 体系为依托，灵活运用已有的多重合作机制，利用"一带一路"倡议实现统筹兼顾。中国应积极推进多哈回合进程，参与国际标准推行、跨境电子商务规则制定、国企市场化改革、中小企业发展等重点议题的讨论。在与不同区域的"一带一路"沿线国家进行贸易合作时，应结合各区域具体情况，分区分层次实现规则对接与贸易发展。

建议二：加强南南合作，在基础设施、电子商务领域树立"中国范本"。

与美国主导的跨大西洋贸易与投资伙伴协议、日本主导的 CPTPP 不同，"一带一路"倡议更加注重南南合作。作为国际公共产品的提供者，目前中国的对外投资更多关注传统基础设施，在未来应更多投资信息基础设施，促进"一带一路"沿线国家电子商务互联互通。中国应在生产、支付、物流及配套金融服务等各个环节提升跨境电子商务竞争力，拓展与新兴市场的合作。在高校、企业、政府中培养相关专业人才，积极参与国际组织中有关电子商务规则制定的谈判。

建议三：实现价值链攀升，提升贸易标准，应对其他高标准贸易协定冲击。

中国与"一带一路"沿线国家合作，可以实现价值链上互补，从而有助于中国实现价值链攀升。中国对内则需要制定更加合理的产业政策，加速国有企业市场化改革，促进企业研发创新，全面提升贸易产品的竞争力和标准化水平。这一方面有助于促进中国与市场准入门槛较高的欧洲国家合作，另一方面也是应对跨大西洋贸易与投资伙伴协议、CPTPP 等高标准贸易协定冲击的必然选择。

第三节 "一带一路"中海上运输规则研究

一、海事类国际组织与国际公约规则研究

海商法诞生于近代，经历萌芽期和发展期，从国际规范发展到国内法，目前

正走向国际统一的成熟期。众多海事类国际组织和国际公约在规则上有什么区别和联系？伴随着多式联运模式的兴起，新的运输模式对应着怎样的规则调整？"一带一路"海上运输应该如何确立？这是本节的研究重点。我们首先分析"一带一路"沿线国家在不同海事类国际组织中的参与率，其次利用文本分析的方法探讨各个国际公约的特点，最后结合多式联运的发展，总结出"一带一路"倡议与哪些国际组织与国际公约进行规则对接。

按照国际组织成员国对"一带一路"沿线国家覆盖率从高到低排序，政府间国际组织依次为：UNCTAD、国际海事组织、联合国国际贸易法委员会。非政府间国际组织为：波罗的海和国际航运公会、国际海事委员会、国际航运工会。

在四大海事公约中：《统一提单的若干法律规定的国际公约》（又名《海牙规则》）统一了国际海上货物运输中的提单行为，主要保护航运国家利益，使得承运方和货方在风险分担上的矛盾凸显；《修改统一提单若干法律规定的国际公约议定书》（又名《维斯比规则》）对《海牙规则》中不合理或不明确的条款进行了修订和补充；《1978年联合国海上货物运输公约》（又名《汉堡规则》）在较大程度上加重了承运人的责任，保护了货方利益；《联合国全程或部分海上国际货物运输合同公约》（又名《鹿特丹规则》）更加关注货方利益，将多式联运、电子商务等因素考虑在内，有严格的承运人责任制度，是迄今为止条文内容最全面的国际货物运输公约。四大公约在承运人与货方利益之间各有倾斜，因此不同公约条款存在冲突、纠纷时的条款选择也成为一大难题（侯进令，2019；雍春华，2018；戚凯和刘乐，2017）。中国尚未加入上述任何一个公约，但在制定《中华人民共和国海商法》时参照和借鉴了前三个公约内容。

目前，国际海上运输模式正在从单式联运转变到多式联运。前三大公约均无法适应"一带一路"以海运为主的"海铁联运"模式，《鹿特丹规则》在这方面做出了修正，但其法律框架是基于单式运输概念建立，因此仍然无法较好地解决多式联运冲突（于沛海，2017；张丝路和李志文，2017）。

综上，在海上运输方面，最适合"一带一路"进行规则对接的政府间国际组织是国际海事组织和UNCTAD，非政府间国际组织是波罗的海和国际航运公会。在具体条款拟定时，应基于《鹿特丹规则》，结合"海铁联运"模式产生的新问题进行拟定。

二、海上运输纠纷解决途径分析

海事纠纷牵涉不同国家，各国当事人会选择不同的诉讼和仲裁机构，由于各国经济制度、立法规定存在差别，"同案不同判"是海事纠纷解决的常态。解决海上运输纠纷的途径有什么？如何防止"一带一路"沿线国家出现"同案不同判"现象？研究上述问题有助于构建良好的海上丝绸之路秩序环境。因此，我们统计"一带一路"沿线国家在海上运输问题上的冲突案件，比较国际上纠纷解决的不同方式，提出最适合"一带一路"沿线国家的海上运输纠纷解决途径。

杜江玮（2017）表明，中国海事法院每年受理的海事海商案件数量及纠纷种类，无论是在亚太地区还是在全球海事司法领域，居于首位。近年来，中国与"一带一路"沿线国家航运纠纷案件攀升，矛盾凸显。张文广（2017）指出，2015年至2017年，在上海海事法院审理的与"一带一路"相关的308件案件中，海上货物运输合同纠纷占45%，海上货运代理合同纠纷占17%，船员劳务合同纠纷占11%。

国际海事纠纷解决途径主要有两种：诉讼和仲裁。仲裁方式具有专业性强、成本低、可自行选定仲裁员的优势（司玉琢和曹兴国，2016；佟尧和王国华，2015；吴振华等，2014）。截至2019年7月，已有159个国家和地区加入《承认及执行外国仲裁裁决公约》，因此仲裁裁决在绝大多数国家能得到承认与执行，拥有极强的执行力。海事仲裁实行"一裁终局"制度，没有上诉或再审程序。在中国，海事仲裁一般不超过5个月就可以拿到裁决。

综上，海运纠纷将成为"一带一路"发展建设中的重要矛盾，中国已成为亚太海事司法中心，接下来应致力于成为国际海事司法中心。在纠纷解决上，应优先考虑海事仲裁方式。

三、"一带一路"海事法律环境建设政策建议

建议一：借鉴现有规则，建立新的"一带一路"海事公约。

四大公约参与国不同，条款存在冲突，且各国对公约规则解释也不尽相同，国际上缺乏一致认同的国际海事规则。中国应借助"一带一路"倡议，基于丰富的司法实践经验，借鉴《鹿特丹规则》，建立新的"一带一路"海事公约。在责任限制计算标准、责任限制制度、公约诉讼管辖权界定、多式联运相关规则等方面，做出更加明确的解释。

建议二：依托现有机构，设立"一带一路"海事仲裁中心。

为解决中国在国际海事问题上的主导权有限、领导力不足等问题，中国应依托现有的海事法院，设立"一带一路"海事仲裁中心。该中心应当是以中国海事仲裁委员会为代表的仲裁机构，并邀请相关国际组织的专业人才担任仲裁员，如国际海事组织、联合国国际贸易法委员会、UNCTAD等，以提高仲裁中心在"一带一路"沿线国家中的公信力，进一步提升中国在海上运输领域的国际公信力。

建议三：加强与现有国际机构的对接。

中国应加强与国际标准化组织、波罗的海和国际航运公会、联合国下属海事相关机构的合作与对接，利用其在国际社会上的知名度和公信力，促进"一带一路"沿线国家间的海上运输合作。波罗的海国际航运公会上海中心的成立为中国带来了海上运输业的先进理念和运作方式，是中国与海事类国际组织对接的成功案例。借鉴此例，中国在不断向这些机构输送工作人员的同时，应当转变思路，注重海事组织机构的引进，让它们在中国设立办公点，提升中国航运业在世界航运舞台上的受关注度。

建议四：增加中国与"一带一路"沿线国家间海事联络官的派驻。

国际上针对海事问题派驻联络官的做法十分常见，但中国的例子寥寥无几，这与中国庞大的国际贸易量和海上运输业务量不相契合。中国应当增加与"一带一路"沿线国家之间针对海事业务的联络官派驻，这有助于协调国家间海运矛盾，增加业务往来，提高对前沿信息的获取能力，逐步构建"一带一路"沿线国家间海事关系网，形成"一带一路"沿线国家海事信息平台。

第四节 "一带一路"中能源合作研究

一、沿线国家能源禀赋情况概述

通过查阅《世界能源统计年鉴 2019》，本节对"一带一路"沿线国家能源禀赋情况进行了总结。在传统能源方面，根据《世界能源统计年鉴 2018》，对"一带一路"倡议响应较高的中东地区独立国家联合体（以下简称独联体）及亚太地区、欧洲地区的石油、天然气、煤炭总储量在世界总储量中占比60.3%、81.5%、74.3%；由于基础设施建设能力的限制，核能和水电仅在少数相对发达的国家使用。在可再生能源方面，欧洲和亚太地区使用量较高，中东地区和独联体国家使用量非常低。由于目前世界范围内仍主要使用石油、天然气和煤炭等传统能源，加之"一带一路"沿线国家在这些能源资源上禀赋较多，正确处理"一带一路"沿线国家石油、天然气、煤炭相关的投资与贸易争端，对中国"一带一路"建设尤为关键。

二、沿线国家参与能源机构与能源协定研究

全球能源合作机制众多，但缺乏一个理想的框架推动各国共同行动。"一带一路"沿线国家参与了哪些能源机构与能源协定？这些机构与协定在性质、法律效力、合作内容上有何异同？"一带一路"倡议应该与什么组织进行对接来促进沿线国家的能源合作？这是本节的研究重点。因此，我们分析各能源机构与能源结构的特点，统计其对"一带一路"沿线国家的覆盖程度，从中选择出最适合"一带一路"倡议进行规则对接的国际组织。

国际能源署有 31 个成员国，其协调应急措施要求成员国有应急石油储备，以便在世界石油价格或供应出现波动时，保证成员国有稳定的石油供应，国际能源署倡议不具法律效力。世界能源理事会有 95 个成员，包含较多"一带一路"沿线国家，是一个非政府间的能源学术组织，其倡议主要起到指导作用，不具法律效力。石油输出国组织有 13 个成员国，该组织的目的是协调各成员国的石油产量，没有相应法律规定，并且仅仅针对石油这一种能源资源。《能源宪章条约》有 56 个正式成员，并且有包含中国在内的 42 个国家及包含东盟、OECD、国际能源署、WTO 在内的 13 个国际组织作为观察成员。《能源宪章条约》是首部具有法律约束力的多边投资保护协定，为建立开放、非歧视的国际能源市场提供了法律基础。条约内容涵盖石油、天然气、煤炭及可再生能源等各种能源资源类型，并从能源的投资、保护、贸易、运输、争端解决等方面加以规定，以求全面、有效、公平地维护各成员在国际能源合作领域及国际能源市场中的利益（翟语嘉，2019；方创琳等，2018；赵婧涵，2017；单文华等，2016；淀川诏子等，2016；白中红和潘远征，2010）。

综上，《能源宪章条约》是能源领域政府间合作中唯一具有法律拘束力的协议，在能源投资、贸易、运输、争端解决方面有着巨大的影响力，且其正式成员和观察成员基本涵盖了"一带一路"沿线国家，是"一带一路"倡议在能源问题方面首选的对接组织。

三、能源问题争端种类分析

WTO 争端解决机制是目前国际上主要使用的争端解决机制，但不少"一带一路"沿线国家并非 WTO 成员，其中不乏哈萨克斯坦、乌兹别克斯坦、土库曼斯坦等在"一带一路"能源合作中有重要地位的国家。在这样的背景下，"一带一路"应该如何解决能源争端？在能源领域，各国又面临哪些具体的争端种类？为回答

这些问题，我们将通过归纳大量案例总结出在能源管道运输、可再生能源补贴、能源安全问题上存在的主要争端，再分析现有的争端解决机制是否足以解决上述争端。

在跨国能源管道运输方面，常见争端有：商务、经济原因产生的企业间纠纷；政治原因造成的管道运输人为中断；由跨国能源管道造成的生态环境破坏；对现有管道进行改造和建设新设施所需投资的问题（杨泽伟，2016）。

在可再生能源补贴方面，由于补贴是一种极易扭曲国际市场的贸易保护措施，常引发国家或地区间的贸易争端（白中红，2011）。中国是全球风能、太阳能等可再生能源的主要应用市场和相关技术设备的重要生产国和进出口国，近年来时常因可再生能源补贴与美国、欧盟等发生贸易争端。"一带一路"沿线国家基本都在进行一定程度的可再生能源补贴，如印度尼西亚燃料补贴、日本光伏产业补贴、荷兰风能产业补贴等，这些补贴政策都蕴含着贸易争端风险。

在能源安全方面，有研究预计到 2030 年中国的石油、天然气、天然铀对外依存度将分别高达 80%、55%和 70%。而中国与"一带一路"沿线国家合作开发利用能源战略面临较高的风险。风险因素包括战争或动乱、矿业权设置、东道国对经营的干预、税费制度及法律与政策的稳定性。

在争端解决途径上，WTO 争端解决机制是主要方式。针对非 WTO 成员的"一带一路"沿线国家，中国也基本与其订立了 BITs，如哈萨克斯坦、吉尔吉斯斯坦、土库曼斯坦、乌兹别克斯坦等。但是这些 BITs 并不能对投资者提供足够程度的保护，也不能够在"一带一路"沿线国家之间形成普遍共识。而《能源宪章条约》中则有详细的争端解决机制规定。

综上，中国需要依附其他现有能源组织协定来解决与"一带一路"沿线国家在能源投资、贸易上的争端，《能源宪章条约》为此提供了参考。在未来，尤其需要关注"一带一路"沿线国家可再生能源补贴和中国能源安全问题。

四、促进"一带一路"沿线国家能源合作政策建议

建议一：成为《能源宪章条约》成员，积极参与议题讨论。

众多文献研究表明，中国加入《能源宪章条约》经济成本、法律成本、政治成本较低，但却有显著福利增长。中国应该早日成为《能源宪章条约》成员，积极谋求在该条约决策和运行机制中发挥重要作用，参考借鉴其争端解决机制，使《能源宪章条约》谈判进程与"一带一路"建设达成良性互动、优势互补，进而打造全球"丝绸之路能源带"。

建议二：利用《能源宪章条约》解决与非 WTO 成员的能源争端。

《能源宪章条约》中第 10 条、第 13 条详细规定了成员方对能源投资的保护义务，第 26 条、第 27 条、第 28 条对各缔约方之间的争端解决做出详细规定，指出了仲裁机构的选择方案，包括国际投资争端解决中心及其独任仲裁员或者根据《联合国国际贸易法委员会仲裁规则》组成的仲裁小组，以及斯德哥尔摩商会仲裁院的仲裁程序。此外，《能源宪章条约》第 29 条可以将《关贸总协定》的原则纳入中国与非 WTO 成员进行的能源贸易中。

建议三：利用《能源宪章条约》解决跨国能源管道运输争端。

《能源宪章条约》第 7 条第 1 款规定，"每个缔约方都必须采取必要措施，根据运输自由的原则为能源材料和能源产品的运输提供便利"。若一国成为该条规则的调整对象，则可确保油气资源不会被半路拦截，这对地处内陆的中亚国家尤其有利。此外，《能源宪章条约》缔约方如果尚未成为 WTO 成员，《能源宪章条约》的运输争端解决机制将是有关能源运输方面争端解决的唯一标准途径。

第五节　"一带一路"中环境保护合作研究

一、环境问题相关国际组织与国际公约研究

"一带一路"沿线国家经济发展与环境保护矛盾突出，尤其是中亚、南亚、中东、非洲等地不仅生态环境脆弱，而且投资法律规制较为宽松，长期放松环境管制必然引发环境问题。因此有必要研究国际上与环境相关的国际组织与国际公约，为将"一带一路"沿线国家纳入一个统一的环境保护框架下寻找理论依据。

环保类的国际组织很多，主要包括两类，一个是政府间国际组织，一个是非政府间国际组织。政府间国际组织主要有联合国环境规划署、政府间气候变化专门委员会、世界气象组织、国际自然与自然资源保护联盟（世界自然保护联盟）及欧洲环境署等。非政府间国际组织主要有世界自然基金会、全球环境基金。主要环保公约包括：《保护世界文化和自然遗产公约》《濒危野生动植物物种国际贸易公约》《联合国海洋法公约》《保护臭氧层维也纳公约》《关于消耗臭氧层物质的蒙特利尔议定书》《控制危险废物越境转移及其处置巴塞尔公约》《生物多样性公约》《联合国防治荒漠化公约》《卡特赫纳生物安全议定书》及《世界环境公约》等。

与环保类的国际组织相比,环境类国际公约则更多,达到 500 多个。2018 年 5 月联合国大会通过了建立《世界环境公约》框架的决议,旨在将环境权的各项原则进行统一整合。

通过总结归纳如上相关的国际组织和国际公约,使用条款分析可以从众多公约中提炼出为"一带一路"搭建环境保护框架所借鉴的具体规则。对于具体的环境问题应当参考对应的国际组织与国际公约。"一带一路"倡议若要建立一个统一的环境保护法律框架,可借助《世界环境公约》的谈判平台,因为两者有着共同的目标。

二、环境问题争端解决机制分析

发展中国家投资法律规制宽松,环境问题突出;发达国家环保机制完善,对外资企业实施严格环境管制,形成投资的"绿色壁垒"。因此发达国家与发展中国家都存在着环境问题纠纷。那么在"一带一路"建设中,存在着哪些与环境相关的纠纷?发生纠纷后应当采取怎样的争端解决机制?

首先要对纠纷性质进行分类。"一带一路"建设中与环境相关的争议包括国家与国家、外资企业与东道国、外资企业与当地居民间的争议。按性质分类,企业与企业间、企业与当地民众间的争议属于环境民事赔偿争议,企业与东道国间的争议多为投资争议,国家与国家间的争议属于国家争议。

其次要分析发生国际环境争端时,应遵守的国际法原则,具体包括:国际资源开发的主权权利和不损害国外环境原则、可持续发展原则、预防原则、共同但有区别的责任原则、国际合作原则。除此之外,实践中还要遵守两项基本准则:一是和平解决国际争端;二是有效解决国际争端。

最后要比较四种争端解决方式:东道国或投资母国国内司法诉讼、诉诸非对抗性磋商机制、诉诸国际公法争端解决机制与诉诸国际投资仲裁。案例研究显示,这四种方式并不相互排斥,各有优劣,经常被同时使用。

总的来说,双边投资条约和多边环境公约为国际诉讼或国家间仲裁解决争端提供了法律基础,可用于解决具体"一带一路"沿线国家间的环境纠纷,而具体解决方式则应根据以上过程进行分析,从而能够根据纠纷性质选择适合的争端解决方式。

三、碳关税与碳排放交易机制分析

气候变化是 21 世纪人类面临的共同挑战,温室效应与气候变化息息相关,因此低碳发展成为当今世界可持续发展的主流。2016年《巴黎协定》生效，标志着全球气候治理进入新阶段。然而《巴黎协定》缺乏强制执行力，在实施方面面临较大难题。在低碳发展问题上，存在哪些国际公约？碳关税的作用机制与意义究竟是什么？碳关税与WTO的原则有何联系？碳排放的交易机制如何运作，对气候问题有什么影响？

首先回顾有关碳排放的国际公约历史发展进程：1992年通过《联合国气候变化框架公约》，旨在将大气温室气体浓度维持在一个稳定的水平，根据"共同但有区别的责任"原则，公约对发达国家和发展中国家规定的义务及履行义务的程序进行了区分。1997年《京都议定书》建立了三个灵活合作机制，允许发达国家通过碳交易市场灵活完成减排任务，而发展中国家可获得技术和资金支持。2016年《巴黎协定》签订，主要目标是将21世纪全球平均气温上升幅度控制在2摄氏度以内，各国可通过碳排放权交易这一市场化手段解决气候变化问题。2017年美国宣布退出《巴黎协定》，引发争议。

其次分析碳关税的实质、表现形式、法律依据、应用场景及其与WTO原则之间的冲突关系。碳关税本质上是为保证国内外产品承担相同的碳排放成本，通过实施排放交易机制或碳税制度而对相关产品采取的一种边境税调整机制。根据进口国的不同制度，碳关税表现为税收、配额等形式。目前，实施碳关税的国内法依据主要来自美国和欧盟，以《美国清洁能源法案》欧盟"碳排放交易指令"为代表，碳关税的具体应用集中在国际航空领域。欧盟航空碳排放税实践呈现出总量交易、分权治理、开放可控的特征。然而，值得注意的是，碳关税不仅违反了WTO最惠国待遇基本原则，也违背了《京都议定书》"共同而有区别的责任"原则，被部分学者批评是"以环境保护为名，行贸易保护之实"。针对这一问题，学界已有大量文章针对《关贸总协定》各条款进行论述，由于本节在WTO框架之外进行讨论，故不做具体叙述。

最后讨论碳排放交易机制的运作方式。碳交易，又称碳排放权交易、温室气体排放权交易，是指在一个特定管辖区域内，允许获得碳排放配额的排放主体将其剩余的指标在市场上买卖，确保区域实际排放量不超过限定排放总量的一种减排措施。《京都议定书》确立了三种碳交易市场机制：国际排放贸易机制、联合履行机制和清洁发展机制。它们分别是国际排放贸易机制发达国家出售减排指标给发达国家、联合履行机制发达国家与发达国家之间合作开展减排项目及清洁发展机制发达国家和发展中国家合作开展减排项目。目前，国际碳排放交易方式或场所共有四个：欧盟排放权交易体系、英国排放权交易体系、美国芝加哥气候交易所、澳大利亚国家信托。政府部门来规定未来欧洲工业可排放的二氧化碳总量，完全没有考虑碳配额的市场需求变化，欧美碳交易体系存在明显弊端。在亚洲，碳交易起步较晚，韩国、日本最早引入碳交易机制，但目前市场有限。

总体而言，碳交易执行不力，欧美碳排放交易体系理论意义大于实际意义，在执行中存在很大困难。碳关税制度是发达国家采取的单边环境贸易措施，在环境与贸易方面都将阻碍发展中国家前进。中国作为最大的发展中国家和贸易大国，是碳关税针对的主要目标国，因此中国在碳关税方面必须做出正面回应。

四、"一带一路"绿色可持续发展政策建议

基于以上的分析，可以看到目前"一带一路"环保工作遇到的困难及其中存在的问题，所以，我们提出以下建议。

建议一：继续推进《"一带一路"生态环境保护合作规划》落实。

中国环境保护部 2017 年发布了《"一带一路"生态环境保护合作规划》（以下简称《规划》），《规划》涉及 25 个重点项目，包括政策沟通类 6 个，设施联通类 4 个，贸易畅通类 3 个，资金融通类 2 个，民心相通类 4 个和能力建设类 6 个。推进《规划》的落实，有助于实现"一带一路"沿线国家环境政策、环境标准的沟通与衔接，解决现有公约无法解决的统一标准难题。加强"一带一路"沿线国家生态环境保护能力建设，要求各国在传统发展路径上进行改善，处理好经济发展和环境保护的关系。

建议二：修订双边投资协定，完善"一带一路"沿线国家环境问题争端解决机制。

中国与"一带一路"沿线国家间签订 BITs 时间较早，只有 2011 年重新修订的《中华人民共和国政府和乌兹别克斯坦共和国政府关于促进和保护投资的协定》中包含环境条款。因此，中国应在新签或修订的 BITs 中加入环境条款，明确环境问题的争端解决机制。同时，中国应当参考商务部和环境保护部联合发布的《对外投资合作环境保护指南》，结合中国对外投资企业的经验，制定"一带一路"对外投资生态环境合作保护指南，将"一带一路"沿线国家的国际投资环境标准纳入统一的框架下。

建议三：推动多边和区域碳减排机制，抵制单边主义。

《巴黎协定》强调发达国家与发展中国家在应对气候变化问题时的"共同责任"，弱化了"区别责任"。中国在国际低碳发展合作中，则应强调"区别责任"，并充分利用 WTO "特殊与差别待遇"原则，以实现实质上的公平。中国应积极推动多边和区域碳减排机制，坚决抵制单边贸易保护主义，推动欧美国家在气候问题上从强硬的单边主义立场向合作务实的态度发展。中国自身应加强对碳排放交易的研究，为未来构建"一带一路"框架下的碳排放交易市场做准备。

建议四：健全国内碳排放政策，帮助企业应对绿色壁垒。

在国际市场上，中国没有碳排放定价权，信息不对称导致中国在国际碳交易市场上处于不利地位。中国需要健全国内碳交易市场以应对国际上的问题。具体而言，政府应加强在相关问题上的研究力度，完善立法与配套政策措施，构建企业应对碳关税贸易壁垒的机制，促进企业实现产业转型升级，转变贸易方式，让中国经济实现低碳可持续发展。

第六节 "一带一路"中投资争端解决机制研究

一、明确"一带一路"背景下中国的投资身份

国际投资是实施"一带一路"倡议的催化剂，因为大多数合作地区都需要为基础设施提供投入，以克服其经济发展的瓶颈。本节从中国投资者的身份出发，对中国在沿线国家的投资情况总结如下。

一方面，中国在沿线国家投资逐步扩大。从企业的角度，截至2016年，中国企业在这些合作地区运营的企业超过4万家，2018年，中国企业在"一带一路"沿线对56个国家非金融类直接投资156.4亿美元，同比增长8.9%，占同期总额的13%，主要投向新加坡、老挝、越南、印度尼西亚、巴基斯坦、马来西亚、俄罗斯、柬埔寨、泰国和阿拉伯联合酋长国等国家。从投资项目类型的角度看，中国在沿线的投资主要以能源和基础设施建设为主，大规模投资较多，涉及公用事业、交通、电信、社会、建筑、能源、环境等七大行业。从投资规模的角度看，2018年，投资总量占沿线国家吸引外资总量的1/3，在沿线国家新签对外承包工程项目合同7721份，合同额达到1257.8亿美元，占同期我国对外承包工程新签合同额的52%。另一方面，一些合作地区持续的国内冲突和不稳定的政治局势令许多投资者担忧。根据方旖旎（2016）的一项调查，2005年至2015年上半年，已经有43家中国企业在完全失去投资768亿美元后不得不暂停在合作地区的合作。

二、沿线国家主要的投资争端解决机制分析

国内外的研究显示，中国投资者在"一带一路"沿线国家进行投资已经产生并且将会产生大量争端，这些国家良好投资环境的营造尚需时日，投资争端解决机制重要性与日俱增。当前，"一带一路"沿线国采用的国际投资争端解决机制主要参考世界银行的《解决国家和他国国民间投资争端公约》《多边投资担保机构公约》；亚投行的《亚投行贷款—投资争端解决协定》；《中国-东盟全面经济合作框架协议争端解决机制协议》及 BITs 和其他国际组织、自贸协定中涉及的投资协定。那么这些投资争端解决的方式、规则和框架不同会不会对其投资争端解决效果产生显著的差异，以及主要争端解决机制会对其投资问题产生怎样的影响，这是本节的研究重点。

已有文献表明，"一带一路"沿线约88%的国家遵守《解决国家与他国国民间投资争端公约》，据统计，提交至 ICSID 的案件增长率远大于提交给 WTO 的案件增长率（Lew，2004），在处理投资者-东道国投资争端的问题上发挥了重要作用。即便如此，仍有一些合作地区，如俄罗斯、印度、泰国和越南尚未加入《解决国家与他国国民间投资争端公约》，将它们与 ICSID 分离，同时，昂贵的 ICSID 争端解决成本也可能击退预算有限的小国家。实证研究表明，ICSID 可能不是外国直接投资与经济发展之间的因果关系（Tobin and Rose-Ackerman，2011），但是，ISCID 一直受美国主导，美国利用司法程序来对别国内政进行干预是其常用伎俩，因此对有关亚投行的投资案审理难保公正性。此外，ICSID 内部缺乏上诉审查制度可能会加剧审判不公平这一问题（王朝恩和王璐，2013）。因此本节通过搜集各国际组织和沿线国家仲裁解决途径，提出 H1：ICSID 是当前沿线国家应用最广泛的争端解决机制，但不是最佳的处理投资争端解决机制。

区域贸易集团中的投资争端解决机制主要依赖于两类投资协定，一类是专门针对直接投资的区域性协定，另一类是区域性协定中含有投资内容。本节根据区域贸易协定、区域银行，以及 BITs 的争端解决方法和法律归纳与分析发现：中国与沿线国家的区域贸易协定里包含投资争端解决机制的有三个，其中《中国-东盟全面经济合作框架协议投资协议》运用最为广泛，拥有磋商、调解或调停、仲裁 3 个解决争端的具体方式，但是，在投资者-东道国投资争端解决方法和法律中，该自贸协定需要提交 ISCID 仲裁。WTO、ICSID 和亚投行只能针对其授权的各方和主题解决争议。至于与非这些组织成员的一方或双方有关的其他争议，实际的方法是通过国内法院的仲裁或诉讼解决争议（Zhao and Jin，2017）。然而，亚投行的贷款-投资争端排斥通过国内司法程序解决法律争端，支持利用国际仲裁程序来解决其与借款人之间的贷款纠纷，特别是当借款人为私人主体时的贷款纠纷。

相对于亚洲开发银行，由于亚投行是中国拥有大部分股份的唯一国际机构，中国在形成该机构的内部结构方面有很多发言权。所以，本节提出 H2：围绕亚投行，中国的诉讼可以作为解决"一带一路"投资项目引起的纠纷的一种选择。

BITs 被广泛认为是保护外国投资者最重要且最有效的方式（杨卫东，2013），统计表明，在初始的沿线 65 个国家中，我国已和 57 国签订 BITs，每个国家可有多个解决投资争端的选择，另外，BITs 以 ICSID 机制作为后盾，其保护外国投资者的效力毋庸置疑，足以推动东道国审慎对待条约义务。这充分说明该机制在"一带一路"地区同样存在广泛共识，而共识是解决很多问题的前提和关键。所以本节提出 H3：中国应以"地区"为基础，旨在建立多边投资争端解决机制。

综上，本节主要结论如下：第一，当前"一带一路"沿线国家的国际投资争端的解决，选择国际商事仲裁是当事人之间最常用的解决方式，该机制具有便利、能够进行结果预估的优势的优点，但是程序烦琐、与亚投行贷款-投资纠纷不相适应，以及结果可能有失公平等；第二，多边投资协定效力不强，仅有极少数国家可以实现使用，但作用相当有限；第三，BITs 虽简洁有效，但缺乏争端解决中心国家。

三、"一带一路"沿线国家投资规则对接的政策建议

建议一：打造区域性国际投资争端解决中心。

ICSID 虽然未能完全契合"一带一路"投资特点，但完全"另起炉灶"打造新的投资争端解决机制尚需时日，因此 ICSID 仍是中国现阶段在"一带一路"区域投资争端解决最有效、最重要的制度安排，其确立的多边投资解决机制不仅能够受理成员国之间的投资争端，还可以依据《ICSID 附加便利规则》受理仅争端一方为缔约国或者缔约国国民的投资争端案件。权宜之计，现阶段参与 ICSID 改革具有重要意义，若改革成功，ICSID 的合法性和公正性将会有很大的提升，也更加有利于解决目前迫在眉睫的"一带一路"国际投资争端，保护中国投资者的利益。在寻求沿线各国的支持和认同及意见后，凝结共识，提出中国方案。但为长远计，ICSID 是一个全球性的争端解决机构，成员国众多，不可能过多地考虑"一带一路"沿线国家的利益和投资特点，西方国家仍将长期在 ICSID 中占主导地位。因此，要积极推进为"一带一路"这一个区域性的倡议量身打造的区域性国际投资争端解决中心（regional international center for settlement of investment，RICSID）。

建议二：采取替代性争议解决沿线投资问题具有一定可行性。

替代性争议解决可能成为中国"一带一路"合作的重要"法律创新"之一。然而，在争端解决程序中，第三方作为"调解人"提出了"正义"和法律方法的

问题，这些问题通过将一带一揽子法规纳入多边贸易更容易解决（Petersmann，2018）。目前，"一带一路"沿线国家大多选择 ICSID 作为其双边投资协定中的区域性国际投资纠纷结算机构，这使得"一带一路"沿线国家成为受访者的案例由"一带一路"沿线地区以外国家的国民处理。因此，有必要建立"一带一路"沿线区域性国际投资纠纷结算机构，以优化"一带一路"沿线地区区域性国际投资纠纷结算的现状，处理不断增加的区域性的国际投资纠纷（international investment disputes，IID），更好地保护地域投资，促进中国参与和进一步指导国际投资法规的重建。此外，还有法律、平台和资源的可行性。在路径选择方面，我们应以亚投行为平台起草公约，将 ICSID 公约作为结构和制度创新的参考，并大力推动"一带一路"沿线国家缔结公约（Yang，2019；Wang，2017）。

建议三：以中国为中心建设 BITs 网络。

BITs 简洁有效的优势和当前签订统计表明，可以考虑以中国为中心展开升级和修订，中国已与"一带一路"沿线的 57 个国家签署了 BITs。与"一带一路"沿线的 53 个国家签署双重征税协议。如果以中国为中心开展投资规则的建设，可以考虑以自贸区试点为突破口，加快与国际新规则的对接。

建议四：提倡投资者-东道国争端调解机制。

近年来，国际社会逐渐对调解表现出兴趣，从中国的角度来看，提倡调解具有必要性和可行性：①调解机制本身具有资源程度高、时间段、得到第三方的协助、多种手段等独特的优势；②许多外商直接投资项目，特别是公共投资项目（如基础设施项目等）耗时长且需要巨大的物力、财力和人力资源，因此外国投资者与东道国之间的长期合作关系是必需的，而仲裁结果往往会切断这种关系，外国投资者一般会选择离开东道国；③提请国际仲裁可信度究竟有多高不能够保证。当前，包括欧盟和新加坡在内的其他国家或组织已通过引入更多法规来保障调解协议的执行和实施（Reus-Smit，2014）。

第七节 "一带一路"倡议中金融问题的研究

一、"一带一路"金融相关国际组织及协议概览研究设计

"一带一路"沿线国家之间必然存在某些与金融相关的问题，相关的国际组

织或机构及部分国家的研究者对这些金融问题进行了一定的研究，通过对这些研究的分析，可以发现"一带一路"倡议所遇到的具体金融问题。而已有组织或机构的规定或协议，则对解决这些金融问题具有一定的借鉴意义。

"一带一路"倡议已经从最初的亚非欧延伸至北极和拉美，包含的国家从65个扩展到122个。各洲的国家除同属于一些跨地区的国际金融机构外，还从属于各洲的相关金融机构。本节主要从跨地区协议与组织、亚洲、欧洲、非洲、美洲来分析与沿线国家的金融问题。

近年来，IMF对"一带一路"倡议进行了一定的研究和讨论。其研究认为"一带一路"倡议加强了高加索地区国家、巴基斯坦与中国的金融联系，相关国家应当采取一定的货币紧缩政策，提高公共支出和税收的效率，增加汇率灵活性，从而可以缓解中国经济再平衡的不利影响。并且"一带一路"倡议可以促进高加索和中亚地区国家的基础设施投资及潜在经济增长，所以这些国家应当采用一定的货币和财政紧缩以避免经济过热，并且要采用恰当的宏观政策以减少持续债务和通货膨胀的影响。

对于各地区金融问题，已有一些学者或者机构进行了研究。在亚洲地区，有研究认为，中巴经济走廊的建设，有助于克服其他来源的外国投资者流动的心理障碍。中国正在促进本国金融市场的发展，并在香港以外建设了上海这个主要的金融中心。在"一带一路"倡议下，中国正在寻求与更多国家建立金融一体化，中亚和中国金融系统的整合虽然具有潜在的吸引力，但是中亚各国的金融市场较小，需要解决一系列需要仔细审查的复杂政策和技术问题。关键问题是中国在"一带一路"金融一体化主题下对中亚的看法。

在欧洲方面，有关文献探讨了中国与中东欧各国的金融合作。英法德三国是人民币国际化的重要推动国家，其在成为亚投行创始成员国的过程中发挥了示范效应，且在域外国家中占股比例较高。学者认为"一带一路"倡议需要大量的资金，完全依靠中国提供这些资金是不现实的，其他国家或地区应当考虑为"一带一路"倡议提供融资。如果以银行贷款为主的话，欧洲一定是提供融资的最佳来源。而且欧洲处在"一带一路"的区域内，欧洲银行有能力向"一带一路"沿线国家提供大量融资。所以，中国应在金融方面与欧洲进行合作。

在非洲地区，中国的投资主要集中在基础设施建设上，中国通过不同的项目援助非洲的发展。《中非合作论坛—约翰内斯堡宣言和行动计划（2016—2018年）》中，中国承诺提供600亿美元发展援助，包括150亿美元赠款、无息贷款和优惠贷款，200亿美元信贷额度，设立100亿美元发展融资专项基金。

在拉丁美洲，金融问题是中拉关系的关键问题，有研究结果显示无法拒绝拉丁美洲各国与"一带一路"沿线国家在资金融通方面无差异的假设。

在其他方面，对于债务困难国家，中国政府采取了个别减免债务的办法，并且中国还提供额外信贷，以避免借款人违约。

通过如上内容的阐述，可以发现，在"一带一路"建设中，加强与沿线国家的金融监管合作能推动区域经济的稳定发展。"一带一路"沿线国家间金融合作的规则及规则体系具有不同类型与表现形式，共商性、共享性、开放性、包容性与创新性应该成为规则供给与规则体系构建的努力方向，中国应当积极提供和开放性构建"一带一路"沿线国家间金融合作的规则和体系。

二、"一带一路"金融问题解决的政策建议

通过以上对于"一带一路"倡议金融问题的研究，针对各国间金融问题的解决，可以从以下几个方面入手。

建议一：基于既定协议，开放性构建新规则。

《全球金融服务贸易协议》《巴塞尔协议》为已有的协议，并且已被国际社会所认可，其下的规则可以作为解决跨国金融等问题的依据。但是"一带一路"倡议的提出，使得原本区域性的合作得以扩大，双边和多边金融合作增加，中国与沿线各国金融合作的模式与机制进一步健全，各国金融合作的规则体系逐渐形成。所以，原有规则不一定能够满足新情况的需要，需要根据当前"一带一路"倡议的进展，适时地改进旧有规则，促进各国金融更好地合作。

建议二：借助已有的国际金融机构。

IMF和世界银行都是世界性的国际金融机构，但是，在这些金融机构，存在一定问题，如IMF的投票由基金份额决定，世界银行也采用了类似的规则，这就使得其制定规则之时，缺乏资金支持的发展中国家没有足够的话语权，所以，对于"一带一路"沿线国家中的发达国家，更适于借助如IMF和世界银行这样的金融机构。同时，考虑到IMF和世界银行可能存在的偏向性，应当尝试借用区域性组织或机构的规则，从而更加容易地解决问题。

建议三：借助区域性金融机构或组织。

因为世界各国的文化、经济发展水平的不同，难以有一个完全共通的金融规则，所以，需要借助一些双方国家都加入了的机构或者组织，寻求参与国共同遵守的规则。对于亚洲地区，有亚投行和亚洲开发银行，前者更关注亚洲地区，其75%成员为区域内国家；而后者则是日本和欧美国家具有更多的投票权。基于此，应当以本区域的国家为核心，采用更多亚投行相关的规则，否则其所遵从的规则将不能以亚洲国家为核心，无法促使亚洲整体的繁荣及中国与周边国家的和谐共处。同时，应当促进各国银行的中介作用及透明度，鼓励金融普惠，并促进代理银行关系。加强各国政府的财务透明度，从而使得各国在金融

合作时，能够公开透明，减少不必要的风险。而对于欧洲国家，英、法、德为亚投行的创始成员国，而欧盟及欧洲的银行对于中国"一带一路"倡议都很支持，其可以提供更多的资金参与"一带一路"倡议的执行与发展，所以，在欧洲地区，对于亚投行成员国，可以使用亚投行的规则解决彼此之间的金融问题，而对于非成员国，则可以根据欧洲投资银行、欧洲复兴开发银行已有的规则处理相关问题。对于非洲国家，因为已有《约翰内斯堡宣言和行动计划（2016—2018）》，中国与非洲国家之间的问题，可以遵循相关协议规定，并且中国已于1985年加入非洲开发银行，对于相关的问题，也可以通过非洲发展银行的相关规定进行解决。对于拉丁美洲，中国与拉美国家已经展开了一定的经济合作，并且中国于1998年加入了加勒比银行，2009年加入了美洲开发银行，成为美洲开发银行的会员国，对于拉美国家金融问题，可以从这些已有的金融机构的规则出发，寻求解决问题、创造合作的机会。

总而言之，各国在处理金融相关问题时，可以根据双方都参与的国际金融机构或组织，借助已有的规则处理相关问题。而对于中国而言，除了借助这些金融机构或组织的既定规则外，应当开创性地构造适合于更多国家解决相关问题的规则与体系。

第八节 加强"一带一路"基础设施建设规则的研究

一、基础设施领域融资模式的比较分析

海外的基础设施建设涉及国际工程承包的相关问题，承包的形势决定了适用的法律框架。由于基础设施建设周期长，对运营收益可预期的项目来说，为解决东道国政府亟须加强本国基础设施建设与有限的财政能力之间的矛盾，因此在基础设施领域的核心问题是融资。为保障项目的顺利进行及合作双方的权益，在"一带一路"的共同领导治理模式的基础设施对策中，对这融资模式涉及的法律问题进行规制是十分必要的。

典型的工程承包的融资方式有建设-运营-转让（build-operate-transfer, BOT）、移交-经营-移交（transfer-operate-transfer, TOT）、政府和社会资本合作（public-private partnership, PPP）、资产为支撑的证券化融资方式（asset backed securitization,

ABS）等，而其中 BOT 模式对于东道国基础设施建设的融资有其独特的优越性：既解决东道国政府资金短缺的困难，加快国家基础设施建设步伐；又可给外国投资者的投资带来稳定收益。BOT 模式其实是东道国政府与外国私营企业之间就大型公共基础设施项目所建立的特许权协议关系，是国际投资法理论中"公共工程特许权"的典型形式（余劲松，2003），所以，BOT 投资方式从出现之日起便广受青睐，并得以在世界各国广泛推广与应用。另外，"一带一路"沿线国家多是中低收入国家，基础设施的融资缺口较大，仅靠亚洲开发银行、亚投行、发达国家政府发展援助等提供的国际贷款显然无法满足资金需求。需要增进政府与社会资本的互动，运用 PPP 模式拓宽融资渠道。研究得到，基础设施融资中 PPP 模式占据了很大比例（周芬，2015；刘薇，2015），因此本节提出 H4：基础设施融资问题研究应从 BOT 和 PPP 模式两个方面入手，对 PPP 方向的法律需要重点研究。

据此，得出以下结论。第一，BOT 模式中特许权协议方面为投资者提供的保证、调整和补充条款法律保障不充足。第二，PPP 融资模式优势明显，但世界各地 PPP 的定义有很大不同，其内容和目标也随着各个国家的特定背景和个人的关注点而变化。第三，对基础设施进行投资运行和管理过程中，PPP 模式的法律规定具有特殊性，所以在实行基础设施投资工作中，会遇到诸多贸易障碍。

二、关于风险控制各个国际组织的差异统计

由于海外基础设施建设项目的复杂性，风险趋于多样化。关于风险识别、分配与控制，联合国的《贸易法委员会私人融资基础设施项目立法指南》比较充分地讨论了项目风险分担的原则。这些原则反映了风险理论成果和商业风险分担的一般原则。由此，了解"一带一路"基础设施建设项目的风险分担和不同模式参与度对项目成功起到决定性作用。

刘翠（2010）认为，"一带一路"基础设施建设项目的风险分担应遵循以下三个原则：①由最具备承受能力的一方承担该风险，若双方均不具备完全承担风险的能力，则需要由双方共同承担该风险；②越高的风险承担比例对应越高的收益回报；③承担的风险有上限。王守清和柯永建（2008）定性地分析了基础设施和公用事业等项目在不同发包或承包模式下政府和企业的参与程度和风险分担，具体的参与程度和所承担的风险与具体的合同条款有关。而发包或承包模式的选择取决于许多因素，其中，项目的特性和各个合作伙伴的期望目标起决定性作用。例如，采用 PPP 模式可以利用民营企业的能动性、创造性和管理上的高效率。但是，有些项目本身没有足够的现金收入，因此难以采用 PPP 模式（Jomo et al.，2016）。因此，本节提出 H5：应根据项目的特点和各个合作

伙伴的能力特点来选择发包或承包模式，所选择的模式应适合项目的特点和合作各方的目标期望。

所以，在选择发包或承包模式时，政府的参照体系建立不完善、风险分配方式不够公平是当前的重点问题。

三、基础设施建设的争端解决国际规定分析

在海外投资基础设施建设，基础设施建设的争端解决存在这样几个特点：①涉及利益的敏感性，基础设施投资会在一定程度上体现一国的根本利益，从国家战略层面上讲，投资东道国会给予投资者一些限制措施；②涉及内容的复杂性，海外基础设施投资大多以工程项目的形式进行，所涉内容纷繁复杂，如融资、风险划分、项目管理等；③风险多样化。因此，对于基础设施的争端解决问题常常产生争议，本章对现有的争端解决机制进行整理分析，进而为"一带一路"的争端解决机制提供政策性建议。

"一带一路"沿线国家现有的争端解决机制一般包括争端解决的替代方式及诉讼和仲裁。在海外投资基础设施建设时还可以引用国际咨询工程师联合会（Fédération Internationale Des Ingénieurs Conseils，FIDIC）合同条件中的新的争端解决方式——争端裁决委员会（dispute adjudication board，DAB）方式。DAB方式是国际工程承包所特有的争端解决方式，来源于作为国际工程界影响最大的权威咨询机构——国际咨询工程师联合会。DAB是以第三方身份而独立的组织，所以具有其自身的公正性（张海军，2009）。本节针对基础设施争端解决的最佳选择方式问题，提出基础设施建设争端解决的H6：以借鉴协定经验为主，以沿线国家的国情、平衡区域利益并寻求区域利益为基础，依据沿线国家的经济发展水平、经济实力对比、外资法律保护环境、确保国家安全等角度构建更成熟的争端解决机制。

由上可得，"一带一路"沿线国家现有的争端解决机制主要来自多边贸易协定、区域贸易协定和双边贸易协定，这些协定大部分由西方国家主导，并不十分契合"一带一路"沿线国家的情况，但为构建"一带一路"争端解决机制提供了丰富经验。

四、"一带一路"基础设施建设相关政策建议

建议一：BOT模式下特许权协议中订立保证条款、调整条款和补偿条款；开

展规制范围和适用环节的扩展 PPP 项目。

关于 BOT 模式的基础设施投资模式，建议在治理政策中明确 BOT 特许权协议的民事合同法律性质，东道国政府是以平等地位的民事主体身份与外国私人投资者签订协议，有利于保障投资者的权益，促进项目实施。另外，由于各个成员国的投资环境不同，存在着不稳定的投资风险，为保障投资者的基本权益，建议在特许权协议中订立保证条款、调整条款和补偿条款。关于 PPP 模式具体而言，首先，应注意 PPP 法与政府采购法、特许经营法之间的协调。其次，注重对 PPP（含特许经营）合同授予的规制。再次，提供满足于针对 PPP（含特许经营）采购特征的规制规则，以适应特许经营这类采购合同的复杂性和长期性特征。确保监管、透明度和合同公开（信息披露），这是该模式制度框架不可缺少的部门。最后，PPP 项目进行公共采购制度的规制过程中也应当追求公共政策目标，维持公共采购制度目标的包容性。

建议二：以借鉴现有机制为主，逐步构建更成熟的争端解决机制。

中国和 52 个 "一带一路" 沿线国家加入了《解决国家和他国国民间投资争端公约》，中国和 "一带一路" 沿线国家中的 55 个国家加入了联合国《承认及执行外国仲裁裁决公约》，中国和 "一带一路" 沿线国家中的 49 个国家加入了国际咨询工程师联合会，因此，现有的争端解决机制可以满足大部分沿线国家的解决争端的需要。"一带一路" 相关的政策可借鉴这些协定的经验并以沿线国家的国情、平衡区域利益及寻求区域利益为基础，依据沿线国家的经济发展水平、经济实力对比、外资法律保护环境、确保国家安全等角度构建更成熟的争端解决机制。

第九节 "一带一路" 沿线国家法律和宗教国际合作的比较研究

一、法律因素的影响分析

已经有研究发现 "一带一路" 沿线国家的人文背景差异非常大，某些特定的人文因素对于 "一带一路" 的经济建设有不可忽视的影响。与此同时，中国的 "一带一路" 政策并不是要完全另起炉灶重构人文领域的现有规则。积极和相关的国际组织展开高效合作，将 "一带一路" 置于现行国际组织的保护之下，对于我国的 "一带一路" 合作网构建具有重要意义。不同国家适用不同的法律体系，何佳馨（2017）发现"一带一路"的沿线国家在具体的法律形式上涉及大陆法系、伊斯兰法系、英美法系三大法系和阿拉伯联盟法圈、欧盟法圈、东盟法圈。纷繁复杂的法律体系下的条框和规定必然会造成我国和"一带一路"沿线国家之间在具体细则上的差异和冲突。因此，法律因素是在人文领域的国际组织对接中不可忽视的一个方面。

而在其中国际税法则是当下相关领域的学术研究热点："一带一路"本身的政策内容中就包括跨国并购等对外直接投资的举措，因此法律因素中的国际税法变得尤为关键，应当成为"一带一路"倡议下的重点关注领域（杨志勇，2015）。随着"一带一路"沿线国家和我国的经贸联系不断加强，推进双边乃至多边的税后合作是必然趋势，是构建"一带一路"合作网络中不可或缺的一个环节（魏升民等，2019）。可以看到，以单个国家为单位的双边国际税收合作协同成本极高，几乎不可能找到一个可以同时适用于所有"一带一路"沿线国家的最优国际税收规则。与此同时，通过 OECD、世界银行、欧盟、IMF 等全球性的国际组织可以发挥出平台优势，以更有效率的方式将尽可能多的"一带一路"沿线国家涵盖到统一的国际税收规则安排之下（张泽平，2017）。因此，本节提出：我国在构建"一带一路"合作网络的时候应当在现行已有的国际税收规则下，选择较有影响力的国际组织进行对接和合作。

具体而言，OECD 提出的税基侵蚀和利润转移（base erosion and profit shifting，BEPS）为我国在税收争端判定和解决上提供了新的平台和磋商环境，现行规则中设计的更为透明的信息披露要求和更为有效的监管机制有利于我国在实施"一带一路"政策中表达自身的利益诉求，争取到更为有利的地位。

本节认为应围绕 BEPS 行动计划，选择和 OECD 进行对接和合作。

"BEPS 行动计划"是和国际税收相关的国际组织中影响力最大并且涉及参与的"一带一路"沿线国家最多的现行规则，BEPS 国际税收新规则中不仅有传统的欧美等发达国家和地区参与，也有像中国和印度等重要的新兴市场国家在广泛参与，无论从国际合作的广度还是政策内容本身的丰富性上，BEPS 都具有不可取代的地位和重要作用。对于我国而言，选择和 OECD 进行对接和合作，可以参与到更为高效公平的国际税收新秩序体系之下，争取到更为主动的国际税收秩序话语权，对重新分配国际税收利益和推进我国"一带一路"倡议的发展都有着积极的作用。

二、伊斯兰金融因素的影响分析

"一带一路"沿线国家宗教这一人文的非经济因素，会对外商投资和贸易产生巨大的影响：这突出表现在伊斯兰国家的宗教文化会造成"一带一路"建设对接过程中的经济风险。伊斯兰金融是指符合伊斯兰教义的金融形式，包括金融机构、金融市场和金融工具几个组成部分。值得注意的是，伊斯兰金融体系和许多自由经济体下的一般化市场规则存在着很大的差异，与此同时，伊斯兰教义虽然禁止赚取利息，但是又鼓励在国际贸易、大宗商品交易中通过"加价式销售"来赚取交易中的利润。因此，这一特殊的伊斯兰宗教人文因素是"一带一路"在与相关的国际组织对接中需要特别注意的规则制度。

伊斯兰宗教涉及的"一带一路"沿线国家包括伊拉克、叙利亚、黎巴嫩、巴勒斯坦、约旦、沙特阿拉伯、也门、阿曼，伊朗、阿富汗、塔吉克斯坦等多个国家。具体而言，伊斯兰金融体系有两种主要的表现形式：第一类，伊朗和巴基斯坦等部分伊斯兰国家的金融体系已经完全伊斯兰化，法律强制规定该国内的金融业务必须严格符合伊斯兰教义；第二类，部分伊斯兰国家如马来西亚、巴基斯坦和阿拉伯联合酋长国等则是实行并存的制度，通过专门的法案对伊斯兰金融进行规制，让伊斯兰金融机构与传统金融机构并存。可以看到，无论选择何种形式，伊斯兰金融体系在中亚和东南亚的相关交易国家中占有重要地位。伊斯兰金融服务委员会（Islamic Financial Services Board，IFSB）的相关数据显示，和伊斯兰金融直接相关的市场规模在 2017 年首次超过了 2 万亿美元的里程碑，而在 2018 年进一步增加至 2.19 万亿美元。从分布国家和总市场规模两方面来看，伊斯兰金融市场越发成了一股不可忽视的力量。

"一带一路"建设的经济目标是促进贸易和双边投资的发展。那么在开展相对应的国际合作之前应该先论证伊斯兰金融这一人文因素对于构建"一带一路"合作网络是否具有积极作用。国外现有的大量研究表明，伊斯兰金融因其区别于传统金融的独特特点，对于社会进步和经济发展具有正向的积极作用（Baber，2018；Klein et al.，2017；陈华，2016；许培源和陈乘风，2016）。在这方面学者主要从微观的伊斯兰金融层面出发，分别从伊斯兰银行（Ibrahim，2016）和伊斯兰债券（Rizvi and Arshad，2018）两个角度来论证伊斯兰金融对于宏观经济的促进和稳定作用。综上所述，本节提出："一带一路"政策向前推进的大背景下，恰当合理地选择和伊斯兰金融体系合作具有重要的积极意义。

三、"一带一路"人文领域对接的政策建议

建议一：加强和 IFSB 的国际合作。

IFSB 在伊斯兰金融领域的专业度和广泛成员关系是我国在推进"一带一路"倡议和中国企业"走出去"的过程中可以优先考虑合作对接的一个国际组织。在

具体的合作范围上，金融领域的对接中极其关键的一个部分是监管规则。对于推进"一带一路"海外投资具有积极的作用。

建议二：加强和世界银行的国际合作。

伊斯兰金融也是世界银行关注的一个重要议题。在伊斯兰金融体系中，投资者和银行这一金融机构之间存在复杂的"利润共享、风险共担"的法律关系，而这种特别的商业关系和国内现行的《中华人民共和国商业银行法》与《中华人民共和国合同法》等条文是存在冲突的。过去，由于缺乏这部分的细则指导，国内企业在"走出去"的过程中如果涉及了在伊斯兰金融体系下金融银行业的投资，那么往往会面临两种金融体系差异带来的投资壁垒和矛盾阻碍。而世界银行新发布的细则则提高了投资双方的信息透明度和沟通效率。

建议三：鼓励国内多方主体参与相关合作。

不论是选择和 IFSB 还是世界银行这一国际组织合作，国内多方主体的积极参与都具有重要意义。我国开始对伊斯兰金融模式合作的探索主要包括：中国农业银行于2014年通过向迪拜金融管理局提交申请，成功发行过伊斯兰债券；同年9月，香港特区政府成功发行了10亿美元的伊斯兰租赁制债券；同年12月，宁夏回族自治区财政厅通过中航证券有限公司发行了价值15亿美元左右的伊斯兰主权债券，这也是中国地方政府首次尝试涉足伊斯兰金融领域。目前，几乎所有的伊斯兰国家都建立了伊斯兰银行，英国等非伊斯兰国家和我国香港地区等非伊斯兰地区也在加快发展伊斯兰金融。从这个角度来看，国内主体无论是国有企业还是民营经济，无论是市场主体还是政府机构，都可以积极参与和伊斯兰金融体系相关的合作。

第十节 主要研究发现和建议

本节通过收集和整理，针对海上运输、贸易、能源、环境保护、产业投资、基础设施、金融和人文八个领域，找出相关国际性、区域性组织（WTO 除外），对其功能、性质、地位、重要条约进行分析与总结，并结合中国和沿线国家在相应国际组织的参与率和地位，确立"一带一路"倡议应该与哪些国际性、区域性组织进行合作，实现规则对接。具体发现如下。

第一，根据对海事类国际组织与国际公约规则研究，最适合"一带一路"进行规则对接有两个政府间国际组织：国际海事组织和 UNCTAD；一个非政府间国际组织：波罗的海和国际航运公会。另外，中国法接下来应致力于成为国际海事司法中心，在海上运输纠纷解决上应优先考虑海事仲裁方式。

第二，"一带一路"倡议与国际性、区域性贸易组织规则对接研究，我们发现在亚太一体化上，中国可借助"一带一路"倡议提升话语权；在亚欧一体化上，与欧亚经济联盟进行合作；在中非合作中，中国应注意中非贸易构筑法治保障网，做好标准化水平示范，以金融手段促贸易，尤其是农业合作；在中拉合作上，重点关注美国对拉美地区的政策，具体贸易规则对接上可参考亚太自由贸易区。

第三，《能源宪章条约》是"一带一路"倡议在能源问题方面首选的对接组织。在能源问题争端时，中国需要依附其他现有能源组织协定来解决与"一带一路"沿线国家在能源投资、贸易上的争端，在未来，尤其需要关注"一带一路"沿线国家可再生能源补贴和中国能源安全问题。

第四，在环境问题争端解决机制上，双边投资条约和多边环境公约为国际诉讼或国家间仲裁解决争端提供了法律基础。借助《世界环境公约》的谈判平台，"一带一路"倡议可尝试建立一个统一的环境保护法律框架。具体地，碳关税制度是发达国家采取的单边环境贸易措施，中国对碳关税与碳排放交易应正面回应。

第五，当前"一带一路"沿线国家的国际投资争端的解决，选择国际商事仲裁是当事人之间最常用的解决方式。多边投资协定效力不强，仅有极少数国家遵守协定规则；BITs虽简洁有效，但缺乏争端解决中心国家。

第六，"一带一路"沿线国家间金融合作的规则及规则体系具有不同类型与表现形式，中国应当积极提供和开放性构建"一带一路"沿线国家间金融合作规则和体系。

第七，BOT模式和PPP融资模式的法律保障不充足，在实行基础设施该项投资工作中有诸多贸易障碍。PPP虽优势显著，但在PPP的定义上世界各地差异较大。在选择发包或承包模式时，政府的参照体系建立不完善，选择更公平的风险分配方式是当前的重点问题。

第八，伊斯兰金融对于沿线国家的社会和经济发展具有积极稳定作用。OECD提出的BEPS行动计划有利于我国在实施"一带一路"政策中表达自身的利益诉求，争取到更为有利的地位。我国应围绕BEPS行动计划，选择和OECD进行对接和合作。

围绕"一带一路"沿线国家在相应国际组织参与度和相应国际组织主张的异同，本书认为应充分利用现有国际组织在某一方面的法律框架与规则并有所突破，协调"一带一路"建设中的具体问题。据此，本书提供如下建议。

第一，"一带一路"海事法律环境建设应借鉴现有规则，建立新的"一带一路"海事公约，并依托现有机构，设立"一带一路"海事仲裁中心。同时，加强与现有国际机构的对接，如增加中国与"一带一路"沿线国家间海事联络官的派驻。

第二，"一带一路"贸易框架与规则制定应以WTO体系为依托，利用"一带一路"倡议整合区域贸易协定。更加注重南南合作，尤其是加强在基础设施、电子商务领域的合作。另外，为应对其他高标准贸易协定冲击时刻做准备，提升贸易标准，实现价值链攀升才是必然选择。

第三，促进"一带一路"沿线国家能源合作，中国应该积极参与议题讨论，早日成为《能源宪章条约》成员国，进而使用该条约解决与非 WTO 成员方的能源争端，尤其是能源管道运输问题。

第四，为将"一带一路"沿线国家的国际投资环境标准纳入统一的框架下，中国仍需继续推进《"一带一路"生态环境保护合作规划》，落实并修订 BITs，完善带路国家环境问题争端解决机制。中国经济实现低碳可持续发展应健全国内碳排放政策，帮助企业应对绿色壁垒，同时推动多边和区域碳减排机制，抵制单边主义。

第五，ICSID 仍是中国现阶段在"一带一路"区域投资争端解决最有效、最重要的制度安排，权宜之计，中国现阶段应参与 ICSID 改革。但为长远计，要积极推进为"一带一路"这一个区域性的倡议量身打造的区域国际投资争端解决中心。采取替代性争议解决沿线投资问题具有一定可行性，但如果以中国为中心开展 BITs 可以考虑以自贸区试点为突破口，会加快与国际新规则的对接。除此之外，我们提倡使用投资者-东道国争端调解机制。

第六，基于既定协议，开放性构建新规则才能促进各国金融更好地合作。在遇到金融争端，主要通过 IMF 和世界银行的规定，尝试借用区域性组织或机构的规则。亚洲地区，应当以亚投行和亚洲开发银行为核心。对于欧洲非成员国，则可以根据欧洲投资银行、欧洲复兴开发银行已有的规则处理相关问题。对于非洲国家，可遵循《约翰内斯堡宣言和行动计划（2016—2018）》、非洲发展银行相关协议规定。对于拉丁美洲可以从加勒比银行、美洲开发银行寻求解决问题、创造合作的机会。

第七，以借鉴现有机制 BOT 模式为主，在特许权协议中订立保证条款、调整条款和补偿条款；在现有机制范围，扩展和适用环节的 PPP 项目。借鉴《承认及执行外国仲裁裁决公约》、国际咨询工程师联合会这些协定的经验并以沿线国家的国情、平衡区域利益并寻求区域利益为基础，依据沿线国家的经济发展水平、经济实力对比、外资法律保护环境、确保国家安全等角度构建更成熟的争端解决机制。

第八，IFSB 是我国在推进"一带一路"倡议和中国企业"走出去"的过程中可以优先考虑合作对接的一个国际组织，在具体的合作范围上，金融领域的对接中极其关键的一个部分是监管规则。另外，应加强和世界银行的国际合作，关注世界银行新发布的细则。除此之外，应鼓励国内多方主体参与到和伊斯兰金融体系相关的合作。

本章执笔人：殷晓鹏　王锋锋　肖艺璇　赵　磊

参 考 文 献

白洁，苏庆义. 2019. CPTPP 的规则、影响及中国对策：基于和 TPP 对比的分析. 国际经济评论，（1）：58-76，6.
白中红. 2011.《能源宪章条约》的争端解决机制研究. 外交评论（外交学院学报），28（3）：88-99.
白中红，潘远征. 2010. 中国加入《能源宪章条约》的利弊论. 生态经济，（10）：75-79，86.
保建云. 2019. "一带一路"国家间金融合作的规则供给与规则体系构建. 中国高校社会科学，（1）：101-108，158.
陈华. 2016. "一带一路"战略下金融对外开放新格局. 南方金融，（2）：47-52.
陈迎，庄贵阳. 2001.《京都议定书》的前途及其国际经济和政治影响. 世界经济与政治，（6）：39-45.
淀川诏子，亚历山大·M·彼特森，苏苗罕. 2016. 发展的机遇：中国、中亚和《能源宪章条约》. 国际法研究，（1）：16-38.
杜江珧. 2017. 从"一带一路"战略看国际海上货物运输法律统一化. 中国水运（下半月），17（2）：46-47，80.
方创琳，毛汉英，鲍超，等. 2018. "丝绸之路经济带"中亚能源合作开发对我国能源安全的保障风险及防控建议. 中国科学院院刊，33（6）：554-562.
方旖旎. 2016. "一带一路"战略下中国企业对沿线国家工业投资特征与风险. 宁夏社会科学，（3）：96-100.
巩固. 2017. "一带一路"背景下中资企业境外环境行为法律规制探析. 环境保护，45（16）：39-42.
关成华，刘华辰. 2018. 关于完善"一带一路"绿色投融资机制的思考. 学习与探索，（2）：124-128.
国冬梅，王玉娟. 2017. 绿色"一带一路"建设研究及建议. 中国环境管理，9（3）：15-19.
韩秀丽. 2010. 从国际投资争端解决机构的裁决看东道国的环境规制措施. 江西社会科学，（6）：22-27.
何佳馨. 2017. "一带一路"倡议与法律全球化之谱系分析及路径选择，法学，（6）：92-105.
洪伟光. 2018. 论"一带一路"战略下我国海外投资环境风险的法律保护. 浙江万里学院学报，31（2）：24-29.
侯进令. 2019. 商标反向混淆案件司法规则的法律经济学分析. 中国物价，（4）：75-78.
刘翠. 2010. 公路建设 PPP 模式风险分担关系研究. 成都：西华大学.
刘思跃，肖卫国. 2013. 国际金融. 2 版. 武汉：武汉大学出版社：407.
刘薇. 2015. PPP 模式理论阐释及其现实例证. 改革，（1）：78-89.
马丹丹. 2018. 中国与拉美对接"一带一路"倡议的原因分析. 时代金融，（30）：369-371.
梅冠群. 2018. 积极构建"一带一路"国际规则体系. 宏观经济管理，（9）：13-20，27.

倪杰瑞. 2018. 从开普敦到开罗：走近非洲大陆的自由贸易区. https://opinion.caixin.com/2018-04-17/101235386.html[2018-04-17].

戚凯，刘乐. 2017. "21世纪海上丝绸之路"建设的海事保障与中国角色. 当代亚太，（2）：132-155, 160.

单文华，王鹏，王晗. 2016. "一带一路"建设背景下中国加入《能源宪章条约》的成本收益分析. 国际法研究，（1）：39-61.

沈安. 2017. 新形势下深化中拉合作关系的必要性、路径选择和挑战. 拉丁美洲研究，39（6）：22-35, 154-155.

司玉琢，曹兴国. 2016. 海上货物运输法律制度的形式统一与实质统一——兼论《鹿特丹规则》第2条. 社会科学辑刊，（1）：66-71.

佟尧，王国华. 2015. 21世纪海上丝绸之路背景下的海事法律冲突解决机制研究. 中国海商法研究，26（2）：17-23.

王朝恩，王璐. 2013. 国际投资法前沿问题与中国投资条约的完善——"中国与ICSID"国际投资法与仲裁高级研讨会综述. 西安交通大学学报（社会科学版），33（3）：74-78.

王丽琴，朱美琳. 2018. 中国推动地区经济一体化的路径研究：从东亚自贸区到亚太自贸区. 同济大学学报（社会科学版），29（6）：48-58.

王守清，柯永建. 2008. 特许经营项目融资（BOT、PFI、PPP）. 北京：清华大学出版社：7-38.

王相宁，曾思韶. 2019. 金融包容性对收入差距和金融稳定性的影响——基于"一带一路"沿线43个国家的面板数据. 经济与管理研究，40（4）：25-36.

魏升民，韩永辉，向景. 2019. "一带一路"国际税收合作的现状、问题与对策. 南方金融，（8）：61-67.

吴振华，赖庆华，吴庆瑞. 2014. 《鹿特丹规则》下承运人赔偿责任限额研究. 法制与经济（中旬），（5）：97-98.

许培源，陈乘风. 2016. 马来西亚在"海上丝绸之路"建设中的角色. 亚太经济，（5）：70-74.

薛澜，翁凌飞. 2018. 关于中国"一带一路"倡议推动联合国《2030年可持续发展议程》的思考. 中国科学院院刊，33（1）：40-47.

杨卫东. 2013. 双边投资条约研究. 北京：知识产权出版社：2.

杨泽伟. 2016. 共建"丝绸之路经济带"背景下中国与中亚国家能源合作法律制度：现状、缺陷与重构. 法学杂志，37（1）：18-28.

杨志勇. 2015. 实施"一带一路"战略的财税政策研究. 税务研究，（6）：16-21.

雍春华. 2018. 论海商法中两种赔偿责任限制制度冲突与协调——以"CMA Djakarta"轮案为分析路径. 海峡法学，20（3）：103-111.

余劲松. 2003. 国际投资法. 2版. 北京：法律出版社：50.

于沛海. 2017. 论承运人为他人行为承担责任的条件及其适用——以《鹿特丹规则》为视角. 中国海商法研究，28（2）：24-29.

翟语嘉. 2019. "21世纪海上丝绸之路"框架下能源通道安全保障法律机制探究. 法学评论，37（2）：131-142.

张海军. 2009. 建设工程施工合同DAB争端解决机制研究. 北京：北京大学.

张骥，陈志敏. 2015. "一带一路"倡议的中欧对接：双层欧盟的视角. 世界经济与政治，（11）：

36-52, 156-157.

张珺,展金永. 2018. CPTPP 和 RCEP 对亚太主要经济体的经济效应差异研究——基于 GTAP 模型的比较分析. 亚太经济,(3):12-20.

张丝路,李志文. 2017. "一带一路"战略下多式联运运输规则研究——以《鹿特丹规则》为借鉴. 兰州学刊,(6):147-157.

张文广. 2017. "一带一路"背景下的国际海事司法中心建设. 中国远洋海运,(11):68,70.

张泽平. 2017. 全球治理背景下国际税收秩序的挑战与变革. 中国法学,(3):184-201.

赵婧涵. 2017. 电力互联互通与 ECT 过境运输机制. 法制与社会,(12):79-81.

赵子君,俞海,刘越,等. 2018. 关于《世界环境公约》的影响分析与应对策略. 环境与可持续发展,43(5):116-120.

周芬. 2015. PPP 公共采购法律规制的理论与政策——基于欧盟经验的研究. 北京:中央财经大学.

Abid M, Ashfaq A. 2015. CPEC: Challenges and opportunities for Pakistan. Journal of Pakistan Vision, 16(2): 142-169.

Baber H. 2018. How crisis-proof is islamic finance?: A comparative study of Islamic finance and conventional finance during and post financial crisis. Qualitative Research in Financial Markets, 10(4): 415-426.

Chan S. 2018. The Belt and Road initiative: implications for China and east Asian economies. The Copenhagen Journal of Asian Studies, 35(2): 52-78.

Farooq M S, Yuan T K, Zhu J G, et al. 2018. Kenya and the 21st Century Maritime Silk Road: implications for China-Africa relations. China Quarterly of International Strategic Studies, 4(3): 401-418.

Gabuev A. 2016. Crouching bear, hidden dragon: "One Belt One Road" and Chinese-Russian jostling for power in central Asia. Journal of Contemporary East Asia Studies, 5(2): 61-78.

Garcca-Herrero A, Xu J W. 2018. Recent developments in trade, investment and finance of China's Belt and Road. SSRN Electronic Journal,(50): 1-17.

García-Herrero A. 2017. China cannot finance the Belt and Road alone. HKUST IEMS Thought Leadership Brief Series,(17): 1-4.

González-Sáez R. 2019. The Chinese project "One Belt One Road" toward Latin America and the Caribbean. Economic-financial implications. Journal of Evolutionary Studies in Business, 4(2): 108-131.

Ibrahim M H. 2016. Business cycle and bank lending procyclicality in a dual banking system. Economic Modelling, 55: 127-134.

Ito T. 2018. Changing international financial architecture: growing Chinese influence? Asian Economic Policy Review, 13(2): 192-214.

Jomo K S, Chowdhury A, Sharma K, et al. 2016. Public-private partnerships and the 2030 Agenda for sustainable development: fit for purpose? DESA Working Papers,(148).

Kaczmarski M. 2017. Two ways of influence-building: the Eurasian Economic Union and the One Belt, One Road Initiative. Europe-Asia Studies, 69(7): 1027-1046.

Klein P O, Turk R, Weill L. 2017. Religiosity vs. well-being effects on investor behavior. Journal of Economic Behavior & Organization, 138: 50-62.

Klein P O, Weill L, Godlewski C J. 2018. How sukuk shapes firm performance. The World Economy, 41 (3): 699-722.

Kohli H. 2017. Looking at China's Belt and Road initiative from the central Asian perspective. Global Journal of Emerging Market Economies, 9 (1/2/3): 3-11.

Kunzel P, Imus P D, Gemayel E, et al. 2018. Opening Up in the Caucasus and Central Asia: Policy Frameworks to Support Regional and Global Integration. International Monetary Fund Department Papers.

Lew J D. 2004. ICSID arbitration: special features and recent developments. in: Nobert Hhrn, ed. Arbitration Foreign Investment Disputes: Procedural and Substantive Legal Aspects: 267-269.

Li Z G. 2017. The Greater Eurasian Partnership: Remodeling the Eurasian Order? China International Studies, (2): 46-65.

Manfred K. 2018. Trading costs in Africa: does international supply chain connectivity matter? . Journal of Economic Development, 43 (2): 85-102.

Petersmann E U. 2018. Trade and investment adjudication involving Silk Road projects: legal methodology Challenges. EUI Department of Law Research Paper, (2).

Reus-Smit C. 2014. International law and the mediation of culture. Ethics & International Affairs, 28 (1): 65-82.

Rizvi S A R, Arshad S. 2018. Stabilising economic growth through risk sharing macro instruments. The World Economy, 41 (3): 781-800.

Sohn C H, Lee H. 2010. Trade Structure, FTAs, and Economic Growth. Review of Development Economics, 14 (3): 683-698.

Tobin J L, Rose-Ackerman S. 2011. When BITs have some bite: the political-economic environment for bilateral investment treaties. The Review of International Organizations, 6 (1): 1-32.

Wang G G. 2017. The Belt and Road Initiative in quest for a dispute resolution mechanism. Asia Pacific Law Review, 25 (1): 1-16.

Yang L. 2019. The establishment of "Belt and Road" international investment disputes settlement institution. Journal of Law and Commerce, 37 (1): 1-28.

Zhao J, Jin J. 2017. The position, clarification and coordination of the relationship between AIIB and existing multilateral development banks. Pacific Journal, (5): 27-37.

第五章 建立适应"一带一路"和 WTO 未来改革的国有企业体制研究

第一节 我国国有企业的改革历程

新中国成立后,为尽快恢复国民经济,国有企业通过没收民营资本和改造资本主义工商业,迅速集中全国资本集中生产,涉及烟草、盐业、医药、橡胶、铝业、汽车、纺织、地质、机械仪器等多个重要行业领域。直至 1977 年,国有经济占比达到顶峰,成为中国维持就业和稳定的中流砥柱,工业总产值中国有企业占比达 77.6%,集体企业占比为 22.4%(马立政,2019)。然而,由于国有企业属性的负面影响,资源配置机制过度集中,再加上"文化大革命"期间的管理混乱,国有企业的经济效率直线下降,发展整体停顿,在 1977 年底国有企业全要素生产率几乎为 0(Chen et al.,1988)。

随着国家市场化程度的提高,国有企业限制企业绩效的弊端暴露无遗,低效率的国有企业并没有为地方政府带来经济收益(朱恒鹏,2004),对总体经济效益增长的作用也微乎其微。与此同时,20 世纪 80 年代初的地方分权政策导致地区间竞争,从而引发民营化改革的呼声(张维迎和栗树和,1998)。由此可见,国有企业改革迫在眉睫。1978 年党的十一届三中全会拉开改革开放的序幕,国有企业改革也随之启动。为改变计划经济体制下国有经济直接让政府经营管理的低效率模式,国有企业开始尝试自主经营(1978~1992 年)。

一、自主经营探索期（1978~1992年）

（一）时期的主要特点

改革开放以来，我国以逐步扩大企业经营管理自主权为国有企业改革路径，逐步实行两权分离，转变经营机制，优化国有资产的产权关系，在计划经济体制下探索新自主经营模式。

（二）改革采取的模式

1978年，我国在四川省6家国有企业率先进行扩大企业自主权、企业股份制改造试点，拉开了国有企业改革的序幕。次年，国务院发布《关于扩大国营工业企业经营管理自主权的若干规定》等5个文件，使企业在人、财、物、产、供、销等方面，拥有更大的自主权，进一步调动企业的积极性，逐步推广自主经营办法，直至1980年年中，全国试点企业已达6000多家（叶琪，2009）。然而，长期的实践证明，过去以党委领导下的管理制度未能实现资源利用最大化，这种忽视企业内部的协调与有效制衡的治理结构，远不足以支持现代企业分工的生产和管理要求。1980年，邓小平同志在《党和国家领导制度的改革》讲话中指出要"有准备有步骤地改变党委领导下的厂长负责制、经理负责制，经过试点，逐步推广、分别实行工厂管理委员会、公司董事会、经济联合体的联合委员会领导和监督下的厂长负责制、经理负责制"[①]。

1986年至1987年间，中共中央、国务院发布文件并召开会议[②]，全面推行厂长（经理）负责制，明确规定"厂长是一厂之长，是企业的法人代表，对企业负有全面责任，处于中心地位，起中心作用"[③]。一方面，文件赋予了厂长生产经营的决策权，保证民营企业的独立经济实体地位，确保企业获得利润最大化。但是另一方面，传统的统收统支系统下，企业不能根据自身条件缴纳利润，造成了企业之间收益不平衡的现象。为此，国有企业进行了两步"利改税"改革措施，以税利并存的形式，统一通过税收杠杆来调节企业之间的收益差别，为企业创造公平竞争的经营环境。可惜的是，当时对经济杠杆作用的认识不足，第二步"利改税"推行未能发挥积极作用，全国国有企业利润出现连续22个月的滑坡，因此改

[①] http://cpc.people.com.cn/GB/33839/34943/34944/34946/2617285.html?kgr[2020-07-29].
[②] 具体包括1986年9月15日发布的《中共中央、国务院关于颁发全民所有制工业企业三个条例的通知》，以及中共中央、国务院批准，国家经济委员会、中国共产党中央委员会组织部、全国总工会于1987年8月25日至29日在北京联合召开"全面推行厂长负责制工作会议"。
[③] https://www.66law.cn/tiaoli/147175.aspx[2020-07-29].

革宣告失败。但是在此阶段出现的"利改税"第一次将国有企业列入了纳税人行列,为今后国有企业的利润分配打下实践基础。但是在实践中,"利改税"改革所缴纳的税收并未遵循惠及国家和人民的原则,而是"取之于国企,用之于国企",这也引发学者对国有企业"税利分流"的系列思考。

1984年,党的十二届三中全会提出,增强企业活力是经济体制改革中心环节,根据马克思主义的理论和社会主义的实践,所有权同经营权是可以适当分开的[①]。在这一重要指示下,我国企业出现了承包制、租赁制等多种经营方式。1987年底,全国所有制企业中有78%实行了承包制,使企业初步实现从面向计划到面向市场的转变。但是在旧体制下,承包制仍旧属于政府部分"放权"的延伸,权责机制的缺陷使得企业与政府依然存在"中层合谋"(姜纬,1994),企业无法真正摆脱政企的依附关系。

1988年,国务院开始酝酿将国有资产的产权管理职能从政府的社会经济管理职能中分离出来,对此,国务院设立了国家国有资产管理局,并在各省分别设立了国有资产管理局,逐步形成从中央到地方的国有资产分级管理制度,开启对"政资分开"的探索(柳学信等,2019),国务院各个部门皆参与了国有资产的监管工作,起到互相制衡的作用。但这样复杂庞大的监管体制也导致了管理的权力分散,职能混乱,监管效率未能达到预期效果,以至于国务院在1998年撤销了国家国有资产管理局。

二、国有企业现代化制度培育与发展期(1993年至今)

(一)时期的主要特点

1993年,党的十四届三中全会讨论了关于建立社会主义市场经济体制的若干重大问题,并提出"转换国有企业经营机制,建立现代企业制度",将现代企业制度的特征明确归纳为"产权清晰、权责明确、政企分开、管理科学"四个方面[②]。新的经济体制的建设要求更大胆创新的改革方案,国有企业改革总结过往,再度起航。

(二)改革采取的模式

1995年党的十四届五中全会明确提出了"抓大放小"的方针。1997年9月党

---

① http://www.gov.cn/test/2008-06/26/content_1028140.htm[2020-07-29]。
② https://www.sohu.com/a/282817576_100003691[2018-12-18]。

的十五大再一次明确了国有企业改革要着眼于搞好整个国有经济和"抓大放小"的方针。在"抓大"方面,提出了"以资本为纽带,通过市场形成具有较强竞争力的跨地区、跨行业、跨所有制和跨国经营的大企业集团"的要求。在"放小"方面,又一次明确可以通过股份合作制等七种形式,加快搞活国有小企业。[①]

国有企业改革在20世纪90年代后期的一大推动力是国有资产管理体制创新。2003年国有资产监督管理委员会(以下简称国资委)的成立,将政府公共管理职能和国有资产出资人职能分开,国有资产管理机构对授权监管的国有资产依法履行出资人职责,从制度层面理顺了政府、国资委和企业三者之间的关系。

在实践中,1996年各级政府选取了1000家企业作为建设现代制度的试点单位,随后将小型国有企业转为非公有制,集中精力发展大型国有企业。到2000年底,国有及国有控股工业企业实现利润2408.33亿元,比1998年提高了3.59倍(剧锦文,2018),2001年全国重点企业调查中,有76%的国有企业完成了现代企业制度改造,全国证券市场中,国有股比重上升至46.2%。不断健全有效的国有企业法人治理结构,引领现代企业制度走向正轨,经济转型在市场经济制度的建立上迈出了实质性一步。

三、入世后,国有企业在公司治理等方面的变化与适应能力

(一)时期的主要特点

入世后,WTO各成员方对中国的非市场经济地位及强大的国有企业十分忌惮,国有企业预算软约束的阻碍和产权制度深层次矛盾也日益显现[②],难以适应入世后的国际经济环境,国有企业深化改革迫在眉睫。在此阶段,我国政府积极学习和运用国际规则,通过国际经贸规则约束自身,是国有企业改革的主要手段。

(二)改革采取的模式

我国根据《中国入世工作组报告》和《中华人民共和国加入议定书》这个两

[①] http://www.people.com.cn/rmrb/200003/07/newfiles/wzb_20000307001063_9.html[2020-07-29]。

[②] 软预算约束是指一个经济组织遇到财务上的困境时,借助外部组织的救助得以继续生存的一种经济现象。

个文件对中国国有企业的约束,即国有企业运行机制、减少补贴、降低税收、执行非歧视原则、放宽银行监管和外汇管制、放开定价策略这六方面的约束,对国有企业的运营和改革方式进行了反思和重新评估,使得国有企业改革的路径更符合现代社会的发展趋势。并且结合国情,把入世承诺融合到国有企业的改革体系中,让成员的质疑转化为动力,推动了各项制度的深化改革,试图将国有企业从政府的背景中剥离出来,从而硬化政府对国有企业的预算软约束,间接敦促了国有企业自力更生,树立以利润最大化为导向的发展目标。

四、近年来国内经济转型对国有企业的要求与其适应方法

(一)时期的主要特点

随着我国经济发展进入新常态,逐步实现"粗放式"增长向"集约式"发展转变,经济转型进入了更高层次的发展阶段,对我国国有企业改革也有了更高的要求。要求中国经济从传统的要素驱动、投资驱动转向创新驱动,以创新驱动引领发展。在此阶段,我国国有企业结合历史经验和当前经济政治环境,逐渐自主承担起国有企业改革的重要责任,国有企业改革也从摸索道路进入顺流阶段,混合所有制改革成为该阶段主旋律。

(二)改革采取的模式

2013年党的十八届三中全会开启全面深化改革,明确"核心问题是处理好政府和市场的关系,使市场在资源配置中起决定性作用和更好发挥政府作用"[①]。2015年,中央颁布《关于深化国有企业改革的指导意见》,陆续出台了一系列配套政策,构建"1+N"政策体系,形成了顶层设计加"四梁八柱"的大框架,重点推进六项主要任务,包括分类推进国有企业改革、发展混合所有制经济、完善国有资产管理体制、强化监督防止国有资产流失、加强和改进党对国有企业的领导、为国有企业改革创造良好环境。2017年,党的十九大报告指出,"必须坚持质量第一、效率优先,以供给侧结构性改革为主线。以供给侧结构性改革引领中国经济高质量发展,既是抓好当前和未来一个时期我国经济工作、建设现代化经

---

① http://www.ce.cn/xwzx/gnsz/szyw/201311/18/t20131118_1767104.shtml[2013-11-18]。

济体系的基本策略,也是推动国有企业高质量发展的必由之路"①。随后国有企业围绕"去产能、去库存、去杠杆、降成本、补短板",从四个方面进行结构性改革。一是着力钢铁煤炭行业脱困发展,主动化解过剩产能,利用市场化方式淘汰落后产能,提高供给质量。二是着力优化市场资源配置,启动"处僵治困",化解僵尸特困企业困境。三是着力提高经营管理效率,全力实施"压减"工程,以压缩管理层级、减少法人户数专项工作,督促企业"自我革命"。四是着力防范化解潜在风险,力促国有企业稳健经营,逐步建立多渠道降杠杆减负债机制,化解国有企业债务风险。2018年和2019年,国有企业综合改革向落实更进一步,先后启动了"国企改革双百行动"和"国资国企重点领域和关键环节改革专项工作"(以下简称"综改试验")。一方面,选取百家中央企业子企业和百家地方国有骨干企业(以下简称"双百企业"),在2018年至2020年期间实施"国企改革双百行动",聚焦"五突破一加强"开展综合改革;另一方面,在上海、深圳开展"区域性国资国企综合改革试验",在沈阳率先开展"综改试验",全面推动国资国企改革"1+N"政策在试验区落实落地,真正实现顶层设计和基层创新的良性互动,最大限度发挥改革合力。

内生动力则是推动国有企业改革的根本力量,为适应现代化企业体制,增强企业竞争力和经济效益,国有企业以混合所有制改革为主要方向,以完善公司治理、促进各资本方优势互补、明确企业的经济效益目标、促进市场有效竞争与提升企业创新效率为改革路径,改善国有企业经营收益。混合所有制化改革后,由于代理成本降低(白重恩等,2006),国有企业盈利能力和生产率大幅提升,并随着民营化程度的加深,企业的业绩表现逐渐好转(罗宏和黄文华,2008),且这种改制没有带来大规模失业,损失低于预期(黄玲文和姚洋,2007)。同时,上市和企业治理结构改善也通过加强监管对国有企业业绩起到正面影响。

第二节 "一带一路"中的国有企业引领作用

一、国有企业的开路先锋角色

国有企业以其雄厚的经济实力,一直是我国海外投资的主力战队。2013年底国有控股的18家中资银行金融机构在海外总资产达到7.45万亿元,2014年中国

---

① http://dz.jjckb.cn/www/pages/webpage2009/html/2018-06/06/content_44098.htm[2018-06-06]。

100大跨国公司榜单中国有企业数量达到84家[①]。国有企业往往投资规模大的重点项目，并购金额上远超其他类型投资者，因此对我国企业"走出去"战略扮演着不可取代的角色。本节以国有企业在"一带一路"中的角色分析为例，简要评述国有企业在"走出去"战略中的优势和劣势。

2013年起，为响应"一带一路"倡议，国有企业充分利用自身实力，积极参与"一带一路"建设，成为我国践行"一带一路"倡议的重要骨干力量，立足承担"一带一路"建设的港口、铁路、公路和通信网络等基础建设项目的重要责任和使命，取得了显著成绩。2017年，全球财富500强榜单的115家中国企业中，国有企业占据84席。国家信息中心数据显示，中国企业在"一带一路"建设的影响力排名中，中央企业占比36%，地方国企占20%，民营企业占42%，合资企业占2%[②]。截至2018年10月末，我国中央企业已在"一带一路"沿线承担了3116个项目，已开工和计划开工的基础设施项目中，中央企业承担的项目数占比达50%左右，合同额占比超过70%（甄新伟，2019）。

二、国有企业努力夯实"一带一路"建设基础

"一带一路"倡议是中国改革开放的再一次高潮，即通过与"一带一路"沿线国家合作，发挥中国在基础设施、设备制造、高铁、核电等领域积累的管理与技术优势，向高层次、高技术含量及综合解决方案转变，输出中国标准、中国技术、中国装备，与发展中国家共享中国改革开放的发展经验，实现中国更大范围和更高层次的改革开放。而经过多年发展，国有企业作为中国改革开放的受益者和先行者，发展质量显著提升，在技术、成本、工效、产业链等方面具有强大的竞争优势。国务院国资委监管的97家中央企业中，有48家为2018年度《财富》世界500强企业，中央企业是中国国有企业的主力军，具备高质量拓展"一带一路"国际市场的雄厚实力基础。截止到2019年4月，中央企业在"一带一路"沿线共承担着3120个项目，这些项目分布在基础设施建设、能源资源开发，国际产能合作及产业园区建设等各个领域，其中有一大批项目和工程具有示范性和引领性。

贸易方面，由图5-1可知，"一带一路"倡议提出以来，中国国有企业的出口额虽有波动，但整体上保持在较高水平，2014~2019年均在2000亿美元以上，其中2018年中国国有企业出口额为2554亿美元，同比增速是9.47%，受国际环

[①]《2014中国100大跨国公司榜单发布》，http://finance.sina.com.cn/china/20140902/120920189977.shtml[2020-07-29]。

[②] http://www.sic.gov.cn/News/614/9769.htm[2019-04-09]。

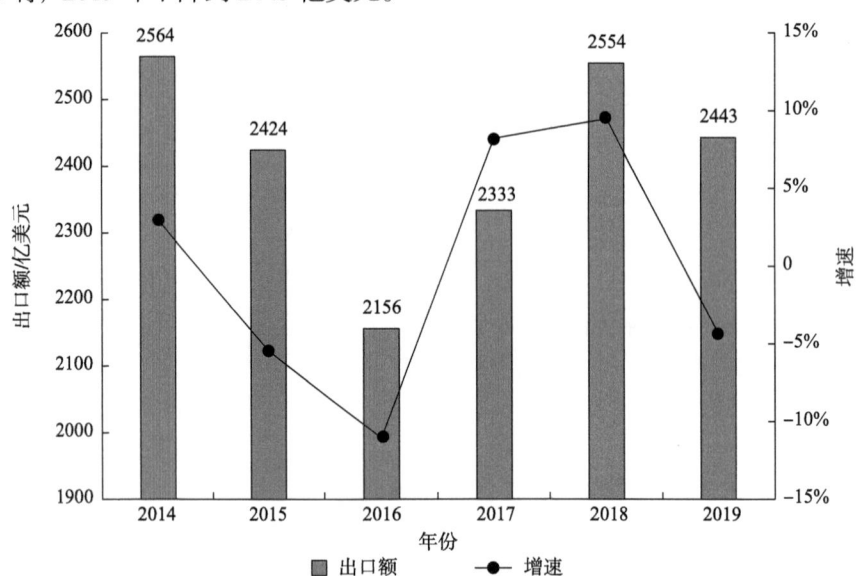

境影响，2019年下降到2443亿美元。

图 5-1　2014～2019 年中国国有企业出口情况

资料来源：中国海关统计

投资方面，截止到 2019 年 1 月，92%的中央企业都参与到了"一带一路"的建设过程中，有 60%以上的中央企业在"一带一路"沿线国家进行股权投资。除了股权投资之外，中央企业在"一带一路"建设中，工程承包占 56%，海外并购占 53%，海外投资、建设、运营一体化综合服务项目（即 BOT 项目）占 51%。这四类的投资行为是中央企业在"一带一路"沿线国家进行投资的主要方式。

基础设施方面，中国基础设施建设具有国际竞争力，国有企业特别是中央企业，发挥了重要的作用，成为"一带一路"建设过程中的领头兵。中国在基础设施建设工程所需原材料行业（如钢筋水泥等）的生产能力已超过世界平均水平。此外，多年的援外项目建设也为中国国有基础设施建设公司积攒了丰富的海外工程经验，有助于国有企业参与到"一带一路"基础设施建设，身体力行发挥带头作用。国有企业具有丰富的基础设施建设运营优势，在推动与合作地区实现互联互通领域扮演重要角色。

此外，国有企业在与"一带一路"沿线国家展开经贸合作的过程中，除了重点发展贸易、投资和基础设施合作外，同时将根据沿线国家的发展现状，寻找互补性行业，拓宽合作领域，不仅将共建"一带一路"走长、走远、走实，稳扎稳打，也在研发、技术及企业管理方面进行不断的尝试与探索，实现共同发展。

三、国有企业积极推动东道国经济转型升级

近年来,国有企业在"一带一路"建设中不断拓宽合作对象的范围,发展多元化的合作方式,在已有合作基础的传统的合作领域取得一定成绩后,根据"一带一路"沿线国家的产能发展情况,因地制宜进行科学规划的前提下关注东道国经济转型的目标,国有企业"走出去"不只局限于自身的经济效益。在具体的发展规划上,国有企业深入参与"一带一路"建设,在共商、共建、共享的原则的要求下,与沿线国家在技术合作、管理经验及各项标准方面深入交流,认识到实现互利共赢的深刻内涵,力求做到和平合作、互利共赢、打造经济共同体和命运共同体,促进与东道国的可持续发展。中国国有企业"走出去"的目的绝不是利益至上,更多的是基于积极响应"一带一路"倡议和实现社会效益的考量。因此,要充分实现技术、管理、品牌及信誉等各方面的优势,努力实现多方合作与参与。国有企业响应"一带一路"倡议"走出去",绝不是"输出过剩产能和落后产能",而是把中国多年来实践创造的"好东西"拿出来,带着先进的技术、装备、管理方法等"走出去",与沿线国家分享改革发展红利,积极推动东道国经济转型升级。中国根据发达国家和发展中国家多年的发展经验总结成理论和思路,对"一带一路"沿线其他发展中国家来说,比发达国家的理论和经验有更多借鉴价值。"一带一路"倡议为中国国有企业提供广阔海外市场的同时,也给沿线国家经济转型升级带来新的机遇,广大发展中国家正在致力于加快工业化、城镇化进程,进而实现经济发展和民族振兴。

四、承担的政治与战略任务

2016年中央政治局第三十一次集体学习上,习近平总书记指出,"'一带一路'建设不应仅仅着眼于我国自身发展,而是要以我国发展为契机,让更多国家搭上我国发展快车,帮助他们实现发展目标","我国企业走出去既要重视投资利益,更要赢得好名声、好口碑,遵守驻在国法律,承担更多社会责任"[1]。这是我国在新时代下对企业"走出去"的总体要求。

在2016年全国国有企业党的建设工作会议上,习近平总书记再次强调"使国有企业成为党和国家最可信赖的依靠力量,成为坚决贯彻执行党中央决策部署的重要力量,成为贯彻新发展理念、全面深化改革的重要力量,成为实施'走出去'

---

[1] 《习近平主持中共中央政治局第三十一次集体学习》,http://www.xinhuanet.com/politics/2016-04/30/c_1118778656.htm[2016-04-30]。

战略、'一带一路'建设等重大战略的重要力量"[1]。这是对国有企业带领中国企业"走出去"的期望与信心。

（一）承担大国责任

随着近年来民族主义、民粹主义的浪潮崛起，以美国政府代表的"美国优先"口号让大量民众对大国责任感产生怀疑，原本的世界经济牵引者——美国领头羊的推动力正在消失，单极化向多极化转变，特别是亚洲地区新兴经济实体的实力增强，使得西方传统经济大国拥有的比较优势黯然失色。中国作为超级大国，以强大的经济实力，有义务承担促进世界经济发展的重任，与各国共同实现经济发展。在此背景下，"一带一路"倡议的提出，无疑是解决当下经济发展不平衡的一剂良药，它秉承以和平合作、开放包容、互学互鉴、互利共赢为核心的丝路精神，为沿线国家带来前所未有的新机遇，更为发展中国家和落后国家"雪中送炭"。国有企业作为"一带一路"倡议的中坚力量，必须树立"正确义利观"，以最大诚意推进沿线国家合作，实现真正的互利共赢。

国有企业"走出去"往往具有双重要求：一是促进企业自身的发展，实现企业的经营目标，实现经济利益；二是将自身发展成果惠及伙伴国，为伙伴国的经济发展与社会进步提供帮助，实现互利共赢，构建命运共同体。2018年发布的《中央企业海外社会责任蓝皮书（2018）》中相关数据表明，中央企业在"一带一路"沿线国家共雇用当地员工36万余人，其中96%的中央企业海外机构建立了平等的中外雇员雇佣制度，76%的中央企业建立了培养与晋升的平等雇佣制度，75%的中央企业还建立了薪酬与福利设置中的平等雇佣制度；同时中央企业还对当地员工开展技术培训，培养当地管理人员，授人以鱼并授人以渔。以中国的支柱性国有企业中国石油化工集团有限公司（以下简称中石化）为例，中石化经历多年发展，拥有在炼油化工技术方面的知识产权，帮助沿线国家提高装备设施的质量，并提供技术帮助，助力"一带一路"沿线国家从资源输出国向资源深加工国的转变。近年来，中国电力建设集团有限公司在参与"一带一路"建设中，为多个国家提供设计咨询、工程承包、装备与贸易供货等服务，特别是承建的多个水电站项目获得当地认可，在建设过程中既提升了自身国际化经营能力，也为相关国家的现代化建设做出了贡献。国有企业在"一带一路"建设中分享自身发展经验，为"一带一路"沿线国家提供帮助。"一带一路"沿线国家需要资金、技术、装备，同时共同合作的精神动力也是不可或缺的。国

---

[1]《习近平在全国国有企业党的建设工作会议上强调：坚持党对国企的领导不动摇》，http://www.xinhuanet.com/politics/2016-10/11/c_1119697415.htm[2016-10-11]。

有企业在"一带一路"建设中与沿线国家企业通力合作,致力于共同发展,分享技术与经验,以及逢山开路、遇水建桥的精神。

基础建设方面,围绕"一带一路"倡议"六廊六路多港"的主骨架,国有企业积极推动一大批重点项目建设,从铁路、港口、航空、能源等基础设施,到保税区、物流合作和工业园基地等先行项目,国有企业助力走廊建设驶入快车道,为"一带一路"后续建设做出成功范例,也带动"一带一路"沿线国家共同参与建设,共享经济红利。

金融方面,2017年5月14日,我国与17个国家签署《"一带一路"融资指导原则》,加快推进金融机构海外布局,2019年末,已有11家中资银行设立71家一级机构(曹忠祥等,2019)。我国国有六大银行纷纷加快在"一带一路"沿线国家的布局,并为"一带一路"项目提供多元化的金融产品及服务,取得了显著成效,如表5-1所示。在"一带一路"沿线国家复杂经济形势下,大规模建设所需的庞大资金需求也意味着国有银行需要承担巨大的金融风险。罗马尼亚的周边长期受恐怖主义的威胁及其不稳定的经济状况,缅甸和柬埔寨的长期财政赤字、阿富汗和巴基斯坦等国的产业不平衡等风险(华桂宏和黄艺,2019),都在考验着中国的援助信心。但是国有企业在"一带一路"建设过程中考虑的不只是利润,更注重的是希望通过积攒国际信用,树立中国品牌、中国口碑。

表5-1　国有六大行"一带一路"倡议金融支持

银行	项目跟进/个	各类授信支持金额/亿美元	主要特色
中国银行	600+	1300	推动人民币国际化
中国建设银行	117	206	加快金融产品服务创新,以"融资+融智"的服务理念服务"一带一路"建设
中国农业银行	—	126	支持农业企业"走出去"
中国工商银行	400+	1000+	建立"一带一路"银行间常态化合作交流机制
交通银行	200+	200+	走国际化、综合化道路,建设以财富管理为特色的一流公众持股银行集团
中国邮政储蓄银行	—	57+	重点推进银团贷款、跨境项目融资、主权贷款等业务,为多家中国企业提供跨境融资,用于境外项目投资

资料来源:各银行官网新闻

(二)在海外为中资企业树立了良好的大国企业形象

国有企业不仅要承担树立中国形象的责任,更要在中国企业"走出去"的战略中冲锋在前,发挥国有企业引擎作用,带领更多国内优质企业"走出去"。

当前，随着"一带一路"沿线基础建设的逐渐落实，中国与"一带一路"沿线国家的经济互补性大有增强，经贸合作前景可期，为中小企业特别是民营企业带来了"走出去"的新机遇。但是，由于我国多数中小型民营企业"走出去"的起步较晚、企业风险评估能力较弱、缺乏国际化经营经验，同时国内具备海外工作经验的专业化人士也相对匮乏，这些因素都阻碍了民营企业"走出去"的步伐，使其难以适应东道国的竞争环境（郭敏等，2019）。

眼下，国有大企业在"一带一路"沿线项目稳步推进，民营企业也随后跟进，形成了"国企搭台、民企唱戏"的共进格局（张欣，2017）。一方面，国有企业实现了基础设施互联互通，开拓了更广阔、可行的合作领域，培养了一批具有国际化视野的复合型人才，为未来中国企业"走出去"积攒了成功经验，为民营企业树立了榜样，鼓励更多民营企业尝试对外发展。另一方面，大型国有企业与本国民营企业、"一带一路"沿线国家的本地企业，以及跨国公司展开交流与合作，通过咨询、配套、技术合作和联合投资等多种方式，将形成企业间互惠互利的规模集群效应，有助于双边信息、人才和资本的流通，减少内部交易成本，为民营企业"走出去"清除障碍[①]。

第三节 "走出去"的国有难题

"一带一路"倡议的提出，通过国家政策的响应、国内融资渠道的支持，对我国国有企业"走出去"有很大的推动作用，特别是在大资金项目上，如能源和基础设施建设等领域。但是，我们也不能忽视东道主国家利益的平衡、国内严格的监管和干涉、国有企业运营机制的缺陷等问题，在有形或无形之中对我国国有企业"走出去"构成了层层阻碍。根据国内学者分析，2017 年前，我国国有企业海外并购成功率虽然高于我国民营企业，在 60%左右，但是低于发达国家企业对外并购率（80%），而 2017 年及以后我国国有企业海外并购成功率直线下降（李亚波，2018），这说明我国国有企业在"一带一路"建设中的问题始终没有得到完全解决。

---

① 《"一带一路"上中国工程企业的一"沉"一"升"》, https://baijiahao.baidu.com/s?id=1617554673776448363&wfr=spider&for=pc[2018-11-19]。

一、外部因素

（一）对外投资增长过快，引发"中国威胁论"担忧

随着我国经济的快速发展，"中国威胁论"在部分国家掀起舆论波澜，"一带一路"倡议更是被一些别有用心的人扣上"新殖民主义"的帽子（郭威和王学斌，2019）。其中，中国国有企业的大规模海外投资多发生在敏感行业或关键技术领域，是舆论的焦点，这种舆论主要导向以下观点：中国国有企业受到政府的支持和政治影响，成为"掠夺"全球资源的执行者（张宁，2017）；中国国有企业力量渗入本国企业，导致敏感技术被中国政府窃取，对本国国家安全和技术创新优势造成威胁。受到舆论的影响，近年来中国企业跨境收购失败率达到12%，为全球最高（张宁，2017），其中国有企业境外并购成功率则在2017年跌至不到30%（李亚波，2018）。

出于对国家资源和安全方面的考虑，东道国政府往往对跨国投资行为进行严格管控，通过市场准入、控股比例、设立投资法等事前预料，以及"临时立法"、直接否决等事后干预限制投资行为。

（二）获得政府特殊优惠，违背"竞争中性"规则

中国国有企业由于其与政府的紧密联系和特殊的公司治理架构，更容易获得政策性贷款，从而获得国际竞争优势。这样的特殊待遇，对其他国家来说，严重违反了"竞争中性"规则，破坏了公平竞争的国际经济秩序（张宁，2017）。首先，国有企业在政治垄断领域获得政府支持与指导，在要素获得（如资金和土地）上占据绝对竞争优势。以融资为例，资金是企业发展的重点，尽管国有企业资产负债率高于民营企业（任腾飞和高蕊，2019），但我国金融机构投放给大型国有企业的贷款比例仍旧大大高于民营企业。其次，"一带一路"倡议中，项目对本地和国际参与的开放度较低。美国战略与国际研究中心2018年的数据显示，在"一带一路"倡议下参与中国资助项目的所有承包商中，有89%是中国公司，只有7.6%是本地公司（总部设在进行该项目的国家或地区的公司），还有3.4%是外国公司（来自其他国家或地区的中国公司）（银温泉，2019）。最后，"一带一路"倡议进行的透明度也备受质疑。虽然"一带一路"相关企业披露社会责任报告的比率为62.57%，明显高于外资企业（32.14%），但其中仅有3.6%经过第三方检验，相比于外资企业（11.2%）明显不足，公信力度较弱。而且从墨西哥城至克雷塔罗州高速铁路项目、中巴经济走廊白沙瓦至卡拉奇高速公路项目等的夭折中可以看出，

合作项目未公开招标、企业与执政党"过分亲密"等问题都将为双边继续合作蒙上阴影（张悦和蒋婕，2018）。

但事实上，"竞争中性"原则的"政府及企业的商业行为，不应当仅因为其所有制地位而获得相较于其他所有制企业更为有利的竞争优势"，与国有企业改革原则的"减少行政干预，创造公平竞争环境，让市场决定资源配置"是一脉相承的，皆是对"政企分开"的期盼，因此这个问题逐渐成为近年来迫使国有企业改革的动力之一。

（三）东道国政治经济环境复杂，加剧投资风险

"一带一路"沿线国家受到多样化的政治、经济、文化、宗教等影响，综合风险程度不一，而且沿线大部分国家的主权信用等级较低（表5-2），这对我国对外直接投资将造成干扰。国内学者分析发现，2013~2017年，东南亚、西亚、北非等中高风险的"一带一路"沿线国家是我国直接投资主要目的地，而我国对中东欧地区风险较小的国家投资较少（方慧和宋玉洁，2019），这也证实了我国"一带一路"的主要投资环境风险偏高，国有企业由于其体制的特殊性，更容易触及"风暴中心"。而在此阶段，我国国有企业对风险防范的能力还较弱，缺乏对国际资产定价的能力、缺乏对国际社会的洞察和了解、缺乏跨文化的管理人才，因此任何危机的到来都可能对我国国有企业造成或大或小的损失。

表5-2 "一带一路"沿线国家综合风险评级

国家	风险水平
新加坡	较低
阿拉伯联合酋长国、阿曼、沙特阿拉伯	中等偏低
科威特等5国	中等偏高
俄罗斯、哈萨克斯坦等20国	较高
印度、印度尼西亚等16国	较高
伊朗、越南等17国	偏高
阿富汗、伊拉克	非常高
叙利亚	最高

资料来源：2017中国信保国家风险评价报告（王杉和刘思跃，2018）；2013~2016年的风险评级由方慧和宋玉洁（2019）评估

在政治环境方面，"一带一路"沿线国家政局动荡，执政党更迭、战争冲突不断，政府效率低下，导致双边合作项目陷入僵局的案例屡见不鲜。例如，2018年马来西亚新政府上台后决定重新评估中马合作的东铁项目，该项目因此搁置整整一年，这对双边合作的信心和利润预期都是一次不小的打击。

在经济环境方面,"一带一路"沿线国家中很多发展中国家经济基础薄弱,金融和国际收支体系较为落后,脆弱的国家经济在各个方面对海外投资造成影响。首先,一旦一国经济遇到长期低迷的情况,该国就将为维护本国企业利益,出台各种措施而限制外来企业投资行为;其次,一些国家的基础设施滞后、投资便利化程度低也会在一定程度上阻碍外来企业的直接投资;最后,沿线各国在外汇储备较低的同时还拥有大量美元债券,因此美国利率和美元升值对各国造成的风险也很有可能转移到外国企业投资上来(王杉和刘思跃,2018)。

二、内部因素

除了国内外政治经济环境的差异,以及我国国有企业对沿线国家了解不充分等原因外,我国国有企业"走出去"最根本的矛盾在于国有企业制度对政府的依赖性、现代企业制度建立之间的博弈,以及人才短缺的问题。

(一)社会责任体系尚未健全,难以平衡自身利益与社会责任的关系

国有企业的监管问题,是本国社会责任、境外社会责任与境外风险防范三者结合的问题。一方面,国有企业要发挥自身在国内的体制优势,确保国有资产的保值增值;另一方面,国有企业"走出去"也需要快速融入当地社会,为东道国带来经济效益和社会效益,并接受来自国际社会的监督。而我国许多企业"走出去"的失败案例提醒着我们,我国对企业的监管机制目前还相对落后,企业过度注重自身利益,却缺乏主动承担社会责任的意识(田冠军和郑灵曦,2019)。例如,2016年因影响俄罗斯贝加尔湖生态环境,中国葛洲坝集团有限公司(央企)的额根河水电站项目被迫关闭;被质疑只关注企业利益,中国水利水电建设股份有限公司在肯尼亚的水电站被迫重新调整运营方式(李正和宓纯琦,2018)。这些问题不但会影响企业的经济利益,而且会影响企业的声誉,对国有企业"走出去"将产生不利影响。

国有企业作为"一带一路"倡议的中坚力量,要在"走出去"的道路中领先承担起社会责任,包括基本社会责任和可持续发展责任。

基本社会责任即在遵守投资东道国各项法律法规,保持境外子公司效益与获得利润的同时,与当地员工签订劳动合同,促进当地行业与就业率增长,主动承担道德责任与慈善责任,包括环境、商业信用、社会捐助等责任(田冠军和郑灵曦,2019)。

更进一步地,国有企业必须在承担基本社会责任的基础上,进一步深化社会责任,主动承担可持续发展责任。从被动执行社会责任向主动执行社会责任转变,

将国家长远利益与企业战略深度结合。有学者指出，虽然反应性社会责任（基本社会责任）可以保证国有企业的声誉，但只有战略性社会责任（可持续发展责任）才能创造经济价值，因此国有企业应该将资源更多地分配于有战略意义的社会责任中，关注企业与社会利益的交叉点，在解决社会问题的同时获取竞争优势，才能实现可持续发展（祝继高等，2019）。

（二）现代企业制度有待完善，治理结构不够规范

国有企业投资效益低下，甚至出现决策失误的根本原因在于监管体系与混合所有制难以兼容（张文魁，2017）。国有企业出资人的缺位是企业决策机制不完善的主要原因之一（国有企业所有权与经营权分离的不到位）。由于国有企业独特的资产管理体制，政府部门通常会作为出资方参加董事会。在这样的决策团队中，一方面，非专业性的决策者容易受到政治因素及短期利益的影响，从而忽略长远经济效益；另一方面，国有企业人员配置上存在政企模糊化的问题，导致国有企业"走出去"被更多的东道国企业误解，即使是在投资完成后的管理上，由于与东道国企业差别较大，国有企业海外并购也不能获得最佳结果；除此之外，出资人对重大决策决定的独断性将影响整个团队的判断力，由此一来极易做出错误决策，这会对国有企业的长期投资行为造成严重的制约。国有企业在混合改革的基础上，应该建立有自然科学、社会科学领域专家参与的投资决策委员会和风险管理委员会，构建科学决策和风险控制体系（李众敏，2011），才能做出更加科学的决策，避免资源的浪费。

此外，治理结构不规范还表现为经理层缺乏激励与约束机制。一方面，国有企业内部缺乏完善的激励制度，没有任期目标责任制，难以提高员工工作的积极性，也不利于利益相关者对企业的有效监督。另一方面，经理人的选择并未遵循市场选择的机制，基本为行政任命制，这样的传统人事任免机制难以为国有企业引入具有国际思维、精通处理国际事务的管理人才（王杉和刘思跃，2018）。德勤会计师事务所（世界四大会计事务所之一）的调查数据显示，2016年90%的受访国有企业管理者表示他们不熟悉东道国的税收制度、海外项目涉及的风险，67%的管理者由于缺乏经验而遇到种种困难（Sze and Wu，2016）。由此可见，决策层若不熟悉国际制度，则不能通过内部对海外市场、投资项目和经验策略进行有效的科学论证，只能投靠第三方机构，从而导致对外投资效率低下（查蒙琪等，2017）。

（三）监管过于严格、干预过多导致投资自由度不高

我国国有企业作为"一带一路"的主力军，由于其部分的生产活动涉及国家安全和一些敏感技术，且其对外投资具有规模大、资金要求多等特性，受到有关政府

部门的特别重视。相关政府部门甚至对国有企业的对外投资提出了高于一般企业的审核标准与监管措施（张宁，2017）。又由于国有企业属于国资委的监管范围，因此国有企业的海外投资也比民营企业多经过一个监管部门，程序更加烦琐。种种监管措施都使得国有企业的对外投资审核时间加长，投资灵活度下降，在瞬息万变的国际竞争环境中难以发挥最佳优势。

（四）"走出去"面临人才短缺问题

虽然与其他性质的企业相比，国有企业的综合实力比较强。但是，随着"一带一路"倡议的深入推进，国有企业面临着人才短缺的困境，在对外经济合作中的龙头企业带动作用不明显。"一带一路"沿线国家经济基础较为薄弱，人才积累不够，特别是高层次管理人才、技术人才、科研人才的缺乏，短期内难以满足"一带一路"建设的需求。东道国人才资源不足，对优秀人才吸引力较弱，造成这一问题的原因一方面是项目所在地区很多在较远的不发达地区，如中国有色矿业集团有限公司开发的赞比亚谦比希园区距首都卢萨卡约 360 公里，基础设施落后，工作环境并不理想。国有企业难以在国内招聘人才，特别是熟练掌握东道国的语言、对于东道国的法律政策有一定的了解且具有跨国管理经验的复合型人才（刘英奎和敦志刚，2017）。另一方面，国有企业"走出去"后面临员工更换造成项目后续工作展开困难的问题。以天津泰达集团有限公司开发建设的埃及苏伊士经贸合作区为例，合作区员工来自国内人才市场招聘，在合作区工作满 3 年后可回到国内，经贸区再进行新一轮的招聘，这一制度的弊端是员工的更替造成园区内工作的不连续性，特别是涉及管理或核心技术方面人员的流动，对园区的可持续发展不利（黄玉沛，2018）。

第四节　WTO 改革对国有企业的争论与竞争中立原则

一、WTO 改革对国有企业的争论

（一）国有企业参与国际市场造成不正当竞争问题

国有企业在"走出去"参与国际市场竞争的过程中还会被贴上"不公平竞争"

的标签。纵然国有企业参与国内市场有着必要性与合理性，并且对一国经济的发展、社会的稳定起着重要积极作用，但国有企业在参与国际市场时，极有可能造成不正当竞争问题，且问题越显突出。

第一，认为存在非商业目的、具有战略目标的国有企业会在国际市场竞争中产生不正当竞争问题。首先，作为国有企业所有者，该国政府可以给予国有企业一定的优惠（如补贴、税收优惠等），使国有企业在国外市场竞争中胜过外国市场竞争者。一国政府还可以利用国有企业在国外获得专有技术和专利，继而将专有技术或专利在国内经济中广泛传播使用，由此产生知识产权问题。相较而言，大多数私营公司宁愿将购买的国外专利内部使用以获得经济利润，因而不会产生不正当竞争问题。另外，一国政府利用国有企业在国外获得专有技术和专利后，可以确保对外国稀缺自然资源进行控制（Capobianco and Christiansen, 2011）。应当指出的是，有时由于政治原因，国有企业或国家拥护者可能会停止追求商业上可行的国际战略（Kowalski et al., 2013）。

第二，国有企业包含的一些内容，仅在国内运作时并不构成严重问题，但置身于国际市场中将变成异常重要的问题。尽管从国内的角度来看，面对特定问题时，政府对国有企业的某些形式的支持可能是一种有效的解决方案，但是从商业伙伴的政府的角度来看，一国政府对本国国有企业做出支持，将带来对国外企业或消费者的负面影响。例如，国家支持出于政治经济目的扶持陷入困境的国有企业，可能会在国内选民中获得更高的支持率，特别是与国有企业相关的选民。但同时，从外国市场参与者的角度看，这可能会损害竞争的公平性。

第三，国家对国有企业进行补贴时，如果不是依照国家需求量核算，而是依照企业运营量核算，则会产生不正当竞争问题。我们知道，国有企业为一国提供公共服务是必要的，而政府对提供公共服务的国有企业提供一定的补贴或税收减免也是合理的。但是，若此种补贴或税收减免形式的规章制度被滥用，超过其在国内的公共服务义务，则其会成为国有企业进行国外市场扩张的动力，由此将在国际业务市场中造成市场扭曲。

第四，规模经济在国内角度是理性的选择，但是在国际竞争角度上，情况将会发生变化。例如，一国对国有企业的支持，可以有助于将一国产业与国际市场联系起来，从而利用外部规模经济促进国内产业经济的发展。但是，当国家力量介入国际市场中时，获得国家力量的国有企业将增加自身可占的世界市场份额，由此形成了潜在的竞争争议（Capobianco and Christiansen, 2011）。

总而言之，一国的国有企业可以通过自身竞争优势和国家给予的特权而获得上述的利好，但同时，也可能通过许多优势来造成国际市场上的不正当竞争问题。

（二）对中国国有企业的争论

中国的国有企业在 WTO 改革中也同样饱受争议，中国入世以来，全球经济格局发生了始料未及的变化，最突出的特征即中国经济超预期追赶并重塑全球经济增长新格局。面对中国快速演变的经济特点，美国决策层重估中国发展态势，并对中国的国家主导驱动增长模式产生抵触情绪，指责中国国有企业借助与政府的特殊关系，获得特殊的竞争优势，违背了中国进入 WTO 时的多项承诺，破坏了市场经济的公平竞争环境。

2017 年 12 月，美国、欧盟与日本三边联合声明 WTO 改革应引入国有企业、产业补贴、新竞争规则等市场经济体制议题，由此国有企业改革就成为美欧日 WTO 改革方案的核心内容之一，主要目的是应对国有企业造成市场扭曲效应，希望 WTO 加强对公共机构和国有企业的约束。美欧日提出的 WTO 国有企业改革方案以竞争中性原则为核心，试图调整国有企业与市场竞争关系，中心思想是要限制和消除任何企业特别是国有企业因为与政府存在特殊关系可能获得的额外竞争优势，从而确保公平竞争平台有效性。

国有企业无疑是这次 WTO 改革的焦点。根据 2020 年 3 月美国贸易代表办公室发布的《2019 年中国 WTO 合规报告》，以美国为首的 WTO 成员对我国国有企业的质疑，主要体现在以下几个方面。①国有企业受政府的支持和政治影响。中国政府通过各种方式不断增加对国有企业经营和投资的控制，导致商业决策机制缺乏科学性，影响了美国企业在中国的投资和与中国国有企业的竞争。②国有企业对市场的垄断构成价格扭曲。国有企业借助与政府的特殊关系，兼具众多竞争优势，形成市场垄断，导致长期价格扭曲，损害了在中国市场和国外市场的外国公司的利益。尽管中国在 2018 年建立了国家市场监督管理总局，对反垄断统一执法，推进了竞争政策的实施，但是现有的反垄断法对国有企业的适用程度暂不清晰。③国有企业透明度不足。自加入 WTO 以来，中国尚未向 WTO 提交政府补贴的完整报告，截至 2016 年 7 月，中国提交的报告主要为地方政府补贴，无法使 WTO 对国有企业做出准确的预判。

对此，美欧日提出 WTO 需从以下几个方面进行改革：一是通过解释"公共机构"，使更多的国有企业的行为受制于现行补贴规则；二是制定规则以处理政府利用国有企业作为工具执行政府经济政策所造成的其他扭曲市场的行为；三是加强国有企业在透明度等方面的额外纪律。

（三）竞争中立原则

竞争中立是一项专门针对政府行为的规则，要求政府平等对待市场上的国有企业和私有企业，使其在市场上公平竞争，从而促进市场资源的最优配置。但对于竞争中立与公平的范围或标准仍然没有一个明确的界定，不同组织对竞争行为制定的法律法规适用范围不同，判定的标准也有所不同，目前全球尚未制定一个完整统一的国际竞争法。

1. 对于竞争中立的不同判定标准

1）不同国家的竞争中立框架

目前执行竞争中立原则的国家和区域包括澳大利亚、欧盟、OECD。澳大利亚在全国范围全面实施了竞争法和竞争政策，并在全国内进行了竞争政策评估。澳大利亚联邦与各州、地区政府联合签署竞争原则协议（competition principles agreement），将竞争中立的概念明确为政府的商业活动不得因其公共部门所有权地位，而享受私营部门竞争者不能享有的竞争优势。

欧盟的竞争中立规则主要在各项法规法律中体现，并在《欧共体条约》中指出，成员国的所有企业都要遵守欧盟条约中竞争规则的规定，包括国有企业。欧盟认为，任何形式的政府对企业的补贴都是不被允许的，因此若成员国要对某企业采取帮扶措施，必须事先经过审查后才可进行。

OECD是最早推动竞争中立研究的国际性组织。OECD竞争中立规则强调市场监管和国有企业管理分离，并提出了合理化政府商业活动的经营模式、识别国有企业的直接成本、商业回报率、合理考量公共服务、税收中立、监管中立、债务中立和直接补贴，以及政府采购这八个政策目标（胡改蓉，2014）。

2）WTO文本中涉及国有企业的竞争规则

WTO规则约束的对象是成员方，并要求成员方有责任承担市场准入及非歧视市场原则的义务。也正因为如此，WTO进行准则判定和行为实施的过程中，并不会特别区分行为主体是国有企业还是私人企业，也不会就其规则针对国有企业进行条款设置与阐释。WTO文本中涉及国有企业违反竞争规则，可能存在于以下几种情况。第一，当WTO成员方的政策涉及贸易扭曲的规则，如国民待遇或最惠国待遇原则时，如果当中涉及国有企业，则国有企业的行为将受到规制；第二，在《关贸总协定》条款中明确指出当某类型企业是国际贸易的主要主体时，可能对国际贸易的公平竞争产生一定的影响，如SCM规定的是来自政府或公共机构的财政资助，此时，有关的规制对象极有可能涉及国有企业；第三，针对中国而言，中国向WTO递交申请议案中，包含了对公有制的特别规定。作为社会主义国家，中国复关、入世谈判过程曲折的重要原因在于，按照《关贸总协定》的规则WTO需对中国的外贸体制进行审议。从1986年中国向WTO递交申请恢复中国缔约方地位开始，到1992年邓小平发表南方谈话及同年召开中共十四大，明确中国要建立社会主义市场经济体制后，这才让中国复关谈判迈过第一难关，进入双边市场准入谈判并起草议定书。1995年1月，WTO取代GATT，中国在同年7月正式提出加入WTO的申请，自此复关转为入世，其中，中国向WTO提交的入世议定书中包含旨在解决国有企业跨境反竞争效应问题的具体准则（张琳和东艳，2014）。

2. 探索竞争中立的规则框架

各国积极参与国际经贸规则重塑，同时深度研究利用竞争中立原则，对国有企业进行适应性改革，是重要的。明确竞争中立原则的目标，剖析其规制框架内容，是厘清中国国有企业改革核心与边界的最重要一步。

竞争中立原则的提出目标，不是消除所有政府商业活动。从世界各国的国有企业兴起的政治思想原因、经济效率原因、社会维稳原因看，消除所有政府商业活动是不现实的，也是不具效率的，这应是共识。在这基础上，竞争中立原则要求国有企业采取更为规范的经营模式，避免政府背景所带来的过度竞争优势，规避市场效率低下问题，这是合理的。基于上述目标，竞争中立原则的规制框架，必然是在区分国有企业进行的是满足公共需求的非商业活动还是参与市场竞争的商业活动后，对其商业活动进行规制。

实行"竞争中立"政策必须要了解三个关键点。一是对国有企业的界定。目前各国对国有企业有各自的界定标准，OECD也并没有直接的定义。但是，明确国有企业的界定标准，才能够确定竞争中立规则的适用范围。二是企业从事的活动具有商业性质，并且以销售各种商品和服务作为其主要的收入。所以说，不具有这种商业性质的国有企业，不在竞争中立规则的适用范围之内。三是是否有现存的或者潜在的竞争对手。一些垄断的国有企业并没有明显的现存竞争对手，但其原因并不是不存在潜在竞争对手，而是因为其拥有竞争优势。明确这三个关键要素，才能明晰竞争中立的适用范围。

竞争中立原则的规制框架可归纳为两大方面：经营成本中立、经营地位中立。第一，经营成本中立包括税收、补贴与债务问题。①税收问题。政府商业活动与私有经营者应享有同等的税收，同时应对没有公司化的政府商业活动不享有间接税的减免进行监督。②补贴问题。通过提高企业透明度和会计要求，确保不对政府商业活动进行直接补贴；国有企业的非商业活动不会成为对其商业活动进行交叉补贴的渠道。③债务问题。在相同的经济运行背景下，国有企业为债务融资的过程中不应享有优惠的利率成本。第二，经营地位中立包括政府采购、管制公平与回报率要求问题。①政府采购。政府在采购过程中不应对私营企业带有歧视性的偏向而造成不公平的竞争环境，国有企业参与投标也必须满足竞争中立的标准。②管制公平。在对经济活动进行管制的过程中，政府应为国有企业和私人企业制造相同的管制环境，避免"不公平执法"。③回报率要求。政府商业活动的回报率应与市场保持一致，避免国有企业为获得竞争优势而无限制地降低利润率，打破公平的竞争环境。

3. 竞争中立原则对新型经济体国有企业的影响

从短期来看，目前的竞争中立规则主要是由发达国家主导和推动的，其利益不仅更多地是符合发达国家的诉求，而且还需要发展中国家快速适应其标准。这使得发展中国家，在现行竞争中立规则本身的合规性及其自身适应规则的能力方面，都存在担忧。

首先是竞争中立原则的中立性与针对性争议。在实践中，以发达国家为首推进的竞争中立原则变成了针对国有企业的国际规则框架，过分强调公平的市场环境的构建不能因为企业所有权的不同而受到破坏，由此就暗示了国有企业占比较高的发展中国家必然在市场竞争中获得额外的竞争优势。美国等发达国家为了应对本国企业目前正在处于的竞争环境劣势，通过利用竞争中立这一说辞，打着"中立性"的幌子，实际上是对新兴发展中国家进行"针对性"的制约，以达成新一轮控制国际规则制定的博弈胜利，这使得竞争中立原则自身的"中立性"和"公正性"难逃质疑。

其次是竞争中立原则的开放性与保护性争议。当前，全球贸易救济措施多样化趋势明显，各种非关税措施也是层出不穷，竞争中立原则若被一国的霸权主义用于限制新兴国家的发展，也可能演变成为一种隐形贸易和投资壁垒。此时，基于所谓的竞争中立原则制定的一系列国际规则，会成为发达国家贸易保护的新手段，通过在无形中形成新的非关税壁垒，提高双边贸易和投资的进入门槛和交易成本，破坏国际贸易的公正透明。

最后是竞争中立原则面临的国际性与国内性难题。现存的仅以发达国家的法律框架和实践经验为基础总结形成的"国际规则"，不符合也不可能适应多数发展中国家的目前经济状况及现实社会情况。一旦竞争中立原则由当前"软约束"指导原则，演变为"硬约束"国际法律，发展中国家将面临巨大的现实压力和国内法律挑战。

二、中国的应对态度

我国对 WTO 改革中推动国有企业规则和竞争中性等议题，抱有审慎和质疑立场。但究其本义，竞争中性原则与我国国有企业改革实践基础互相兼容，改革方向基本一致。2018 年 10 月 14 日，央行行长易纲在 2018 年 G30（the Group of Thirty）国际银行业研讨会上发言时表示将考虑以竞争中性原则对待国有企业。未来我国将逐步构建完整的竞争中性规则体系，推进竞争中性纳入法治建设轨道，依法推进竞争中性的实施。

第五节 国外经验的借鉴与政策建议

一、国外经验的借鉴——以新加坡淡马锡为例

淡马锡控股公司（以下简称淡马锡）作为国有控股的资产经营公司，经过45年的经营管理和战略调整，以及一系列的投资脱售行为，将其资产从3.45亿新加坡元增加到了3130亿新加坡元（2019年3月31日），打破了以往国有企业经营效率低下的情况，为国有企业的经营发展提供了一条值得借鉴和学习的道路。淡马锡模式最突出的特点及最值得我国国有企业学习和借鉴的地方在于它的运行体制、董事会制度、监管体制和薪酬制度。

（一）政企分离、产权分明的市场化运行体制

1. 淡马锡的市场化运行体制

虽然淡马锡是一个国有控股的公司，但淡马锡实际上性质为私人豁免企业，是一家根据商业原则持有及管理其旗下资产的投资公司。政府负责出资，淡马锡负责对国有资产进行运作和管理，充分体现政企分离、产权分明的运行特点。

2. 淡马锡对我国国有企业运行体制改革的借鉴

淡马锡模式成功的关键之一就在于真正实现了政企分离、产权分明的市场化运行体制，而我国的国有企业与政府之间产权分布不明确，无法做到彻底的政企分离，同时市场化程度也不够高，因此国有企业经营效率很低。

若要提高国有企业经营效率，必须让国有企业实现商业化发展，放弃对国有企业的特殊照顾，取消软补贴，取消国有企业的垄断地位，同时放弃国有企业所承担的行政任务，实现政企分离、产权明确的市场化运营。

（二）唯才是用的用人原则及科学合理的董事会制度

1. 淡马锡的用人原则及董事会制度

淡马锡对董事会的任命完全遵循现代化企业治理原则，且充分体现其企业价

值观，采用的是唯才是用的原则，保证决策和运营的高效、公开和透明。其董事会由股东董事、独立董事和执行董事三方组成。股东董事来源于政府财政部门派遣的政府官员；独立董事来自民间企业或跨国公司，他们一般是具有丰富商业经验的行业领先人才；执行董事则是来自淡马锡管理层的内部董事，负责淡马锡的发展战略的执行。

2. 我国国有企业人才选聘及董事会治理的现状

通过对比我们发现，我国对于国有企业董事会的任命，一般是由国务院国资委甚至是中共中央组织部负责，采用行政化手段，而这样一来就与现代化企业治理结构相冲突。可借鉴淡马锡建立优秀的人才库，对于董事会人才选聘上尽快实现"去行政化"，从世界各地招揽具有丰富管理经验的人才。同时引进优质的社会资本，保证国有资产投资项目的专业性和持续性，并且实现国有资产的持续增值。此外，政府和国有资产监管机构要下放权力到董事会手中，减少甚至杜绝对国有企业不必要的干涉。

（三）淡马锡的监管体制

1. 淡马锡的监管体制分为了外部监管、内部监管及对下属企业的监管

外部监管主要是政府部门及媒体部门对淡马锡的监管。政府部门的监管方式主要有：通过直接派遣政府部门人员参与淡马锡董事会、通过财务报告和项目审批制度对淡马锡重大投资决策进行监管及不定期派人到淡马锡进行调查。媒体部门也可以对淡马锡的经营决策和财务报告进行披露，通过媒体披露实现大众对淡马锡的监管。

内部监管主要由董事会对淡马锡的日常经营进行监管，由于淡马锡没有设置监事会，内部监管由审计委员会专门负责。审计委员会全部由独立董事组成，其职责就包括了审查内控体系、财务报告流程、审计流程及法律条例合规性的监控等，以协助董事会履行其监督职责。

对下属子公司的监管主要采取的形式是审批子公司重要领导人的任免、对子公司业务范畴开拓进行控制及对子公司的财务报告进行分析等。

2. 建立合理有效多方监管体制

目前对我国国有企业的监管主要来源于两方面，一方面是政府代表即国务院国资委对国有企业的监管，另一方面是国有企业的内部监管。但是无论是国务院国资委对国有企业的监管还是国有企业内部的监管都没有形成合理有效的监管体系，因此要在借鉴淡马锡的监管体制的基础上，加快建立一个合理有效的多方监管体制。

1）国资委监管

国资委对国有企业的监管要准确把握合理尺度和方式,重点关注国有企业的财务报告和项目申请报告,定期审核国有企业财务报告和重大项目经营情况,但是对国有企业日常经营活动不能做过多干涉,避免越位监管,既维护好出资人的权益,又保证国有企业活力。

2）内部监管

国有企业要想实现有效的内部监管,应加快设立有效的内部审计制度及对项目实施过程的监督机制,建立独立性高且胜任能力强的审计委员会,专门负责公司及下属项目公司的经营业务和绩效评价工作。

3）外部监管

还要依靠外部审计和媒体披露实现大众对国有企业的经营决策和财政报告进行监管,国有企业有必要邀请外界权威会计事务所对企业财务状况和经营成果进行审计。同时国有企业应及时主动进行信息公开披露,使媒体大众获得企业财务报告,掌握企业经营状况。

（四）淡马锡的薪酬理念和激励机制

1. 薪酬理念

淡马锡的薪酬框架致力于塑造高效尽责的企业文化,激励员工以资产所有者的角度思考与行事,与股东同舟共济,共同分享收益、承担损失,兼顾短期业绩与长期价值创造。

2. 激励机制

淡马锡的激励机制分为短期、中期和长期激励机制。短期激励机制为年度现金花红,预算范围内的年度现金花红取决于公司、团队和个人的业绩表现。中期激励机制为财富增值花红储备,根据员工在4年内的绩效表现及贡献,淡马锡财富增值花红储备（无论是正数或负数）的一部分,会派发至每名员工的名义财富增值花红储备账户。长期激励机制为投资共享计划,员工可能获得以业绩或时间为兑现条件的联合投资单位。

3. 薪酬理念和激励机制对我国国有企业的借鉴意义

大多国有企业或国有资产最鲜明的特点即所有权与经营权分离,国有企业的管理人员尤其是中下层员工对企业经营绩效的高低不承担责任,因此也没有动力提高国有企业的经营绩效,而且传统的业绩评判方法通常是对短期业绩的评价,所以难免导致经营者偏向于投资少、见效快的项目进行投资。借鉴淡马锡的薪酬理念和激励机制,将国有企业员工薪酬与公司长远利益及股东利益联系在一起,通过设置合理的薪酬结构既激励员工提升企业经营绩效又满足国有企业长期可持续发展目标,促使企业高管关注投资产品的长期盈利能力,保证企业长期可持续发展。

二、政策建议

(一)适应 WTO 未来改革国有企业体制改革的建议

1. 加快全面深化改革,推进创新驱动

加快推进《国企改革三年行动方案(2020-2022 年)》,优化国有经济布局,增强国有企业竞争、创新与控制力,支持我国较完整产业门类的构建。同时,完善要素市场配置机制,优化营商环境,盘活多种所有制经济主体活力与创造力,吸引外资,向社会资本释放更大发展空间。还有,坚决贯彻《中共中央 国务院关于新时代加快完善社会主义市场经济体制的意见》,全面深化改革,解决经济运行中长期存在的深层次结构性问题,促进经济发展内循环,增强抵御外部风险的经济韧性。

2. 为适应 WTO 未来改革提前做好"合规性"准备

国资委全面深化改革领导小组办公室尽快研究部署国有企业改革的机制并进行总体设计,构建及时有效的改革促进政策措施。同时,提前预判,制定措施,为 COVID-19 疫情可能引起的各国贸易投资规则的变化做好"合规性"准备,政府部门应迅速联合高校、智库和研究机构,发布应急研究课题,评估 COVID-19 疫情导致全球产业链和相关规则的变化情况,减少国有企业全球资源整合和进入新兴领域的阻碍。

3. 积极推动 WTO 规则改进,创造我国国有企业的良好发展环境

中国应该以深化国有企业体制改革和推动 WTO 改革同时进行的策略,在坚持 WTO 改革三项原则[①]的基础上,注意国际规则谈判过程中保护我国国有企业的基本权益。

一是在 WTO 改革方案中,有些方案可能直接或主要针对中国,这要求谈判

---

① 三个基本原则即:WTO 改革应维护多边贸易体制的核心价值;WTO 改革应保障发展中成员的发展利益;WTO 改革应遵循协商一致的决策机制。http://www.bjnews.com.cn/news/2018/11/23/524355.html[2018-11-23]。

中要理性冷静分析，区别对待，即不对明显具有歧视性的条款不置可否，对不涉及根本利益的要适度让步。

二是欧、日在 WTO 改革上受到美国的压力，摇摆不定，但是在很多领域上存在分歧，中国应加强与它们之间的联系，可以采取市场换规则的方法。

三是中国应强化与巴西、印度、南非和俄罗斯的合作关系，金砖五国在 WTO 改革上有根本的利益趋同，且都有大量的国有企业，应该在 WTO 改革过程中集体为发展中国家发声。

四是中国应利用自身的大国影响，游说发展中国家积极参与 WTO 改革，并劝说某些发展中国家可以放弃部分非核心利益，以换取大家的意见一致和根本利益，还可以充当发达与发展中国家之间的桥梁，与欧盟一起推动 WTO 改革。

五是目前各成员方对于 WTO 改革的提议大多数还只是停留在宏观方案层面，对于技术细节层面的考虑还不多，中国应当先在这方面做好准备，而不是仅仅提出原则与基本建议。

（二）"走出去"过程中国有企业体制改革的建议

1. 建立国有企业核心竞争力

未来国有企业应该更加关注核心竞争力的提升。虽然通过海外并购可以获得一部分先进技术，但是通过引进高新技术容易形成技术依赖，不利于企业自身形成创新发展的路径。因此，国有企业要加大对创新及技术性人才的培养，为其核心竞争力创造源源不断的创新资源储备，掌握核心技术进而在对外直接投资中获得更大的竞争力。

2. 国有企业可以通过海外并购减少对外直接投资阻力

海外并购这一方法与一般绿地投资比起来要更加适用于国有企业"走出去"，因为这种方式有助于国有企业更好地了解当地的风土人情，与本国利益者形成战略联盟，受到更少的阻碍。

但是海外并购同样存在问题，由于国有企业在并购完成之后不能合理地对两个企业的管理及经营理念进行有效的整合，海外并购成果多半不能实现最有效的利用。因此国有企业在"走出去"时除了在投资困难时可以海外并购外，还应该注意并购完成之后的资源整合，科学统筹管理海外资产，吸收被并购企业的管理及技术优势，改善国有企业的技术水平与管理方式，避免由重组不善造成的项目"流产"。

3. 国有企业应更多地融入国际市场当中

伴随着经济全球化的不断发展,没有一个企业可以置身全球价值链之外,为了获得更大的消费市场,国有企业更应该积极融入全球价值链的构建中。在融入国际市场过程中,需要政府及国有企业共同努力,政府应该为企业投资做好相关的风险及相关产业发展程度的调研,为企业区位选择提供相关信息,国有企业本身也应该正确认识到东道国营商环境及产业链的完善程度,适时选择最佳的产业及区位,与国际市场更好地融合。

4. 国有企业所有权与经营权的分离和统一

未来国有企业改革仍然要以两权的分离作为重点,但并不是完全的分离,而是有条件地将两者区分开来,在涉及国民经济未来的发展时,可以适度地将两者统一,并向外界进行详细的信息披露,避免信息不对称导致的对外投资的失败。

5. 国有企业如何面对欧美国家提出的竞争中立

首先,国有企业应该提高企业的透明度,以双边与多边贸易协定对透明度的规定作为指导,对国有企业的融资构成情况、对外贸易受到政策优惠情况等信息进行说明,同时,还应该对政府采购信息进行实时披露,完善信息透明度的相关制度。

其次,寻找适合中国的竞争中立原则。先在一个较小也较容易控制的区域内实行可以与国际接轨的竞争中立原则,然后再逐步发展成为可以推广的模式。

(三)适应"一带一路"发展国有企业体制改革的建议

1. 提高风险防控意识,重视政策性及商业保险作用

当前全球经济面临较大不确定性,还有多种风险因素,因此国有企业"一带一路"参与者需要树立正确的风险观,平衡好市场效益与风险之间的关系,科学评估项目建设风险收益。同时,提高风险防控的意识,把风险思维贯穿到项目运营的全周期,建立起全流程的风险预警制度,针对不同金额、不同周期、不同风险的项目分别制订风险预案,做好项目前中后期风险评估与管理工作。此外,国有企业参与者还应当重视政策性保险与商业保险产品的积极作用,转移分散企业海外投资经营所面临的相关风险。

2. 抓住"一带一路"倡议机遇,强化质量优势

国有企业要充分利用"一带一路"合作平台和机制,以"五通"(即政策沟通、

设施联通、贸易畅通、资金融通、民心相通)建设为重点,针对不同国家和地区发展特点与资源禀赋,制定差异化的发展策略。同时,高质量参与"一带一路"建设,推动国有企业把最好的技术、装备,最高水平的建设、管理、服务投入"一带一路"项目建设中,确保项目质量最优、效益最佳。

3. 发展多元化合作,完善海外企业联盟

在合作模式方面,国有企业要发展多元化的合作模式,完善海外企业联盟。对"走出去"越来越频繁的国有企业而言,与海外企业进行战略或产业联盟,是推行全球化战略、增强国有企业全球竞争力的有效方式之一,通过与海外企业展开联盟的方式进一步打开"一带一路"国际市场。

4. 夯实发展基础,培育国有企业竞争力

参与"一带一路"建设的国有企业,应积极通过"一带一路"市场竞争提升自身市场化程度,并认真总结积累的境外市场化经营经验,提升企业的整体经营效率。"一带一路"大型项目往往涉及主体多,周期较长,需要多方充分酝酿,扎扎实实做好各项基础性工作,增强自身实力,在当地发展中发挥更大的作用。

5. 坚持合作共赢原则,展示企业"软"实力

国有企业作为"一带一路"中的重要参与者应当秉承共商、共建、共享的原则,坚持合作开发、互利共赢的原则,加强与东道国政府、企业的合作,实现本土化经营,重视当地公共关系的维护,提升企业公关能力,树立负责任、国际化的品牌形象。同时,充分利用自身优势,带动"一带一路"沿线国家,特别是较为落后国家的经济发展,注重建设民生工程让当地百姓受益,促进解决当地就业、医疗、教育等问题,积极帮助当地脱贫,为当地公益事业发展做出应有贡献。

本章执笔人:刘 胜 朱文珏

参 考 文 献

白重恩,路江涌,陶志刚.2006.国有企业改制效果的实证研究.经济研究,(8):4-13,69.
曹忠祥,公丕萍,卢伟.2019.2018:"一带一路"建设取得明显进展.大陆桥视野,(2):50-55.
方慧,宋玉洁.2019.东道国风险与中国对外直接投资——基于"一带一路"沿线43国的考察.上海财经大学学报,21(5):33-52.
郭敏,李晓峰,程健.2019."一带一路"建设中中国企业"走出去"面临的风险与应对措施.西

北大学学报（哲学社会科学版），49（6）：88-93.
郭威，王学斌. 2019. 新时代国有企业海外投资风险问题研究. 理论视野，（11）：81-87.
胡改蓉. 2014. 竞争中立对我国国有企业的影响及法制应对. 法律科学（西北政法大学学报），32（6）：165-172.
华桂宏，黄艺. 2019. "一带一路"国家经济金融风险评价. 现代经济探讨，（1）：55-60.
黄玲文，姚洋. 2007. 国有企业改制对就业的影响——来自11个城市的证据. 经济研究，（3）：57-69.
黄玉沛. 2018. 中非经贸合作区建设：挑战与深化路径. 国际问题研究，（4）：112-126.
姜纬. 1994. 国有企业改革与委托人—代理人问题. 经济研究，（11）：18-21，34.
剧锦文. 2018. 改革开放40年国有企业所有权改革探索及其成效. 改革，（6）：38-48.
李亚波. 2018. "一带一路"背景下企业所有制身份对海外并购的影响. 企业经济，37（11）：13-22.
李正，宓纯琦. 2018. "一带一路"实施过程中的企业社会责任问题及对策. 财务与会计，（3）：20-21.
李众敏. 2011. 央企境外资产监管重在机制建设. 世界知识，（14）：44-46.
柳学信，孔晓旭，牛志伟. 2019. 新中国70年国有资产监管体制改革的经验回顾与未来展望. 经济体制改革，（5）：5-11.
刘英奎，敦志刚. 2017. 中国境外经贸合作区的发展特点、问题与对策. 区域经济评论，（3）：96-101.
罗宏，黄文华. 2008. 国企分红、在职消费与公司业绩. 管理世界，（9）：139-148.
马立政. 2019. 国有企业是中国社会主义经济实践的中流砥柱——新中国70年来国有企业发展历程及主要经验. 毛泽东邓小平理论研究，（6）：47-55，108-109.
任腾飞，高蕊. 2019. 2019中国大企业发展分析报告 从世界500强和中国500强看中国企业高质量发展进程. 国资报告，（9）：50-56.
田冠军，郑灵曦. 2019. "一带一路"倡议下国有企业境外投资社会责任监管体系构建. 财会月刊，（5）：171-176.
王杉，刘思跃. 2018. "一带一路"背景下国有企业金融风险与防控研究. 兰州学刊，（5）：131-141.
叶琪. 2009. 新中国成立60年来我国国有企业改革的历程与成效. 经济研究参考，（67）：10-17，25.
银温泉. 2019. 竞争中性视角下的国企改革. 宏观经济管理，（10）：8-12.
查蒙琪，温晓慧，李文臣. 2017. 我国国有能源矿产资源类企业"走出去"问题探讨. 对外经贸实务，（2）：26-29.
张琳，东艳. 2014. 国际贸易投资规则的新变化：竞争中立原则的应用与实践. 国际贸易，（6）：48-51.
张宁. 2017. "一带一路"倡议下国有企业"走出去"面临的挑战与应对. 国际贸易，（10）：44-47.
张维迎，栗树和. 1998. 地区间竞争与中国国有企业的民营化. 经济研究，（12）：3-5.
张文魁. 2017. 国资监管体制改革策略选择：由混合所有制的介入观察. 改革，（1）：110-118.
张欣. 2017. "一带一路"背景下国有企业海外并购的趋势、挑战与对策. 国际贸易，（11）：34-40.

张悦, 蒋婕. 2018. "一带一路"相关企业社会责任报告披露现状及完善建议. 财务与会计, (5): 26-27.

甄新伟. 2019-04-22. 央企高质量参加"一带一路"建设意义重大. 经济参考报, (7).

朱恒鹏. 2004. 地区间竞争、财政自给率和公有制企业民营化. 经济研究, (10): 24-34.

祝继高, 王谊, 汤谷良. 2019. "一带一路"倡议下中央企业履行社会责任研究——基于战略性社会责任和反应性社会责任的视角. 中国工业经济, (9): 174-192.

Capobianco A, Christiansen H. 2011. Competitive neutrality and state-owned enterprises: challenges and policy options. OECD Corporate Governance Working Papers.

Chen K, Wang H C, Zhang Y X, et al. 1988. Productivity change in Chinese industry: 1953–1985. Journal of Comparative Economics, 12 (4): 570-591.

Kowalski P, Büge M, Sztajerowska M, et al. 2013. State-owned enterprises: trade impacts and policy impacts. Paris: OECD Publishing.

Sze N, Wu F. 2016. "One Belt, One Road" The internationalization of China's SOEs. Deloitte Perspective, 5: 5-21.

第六章 "一带一路"的共同领导治理模式构建研究

随着全球化深入发展,世界政治经济形势出现剧烈变化,保护主义、单边主义大行其道,现有的全球治理体系已不能有效应对日益恶化的治理赤字问题,改革势在必行。面对全球治理中"四大赤字"[①],中国作为最大的发展中国家,结合自身发展经验,借用古代丝绸之路的历史符号,依靠中国与有关国家既有的双多边机制,借助既有的、行之有效的区域合作平台,提出了"一带一路"合作倡议,以期与沿线国家积极发展经济合作伙伴关系,共同打造政治互信、经济融合、文化包容的利益共同体、命运共同体和责任共同体。自倡议提出以来,各国参与"共商共建共享"的热情与日俱增,中国与170余个国家和国际组织签署了共建"一带一路"合作文件,世界格局和中国的国际影响力也在逐渐发生深刻变化。然而,发展的过程中也伴随"地缘扩张论""经济掠夺论""债务陷阱论"等杂音,特别是在"一带一路"治理模式关于领导模式还存在较多争议。本章旨在构建以"共商共建共享"为内涵的共同领导模式的理论分析框架,进一步分析"一带一路"沿线国家的政治经济和文化制度合作基础,并从全球代表性经济治理结构的变迁中探寻经验启示,在此基础上深化"一带一路"经贸合作机制,探索共同领导治理模式的可行路径,推动形成更加包容、安全、高效的治理结构和"一带一路"新发展格局。

---

① 2019年3月26日,习近平主席在巴黎出席中法全球治理论坛并发表重要讲话。针对治理赤字、信任赤字、和平赤字、发展赤字带来的全球性挑战,习近平主席提出破解这"四大赤字"需要秉持公正合理、互商互谅、同舟共济、互利共赢四大理念,彰显在全球治理改革问题上思想引领的重大意义。http://news.cnr.cn/native/gd/20190327/t20190327_524556662.shtml[2019-03-27]。

第一节 "一带一路"共同领导治理模式的内涵、理论与关键问题

一、"一带一路"共同领导治理模式的内涵与界定

2013年中国国家主席习近平首次提出"一带一路"倡议，随后从理念到实践再到国际共识，其内涵与外延不断深化、扩大和丰富[①]。2018年8月，在推进"一带一路"建设工作五周年座谈会上，习近平高瞻远瞩地指出："共建'一带一路'顺应了全球治理体系变革的内在要求，彰显了同舟共济、权责共担的命运共同体意识，为完善全球治理体系变革提供了新思路新方案。"[②]"一带一路"倡议为各国参与全球治理提供了新的民主原则，同时"一带一路"所秉持的共商、共建、共享原则也奠定了共同领导模式的内涵。具体而言，共商作为共建和共享的前提条件，体现了民主的基本内核，意味着"一带一路"治理体系并不以现有全球治理体系的某些大国强国为主体，而应以充分考虑各个国家的不同意见，并通过协商机制达成共识；共建意味着全球治理体系需要大家共同努力、共同建设，不同国家发挥不同的功能，是共商的表现，也是共享的基础；共享是共商、共建的必然结果，意味着发展的成果应根据各国的贡献进行合理分配。在全球经济发展的共同目标下，以不同国家承担共同但有区别的责任为基础，通过建设成果共享，参与国家实现共同发展（史志钦和郭昕欣，2020）。因此，共同领导治理模式是"一带一路"倡议以共商、共建、共享的原则践行人类命运共同体，也是中国积极推动全球治理体系改革的有效路径。

2019年4月，在第二届"一带一路"国际合作高峰论坛上，习近平再次指出："共建'一带一路'为世界经济增长开辟了新空间，为国际贸易和投资搭建了新平台，为完善全球经济治理拓展了新实践，为增进各国民生福祉作出了新贡献，成为共同的机遇之路、繁荣之路。事实证明，共建'一带一路'不仅为世界各国发展提供了新机遇，也为中国开放发展开辟了新天地。"[③]截至2019年11月，中国已经与

[①] http://www.xinhuanet.com/politics/2018-08/30/c_1123356468.htm[2018-08-30]。
[②] http://www.xinhuanet.com/politics/2018-08/30/c_1123356468.htm[2018-08-30]。
[③] http://www.xinhuanet.com/world/2019-04/26/c_1124419166.htm[2019-04-26]。

137个国家和30个国际组织签署了197份"一带一路"合作文件。与联合国教育、科学及文化组织,世界银行,亚洲开发银行,欧盟等国际与地区性组织围绕教育文化、金融、基础设施等领域进行深入合作,以"五通"为基础的成功实践已经成为"一带一路"理念和方案的有力证明,为解决全球治理赤字做出了巨大贡献。

二、全球经济治理领导模式的理论解释

(一)公共选择理论的视角:公共品供给与集体行动

在全球经济治理过程中,公共产品的供给不论是个体还是集体供给,合作还是非合作状态下供给,都存在生产成本和收益的问题。金德尔伯格指出,以市场为主体的世界经济体系,其得以稳定运行是需要成本的,而市场本身无法运用自发的力量来提供稳定市场运行的成本。在无政府状态的国际社会中,各国并不自愿为确保世界经济的稳定而花费必要的成本,因此,必须要有一个超强国家愿意付出维护世界稳定的"公共成本"。强国之所以愿意付出巨大的"公共成本",根本而言,是为了维护自身在国际政治体系和世界市场经济体系中的领导地位,并由此而获得更大的利益,而小国由于能力有限而贡献太小,鲜有意愿为国际公共产品付费,因此,"搭便车"是其理性行为。强国一旦不愿意对国际公共产品供给承担巨大的"公共成本",就会导致国际公共产品供给的短缺。当下以美国为代表的西方大国在全球治理体系中严重缺位,不再愿意提供国际公共产品,从某种意义上说,世界面临陷入"金德尔伯格陷阱"[①]问题的挑战。

有效的全球经济治理模式离不开合理的国际制度安排。在公共选择理论中,公共产品的供给是由集体偏好而非个人偏好所决定,一般是通过政治程序转化为集体选择的过程,我们将这种集体选择的过程称为全球集体行动的"加总技术",即指个体对公共产品的贡献方式与公共产品总数量的关系和影响(孟于群和杨署东,2018)。从公共选择理论的角度来看,全球经济治理的最优领导模式应以促成集体行动实现国际公共品的联合供给为目标,而治理主体对公共产品的贡献方式与公共产品总数量的关系是影响治理成效的重要因素,在利益和力量不对称的情况下,采取不同的制度性安排有利于促成集体行动,从而实现国际公共品的有效供给。

---

① "金德尔伯格陷阱"是指在全球权力转移过程中,如果新兴大国不能承担领导责任,就会导致国际公共产品短缺,进而造成全球经济混乱和安全失序。

（二）政治经济学的视角：公共物品与霸权稳定

全球经济治理体系的政治经济学理论主要包括霸权稳定论和霸权后合作论。霸权稳定论认为霸主国或领导者有责任提供国际公共物品，并承担其全部成本。既然是公共品，必然会存在"搭便车"现象，霸权国必须在意识到此的前提下，毫不犹豫地支付因提供公共商品所需的一切成本；因此，霸权稳定会受到来自其他国家经济实力上升、治理成本收益不对等且边际报酬递减和"搭便车"问题等多方位的冲击，而霸权衰退和丧失会导致世界政治经济的不稳定（程永林和黄亮雄，2018）。霸权后合作论认为国家是追求绝对利益的理性自我主义者，国际机制是国际关系中的独立变量，国际机制自身的原则、规则、规范与决策程序可以降低交易成本；国际机制还有奖励与惩罚功能，遵守国际机制行为规则的成员国，可以在机制范围内通过低成本的交易来获取更多的利益，国际机制通过降低不确定性来促进国际合作和提供国际公共品。从政治经济学的角度来看，不同治理主体的特性是影响全球经济治理的重要因素，全球经济治理通过不同的国际机制协调各国的利益诉求不一致问题，其中霸权领导模式需要通过国际机制对各参与主体的权利与义务进行合理划分，这样既可以有效降低国际合作成本，也可以减少"搭便车"的行为，从而保证国际公共产品实现有效供给。

（三）制度经济学的视角：公共物品与交易成本

全球经济治理的本质在于提供一种制度安排。如同其他社会制度，国际经济制度在相当大的程度上天然具备公共物品的特性。在"集体行动的逻辑"中，作为国际行为体的国家在从事公共物品生产时往往"搭便车"，由此产生了国际制度供给中的交易费用（田野，2002）。国家间关系中的交易费用是指国家在权利让渡时为了获取对方及环境的信息和防止对方的机会主义行为而付出的费用或成本。国际制度的主要功能就在于降低国家间的交易费用，促进国际合作的实现，使国家获得因合作带来的潜在收益。但当交易费用高于制度给其带来的收益时，国际制度仍然无法得到供给，只有当交易费用低于制度给其带来的收益时，才能促成国际制度的生产，即在国际制度给某些国家带来的收益既定的情况下，交易费用的大小将成为国际制度能否作为公共物品得到供给的决定因素。因此，从制度经济学的角度来看，为保证国际制度得到有效供给，高效的领导模式有必要对国际制度供给方提供选择性激励、明确产权界限来解决治理的外部性问题，从而提高治理绩效，同时形成能够有效筹集全球公共产品的制度性安排以降低交易成本，从而克服集体行动难题（王亚军，2018）。

三、全球经济治理领导模式分析框架：公共物品、治理绩效与集体行动

随着经济全球化的发展，各国经济相互依赖与日俱增，世界经济越来越成为一个紧密联系的复杂有机体，国际社会面临冲突不断、经济增长乏力的困境。如果沿用古典自由主义社会契约论对国家的解释，要避免国家间发生冲突，唯一的途径就是建立最高的世界权力。那么，理想的全球经济治理体系就是一个具有广泛代表性的世界政府，以民主、法治和分权制衡为基本原则为世界提供经济秩序和公共服务。但全球治理存在"不可能三角"，即经济全球化与国家政策自主权、大众政治三者不可兼得。在可预见的未来，没有一个大国会放弃独立处理本国内政外交事务的权力，而把其交给一个自己不能控制的国际主权实体。因此，世界政府下的全球治理秩序是不切实际的，那么如何选择高效、科学和共赢的全球治理领导模式？

全球治理是指由国家或经济体构成的多权力中心的国际社会，为处理全球问题而建立的具有自我实施性质的国际制度、规则或机制总和；或在没有世界政府情况下，各国际博弈者通过集体行动克服国际政治市场失灵的努力过程（张宇燕，2019）。全球经济治理可以理解为全球治理在经济领域的应用和延伸，是全球经济活动与治理关系的反映。陈伟光和申丽娟（2014）指出，全球治理和全球经济治理是不可分割、高度相关的两个概念，全球治理和全球经济治理的理论均源于各行为体通过国际机制的相互协调、合作的实践，前者针对的是全球性综合问题，后者针对的是全球经济领域的问题。

全球经济治理的行为主体主要分为三类：一是民主国家；二是正式和非正式的政府间国际组织，如联合国、世界银行、IMF、WTO、G20、APEC、金砖国家等；三是非政府间国际组织。此外，也有学者指出，跨国公司有助于理顺全球价值链上各个环节的关系，是全球经济治理中最重要的市场力量。全球经济治理依赖相关国际机制的建立和完善，其运行机制包括成员资格机制、决策机制、争端解决机制、执行机制、监督机制等。全球经济治理的重点领域包括国际宏观经济政策协调、全球金融、全球贸易和投资、气候变化与环境治理等。本节从全球经济治理的定义出发，梳理全球经济治理的主要逻辑关系，搭建全球经济治理共同领导治理模式的话语体系和理论分析框架。

在全球经济治理的博弈过程中，各种博弈者组成了一个独特的世界政治经济市场：图6-1左上端是全球经济治理逻辑体系的需求端，右下端是全球经济治理的供给端，是筹集全球公共产品的过程、目标和结果。全球经济治理的过程其实也是"公共物品"在这个世界政治经济市场逐渐达到供求均衡的过程。

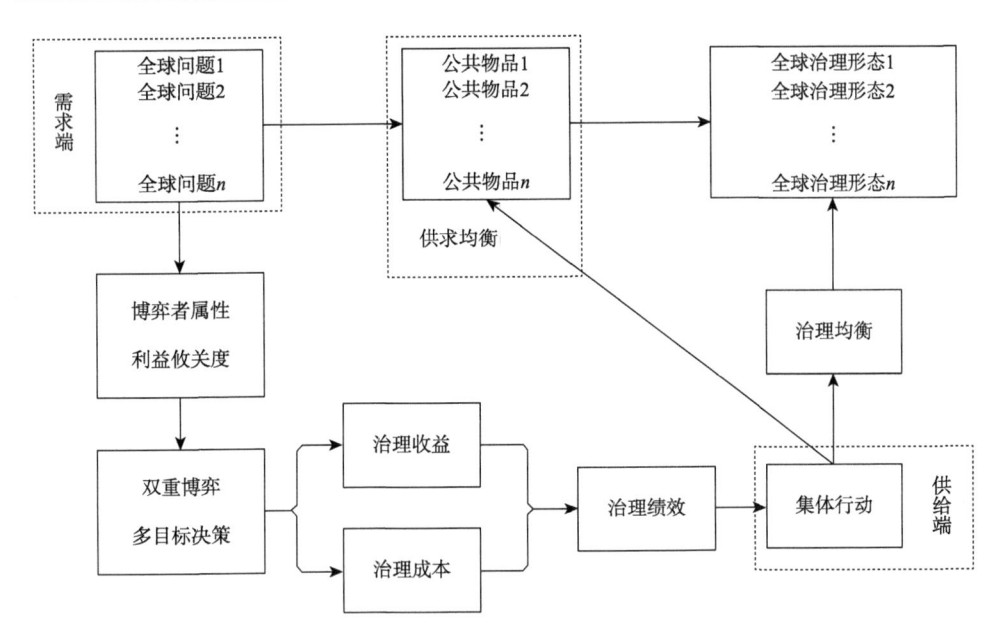

图 6-1 全球治理的逻辑分析框架

无论在霸权领导治理模式还是共同领导治理模式下，全球经济治理的核心问题都是达成集体行动和提供国际公共品。各自利行为体力求最大化自身利益，既能从中性公共产品的获取中受益，又能避免在非中性公共产品的分配中利益受损，并且由于公共产品与生俱来的非（低）排他性和非（低）竞争性，"搭便车"行为高发，集体行动难题始终困扰全球经济治理。而集体行动的形成与否直接取决于行为体核算治理绩效的结果，治理绩效是治理收益与治理成本之差，而不同领导治理模式下治理绩效核算并不一致，尤其是治理成本的差异更为显著。参考经济学中交易成本概念，我们可以方便地定义经济治理成本，即为实现全球经济问题的解决或有效且公正地提供和使用公共品，各国际博弈者所付出成本的总和。在现实世界中，治理成本至少由下列成本组成：获取、处理和使用相关信息的成本；为形成国际谈判立场或策略，各博弈者寻求国内共识过程中付出的成本；各国际博弈者之间沟通、结盟或讨价还价成本；签订全球或区域贸易、双边投资等条约后的监督执行成本。因各国际博弈者的特性和利益攸关度不同，在不同领导模式下各行为体的治理成本差异甚大，而治理成本大小正是不同领导模式效率的外在特征。

参与全球经济治理的各行为体具有不同的目标函数，即各行为体参与全球经济治理的治理收益和治理成本均存在着不一致性，领导模式的选择应相机抉择。在某些领域中，主要国家利益攸关度低，治理动力不足，霸权领导模式就难以有效提供公共产品。而共同领导治理模式也同样存在囚徒困境，联合供给模式如果没有机制化程度高、强制性充足的制度规定或有效激励去协调权力关系，自利行为体就很难主动提供超出其边际收益的公共物品。因此，全球经济治理的领导模式选择就必须充分考虑到各国利益目标函数的异质性和复杂性，兼顾各国多目标决策在空间和时间上的不一致，协调各国多目标决策，为建立全球命运共同体提供"富有弹性"的全球经济治理合作机制。但全球经济治理领导模式作为一种制度安排，并不是一成不变的，而是结合时代发展和具体问题的动态优化过程，也即制度变迁和完善的过程。所谓制度的变迁，就是为什么新制度取代次优制度、为什么采取此种而非彼种治理模式的问题。

"一带一路"倡议被西方媒体曲解为中国拓展自身政治影响力和实施霸权领导的手段，但霸权领导治理模式并不是"一带一路"的最优选择和未来路径。采取霸权领导的"一带一路"治理模式在实施过程中会出现以下诸多弊端：第一，霸权领导治理模式导致的利益分配问题严重阻碍"一带一路"倡议的顺利推进；第二，霸权领导模式不利于沿线国家的能力建设，从而难以实现"一带一路"倡议的良性互动和可持续发展；第三，中国绝对领导的治理模式缺乏对中国之于参与国主体潜在影响力的考虑；第四，当前美国霸权领导模式下国际组织兴衰更迭的经验表明，绝对单边主导地位的合作模式已经逐渐走下世界舞台。

四、"一带一路"共同领导治理模式的关键问题

在一定历史阶段内，治理趋向某种相对稳定的、具有生命力和持续性的制度形态。随着历史的推进，人们对制度的认知水平提高，全球治理的制度形态和领导模式就可能被改进，以确保全球公共产品的供应。全球治理呈现制度多样性和不断趋向治理均衡的动态性，而"一带一路"倡议正是中国为推动经济全球化深入发展而提出的国际区域经济合作新治理模式——共同领导模式。"一带一路"共同领导治理模式包含了与以往经济全球化完全不同的理念，即"和平合作、开放包容、互学互鉴、互利共赢"，其核心目标是促进经济要素有序自由流动、资源高效配置和市场深度融合，推动开展更大范围、更高水平、更深层次的区域合作，共同打造开放、包容、均衡、普惠的区域经济合作架构。

中国倡议的"一带一路"建设及所倡导的团结互信、平等互利、包容互鉴、合作共赢的全球化模式，是这种相对理想的全球经济治理领导模式的现实体现。以联合国宗旨和原则为基础的国际秩序给世界各国带来总体的长久和平和的经济发展，这种多边制度秩序与历史上其他秩序相比是一种更合理、更民主、更具合法性的秩序形态。中国是这一制度秩序的维护者和建设者，未来国际社会更需要

一种反映权力平衡、多元理念、共同发展导向的"新多边制度秩序"。只有建立系统的机制，通过相关评估机制追求治理成效，才能按照相关的协定和会议落实各项经济治理政策，从而实现有效的全球经济治理机制。因此，"一带一路"的全球经济治理机制应该以"一带一路"沿线国家的共同利益为立足点，以协商解决为主要的冲突解决方式，由"一带一路"沿线国家共同商议，共同制定，将"一带一路"从中国倡议变为全球共识，成为全球最受欢迎的公共产品。

但"一带一路"倡议在推动形成全球经济治理改革的共同领导模式上仍然面临诸多关键问题。①共同领导治理模式下如何包容和协调"一带一路"沿线国家合作基础的差异性？②全球经济治理结构的演变历程为"一带一路"的共同领导治理模式提供了怎样的经验启示？③如何在共同领导治理模式下推动"一带一路"形成长效发展机制？以上问题都指明我们迫切需要进一步剖析"一带一路"共同领导治理模式的合作基础，分析和借鉴全球经济治理结构变迁的历史经验，在此基础上深化"一带一路"经贸合作机制，探索共商、共建、共享的共同领导治理模式，推动形成更加包容、安全、高效的治理结构和"一带一路"新发展格局。

第二节 "一带一路"共同领导治理模式的合作基础

在世界面临百年未有之大变局的历史背景下，在全球化面临逆潮、全球经济治理体系发生变革的关键时期，中国向国际社会先后提出推进"一带一路"倡议、首倡设立亚投行、发起成立金砖国家新开发银行、丝路基金等公共产品，有效丰富了传统的全球经济治理体系，补充了现有的国际经济秩序。"一带一路"倡议遵循多边主义路径，通过"开放共赢的合作模式、公正平等的治理模式、平衡普惠的发展模式、多轮驱动的增长模式"为沿线各国共同发展，也为新时期中国参与和引领全球经济治理提供了新的平台（白华等，2019）。然而，中国基于"一带一路"所倡导的共同领导治理模式的提出并非偶然，而是具有广泛的经贸发展合作基础，其主要体现在经贸发展、制度安排、人文合作和政治关系等四个方面。

一、"一带一路"共同领导治理的经贸发展基础

(一)"一带一路"共同领导治理的贸易发展合作基础

"一带一路"沿线国家之间工业化水平差距较大,涵盖了工业化进程的各个阶段,大体呈现"倒梯形"的结构特征,其使得沿线国家需求和供给能力较大,贸易发展潜力巨大。根据《"一带一路"贸易合作大数据报告(2018)》,2017年"一带一路"沿线国家贸易总额为9.3万亿美元,占全球贸易总额的27.8%,在全球贸易格局中占有重要地位。近年来,由于国际经济形势的变化和"一带一路"倡议的提出,中国与"一带一路"沿线国家间的贸易增长迅速,贸易联系日益紧密。从贸易量的角度来看,中国与"一带一路"沿线国家的贸易量不断增长,其贸易量占中国总贸易量的比重不断提升。2013年中国与沿线国家间的进出口总额为13 943.9亿美元,2014年增长至近15 000亿美元。虽然受全球经济改善迟缓、主要国家需求低迷、国际市场大宗商品价格下降等因素影响,2015年和2016年中国与"一带一路"沿线国家间贸易额出现回落,但2017年中国与沿线国家间贸易总额扭转连续两年的负增长局面,达到14 268.3亿美元,较2016年增长14%。截至2018年,中国与沿线国家双边贸易额继续保持增长势头,贸易总额超过16 000亿美元,增速达到15.22%(图6-2)。此外,2013~2018年中国对"一带一路"沿线国家贸易额占中国总贸易额的比重高于30%,其中出口和进口分别约占中国总出口额和总进口的31%~34%和35%~38%,且整体呈现出增长态势(图6-3)。

从贸易依赖的角度来说,中国逐渐成为"一带一路"沿线国家的出口市场和进口来源国。如图6-4所示,本节基于复杂网络分析方法绘制了"一带一路"沿线国家的贸易出口和进口第一大目的国和来源国的贸易网络图(即Top1网络)。2000年新加坡和俄罗斯是"一带一路"沿线国家较多的贸易伙伴的出口和进口Top1的国家,在"一带一路"沿线国家贸易网络中居于核心地位。具体来说,俄罗斯是11个沿线国家的第一大出口目的国和15个沿线国家的第一大进口贸易来源国,新加坡则是10个沿线国家的第一大出口目的国和进口来源国。而中国仅为伊朗、越南、蒙古国、阿曼及巴基斯坦5个国家的最大出口市场,是埃及、伊拉克、不丹、吉尔吉斯斯坦、也门、沙特阿拉伯、孟加拉国、巴基斯坦及以色列等9个国家的第一大进口来源国,在"一带一路"贸易网络中扮演着局部次级中心的角色。随着全球化的发展及"一带一路"倡议的推行,"一带一路"沿线国家对中国的贸易依赖程度逐步加深,中国逐步由局部次级中心转变为核心的角色,超

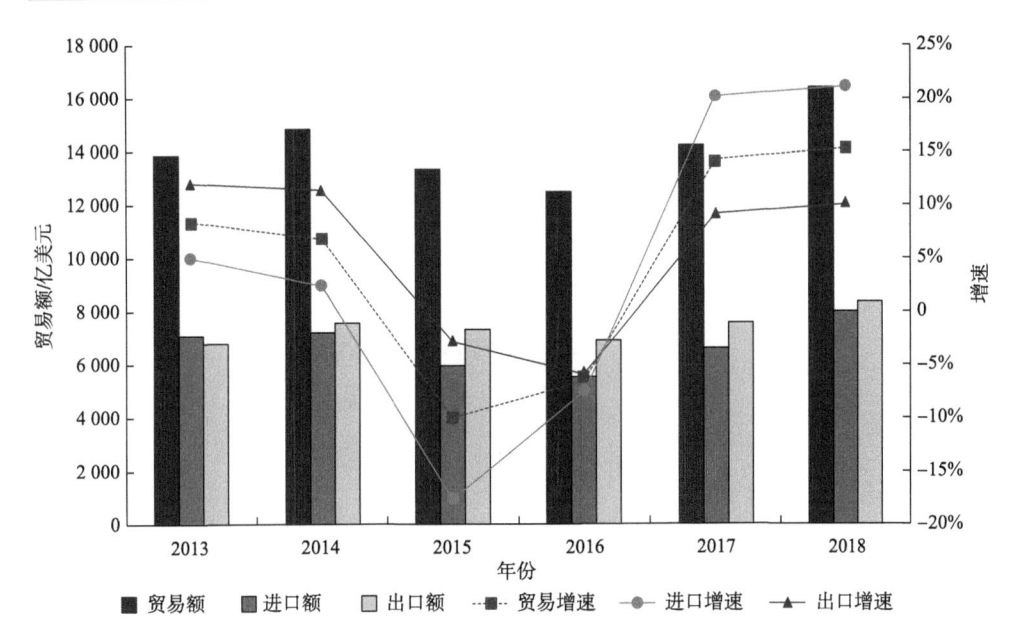

图 6-2 2013~2018 年中国对沿线国家进出口额及增速

资料来源：国家统计局

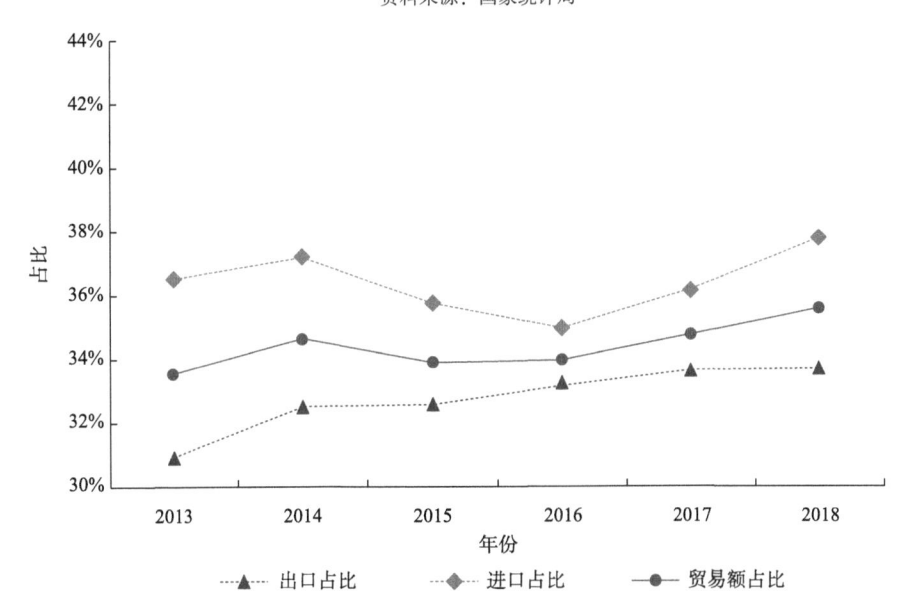

图 6-3 2013~2018 年中国对沿线国家进出口额占中国总进出口额的比重

资料来源：国家统计局

越俄罗斯和新加坡成为多数"一带一路"沿线国家的第一大出口市场和进口来源国。2018年，中国成为沿线17个国家的第一大产品出口目的国和33个国家的第一大进口来源国，是"一带一路"沿线国家贸易依赖程度最高的国家，因此中国在贸易治理和规则标准制定方面应尽快达成集体行动。

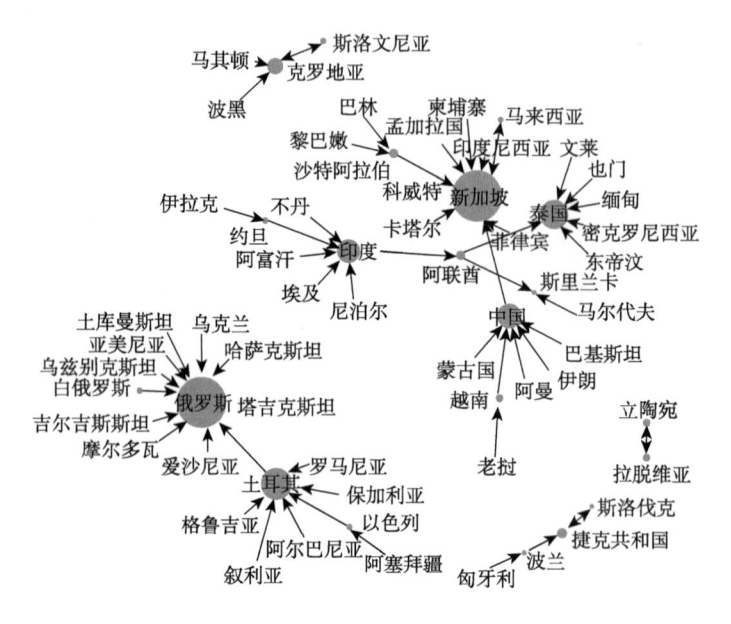

（a）2000年"一带一路"沿线国家出口Top1网络

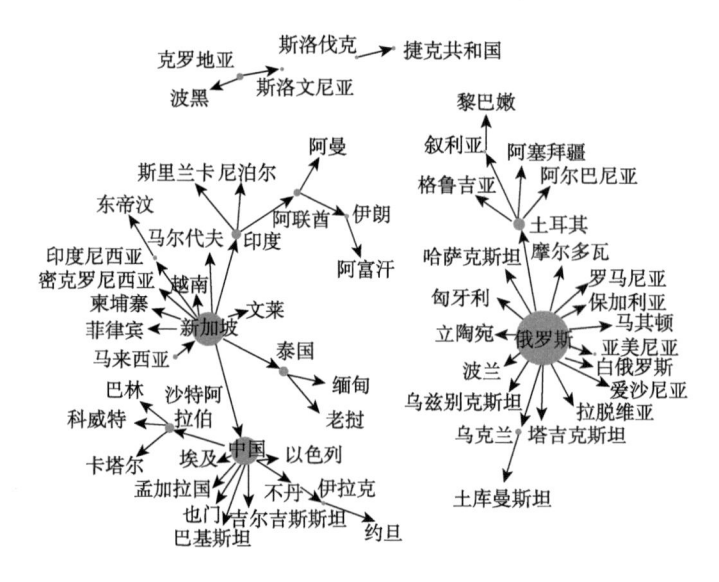

（b）2000年"一带一路"沿线国家进口Top1网络

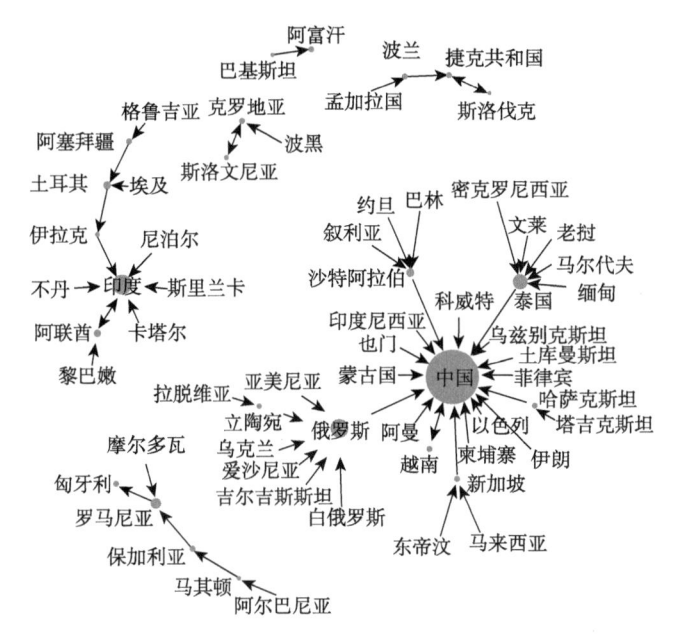

第六章 "一带一路"的共同领导治理模式构建研究 · 163 ·

(c) 2018年"一带一路"沿线国家出口Top1网络

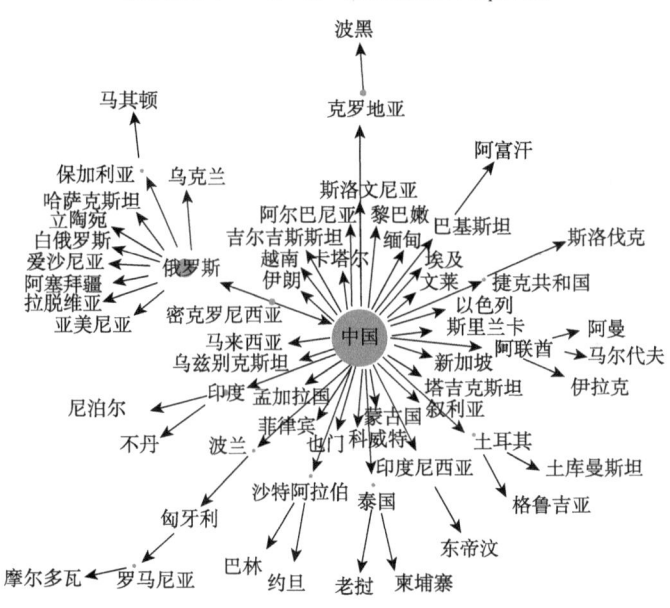

(d) 2018年"一带一路"沿线国家进口Top1网络

图6-4 "一带一路"沿线国家进出口Top1网络

资料来源：UNcomtrade数据库

(二)"一带一路"共同领导治理的投资发展合作基础

2013年"一带一路"倡议的提出和推进为中国企业"走出去"带来了新的战略机遇,促进了中国对外直接投资规模的快速扩张,对"一带一路"沿线国家的发展具有重要影响。从直接投资流量的角度来说,中国对"一带一路"沿线国家直接投资总体保持增长态势,与沿线国家的投资合作日益加强。如表6-1所示,就投资流量来看,2013年中国境内投资者在"一带一路"沿线地区的直接投资流量规模达到131.07亿美元,占中国对全球总投资流量比重为12.15%。2015年其投资流量规模突破220亿美元,且其占中国对全球总投资流量比重突破15%。尽管2016年有所回落,但2017年和2018年中国对沿线地区的直接投资流量有所回升,其规模均在200亿美元以上,其占中国对全球总投资流量比重为14%左右。从直接投资存量来看,虽然中国对沿线国家直接投资存量占中国对全球直接投资总存量的比重下降,但其直接投资存量逐年增加。2013年,中国对"一带一路"沿线国家直接投资存量仅仅为796.93亿美元,其占中国对全球直接投资总存量的比重为12.07%,而到2018年,虽然中国对"一带一路"沿线国家直接投资存量仅仅占中国对全球总投资流量比重的9.64%,但其存量规模扩大至1911.70亿美元,其年均增长率达15.7%。

表6-1 中国与"一带一路"沿线国家投资发展统计

年份	中国对沿线国家直接投资流量规模/亿美元	中国对沿线国家直接投资流量占比	中国对沿线国家直接投资存量规模/亿美元	中国对沿线国家直接投资存量占比
2013	131.07	12.15%	796.93	12.07%
2014	146.17	11.87%	1030.63	11.68%
2015	220.10	15.11%	1264.99	11.52%
2016	185.19	9.44%	1440.76	10.61%
2017	219.31	13.85%	1723.21	9.53%
2018	201.60	14.09%	1911.70	9.64%

资料来源:《中国对外直接投资统计公报》

(三)"一带一路"共同领导治理的承包工程发展合作基础

随着"一带一路"建设的逐步展开,中国工程承包企业走出国门,与"一带一路"沿线国家在基础设施建设领域的交流与合作日益加强。自2013年"一带一路"倡议提出以来,中国对沿线国家承包工程业务规模保持稳步增长。由表6-2可以看出,得益于"一带一路"倡议,自2013年以来,中国对沿线国家工程承包的总体业务规模平稳增长。除初始布局阶段，2016年以后新签合同额占同期总额，2017年以后完成营业额占同期总额一直稳定在50%以上，表明中国与沿线国家工程承包业务合作联系日益密切。同时，对外承包工程新签大项目多，项目大型化趋势明显。据商务部统计，截至2017年底，新签合同额在5000万美元以上的项目就有782个，合计1977.4亿美元，占新签合同总额的74.5%。

表6-2 中国与"一带一路"沿线国家承包工程发展统计

年份	新签合同额/亿美元	占同期总额比重	同比增长率	完成营业额/亿美元	占同期总额比重	同比增长率	新签项目合同数/份	大型项目（5000万美元以上）
2013	720.5	42.0%	—	653.1	47.9%	—	—	—
2014	862.3	45.0%	19.7%	643.7	45.2%	−1.4%	—	662
2015	926.4	44.1%	7.4%	692.6	45.0%	7.6%	3987	721
2016	1260.3	51.6%	36.0%	759.7	47.7%	9.7%	8158	815
2017	1443.0	54.4%	14.5%	855.0	50.7%	12.5%	7217	782
2018	1257.8	52.0%	−12.8%	893.3	52.8%	4.5%	7721	—

资料来源：商务部

（四）"一带一路"共同领导治理的劳务合作发展合作基础

随着"一带一路"倡议的全面深入推进，中国在"一带一路"沿线的对外投资、对外承包工程、经贸合作区建设稳步推进，对中国对外劳务合作业务具有直接和强劲的带动作用，使得中国与"一带一路"沿线国家国际劳务合作规模不断扩大。根据张原和陈建奇（2018）基于环亚经济数据有限公司数据库和1999~2017年《中国对外经济统计年鉴》数据计算，2013年中国向"一带一路"沿线国家劳务合作派遣人数达到1.12万人，2015年则增长至最高的1.52万人，其年均增长率为5.7%，约占中国全球劳务合作总量的41%（图6-5）。其中新加坡是中国在"一带一路"沿线国家中劳务合作规模最大的经济体，截至2016年其占比为60.1%。除了总量增长空间较大以外，中国与"一带一路"沿线国家的劳务合作人员的层次也将随"一带一路"倡议的推进而提升。商务部数据统计显示，21世纪初期中国劳务合作人员的从业结构主要集中在加工制造业、建筑业和农林牧渔业，从事这三类行业的人员占比达77.8%。随着中国国际劳务市场的扩大、业务领域的拓展和"一带一路"倡议的推行，中国与"一带一路"沿线国家的劳务合作开始由低端劳动密集

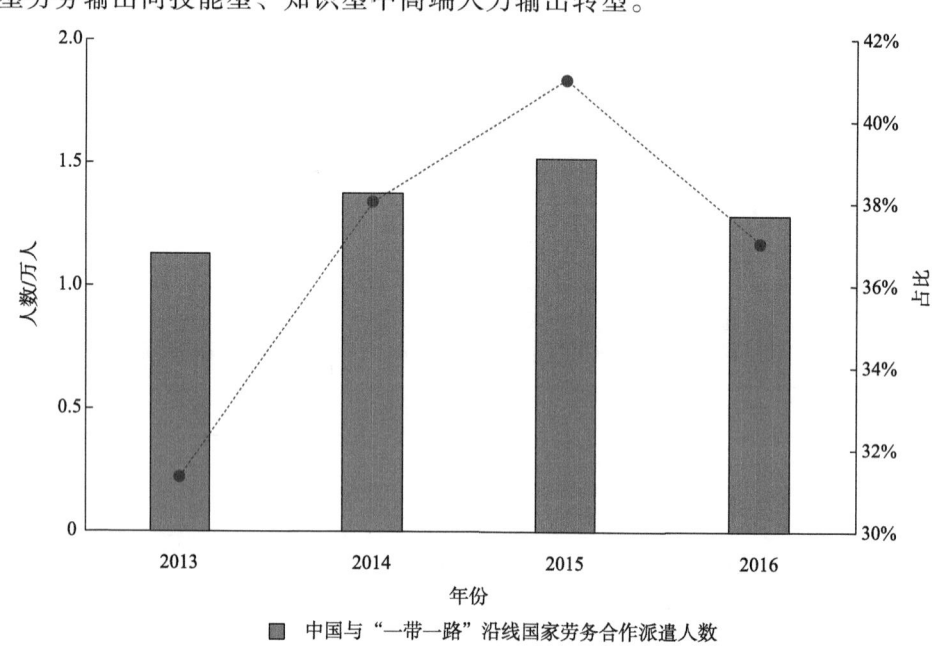

型劳务输出向技能型、知识型中高端人力输出转型。

图 6-5 2013~2016 年中国与"一带一路"沿线国家劳务合作

资料来源：张原和陈建奇（2018）。

二、"一带一路"共同领导治理的制度安排基础

（一）"一带一路"共同领导治理的 FTA 发展基础

习近平指出："加快实施自由贸易区战略，是我国新一轮对外开放的重要内容"。[①] 党的十八大和十九大均提出要积极推进自由贸易区建设，国务院《关于加快实施自由贸易区战略的若干意见》更是明确指出，将中国与"一带一路"沿线国家的 FTA 构建作为面向全球的高标准 FTA 网络体系的重要组成部分。[②]

截至 2020 年，中国与"一带一路"沿线国家签订的自贸协定有 9 个（包括完成谈判尚未签署协议的柬埔寨），正在谈判的有 4 个，纳入研究的有 2 个。自"一

---

① http://cpc.people.com.cn/n/2014/1206/c64094-26160851.html[2014-12-06]。
② http://www.gov.cn/zhengce/content/2015-12/17/content_10424.htm[2015-12-17]。

带一路"倡议提出以来，截至 2020 年中国在"一带一路"沿线启动谈判并签署自贸协定的有格鲁吉亚、马尔代夫两个国家，完成谈判的有柬埔寨一个国家；完成并签署升级协定的有巴基斯坦、东盟、新加坡。中国在"一带一路"沿线启动并签署的自贸协定，基本涵盖了"一带一路"的倡议合作、货物贸易、服务贸易、投资合作、经济技术合作、电子商务等广泛领域，为双方贸易投资自由化和便利化提供了坚实的制度保障，为进一步强化中国与"一带一路"沿线国家经贸合作和构建共同领导治理模式创造了有利条件。

自贸协定签订总体上促进双边的贸易规模。例如，中国与新加坡、巴基斯坦及东盟的升级自贸协定生效后，双边的贸易规模也得到了极大幅度提升。目前东盟已成为中国"一带一路"贸易最活跃的地区。根据中国海关总署的统计数据，2020 年前 6 个月，中国与东盟国家的贸易总规模达到了 2978.9 亿美元，成为中国少有的保持了贸易正增长的贸易伙伴。中国与东盟的贸易已占"一带一路"贸易的 49.7%，较 2019 年东盟在"一带一路"沿线国家的贸易占比提升了 3 个百分点，成为稳定中国外贸的重要经济体。

"一带一路"沿线 FTA 网络从 2000 年的独立式分散网络逐步演变成 2016 年的全局式整体网络（彭羽等，2019），这表明"一带一路"沿线已基本形成可相互连接的 FTA 网络结构。不过，从考虑规则深度的有权网络结构看，2016 年规则深度高的 FTA 仍然发生在地理邻近区域或地缘相近区域，因而地理邻近区域或地缘相近区域的国家间因彼此拥有相似的文化和价值观，从而更容易达成深度规则 FTA。

（二）"一带一路"共同领导治理的货币使用发展基础

曹伟和冯颖姣（2020）以 77 种货币作为研究对象：美元、欧元、人民币及其他 74 种货币，构建了货币相关性的汇率联动网络模型。从货币联动性的角度来看，人民币、欧元、美元及"一带一路"沿线国家货币的汇率联动网络中存在不同的汇率联动板块 C1~C3，其中板块 C1 中的美元（USD）、人民币（CNY），板块 C2 中的马来西亚林吉特（MYR）和新加坡元（SGD），板块 C3 中的欧元（EUR），这些"核心货币"都对其所在板块中的其他货币有着明显的旗帜作用。

表 6-3 是基于平面极大过滤图方法（planar maximally filtered graph，PMFG）构建的自 2000 年至 2018 年包括人民币、欧元和美元及 74 种"一带一路"沿线国家货币的复杂网络图，度值排名在人民币之前（包括与人民币相同）的货币。人民币的度值排名第 7 位，说明人民币在"一带一路"货币圈中已经取得一定影响力。

表6-3 货币的影响力排序

排序	币种（国家）	度值
1	USD（美国）	28
2	GYD（圭亚那）	25
3	BGN（保加利亚）	17
4	EUR（欧元区）	16
5	KWD（科威特）	15
6	PHP（菲律宾）	13
7	CNY（中国）、MYR（马来西亚）、SGD（新加坡）、PEN（秘鲁）、TOP（汤加）	11

资料来源：曹伟和冯颖姣（2020）

三、"一带一路"共同领导治理的人文合作基础

（一）"一带一路"共同领导治理的语言发展基础

构建"一带一路"共同领导模式是涉及"点、线、面"的系统工程，需要沿线国家发展战略的相互对接。为此，我国将"五通"作为重点的发展领域。其中民心相通是"一带一路"建设的社会根基和文化根基。友善的人文交流，是国际贸易联通、经济往来的重要战略发展大前提。人文交流旨在传情达意、交流心灵，所谓"言为心声"，语言作为文化沟通的桥梁，对于国家间来说有着十分重要的影响。

首先，"一带一路"沿线65个国家共有54种官方语言，涵盖了世界九大不同语族和语支。这些语言以印欧语系为主，基本占到全部语言的一半以上；阿尔泰语系、汉藏语系和南岛语言次之，分别有6种、5种和4种，剩下的就是语言数量相对较少的语系。徐珺和自正权（2016）对每个语言与中文的100多个具体语言特征逐一进行比较，最终计算出了其中15种语言与中文的语言距离，由表6-4可知，越南语、印度尼西亚语、泰语、日语等与汉语的语言距离相对来说都较小，而阿拉伯语、法语、德语、希腊语都与汉语存在较大的语言距离。

表6-4 15种语言与中文的语言距离

语言	语言距离	语言	语言距离	语言	语言距离	语言	语言距离
阿拉伯语	103	德语	106	伊俄语	85	土耳其语	97
英语	79	印度尼西亚语	72	希腊语	103	印第语	101
芬兰语	89	日语	82	西班牙语	90	越南语	64
法语	101	韩语	74	泰语	71	—	—

资料来源：徐珺和自正权（2016）

其次,"一带一路"倡议为孔子学院的发展带来了新机遇,孔子学院在海外"遍地开花"也促进了中国与"一带一路"沿线国家的文化交流。基于国家汉语国际推广领导小组办公室网站的数据,自 2013 年"一带一路"倡议提出来后,在新华丝路网站列出的"一带一路"沿线 65 个国家中,截至 2020 年末,共有 56 个国家设立了 164 所孔子学院。尚无孔子学院的"一带一路"沿线国家有 9 个,分别是文莱、伊拉克、叙利亚、也门、阿曼、卡塔尔、科威特、不丹、土库曼斯坦。孔子学院在"一带一路"沿线国家趋向于全覆盖,交流活动日益丰富,从侧面也反映构建共同领导治理模式的人文基础在不断夯实。

(二)"一带一路"共同领导治理的宗教发展基础

"一带一路"倡议覆盖了亚欧非大陆众多的国家和地区,各国间的经济发展程度差异巨大,文化宗教和意识形态迥然,再加之全球和区域大国在该地区的竞争与博弈,使得丝路沿途的宗教、种族和利益集团矛盾错综复杂,也是构建共同领导模式必须考虑的关键要素。从某种意义上说各国间的贸易网络正是"镶嵌"于相互交织的宗教、语言和地缘政治网络之中。在宗教信仰方面,65 个国家中有近半数以伊斯兰教为主要信仰,特别是中亚和西北亚地区的主要国家,如沙特阿拉伯、阿拉伯联合酋长国和哈萨克斯坦等国,伊斯兰教在丝路沿途具有绝对的影响力。基督教是丝路沿途国家的第二大信仰,在 65 个国家中占比 30.77%,主要分布在中东欧。第三为佛教,占比为 15.38%,主要分布在东南亚。

四、"一带一路"共同领导治理的政治关系基础

《推动共建丝绸之路经济带和 21 世纪海上丝绸之路的愿景与行动》倡议书提出,中国政府愿与"一带一路"沿线国家"打造政治互信、经济融合、文化包容的利益共同体、命运共同体和责任共同体",其中"政治互信"居于"经济融合"与"文化包容"之前。已有研究指出,中国与"一带一路"沿线国家关系治理的效果直接关系到"一带一路"倡议的成与败(杨思灵,2015),而与"一带一路"沿线国家良好的双边政治关系更是构建共同领导治理模式的重要前提。

本节基于阎学通和周方银(2004)提出的国家间双边政治关系量化方法,定量分析了中国与 65 个"一带一路"沿线国家双边政治关系的历史发展状况,探讨了中国与"一带一路"沿线国家共同领导治理的政治关系基础。图 6-6 展示的是中国与"一带一路"沿线国家总体月度双边政治关系的历史发展状况。

图6-6 中国与"一带一路"沿线国家总体月度双边政治关系的历史发展状况

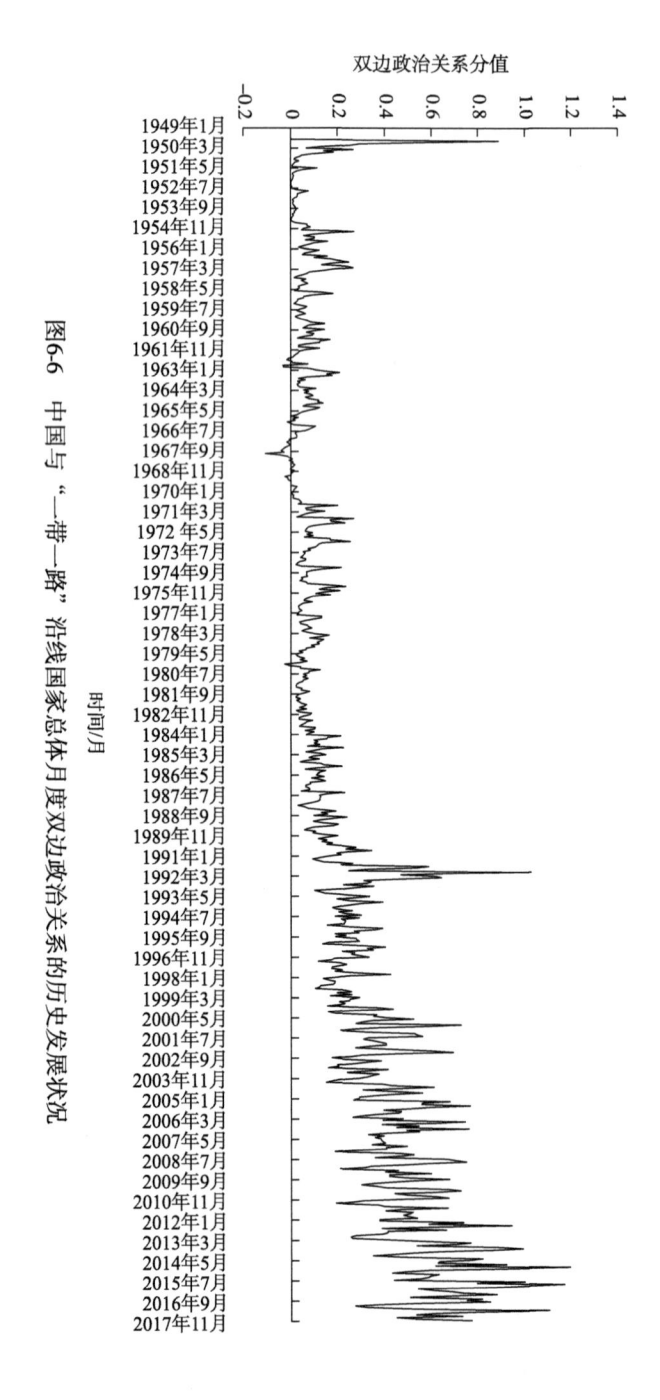

为剔除过于烦琐的变化细节以明晰主要发展趋势，可将月度双边政治关系分值进一步折算为年度双边政治关系分值①，如图6-7所示。

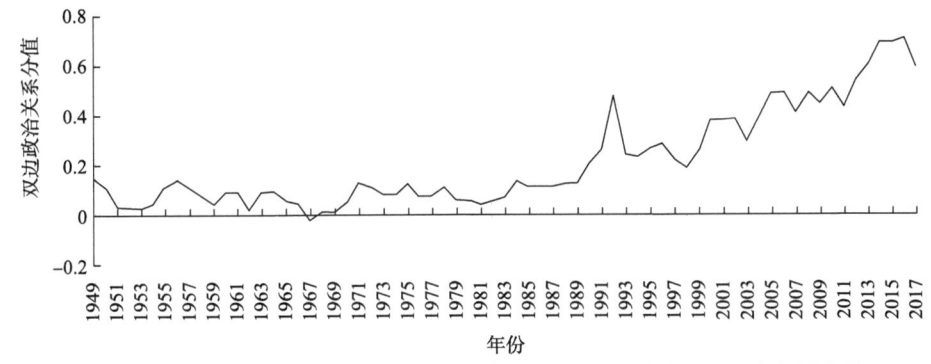

图6-7 中国与"一带一路"沿线国家总体年度双边政治关系的历史发展状况

新中国成立以来，中国与"一带一路"沿线国家总体双边政治关系经历了三个不同发展阶段。第一与第二阶段大致以1966年为分界点，而第二与第三阶段大致以1989年为分界点。在第一阶段里，总体双边政治关系经历了新中国成立初期的较高浓度到逐渐变淡，以及再后来的波折往复；尽管有起有伏，但双边关系分值从未跌破零值线。1966年，中国与"一带一路"沿线国家的总体双边政治关系在持续下探后首次刺穿零值线，而1966~1968年也是截至2017年总体双边政治关系呈现负分值的仅有时期。1969年后，中国与"一带一路"沿线国家的总体双边政治关系浓度开始回升，至1989年前关系浓度一直保持在较为平稳的水平上。1989年起，中国与"一带一路"沿线国家间的总体政治关系分值开始向上突破瓶颈并一直保持上升趋势。自此至今，中国与"一带一路"沿线国家的整体双边政治关系仍在不断改善和升温，虽然这一过程中不乏曲折和震荡，但中国与"一带一路"沿线国家间双边政治关系的总体发展势头是向好的。

第三节 全球经济治理结构变迁的历史经验

一、WTO治理结构变迁的历史经验及启示

第二次世界大战之后，1947年成立的GATT与IMF，及世界银行共同构建了

---

① 对月度关系分值进行算术平均，得到年度双边政治关系分值。

全球经济治理的规则体系，在长达半个世纪的运作过程中牢牢地占据了全球经济治理的中心地位。在推动贸易自由化的根本治理目标下，GATT 与承其衣钵的 WTO 奠定了当今世界贸易规则的基础。随着包含治理目标、主体、客体和机制等要素的治理结构的变迁，WTO 却从曾经"四方集团"主导的"富人俱乐部"陷入集体行动难题。

自 1947 年《关贸总协定》正式签订至 1994 年乌拉圭回合结束前，GATT 的主导控制权始终掌握在美国、欧盟、日本及加拿大组成的"四方集团"手中，在此阶段，全球经济治理的主体力量对比悬殊，美欧等发达国家强势主导 GATT 的规则体系，以此攫取大部分的全球经济治理收益，而广大发展中国家则处于被动接受和"搭便车"的地位。由于当时绝大多数发展中国家的发展水平完全不能与"四方集团"相抗衡，故协商一致原则并未对多边贸易谈判造成显著障碍，"四方集团"所主导的全球经济治理均衡维持了半个世纪之久。自 1995 年 WTO 成立至中国加入 WTO 初期，"四方集团"的力量相对下降，导致治理主导能力下降，原有的治理均衡开始被打破。尤其是在 2008 年金融危机后，以金砖国家为代表的新兴经济体快速崛起，美国等发达国家却因金融危机实力整体性下滑，"东升西降"发展态势显现，打破了世界经济的原有格局。同时，在 WTO 迅速扩容的过程中，成员已由起初的 23 个发展至上百个，WTO 的治理模式和主导力量发生了明显的巨变，美国已经基本失去了对 WTO 的主导控制权。此时，以美国为代表的发达国家对于 WTO 的经济治理的供给意愿已大大减弱，而 WTO 谈判也由于各方行为体的治理绩效难以平衡而陷入僵局。自 2017 年特朗普执政后，WTO 迎来改革呼声最为高涨的时期，美国意欲通过美日欧联盟重新主导 WTO 的改革，主要针对上诉机构成员遴选程序，数字贸易和电子商务多边规则等问题，并着重对发展中国家的"特殊与区别待遇"提出了质疑。但在当前发展中国家逐步演变为全球经济治理体系中一支重要博弈力量的新形势和新格局下，美国这一意图必然不能轻易实现。

WTO 作为一个正式的政府间国际组织，形成了许多以规则为基础、有约束力的全球经济治理机制，大力推动了世界贸易的发展和自由贸易规则的制定，尤其是对发展中国家融入世界经济，提升发展中国家参与全球经济治理的能力起到了重要的积极作用。"一带一路"沿线国家大多都是 WTO 成员，中国又是 WTO 的核心成员，同时"一带一路"的愿景与 WTO 的宗旨交汇重合，因此 WTO 治理结构的变迁能够为"一带一路"的建设提供较好的参考和借鉴。

首先，WTO 的全球治理形态为"一带一路"的顶层设计提供了较为成熟的建设思路。WTO 作为一种正式的政府间国际组织，享有参与国际事务活动的独立地位，具有直接承担国际法权利和义务的能力，而不受国家权力的管辖，对于各成员具有较高的约束力,因此更能帮助成员之间形成稳定长久的合作关系。WTO 的各项原则、组织架构、运作机制、决策机制及争端解决机制能够较好地协调成员方的集体行动,有利于减小集体行动的治理成本,提高整体的治理效益。"一带一路"当前的发展水平虽然还未达到 WTO 的深度与广度,但随着沿线伙伴的不断拓展,"一带一路"必将需要一个系统完备的组织机构和公平高效的治理模式。

其次,WTO 的贸易协定能够为"一带一路"的贸易畅通提供大量的规则参考。WTO 负责实施管理的货物、服务、与贸易有关的投资措施协定与协议将近 30 个,为"一带一路"贸易畅通提供了规则的基本框架。WTO 协定所遵循的大部分基本原则对于"一带一路"倡议而言仍然适用。

最后,WTO 的僵局和危机也充分说明了霸权领导模式的全球经济治理结构在当前国际背景下必然难以维系。从"一带一路"的经贸发展合作基础来看,中国在"一带一路"沿线国家贸易网络中逐步由局部次级中心转变为核心的角色,在"一带一路"治理结构中具备一定的主导条件,但从综合制度安排基础和人文合作基础来看,治理主体之间庞杂的差异性和复杂的网络关联对共同领导模式形成了根本性需求。因此,虽然"一带一路"治理结构的设计需要体现中国的主导地位和引领作用,但究其根本必须以共同领导为核心。此外,WTO 谈判的停滞不前也为我们提供了较为深刻的教训,协商一致原则固然有利于治理模式的公平性,但对于这样一个成员数量庞大,实力对比悬殊,利益分歧较大的治理体系而言,很容易导致治理成本的急剧上升和谈判议程停滞不前。因此,为确保"一带一路"形成合理有效的治理机制,需要在治理主体的代表性和决策效率之间做出一定的权衡。

二、马歇尔计划影响美欧战略联盟的历史经验及启示

随着"一带一路"倡议的不断明晰和相应举措的出台,国内外将"一带一路"倡议与美国战后复兴欧洲的马歇尔计划(Marshall Plan)相提并论的说法也日益增多。马歇尔计划,是第二次世界大战后美国对被战争破坏的西欧各国,进行经济援助、协助重建的计划。从形式上看,1947 年美国提出的马歇尔计划是一项大规模的经济援欧方案,但在当时美苏加紧重塑战后的国际秩序背景下,马歇尔计划实际上更多体现的是美国组建美欧战略联盟,以巩固战后经济霸主地位的战略意图。

美国在第二次世界大战后以 1944 年签订的《布雷顿森林协定》为核心,形成以美元为中心的国际货币金融体系,同时借助 IMF、世界银行及 GATT 等一系

列国际组织和经济规则制度，建立了美国绝对主导的全球经济治理体系。但受制于当时西欧国家的外汇管制和原有经济结构，美国建立的全球经济治理体系难以真正运行起来。第二次世界大战后，西欧经济受到重创，美国通过向西欧提供经济援助，一方面解决自身的过剩资本和产品问题，另一方面推动了美欧联盟的形成，为自身增强对抗苏联的战略力量，为成为全球霸主奠定了基础。马歇尔计划于1947年7月正式启动，4年时间里，西欧各国总共接受了美国包括金融、技术、设备等各种形式的援助合计131.5亿美元，其中90%是赠予，10%为贷款。

美国推出马歇尔计划的最终目标就是主导战后西方国际经济体系的运行以巩固美国的经济霸权。而"一带一路"倡议与马歇尔计划有着根本差别。马歇尔计划的本质是一项政治与安全战略，美国通过附加条件的援助，意图使欧洲成为其抗衡苏联的重要工具。但"一带一路"倡议秉持的是共商、共建、共享原则，最终的落脚点是构建互利共赢的人类命运共同体。但是，作为同样的大规模对外经济外交计划，马歇尔计划对于"一带一路"倡议而言仍存在大量可供借鉴的经验。

首先，马歇尔计划适应了第二次世界大战后重建欧洲经济和稳定美国国内经济的迫切需要，而中国的"一带一路"倡议理应对沿线国家发挥相似作用。无论是从中国与"一带一路"沿线国家的经贸往来、投资发展合作、承包工程发展合作，或是劳务合作等发展基础来看，中国始终发挥着核心关键、积极推进的重要作用，这不仅有利于帮助各国发展经济、促进繁荣，还有利于奠定中国在"一带一路"经济治理结构中的引导者地位。因此，中国未来还应当继续保持与"一带一路"沿线国家密切的政治经济联系，主动承担起全球经济治理的主要供给者的角色。

其次，美国采取让西欧主动的方式来推行马歇尔计划的实施，同时进行了精心组织和灵活安排，保证了该计划的成功。同样，"一带一路"倡议绝不能依赖单方面赠予和扶持来形成治理要价，而是切实为沿线国家提供内生经济增长动力和发展潜能来保障该战略的长远发展。另外，"一带一路"倡议与美国这一应急性的措施还存在大量不同的特质，它具有长远性、多样灵活性和非霸权主导性的特征，这就更需要周密的筹划和计划的灵活性，来促进集体行为的治理绩效。

最后，美国强大的综合实力是马歇尔计划成功实施的基本保证。中国是一个正在崛起的新兴国家，虽然与美国的综合国力和发展条件存在一定差距，但可以通过充分利用国际战略机遇和自身的优势、特点，走自己的强国之路，保障国内政治的稳定和经济的协调发展，从而将这一战略推向长远的成功之路。

三、欧盟经济治理结构变迁的历史经验及启示

欧盟治理模式是一次史无前例的制度创新，也是当今世界一体化程度最深的全球治理模式。欧盟超越了传统的国家范畴，创建了从以国家为中心逐步转移到以国家联合共同治理为重心的一种新型体制机制与全新的政治经济结构（伍贻康，2008）。

欧洲一体化始于20世纪50年代，当时由于受到第二次世界大战的重创，西欧各国的实力被严重削弱，它们在国际秩序中的主导地位也受到严重影响。为了加快经济复苏，西欧各国开始团结一致走上经济一体化道路。于是，1951年4月，法国、联邦德国、意大利、比利时、荷兰、卢森堡六国宣布成立欧洲煤钢共同体。1967年，欧洲煤钢共同体、欧洲经济共同体和欧洲原子能共同体合并为欧共体。最初的欧共体是为了解决西欧国家的经济发展难题所成立的，但很快欧洲一体化便向政治领域挺进。欧共体成立后，逐步建立了关税同盟和共同外贸政策，同时不断推动经济和政治联盟的成立。到了20世纪90年代末，欧盟已经建立了欧洲统一大市场，正式启动欧洲统一货币欧元，还形成了欧洲政治联盟，一体化进程拓展到外交、防务等领域。2007年，欧盟通过六次扩容，成员国增至27个，同年通过了替代《欧洲宪法条约》（2004年通过）的《里斯本条约》，明确了欧盟的法律人格，使得欧盟朝着一个政治实体的方向迈出了重要一步。欧盟凭借自身"超国家"的区域协调机制、多主体多层次的治理体系、兼顾公平和效率的区域统筹发展政策、循序渐进的推进策略在促进经济发展和缩小地区差异等方面取得了诸多成功，但在后危机时代也因扩张过快、区域差异显著、危机应对不足等问题陷入困境（王伟进和陈勇，2020）。欧盟高度一体化的经济治理模式使得自身区域差距的弱势高度放大，不仅在经济发展水平上存在中心和边缘、东西和南北的巨大差距，还在政治立场和文化观念上表现出越来越大的差异，因政治经济差异所形成的治理成本超出了欧盟的治理能力，于是欧债危机、难民问题、英国脱欧等诸多问题逐渐暴露出来。

欧盟治理模式为全世界提供了一种前所未有的政治经济合作模式，其中独有的特征和实践经验对于其他跨区域经济治理而言具有十分重要的借鉴意义。

首先，构建政治互信，秉持"和则共赢"的基本理念是实现欧盟治理深度和广度的基础。在欧盟的发展历程中，欧盟各国都能够将政策主权让渡给欧盟，遵循共同的货币政策和政治外交政策，将政治互信的理念发挥到了极致，因此才能将欧洲一体化的发展推到了前所未有的高度。"一带一路"所涉及的国家差异程度远超欧盟，需要时刻秉承着共商、共享、共建原则才能打破各国参与倡议合作的顾虑，从根本上实现经济合作的共同治理。

其次，打破行政分割的多层次区域治理体系是欧盟实现长久发展的关键。为了打破集体行动中各个治理主体各自为政的"囚徒困境"，欧盟建立了"超政府"的合作治理机制，同时辅以多层次的治理结构，进而在打破行政分割中发挥重要作用。多层次的治理体系不仅有利于杜绝单一强势政府主导的现象，更能成功调动欧盟成员国、各级官员、利益集团和民间团体广泛参与的积极性，有利于发挥治理结构多维互动的良性作用。

最后，欧盟演变进程中暴露出来的扩张过快和深化不足的问题也为我们"一带一路"的建设敲响了警钟，全球经济治理体系的建设需要遵循循序渐进、稳步推进的规律，欧盟漫长的探索进程清楚地表明欧洲经济一体化并非一蹴而就，而是经历了从关税同盟到单一市场，再到经济与货币联盟的三大发展阶段，一体化程度由低到高、逐级递进。"一带一路"是由我国领导建设的经济治理体系，更应当严格按照顶层规划，分步骤、分阶段地实施，推进过程中还要重点考虑区域的差异性，以集体行动的治理绩效为根本利益。

四、日本参与全球经济治理的经验及启示

金融危机爆发后，全球经济治理体系受到严重冲击，以 WTO 为基础的自由贸易秩序面临重大变革。在此背景下，贸易保护主义不断升温，双边及多边经贸合作框架不断涌现。此时，日本借助自身在国际上所处的特殊战略地位，积极在多边合作中斡旋，试图引领全球经济治理体系的改革进程。

日本作为美国同盟体系在亚洲的得力干将，始终被欧美国家当作制衡中国发展的重要武器。正因如此，日本在与全球经济治理体系中始终不乏合作者，并扮演着重要的角色。总体来看，当前日本参与全球经济治理体系改革进程的手段集中体现在三个方面：一是主动引领并大力推进区域性经济合作安排，如 CPTPP 和 EPA 等，做大自身参与全球经济治理体系改革的基本盘与支撑面；二是积极探索全球治理规则的多维度和深层次变革，日本引领的 CPTPP，不仅对货物贸易、服务贸易和跨境投资等传统议题进行了深化，还对政府采购、竞争政策、劳工标准等新兴议题进行了规范，代表了新一代贸易协定的最高标准，极有可能引领 21 世纪的国际经贸规则体系；三是构建内外联动机制，积极推动日本经济体系的结构性改革，利用自身经济发展模式的优势及创新性要素，将国内经济体系的结构性改革融入全球经济治理，以此植入日式全球经济治理观（陈友骏，2019）。

可以预见，在未来国际经贸新规则的制定及全球经济治理体系的重塑上，日本与包括中国在内的国家间的主导权之争将越发激烈。在中美竞争不断加剧的背

景下,日本将保持"日美同盟"和"对华协调"双管齐下的战略,日本全力推进的对外经济合作也将不可避免地对中国推进"一带一路"建设形成阻碍。我国与日本相似,受益于早期全球化的发展实现了经济的高速增长,形成了强大的制造业优势及价值链分工的重要地位,因此日本的全球经济治理观对于我国而言具有重要的参考价值。

首先,对于已有的全球经济治理体系的改革问题,绝不能采取"完全摒弃""另起炉灶"的战略方针,而应以渐进性完善的基本态度,积极推动全球经济治理体系朝着公正、合理方向发展。我国与日本都是经济全球化的主要受益者,因此对于WTO等现行全球经济治理体系应当时刻保持"坚决维护、日臻完善"的坚决态度,既要争取与其他成员之间的协调改革,又要坚守涉及我国根本利益的关键条款。

其次,日本从参与"美日欧"联盟的经济秩序到自身引领构建CPTPP经济治理体系的过渡和转变,为我国引领构建"一带一路"提供了路径参考。通过在多个多边区域合作中积累的红利和经济实力,提升自身在全球治理中的主导能力,有助于我国实现从国际规则的参与者向制定者和引导者的转变。目前,"一带一路"沿线已基本形成可相互连接的FTA网络结构,但从基于规则深度的有权网络结构来看,深度规则的FTA仍然尚未突破地缘距离。未来我国要成为全球经济治理体系的引领者,必然需要高标准FTA的支撑作用,同时将深度FTA的网络节点不断向世界拓宽。

第四节 "一带一路"共同领导治理模式的政策建议

一、深化"一带一路"经贸合作机制,推动形成更加包容、安全、高效的治理结构

COVID-19在全球范围内蔓延对世界政治、经济产生了重大影响,也暴露出全球治理的部分失灵。疫情下"一带一路"倡议已不仅仅是一般意义的经济合作,而是深化经贸合作机制,优化经济治理结构,构建人类命运共同体的重要实践平台。

（一）推进形成更加包容的"一带一路"经济治理结构

"一带一路"倡议的基本原则是"共商、共建、共享"，是国际社会的合唱。在合作过程中，必然会出现目标不一致、制度安排协调困难、利益分配博弈等过程，其根本出发点还是包容发展下的合作共赢，并通过不断试探摸索实践碰撞形成国内外认知统一的经贸合作方式。然而，一方面"一带一路"倡议尚未转化为较为清晰完备的治理规则体系，国内国际对其理念表述不一致，制约了合作发展空间，带来了合作不稳定，不利于长期经贸合作机制的形成；另一方面疫情加速冲击了全球经济治理体系，改变各行为体的治理绩效和治理成本，产生了新的合作需求和寻求共同治理的空间，亟须在更加包容框架下形成"一带一路"经济治理结构。

首先，需要在"一带一路"的基本问题上达成共识，如定位、目标、范围、治理结构、运行模式等。在"一带一路"的建设上逐步拓展到具体领域的协定协议及争端解决机制等内容，形成顶层认识层面统一，操作层面路径可持续的体系。

其次，从"一带一路"提出倡议的发展阶段逐步转向到探讨和形成适合国际规则和各自国情的规则建设新阶段。借鉴和沿袭当前全球广泛通用的贸易、投资、金融等领域的合作规则和惯例，从当前"一带一路"实践合作过程中、中国自由贸易试验区的建设中总结经验，在全球经济治理和区域经济治理中需求中找到制度包容的合作点和新的合作方式增长点。

最后，推动形成共同领导的"一带一路"经济治理模式，主动发挥倡议提出国的积极作用。"一带一路"倡议的基本原则要求在经济领域治理过程中寻求双方利益诉求的交集，也要求制度规则等安排需要双方共商共建。然而，在协议、标准等形成过程中，考虑到公共品的提供成本及我国长期开放创新发展过程已积累了较为丰富的经验，如全球价值链合作领域、数字贸易领域等，我国应该也可以多承担"制度安排等公共品"的供给责任。

（二）推进形成更加安全的"一带一路"经济治理结构

COVID-19 对全球治理最大的挑战是各国对安全的重新认识。其中，既有因疫情限制劳动力流动等影响供给能力和流通成本所带来国家供应链安全问题，又有因全球和本国经济活动下降加剧失业及收入下滑带来的长期经济增长压力与社会动荡问题，同时出现了其他非经济安全领域的问题，包括公共卫生领域的应急物资生产和供应安全、能源供应安全、粮食安全等。并且，出于安全担忧，各国又出台各类政策带来了政策外溢和不协同，产生了新的不安全因素。无疑，疫情期间及疫情后的"一带一路"深化合作必然是建立在新的安全观念下利益诉求的交集，也势必对"一带一路"的经济治理结构提出了新的"安全"要求。

首先，需要对"一带一路"合作下的新安全观有较为清晰的认识。一方面，经贸关系的不稳定因素是引起各国对自身安全问题关切的重要原因，深层次是疫情削弱了全球经济治理供给能力，带来了"公共产品治理"的真空，增加了各国经济政策协调的困难，进而又强化了供需失衡而带来了安全挑战。另一方面，完全封闭或完全开放均不是一国的最优发展路径，而在约束条件下选择在哪些领域采取何种方式等才是最优合作路径。同时疫情冲击及其演化也会对安全的约束带来的动态调整，如从公共卫生应急物资安全再到供应链安全等主要矛盾演化。综合而言，疫情期间"一带一路"经济治理有可为的空间。

其次，我国在贸易渠道、投资渠道、协调机制渠道等方面可为形成更加安全的"一带一路"经济治理结构提供一定保障。例如，在贸易渠道方面，中国供给能力基本得到恢复，有能力且已经在抗疫物资、工业制成品等方面大量出口。数据显示，2020年1~4月我国与"一带一路"沿线国家贸易进出口总值2.76万亿元，增长0.9%，高于同期外贸增速5.8%。在投资渠道方面，因疫情加剧了对投资安全的担忧，外资流动下滑明显，给各国未来经济增长带来了一定的压力，某种程度上也带来了投资合作的机会。疫情期间与"一带一路"沿线国家更加密切经贸往来及其多层级的交流沟通可以部分缓解对各自安全问题的担忧，反而有助于加速推动"一带一路"经济治理结构的形成。

最后，"一带一路"沿线国家经济发展程度不同，而疫情又加剧经济风险、社会风险、政治风险等，中国亟须加强"一带一路"经济安全领域的监测预警工作，助力推动疫情期间"一带一路"合作深化，也为推进形成更加安全的"一带一路"经济治理结构提供基础保障。

（三）推进形成更加高效的"一带一路"经济治理结构

高效是"一带一路"经济治理可持续发展的必然要求。包含两个层面含义，一是要有重点突破，形成标杆和示范，即高效推动形成"一带一路"高质量的共同领导治理模式；二是要以"一带一路"共同治理模式为基础，推动形成高效稳定的国际公共品提供机制。

在高效推动形成"一带一路"的共同领导治理模式过程中，可以采用圈层升级（由利益攸关、处于关键节点的国家和区域组成的核心层向紧密层再向外围层推广）、分层推进（在规则领域遵循由浅入深、由旧到新的分层推进路径，从一般贸易到服务贸易，再到数字贸易等先进现代化贸易方式）、分类而治（针对不同的圈层采取不同程度的共同领导方式，如在对非洲国家的合作中采取中国主导方式，而在对欧盟国家的合作中采取共同治理模式）和择时战术（根据中国不同发展阶段的特征及政治周期的差异，对"一带一路"不同发展阶段的推进战略做出布局，分时间、分阶段地推动"一带一路"倡议拓展延伸）等策略，充分考虑各治理主体差异性，分重点逐步快速推进"一带一路"的共同治理模式形成。

在推动形成高效、稳定的国际公共品提供机制上，可以结合在"一带一路"合作实践中的经验和存在的问题，对组织架构、制度安排等进行更好的优化。例如，面对中小企业在"一带一路走出去"过程面临着融资难、风险高和管理服务体系建设落后等问题，可搭建专业化、多层次的服务支撑体系，包括"一带一路"领域相对固定的政府职能部门，大使馆在商务合作领域的柔性作用，公用海外联络站"一站式"服务，海外仓储物流平台建设，海外飞地园区管理模式探索等。

二、探索共商、共建、共享的共同领导治理模式，推动形成"一带一路"新发展格局

随着时代发展和国际格局演变，现行全球经济治理体系不适应的地方越来越多，国际社会对变革全球治理体系的呼声越来越高。探索以共商、共建、共享为原则的共同领导治理模式，作为解决全球治理困境的中国方案，已逐渐由中国倡议转换成全球共识，也必将推动形成"一带一路"新发展格局。

（一）以共商原则构建具有约束力的国际合作规则

"共商"即各国协商、深化交流，加强各国之间的互信，协商解决国际政治纷争与经济矛盾。"一带一路"倡议作为我国参与全球治理体系的重要体现，其经历七年的发展，已形成了诸多合作成果。但从既有合作成果来看，以国际制度形式存在的成果较少，大多以行动计划、行为准则、谅解备忘录、倡议、声明等形式呈现。在这样庞大的治理框架下，若"一带一路"仍依赖签订协议来推进建设进程，将不利于"一带一路"合作的深入和推广。因此，"一带一路"倡议必须以共商原则逐渐构建具有约束力的国际合作规则。

首先，必须加强制度的价值体系构建。西方发达国家的自由、民主、天赋人权、保护竞争、保护财产等价值体系构成了其治理哲学的主要内容，并通过多年的发展逐渐渗透到各国公民中。而我国近年来提出的"人类命运共同体"治理理念，要挑战传统西方主导的治理内核，既需要通过"一带一路"倡议的具体实践去感知国际社会对制度变迁的需求，还需要通过中国知识界和决策界的努力，在

人类命运共同体的核心治理哲学与具体的制度建设之间建立中国方案的价值体系和知识体系，进而指导相关制度和机制的生成和发展。

其次，提升我国的议程设置能力和缔约谈判能力。议程设置能力和缔约谈判能力是构建我国主导的国际合作规则的重要基础，却是我国目前参与国际治理较为明显的短板。国际会议是缔约规则的主要平台，而国际组织在国际规则制定中的作用也颇为重要。因此，我国必须尽快加强此方面人才的培养，同时深入剖析以往美国利用国际规则攫取霸主权利的策略手段，并善于运用现有的国际组织或创建类似亚投行的全新国际组织来提升我国的议程设置能力和缔约谈判能力。

最后，在数字贸易、5G标准等领域积极探索规则制定，形成中国主导的国际合作规则体系。例如，在数字贸易领域加强标准和规则建设，推动形成构建适合中国数字贸易发展利益诉求的国际合作规则体系，释放中国数字贸易潜力，打造数字贸易规则"中式模板"，提升中国在全球数字贸易治理结构中的地位。

（二）以共建原则构建优势互补的区域价值链体系

"共建"即各国共同参与、合作共建，分享发展机遇，扩大共同利益，从而形成互利共赢的利益共同体。以共建原则推动"一带一路"建设是促进全球共同发展的中国方案，它不是中国的独奏曲，而是相关国家共同参与的协奏曲，是实现优势互补、追求互利共赢的合作共建。

首先，中国与沿线国家应充分发挥各自的要素优势，构建"一带一路"区域价值链体系。在"一带一路"倡议下，中国与"一带一路"沿线国家在产业间和产业内部互补性强，而竞争性弱，并且我国占据了产业内的高附加值环节，具有控制整条价值链的核心能力，为打造中国主导、优势互补的"一带一路"区域价值链体系提供了先决条件。因此，中国应加快落实区域价值链的相关配套政策与措施，引导产业有序转移和开展区域经济合作，形成合理价值链分工体系，加快构建和完善"一带一路"区域价值链。

其次，中国应利用身处"双环流"的独特优势实现自我发展。一方面，中国应在由发达国家主导的全球价值链环流中引进和吸收先进技术；另一方面，中国应在"一带一路"倡议下的区域价值链中实现技术产业化和制造业结构性升级。这不仅将进一步推进"一带一路"的区域经济健康发展和区域治理体系建设，也有利于缓解逆全球化浪潮对全球治理体系的冲击，为完善全球治理体系提供宝贵的先行经验和中国方案。

最后，中国应充分发挥部分领域优势，主导区域价值链体系。在"一带一路"区域价值链的布局中，基础设施（如公路、港口、机场、电信、互联网等的高效连接）是构建区域价值链的核心要素，而且中国完善的基建技术标准符合沿线国家基建发展的迫切需求，也符合区域价值链投资规则治理的客观需要；随着数字技术在传统经济领域的广泛应用，我国数字经济特别是数字贸易蓬勃发展，在世界范围内居于领先地位，这为我国提高参与全球经济治理的能力提供了历史契机。数字贸易已成为国际贸易中不同于货物贸易和服务贸易的第三种重要贸易方式。因此，我国应以"一带一路"区域价值链建设为契机，以部分优势领域为试验田，逐步打造中国主导的区域价值链体系。

（三）以共享原则构建互利共赢的人类命运共同体

"共享"即各国平等发展、共同分享，让世界上每个国家及其人民都享有平等的发展机会，共同分享世界经济发展成果。以共享原则推动实现"一带一路"共同领导治理模式，可以为国际社会提供更多公共产品，不断增进全球福祉，构建互利共赢的人类命运共同体。体现在经济发展方面，就是世界各国积极寻求最大利益公约数、经济合作契合点，实现互惠互利、多赢共赢；体现在文化发展方面，就是促进世界文明交流互鉴，推动各国文化共同繁荣发展，实现各种文明和谐包容。

在推动经济发展成果共享方面，"一带一路"倡议将为沿线国家实现经济发展提供新的模式和动力。一是通过扩大国际产能合作，带动更多沿线国家融入新的区域产业链、供应链和价值链，推动其加快工业化进程；二是通过推动实现贸易、投资便利化和自由化，带动沿线国家共同扩大国际市场，维护开放型世界经济；三是通过加强基础设施建设合作，实现"一带一路"互联互通，对接各国政策和发展战略，实现共同繁荣；四是通过传播中国改革开放的成功经验和可推广政策，助力沿线国家缓解贫困问题，促进"一带一路"乃至全球经济实现包容性增长。

在推动文化发展共同繁荣方面，中国应当加强与"一带一路"沿线国家的文化交流，增强文化互信，以期在"一带一路"治理乃至全球治理体系中得到更多价值认同。中国要始终坚持合作共赢的义利观，始终贯彻"共商、共建、共享"的核心原则，将以"和平合作、开放包容、互学互鉴、互利共赢"为核心的丝路精神注入治理体系的精神内涵之中，同时要始终立足于优秀的中华传统文化和始终落脚于人类命运共同体的价值认同，我们迫切需要从根本上提升民间外交的传播能力并推进传播路径创新，这包括国际传播中民间外交的参与保障机制创新、话语传播领域及传播方式创新，以及长效性传播平台建设的模式创新，将中华传统价值观国际化和世界化，使人类命运共同体成为深化"一带一路"治理体系建设和推动全球治理改革的思想共识和价值基石，从而提高中国在全球治理中的决策话语权和价值认同感。

本章执笔人：赖明勇　肖　皓

参考文献

白华, 张宝英, 万克峰. 2019. 中国参与全球经济治理的理念与实践. 经济研究参考, (22): 38-47.

曹伟, 冯颖姣. 2020. 人民币在"一带一路"沿线国家货币圈中的影响力研究. 数量经济技术经济研究, 37 (9): 24-41.

陈伟光, 申丽娟. 2014. 全球治理和全球经济治理的边界: 一个比较分析框架. 战略决策研究, 5 (1): 24-36.

陈友骏. 2019. 日本的全球经济治理观及其实践. 国际展望, 11 (4): 135-151, 157-158.

程永林, 黄亮雄. 2018. 霸权衰退、公共品供给与全球经济治理. 世界经济与政治, (5): 131-148, 159-160.

孟于群, 杨署东. 2018. 国际公共产品供给: 加总技术下的制度安排与全球治理. 学术月刊, 50 (1): 96-105.

彭羽, 沈玉良, 田肖溪. 2019. "一带一路" FTA 网络结构特征及影响因素: 基于协定异质性视角. 世界经济研究, (7): 90-103, 135-136.

史志钦, 郭昕欣. 2020. "一带一路"与百年大变局下的全球治理. 当代世界, (3): 54-59.

田野. 2002. 全球治理中的制度供给: 一种交易费用分析. 世界经济与政治, (10): 17-22.

王伟进, 陈勇. 2020. 跨区域发展与治理: 欧盟经验及其启示. 学习与实践, (4): 63-75.

王亚军. 2018. "一带一路"国际公共产品的潜在风险及其韧性治理策略. 管理世界, 34 (9): 58-66.

伍贻康. 2008. 欧盟治理模式的特征和发展态势. 世界经济研究, (5): 25-29, 36, 87.

徐珺, 自正权. 2016. 语言对中国对外贸易影响之实证研究: 基于 17 国数据的考察. 外语电化教学, (4): 73-78, 84.

阎学通, 周方银. 2004. 国家双边关系的定量衡量. 中国社会科学, (6): 90-103, 206.

杨思灵. 2015. "一带一路"倡议下中国与沿线国家关系治理及挑战. 南亚研究, (2): 15-34, 154-155.

张宇燕. 2019. 全球治理和人类命运共同体. 经济导刊, (11): 63-65.

张宇燕, 任琳. 2018. 全球治理: 一个理论分析框架. 中国社会科学院国际研究学部集刊, 11: 215-232.

张原, 陈建奇. 2018. "一带一路"倡议下国际劳务合作的机遇与挑战. 国际贸易, (5): 37-43.

第七章 规范"走出去"企业的经营行为研究

第一节 中国"走出去"企业海外经营趋势与特点

分析中国"走出去"企业海外经营的现状、特点及趋势,明确企业海外经营行为特点,是对规范"走出去"企业经营行为进行深入研究的基础。本节拟从历史与发展的维度,回顾中国企业"走出去"战略的背景、发展与面临的国际环境变化,总结中国"走出去"企业海外经营的现状与问题,重点分析"一带一路"倡议后的"走出去"企业海外经济趋势,总结其海外经营行为特点。接下来,本节将从对外投资和对外承包工程两个方面阐述中国"走出去"企业海外经营的趋势[①]。

一、中国"走出去"企业对外投资经营趋势与特点

(一)"走出去"企业对外投资经营趋势

党的十八大以来,中国对外直接投资发展迅速。根据国家统计局、商务部数据,2002年以后,中国对外直接投资流量已在14年间连续增长,其中2017年,由于中国的对外直接投资合规性审查加强,对外投资同比下降19.3%。2017年,中国对外直接投资高居全球第三,仅次于美国和日本;对

---

① 本章分析数据均来自商务部"走出去"公共服务平台(http://fec.mofcom.gov.cn)。

外直接投资存量全球占比达到历史新高,接近6%,企业对外直接投资回归理性,行业结构更加优化,双向外资流动趋于平衡,中国对外直接投资总体呈现平稳健康发展态势(图7-1)。

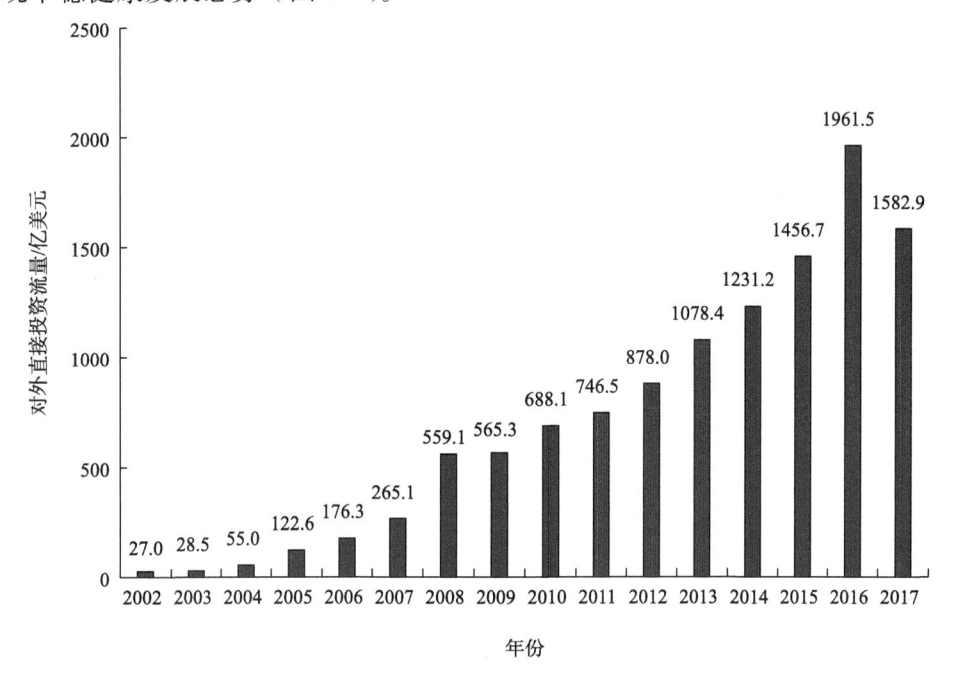

图7-1 2002~2017年中国对外直接投资流量

1. 企业所属类型结构和行业分布

根据商务部发布的数据,有限责任公司是中国对外直接投资企业中的主力军,占总数的41.4%;其次是私营企业,占总数的25.7%;股份有限公司占10.9%;其他类型企业占22%。

从行业分布看,制造业仍是2017年中国开展对外直接投资业务企业数量最多的行业,占比超过中国对外直接投资企业总数的30%。其次是批发和零售业,占比约达27%。制造业、批发和零售业合计开展对外直接投资的企业共达1.5万家,占到投资企业总数的58.8%。

2. 企业所属省市和境外地区分布

地方企业是开展对外直接投资的主要力量。根据商务部的统计,2017年末开展对外直接投资的中央企业及单位[①]不超过300家,占中国对外直接投资企业总数

---

① 中央企业和单位是指除地方统计管理以外的境内投资者。

的比重仅为1.1%,较上年增加0.4个百分点,其他均为地方企业。其中,超过一半的私营企业投资者来自广东、浙江、江苏、上海、北京、山东等地,仅广东省对外投资企业数量占总数的22.1%;其次为浙江省、江苏省,分别占总数的11.9%和10.2%。

2017年末,中国企业在全球189个国家(地区)设立的境外企业接近4万家,较上年末增加2100多家,遍布全球超过80%的国家(地区)。中国在亚洲设立的境外企业数量最多,超过2.2万家,占投资境外企业总数的56.3%;其中,中国香港是中国投资境外企业最活跃的地区,设立的企业近1.2万家。其次是北美洲和欧洲,对外直接投资企业数量分别达到5900余家和4200余家,分别占总数的15.1%和10.7%。

(二)"走出去"企业对外投资经营特点

1. 对外投资区域分布不平衡,地域差异性明显

中国对外直接投资主要流向亚洲区域,其他区域的对外投资占比均低于10%,表现出极大的区域不平衡性(图7-2)。从变化趋势来看,从2007年到2017年11年间,中国对非洲的投资明显下降,转而流向以美国为代表的发达国家,其中,流向美国的对外直接投资从2007年的0.74%提升至2017年的4.06%,2016年一度达到8.66%。

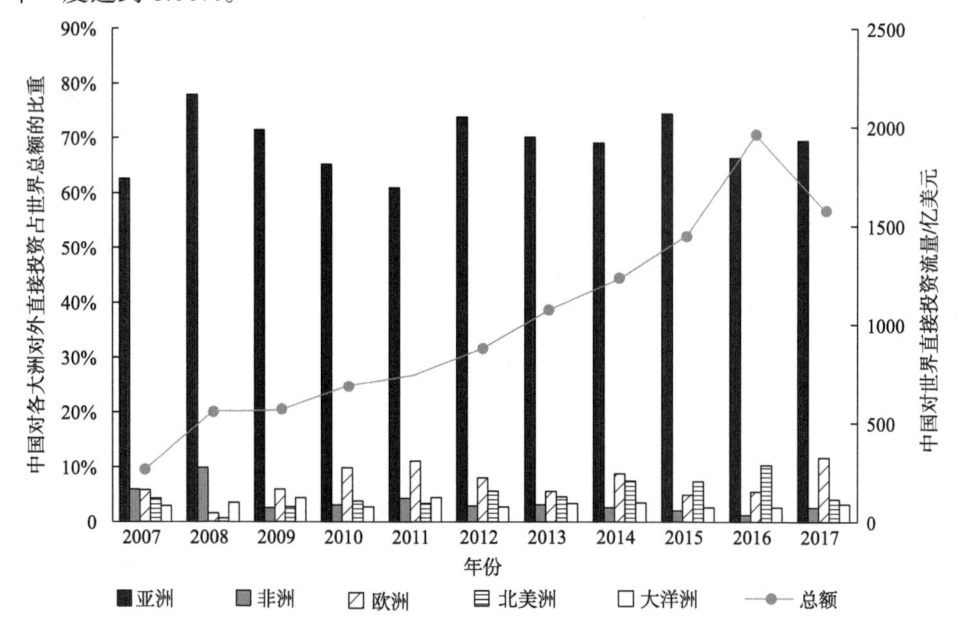

图7-2 2007~2017年分地区对外直接投资比重

2. 对外投资由传统行业向多领域发展，但仍主要集中在服务业

2017年，对外直接投资存量规模超过千亿美元的行业有6个，占中国对外直接投资存量的86.3%。从这6个行业历年对外直接投资流量来看，租赁和商务服务业的对外投资显著高于其他行业且增长速度较快，2017年有所回落；采矿业是对外直接投资的重点领域，然而自2013年后呈直线下降，2017年甚至出现负增长，相反，信息传输、计算机服务和软件业及制造业在2013年之后呈现快速上升趋势。在中国对外直接投资放缓的背景下，批发和零售业及金融业在2017年逆势上升。可以看出，随着中国向价值链的两端的攀升，中国对外直接投资的重心逐渐发生转移，从传统行业向多领域发展，租赁和商务服务业成为对外直接投资的新宠（图7-3）。

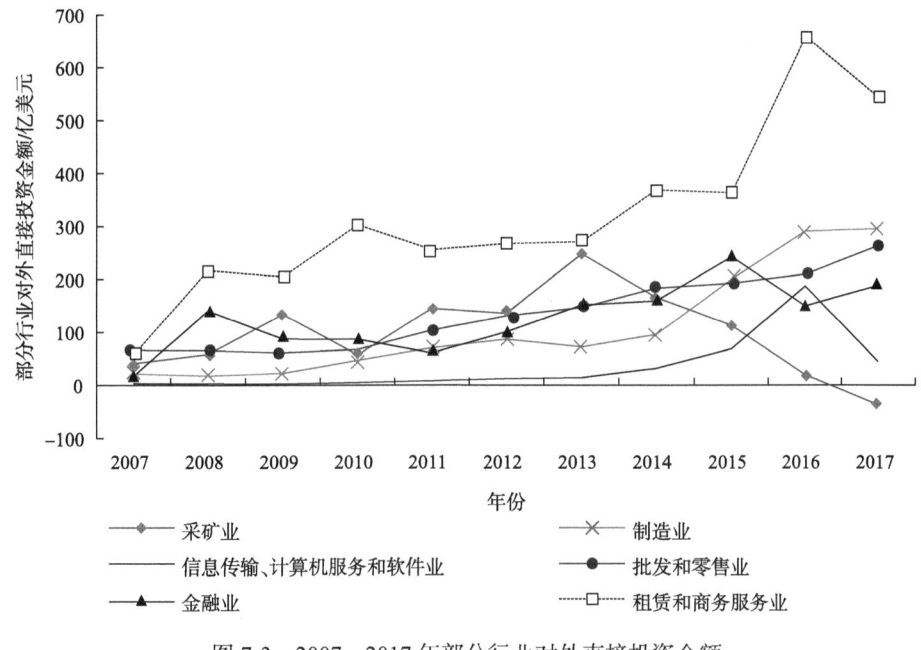

图 7-3 2007～2017 年部分行业对外直接投资金额

3. 地方企业对外投资的地位日趋凸显，北上广等东部地区是对外投资的主力

2007年，中央企业非金融类对外直接投资占非金融类对外直接投资总额的78.9%，而2017年这一比例则下降到了38.2%（图7-4）。11年间，地方企业发展迅速，对外直接投资踊跃，成为"走出去"的新兴力量。其中，地方企业主要来自北上广等东部地区，2007年，东部地区占地方投资流量的65.3%，截止到2017年，这一比例上升到74.5%。

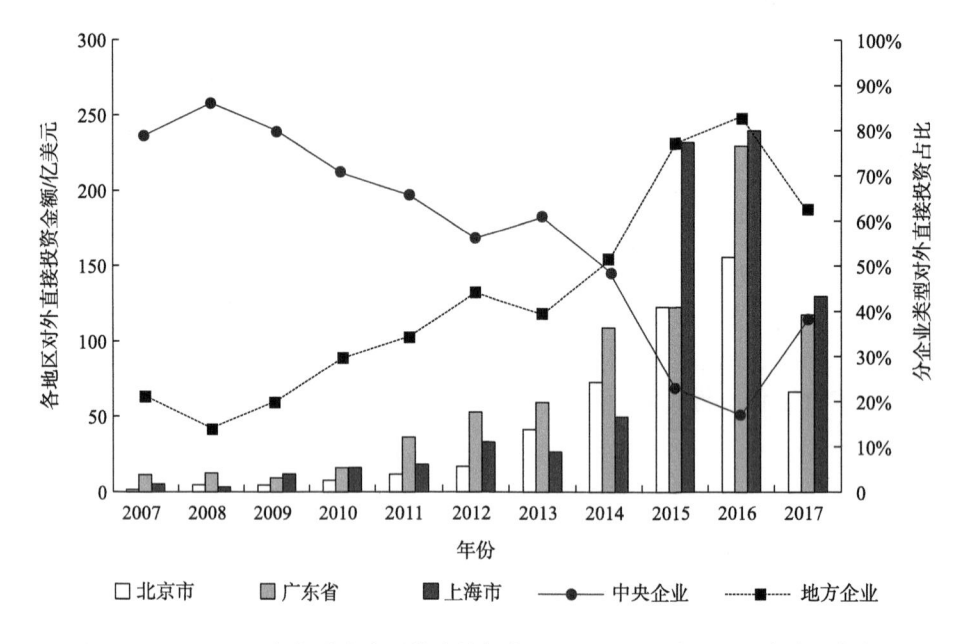

图 7-4　2007~2017 年部分省市对外直接投资金额及分企业类型对外直接投资占比

二、中国"走出去"企业对外承包工程经营趋势与特点

(一)"走出去"企业对外承包工程经营趋势

2003 年,中国对外承包工程业务完成营业额仅为 138.4 亿美元,同比增长 23.6%;新签合同额仅为 176.7 亿美元,同比增长 17.4%。经过 7 年的发展,到 2010 年,中国对外承包工程业务完成营业额逼近 1000 亿美元,新签合同额达到了 1344 亿美元。从变化趋势看(图 7-5),2003~2019 年,中国对外承包工程实现营业额和新签合同额增长率均呈现出"先增后减"的发展态势。2017 年,在"一带一路"倡议的带动下,中央企业和地方企业同步发力,地方优秀企业紧跟中央企业的步伐"联合出海",实际开展对外承包工程业务(申报有新签合同额和完成营业额)的企业达到了 1045 家,平均新签合同额和完成营业额分别为 2.54 亿美元和 1.61 亿美元,分别较 2016 年增长 10.0% 和 6.8%。

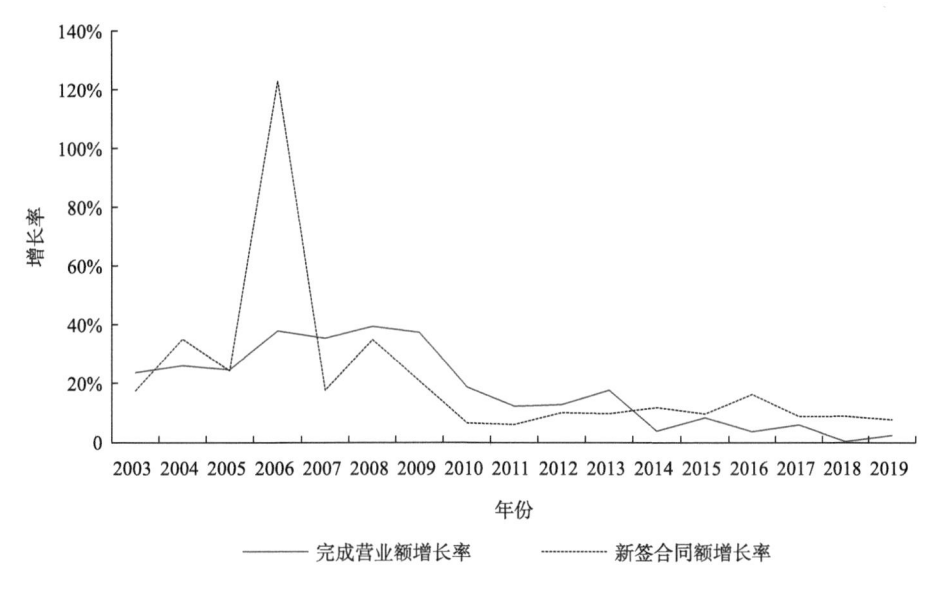

图 7-5　2003~2019 年中国对外承包工程营业额和新签合同额增长率

1. 企业所属省区市地区分布

从各省区市的情况看，2014 年至 2017 年，广东省、山东省、上海市、浙江省和江苏省位居完成营业额前五位；新签合同额中，湖北省代替浙江省位居前五，其他省市则保持不变。其中广东省连续多年在两项业务中均位居榜首，并保持着较大的领先优势。

2. 企业所属行业分布

根据业务统计，一般建筑领域参与企业数量最多，其次是交通运输建设和电力工程建设领域。2019 年中国对外承包工程前 20 家企业完成营业额从 2012 年的 5 366 451 万美元提升至 7 696 742 万美元，占全年的 44.52%，新签合同额则由 2012 年的 9 045 532 万美元提升至 16 058 600 万美元，占全年的 61.7%。

（二）"走出去"企业对外承包工程经营特点

1. "一带一路"沿线国家及亚洲市场业务快速增长，并逐步转向基础设施类领域

随着国内基础设施产业竞争力的显著提升，中国对外承包工程企业在该优势

领域的竞争优势更加明显。根据中国对外承包工程商会统计[①]，2017 年对外承包工程企业在"一带一路"沿线国家市场新签合同额 1443.2 亿美元，占同期新签合同额的 54.4%，完成额 855.3 亿美元，占同期总额的 50.7%，其中，交通运输建设、一般建筑、电力工程建设新签合同额占比达 67.4%。

2. 工程承包业务竞争趋向白热化，投资风险有所抬头

随着中国逐步深入国际市场，中国承包商在该业务的竞争中异军突起，与此同时，国际工程建设业务需求的下降也倒逼着国外承包商走出国门并参与国际竞争。加之国际工程承包工程项目的交易金额大，承建周期长，外部投资环境复杂多变，使得中国承包商面临的投资风险更为严峻。

三、"走出去"企业面临的机遇与挑战

（一）面临的机遇

1. 国内 COVID-19 疫情控制取得阶段性胜利，经济形势有所好转

2020 年，全球 COVID-19 疫情的肆虐加速了世界经济的衰退。然而，中国在疫情控制方面已取得阶段性胜利，宏观经济随之平稳向好，为中国企业开展国际投资合作提供了稳定、可靠的国内环境和信心支持。国家统计局数据显示，2020 年上半年 GDP 456 614 亿元，同比下降 1.6%；第二季度 GDP 250 110 亿元，同比增长 3.2%，环比增长 11.5%[②]。8 月份，工业生产复苏态势持续巩固，消费品行业有所恢复[③]，复工复产带来经济的逐渐复苏，微观主体活力持续释放，为国内企业"走出去"创造了良好的内部环境。

2. 新兴市场和发展中经济体合作机制务实推进

COVID-19 疫情的蔓延增加了全球经济的不确定性，单边主义和贸易保护主义进一步抬头，此时亟须各国凝聚共识，共同应对。2018 年以来，中国与其他金砖国家紧密合作，在落实已有成果基础上，积极探索新型经贸合作机制，共同反对贸易单边主义和贸易保护主义，在经贸领域达成一系列重要共识和成果，巩固了金砖国家经贸合作的势头和成效，为构建金砖国家贸易投资一体化大市场奠定

---

① 资料来源：《中国对外承包工程发展报告 2017-2018》。
② http://www.stats.gov.cn/tjsj/zxfb/202007/t20200717_1776516.html[2020-07-17]。
③ http://www.stats.gov.cn/tjsj/sjjd/202009/t20200915_1789595.html[2020-09-15]。

了良好基础,也为中国企业"走出去"提供了良好的外部环境。

3. "一带一路"建设的持续深入

"一带一路"倡议为中国企业"走出去"战略的实施提供了良好的政策导向和发展机遇,有力推进了中国企业"走出去"的步伐。根据商务部数据,2015年至2018年间,中国企业对"一带一路"沿线国家累计(非金融类)直接投资达601.7亿美元,年均投资额150.4亿美元;企业在"一带一路"沿线国家新签对外承包工程项目合同合计27 083份,新签合同额达4887.7亿美元,完成营业额3200.9亿美元[1]。

(二)面临的挑战

1. 宏观环境风险恶化增加跨国投资阻碍

当前,世界各国在政治互信、经济发展、社会安全等领域依然存在诸多差异,导致全球范围内的国际直接投资的不稳定因素加剧。尤其是美国带头挑起对中国等主要贸易伙伴的贸易战,破坏了全球价值链合作机制。IMF指出,全球经济增长和跨国投资的阻碍主要体现在:地缘政治局势紧张(尤其是美国和伊朗之间),部分国家社会动荡加剧;贸易保护主义抬头,逆全球化风向盛行;世界经济走势导致金融情绪快速转向,加剧金融风险;国家主义的再度兴起可能扭转全球化的进程。其他经济增长中的挑战还包括网络攻击、气候变化和自然灾害、人口结构变化、生产率增长减缓等[2]。

2. 发达国家投资审查趋严带来跨国投资壁垒

自2017年起,美国、英国、法国、德国、意大利、日本等发达国家对外商投资并购的监管措施更趋严格,给中国企业带来投资壁垒。根据UNCTAD的统计,全球在2017年新出台了18项旨在加强投资限制的监管措施,使中国在高科技领域的海外并购频频受阻,给企业带来时间和金钱上的巨大损失。美国FIRRMA的推进使得中国企业对美国投资的结果难以预测,CFIUS审核程序、出口管制、制裁制度等对中国"走出去"企业都形成了挑战[3]。

---

[1] 根据商务部数据计算而得。
[2] 根据《中国对外投资发展报告2018》《世界经济展望》(2020年1月)整理。
[3] 《中国对外投资发展报告2018》。

第二节　中国"走出去"企业海外经营不规范行为

企业在开展国际化经营过程中，若不能准确识别、评估潜在的合规风险，会造成实质性的财产损失和声誉损失。本节将结合《企业境外经营合规管理指引》，对我国"走出去"企业在对外投资领域和对外承包工程领域的海外经营不规范行为进行研究。

一、企业对外投资领域的不规范经营行为

《企业境外经营合规管理指引》规定企业开展境外投资，应全面掌握"市场准入、贸易管制、国家安全审查、行业监管、外汇管理、反垄断、反洗钱、反恐怖融资"等方面的具体要求。我国部分企业对外投资过程中过分注重短期利益，导致企业涉及当地的纠纷事件增多，这虽不是我国对外投资合作的主流，但若不给予重视，危害巨大。

（一）企业境外投资领域不规范经营行为的行业分布

采矿业、电力行业、房地产行业的"走出去"企业面临环境污染的问题。采矿业和电力行业本身就具有高污染的特性（如火电、钢铁、水泥、化工企业），同时部分企业环保意识淡漠，缺乏对东道国环境相关法规的了解，导致海外经营过程中容易面临环境污染责任风险，遭受直接的经济损失和声誉损失。而房地产行业涉及钢铁、水泥等高污染的制造业，占用较多社会资源，环境污染的排放问题一旦处理不当就会对当地的环境产生负面影响，给企业造成经济损失。

建筑业的"走出去"企业存在恶性竞争和腐败问题，特别是铁路、道路、隧道和桥梁工程等建筑行业。中国与全球化智库和社会科学文献出版社联合发布的《中国企业国际化报告（2014）》中提到，在参与海外基础设施等项目竞标时，会出现同时多家中国企业竞争的情况，一些企业为了得到订单，恶意降价，造成了不良影响。例如，我国某公司曾通过违规方式推动项目，由此引发外交干涉；类似的还有中国企业在国外市场大打价格战，或采用诋毁的方式破坏其他中国竞争对手的商

誉，严重损害了我国企业在国际市场的形象。同时，由恶性竞争产生的利益输送、海外行贿等行为也给中国企业的海外声誉带来巨大的负面影响。

采矿业、制造业、电力行业、房地产业的劳工权利问题不容忽视。采矿业、制造业的"走出去"企业需要重点面对的问题是不熟悉东道国工会组织运作模式、对东道国工会重视程度不够，从而与当地工会产生冲突，对中国企业的海外投资构成巨大挑战。而电力行业、房地产业的部分企业常常通过降低职工聘用标准和劳动报酬，延长工时来达到节省人力资源成本的目的。还有一些中国企业缺乏对国外劳工法中规定的最低工资标准、工资待遇等福利政策的了解，因此围绕劳工权利问题的劳工纠纷案件时有发生。

部分企业未正确履行法定程序。境外投资是一项高风险活动，在决策前需要根据国家的政策，正确执行一系列法定程序，包括投资项目报批、境外公司注册报批、跨境担保登记和外汇资金登记等。另外，"走出去"企业也要对东道国的法律法规做详尽的了解，充分考虑东道国的各项风险因素，以保证之后的投资和经营活动不会违背当地的法规要求。然而，部分"走出去"企业运行机制及内部管理存在缺陷，缺乏良好的现代公司治理机制，企业生产与发展缺少长远规划。例如，有些企业内部并未成立专门的国际项目部门，国外项目推进过程的所有问题均由董事长根据业务需要临时组织相关人员研究对策，缺乏详细的项目推进规划，导致未履行法定程序等不规范经营行为的发生。商务部境外投资抽查结果显示，境外投资企业未履行法定程序的不良行为记录包括"境外企业未落实人员和财产安全防范措施、建设突发事件预警机制和应急预案""境外企业未按规定及时向驻外（使）领馆（经商处室）报到登记""境外企业的境内投资主体未按规定报告境外投资业务情况和统计资料"等（表7-1）。此外，我国目前在商务服务业的各类标准均未与国际标准实现对接，且与国际先进体系相比，行业整体标准化水平较低，导致国内企业无法得到国际认可，难以对外拓展业务。

表7-1 境外投资领域不良行为记录（部分）

年份	企业	检查结果
2017	A	境外企业未落实人员和财产安全防范措施、建设突发事件预警机制和应急预案；境外企业未按规定及时向驻外（使）领馆（经商处室）报到登记；境外企业的境内投资主体未按规定报告境外投资业务情况和统计资料
	B	境外企业未按规定及时向驻外（使）领馆（经商处室）报到登记；境外企业的境内投资主体未按规定报告境外投资业务情况和统计资料

续表

年份	企业	检查结果
2018	C	境外企业未按规定及时向驻外（使）领馆（经商处室）报到登记；境外企业的境内投资主体未按规定报告境外投资业务情况和统计资料
	D	境外企业的境内投资主体未按规定报告境外投资业务情况和统计资料
	E	境外企业未按规定及时向驻外（使）领馆（经商处室）报到登记
2019	F	境外企业未按规定及时向驻外（使）领馆（经商处室）报到登记；根据管理需要确定的其他事项；未履行报到登记，正在补报
	G	境外企业未按规定及时向驻外（使）领馆（经商处室）报到登记

资料来源：商务部"走出去"公共服务平台

（二）企业对外投资领域不规范经营行为的国家分布

企业对澳大利亚的投资项目未正确履行法定程序。2006 年，某公司以 4.15 亿美元全资购得共 20 亿吨磁铁矿的开采权。当时该企业没有进行详细的尽职调查，项目最初的设计方案在施工过程中被迫根据当地实际施工环境改变，如受制于澳大利亚的就业限制和劳工政策，从中国输送技术人员的设想改为将合同外包给西澳本地公司承做，极大地推高了项目的成本，而原始方案的变更则导致项目投产期一再延迟。

企业在"一带一路"沿线地区的投资忽视环境问题。"一带一路"沿线部分国家具有自然资源丰富、生态环境较为脆弱等地缘特点，而我国境外投资实行长期开发新模式，可能给当地生态环境造成一定压力，存在着较高的环境规制风险（孙佑海，2017）。20 世纪 90 年代，某公司因向大海倾倒废水等行为违反当地环保法规，受到多次罚款（韩秀丽，2018）。2006 年，某公司在加蓬的项目在环境影响评估尚未取得加蓬环境部批准的情况下，便进行石油生产，造成大规模环境污染。2011 年，某公司的秘鲁里奥布兰科矿因没有披露重大环境风险而受到当地环保机构的处罚。2014 年，某公司在秘鲁的特罗莫克铜矿同样也违背了当地的环境法律，因向当地湖泊排放含有酸性污染物的废料而被责令暂停生产。

企业在发达国家和亚非拉地区的投资存在恶性竞争和腐败问题。反腐败是各国立法和执法的重点，特别是发达国家均制定了国内的反腐败法律，预防和处罚措施并重。例如，美国《反海外腐败法》和英国《反贿赂法案》以其宽泛的域外执行效力及严厉的处罚措施而引起世界众多跨国企业关注，联合国等国际组织也在不断加大反腐力度，实施《联合国反腐败公约》等多项法规。但我国企业对于东道国反腐败法律制度的变化，仍缺乏足够的认识和理解，部分企业在海外扩张的投资中，不吝惜国内资产，向国外政府官员行贿以牟取不正当利益，不仅扰乱了国际经济秩序，也损害了本国的政治经济形象。亚非拉国家往往关注投资过程中的价格问题，更倾向于接受便宜的项目，因此中国企业在亚非拉国家投资容易出现低价竞争的问题。比如，在巴西高铁的竞标中，有两个国内公司互相竞争，一公司以低于另一公司30%的价格恶意夺标。在沙特阿拉伯某水泥窑余热发电项目竞争中，某公司采取不断压低竞标价格的方式获得该项目，但是过低的中标价格造成企业的抗风险能力不足，导致在项目后期出现亏损。

二、企业对外承包工程领域的不规范经营行为

改革开放以来，中国对外承包工程领域保持了较好的发展，规模持续增长，2019年，对外承包工程新签合同额已达2602.5亿美元，逐渐引起了国际社会对中国企业对外承包工程合规运营的重视。然而，中国企业的合规管理意识远远落后于对外承包工程的发展，未能遵守经营管理体系、不合规诚信经营、未能全面履行社会责任导致一些不合规案件发生。

（一）企业对外承包工程领域不规范经营行为的行业分布

电力、光伏、水利、交通建设、采掘等行业的项目未能遵守经营管理体系。为了保证对外承包工程的质量，商务部联合省级商务主管部门开展了随机抽查工作，以商务部的抽查结果为例，2017~2018年和2019年上半年，共抽查140家企业的承包项目，其中需整改企业25家。2017年有4家企业及其承包项目未通过抽查，原因均为"未按相关规定足额缴纳备用金"；2018年有2家企业及其承包项目未通过抽查，原因为"未及时报送统计资料""未及时向项目所在地使馆经商处报告业务开展情况"；2019年有19家企业因"对外承包工程企业未及时报告业务开展情况""未中标后未及时更改项目进展状态""未足额缴纳劳务备用金"等行为被勒令整改。抽检不合格的项目大多为路桥修建、能源建设项目建筑工程，涉及电力、光伏、水利、交通建设、采掘等行业，与我国企业对外承包工程的行业分布大体一致。

电力、水利、基础设施建设等行业的项目不合规诚信经营、未能全面履行社会责任。对于经营行为严重不规范的企业，商务部联合相关部门制定了《对外投资合作和对外贸易领域不良信用记录试行办法》，并公示在对外投资合作过程中出现重大不规范行为的企业。截至2019年末已公示不良行为信息10起，其中涉及对外承包工程企业经营行为不规范的记录6条，不规范行为涵盖了不合规诚信经

营及未能全面履行社会责任两方面，包括企业提交虚假信息，进行不正当竞争以获取项目承包、分包权；已获得承包权、分包权的企业未向相关部门备案；不具备承包工程资格的企业，擅自分包建设项目；忽视安全生产工作；拖欠工人工资，侵害工人权益等。

部分企业的对外承包工程项目存在欺诈或腐败问题。根据世界银行公布的被制裁的公司及个人黑名单，2019 年有 864 家中国企业在参与世界银行资助的项目时[①]，因为涉嫌欺诈和贿赂等不规范经营行为而被要求在一定期限内禁止参与世界银行工程项目投标。2010 年，中国被世界银行制裁的企业仅 4 家。在制裁期间，这些企业的母公司、子公司、关联公司、继任公司会被连带取消资格，如果制裁时间超过一年，将无法参与由亚洲开发银行、美洲开发银行等国际多边开发银行资助的项目。

（二）企业对外承包工程领域不规范经营行为的国家分布

目前，我国企业对外承包工程的不合规现象仍然较为严重。根据商务部的抽查结果，在遵守经营管理体系方面不合规的企业所承接的项目主要分布在非洲、东南亚和南美发展中国家。不合规的原因也基本相同，即"对外承包工程企业未及时报告业务开展情况""未中标后未及时更改项目进展状态"。根据《国务院关于修改和废止部分行政法规的决定》《国务院关于取消一批行政许可事项的决定》和《商务部办公厅关于做好对外承包工程项目备案管理的通知》，对外承包工程企业须每 2 个月在对外承包工程数据库系统中更新备案项目的后续状态，而被抽查不合规的企业在对外承包工程中仍然缺少遵守国内法律法规和及时向政府有关部门汇报情况的意识。此外，不合规诚信经营、未能全面履行社会责任的项目大多集中在非洲、中东地区。

第三节　海外经营不规范因素分析

随着改革开放"走出去"战略及"一带一路"倡议的相继提出和发展，企业海外投资步伐逐步加快，更多企业选择海外经营方式来拓宽业务范围和扩大发展规模。截至 2018 年末，我国共 2.7 万家境内投资者在全球 188 个国家和地

---

① 项目招标和建设过程中。

区开设 4.3 万家海外分公司，总投资额 6.6 万亿美元，带动对外直接投资存量上升至 19 822.7 亿美元。中国对外直接投资存量地区分布情况方面，亚洲（12 761.4 亿美元）、拉丁美洲（4067.7 亿美元）与欧洲（1128 亿美元）分列前三，占比总和达到 90.6%。

然而，随着我国企业海外经营活动的日益频繁，一系列不规范的经营行为陆续出现，在耽误项目进度、损害企业利润的同时，也影响了企业的海外形象。因此，对可能造成我国企业海外经营不规范的因素进行分析，具有重要的现实意义。

一、国际因素分析

我国与东道国之间在国家性质、法律法规、经济发展和文化制度等方面的差异及国际规则和贸易保护主义共同构成了我国企业在海外经营过程中出现不规范经营行为的国际因素。

（一）法律法规因素

法律法规是规范企业经营行为的重要因素。在遵守我国相关法律法规的同时，对当地法律法规的了解与遵守程度成为影响海外经营规范程度的重要因素。若因对东道国法律法规不够了解，无意间触碰当地法律红线，构成不合规行为，将会给企业造成巨大损失。

跨国企业不仅要遵守东道国相关法律法规，也要对各国际组织的规章制度有所了解并严格遵守（如联合国、WTO、IMF、世界银行、亚洲开发银行、世界卫生组织等国际机构的标准、规则）。若企业在海外经营过程中违背了相应的规章制度，对企业和国家都会带来负面影响。例如，2015 年有两家公司因违反国际法规，不仅自身被国际组织列入黑名单，更损害了国家形象，给我国企业未来的对外直接投资行为增添了难度。

综上所述，跨国企业对相关法律法规或规章制度的详尽了解，是中国企业实现海外合规经营的重要条件。

（二）经济发展因素

作为企业经营过程中的外部环境，东道国的经济发展程度对企业经营行为同样具有重要影响。与我国比较而言，许多经济实力较弱的国家具有经济市场发展速度较慢、整体市场化水平较低、监管制度不够完善和监管力度不足等问题，从而容易驱使某些自律程度不足的跨国企业越过红线，实施不合规行为。例如，有两个公司在无经营许可的前提下，分别于俄罗斯和尼日利亚雇用劳工开展建筑工作，在损害了企业和国家形象的同时，也严重侵害了工人和当地企业权益。究其原因，主要是我国和东道国的监管力度不足及企业自身自律能力较差。

与此同时，我国跨国企业为了赢得项目，在许多市场机制不健全、项目利润较高的行业中，进行行贿、欺诈等严重不合规行为。2012年有12家中国企业被列入世界银行企业黑名单；2017年8月，非洲某国原矿业部长因接受两家中国企业850万美元贿赂被纽约法院判刑。

不难看出，由经济发展因素诱导的一系列恶劣的不合规经营行为，不仅直接影响了企业的竞争力，更使得企业、国家声誉受损，大大降低了企业长期发展的潜力，使得企业之后的海外业务开展难度剧增。

（三）文化差异因素

由于企业的跨国经营兼具经济活动和社会文化活动的特性，企业在经营过程中不可避免地会与当地人民、社会发生文化碰撞。若企业未提前对员工进行积极充分的培训教育，在对东道国语言、文化、宗教信仰和价值观等方面缺乏了解和认识的前提下，原本的管理方法和员工交流模式可能会无意间触犯当地习俗，发生劳工纠纷，进而转化为企业与当地政府、社会民众的矛盾，影响企业内部管理，逐步演化出不合规经营的问题。以中国投资肯尼亚的跨国企业为例，多数中国企业对肯尼亚劳工法不熟悉，不了解劳工法中最低工资标准、工资待遇和福利等规定，极易与当地劳工发生纠纷，甚至触犯法律。肯尼亚劳工部统计数据显示，工作时间过长、工资较低及发放不及时、种族歧视等都是当地员工普遍抱怨的问题。同样的事情也发生在美国，2017年6月，《纽约时报》报道了某公司在美国俄亥俄州工厂遭遇的一系列由文化冲突引起的纠纷，被解雇的美国籍前总裁和副总裁以欺诈、违约、诽谤和歧视为由对该公司提起诉讼。

因此，文化冲突问题不仅会造成企业不合规经营，阻碍企业开拓市场的脚步，更会使东道国居民对我国企业产生误解，将之归结为不可调和、不可解决的文化矛盾，进一步激化双方的文化冲突。

（四）保护主义因素

除了上述因素外，影响我国跨国企业不规范经营行为的最重要因素，是各东道国开展的贸易保护主义。2018年，美国以"301条款"调查开始对中国出口商品进行征税，开展一系列贸易保护主义措施；2019年，美国国际贸易委员会共立案"337调查"47起,其中涉华案件28起,占立案总数的59.57%,创19年来新高。而每年全球针对我国的反倾销、反补贴调查数量也长期居高不下。

贸易保护主义与不合规行为的关系在贸易救济①案件数量上可以看出。中国贸易救济信息网公布的统计数据显示,1995年至2019年全球发起的贸易救济案件中,反倾销案件总计5442起,中国1404起;反补贴案件550起,中国169起。此外,我国还涉及保障措施342起,特别保障措施89起。从全球立案数来看,整体波动程度较大,伴随着2008年金融危机的爆发,贸易救济立案数量开始小幅上涨,直至2016年到达进入21世纪后的第一个峰值(336例)。

1995~2019年涉华立案数量总体上呈现出上升态势。虽然2001~2007年全球立案总数呈下降趋势,但是涉华立案数量却不降反升。随后,金融危机使得立案数量均呈现出短暂的回升,相应的涉华案件总量也迎来第一个峰值(123例)。至此之后经历大幅回落,从2010年到2019年一直保持着平缓的增长态势,总体数量保持在100起左右。

从行业分布来看,反倾销案件主要分布于化学原料和制品工业、金属制品工业、钢铁工业、非金属制品工业、纺织工业、电气工业等。其中,化学原料和制品工业、金属制品工业及钢铁工业三大行业的反倾销数位居前三,总占比接近50%(图7-6)。

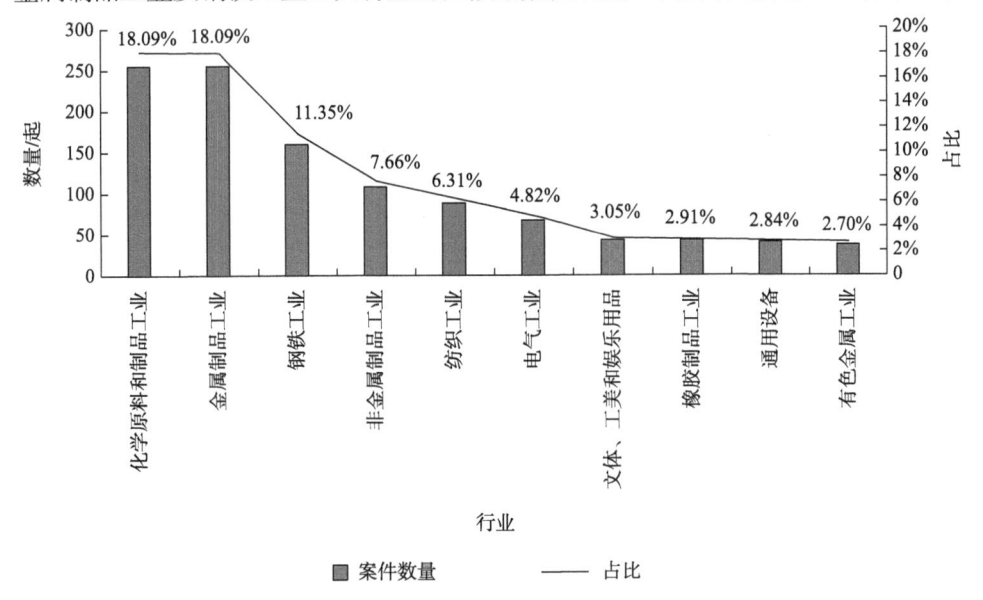

图7-6 1995~2019年全球对我国反倾销案件数量主要行业分布

---

① 贸易救济是指一国在开展对外贸易的过程中给予企业的一种解决不公平进口及过量进口问题的救济手段,包括反倾销、反补贴、保障措施及特别保障措施四类。

和反倾销相似，反补贴案件同样多集中在金属制品工业、钢铁工业、化学原料和制品工业、非金属制品工业、橡胶制品工业、造纸工业等。金属制品工业、钢铁工业、化学原料和制品工业三大行业占比总和甚至达到近六成（图 7-7）。

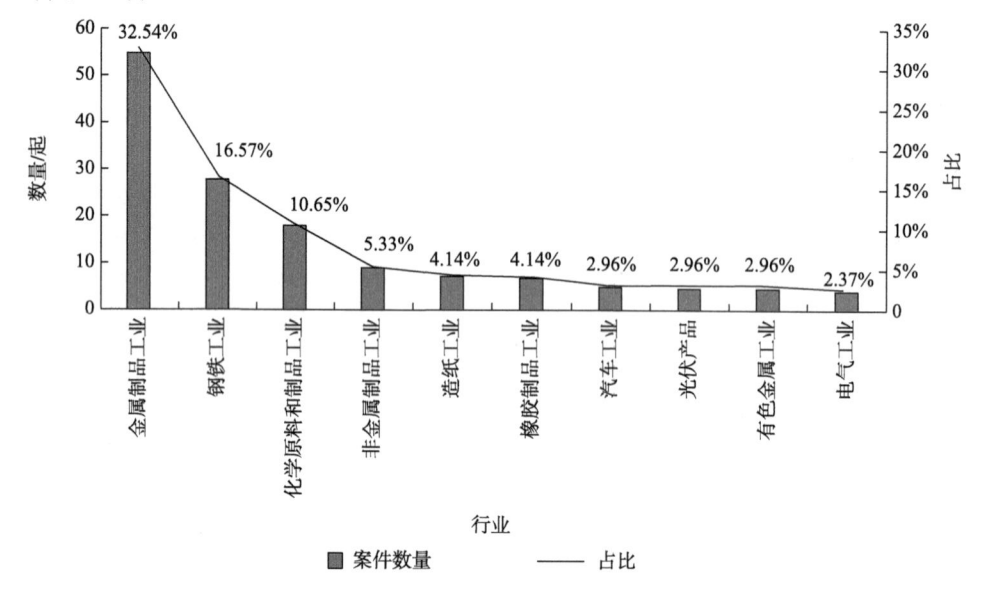

图 7-7 2010~2019 年全球对我国反补贴案件数量主要行业分布

可以看出，针对中国的贸易保护主义仍然长期存在，由此带来的不规范经营行为既妨碍了企业正常经营秩序，也损害了我国国际形象。因此，近些年我国相继出台了《企业境外经营合规管理指引》等政策，对企业海外经营要求更加严格，涉华立案数量也逐年呈现下降趋势，即便在国际上贸易保护主义不断升温，贸易保护主义终究无法阻挡我国企业"走出去"的强劲发展势头。

二、国内因素分析

近年来，中国企业虽借助劳动力禀赋优势及政策红利积极开拓海外市场，但其"生于国内、长于国内"的企业经营特征导致企业深受中国本土法律、制度、市场环境等因素影响。这种中国模式会形成一种行为惯性，在东道国的生产经营过程中与海外市场、制度及规则等产生诸多不匹配问题，导致中国企业的海外经营行为不规范。

（一）法律特征

从宏观法系来看，中国的法律体系是具备大陆法系特点的中国特色法律体系。而与国内法律不同，中国企业海外经营的主要目的国——美国、英国、加拿大、澳大利亚及新加坡等国家所使用的法律体系为英美法系。这导致中国企业在美国、加拿大及英国等传统贸易强国境内开展生产经营业务时显露出诸多不适。以知识产权法为例，中国近代以来的知识产权保护始终落后于西方，国内相对薄弱的法律发展程度导致国内市场长期存在不规范行为，近年来中国国内市场假冒伪劣商品的流通现象突出、性质恶劣，盗版、翻版问题严重正是这一不足的直接写照。形成此类经营习惯的中国企业一旦入驻海外市场，面对法律规范、执法严谨的海外力量时，便会显露出诸多蹩脚弊端，滋生法律纠纷。

（二）市场特征

中国近年来抓住改革开放的伟大契机，开辟出中华民族伟大复兴的新征途，但仍未改变中国是发展中国家的这一基本事实，人均 GDP 与发达国家差距明显，国内市场需求巨大但质量不高，造成中国企业生产产品所依靠的市场标准、需求标准均普遍偏低，难以达到发达国家市场需求标准。市场特征差异导致的企业不规范行为突出表现为近年来中国企业在对外贸易过程中经常面临产品质量不达标控诉，出口产品遭受频繁的退运、召回、通报等问题。根据国家质量监督检验检疫总局 2018 年发布的数据，2017 年中国出口商品不合格检出率高达 27.9%，充电宝、摩托车、玩具等消费类商品不合格检出率甚至高达 65.1%、20.8%和 24.6%。

（三）环保特征

除法律和市场特征外，中国在经济发展过程中曾出现较长时期的轻视环境保护的问题，企业排污排废不达标、不规范，经济发展不可持续的问题突出。中国长期形成的非环保意识已经深深扎根于国内企业生产经营中，企业为了降低成本长期控制环保投入，而地方政府对于经济增长的重视程度远超环保问题也从侧面加剧了这一违规行为。各种因素的多方面作用下，企业长久以来形成的非环保行为根深蒂固，传导至企业海外生产经营活动中，最终导致企业海外生产经营不规范。

三、企业自身因素

国外和国内因素是中国企业"走出去"所需要面对的经济大环境，而企业内部经营和管理往往才是决定企业发展的重中之重，在中国企业海外经营不规范问题日益突显的今天，从企业自身因素分析企业跨国经营问题往往更为关键。

（一）经营目的单一

经济利益、战略资产、市场扩张及自然资源等诸多因素都会对中国企业的海外经营造成影响。但中国企业对海外自然资源、战略资产等敏感性资源的策略性占有往往容易引起东道国的怀疑与抵制。企业过于单一的海外经营目的也不利于形成企业长远发展的导向。

（二）专业化人才欠缺，智力支持不足

中国多数企业仍处于发展的成长阶段，缺少对东道国的文化背景、法律体系等深入了解的国际复合型人才，因而，企业制定的海外市场经营策略可能不符合当地相关要求。创新能力与水平往往被跨国企业视为竞争的焦点，研发人才的匮乏将直接导致企业自主研发水平较低，而中国企业通过并购以弥补自身技术创新水平上不足的行为，又极易被东道国视为破坏竞争规则的不规范经营。

（三）利益追求方式错误，决策盲目

某些中国企业海外经营过程中，企图利用欺诈和贿赂等方式获取便利，或者相互压价，恶性竞争。这不仅使企业在短期经营中受挫，陷入竞争中的不利地位，还会给企业声誉造成严重的负面影响，影响企业的长期发展。除此之外，另有一些企业在追求利益的过程中带有较强的盲目性，其进行海外投资的决定并非基于理性思考，他们对海外投资的风险评估往往不到位，对自身条件的认识也不够清晰，缺少对企业发展的长远规划，以至于在面对问题时措手不及，不可避免地产生经营不规范的问题。

（四）责任意识淡薄

中国部分"走出去"企业存在环保意识不足和责任意识欠缺的问题，将社会责任视为拖拽企业发展步伐的沉重包袱，为追求经济利益不惜破坏环境，这不仅触犯了东道国的法律，也破坏了企业的形象及声誉，断送了企业未来可持续发展

的可能。此外，虽然越来越多的企业愈发重视海外投资中的劳工权益保护，但一些企业的劳动合同仍存在一定程度的不规范问题，容易引发包括最低工资保障标准偏低、拖欠工资、过度加班、工作环境欠佳、保护措施不到位等劳动争议，导致企业陷入海外经营不规范的纠纷。

（五）海外投资经验不丰富，缺少联系与合作

由于中国企业对外直接投资仍处于初级阶段，许多企业均缺少相关经验，运用政府力量保护企业"走出去"的经验也并不充足，因而，只凭借本企业人才对海外投资环境及状况的认识进行投资本就存在一定的风险，加上一些企业习惯于孤身作战、单打独斗，不理会"抱团出海"的有效建议，与东道国企业也缺乏联系和合作，在走向海外的过程中便难免会出现"水土不服"的反应。

（六）企业治理体系不完善

许多企业虽然懂得在"走出去"前对海外市场的政治、环境、文化、语言等做充分的调研，但对合规经营的管理较为零散，缺乏完善的治理体系和风险预警机制。例如，从公司的治理结构来看，一些企业并未聘用专员或设立专项部门负责企业海外市场的合规经营，如设立首席道德与合规官或首席合规官，并整合相关业务形成能够体系化运行的部门，承担合规政策制定及后续的管理与监督工作，保障合规管理运行机制整体上的流畅性。另外，海外合规文化并未浸入治理体系，员工思想、管理制度、奖惩机制等防线上还存在漏洞，这些最终都有可能成为导致海外经营不规范的"蚁穴"。

第四节 "走出去"企业规范经营的案例分析

一、成功案例

（一）中远集团"走出去"[①]

中国远洋运输（集团）总公司（以下简称中远集团）于1961年成立，主营业

---

① http://fec.mofcom.gov.cn/article/ywzn/xgzx/zlyj/201511/20151101187212.shtml[2020-11-01]。

务包括国际航运、物流码头和船舶修造等。截至 2011 年 12 月，该公司的分支机构遍布 50 多个国家和地区，航线遍及世界 160 多个国家和地区的 1500 多个港口（中国远洋运输（集团）总公司，2011），拥有并经营着 800 多艘远洋船舶，船队规模全球第二，形成了以中国香港、欧洲、美洲、新加坡、日本、澳大利亚、韩国、非洲和西亚 9 个区域为辐射点，网点遍及全球主要港口的国内外经营体系。中远集团一半以上的资产、收入和效益来源于海外企业，在企业"走出去"的过程中，该公司本着规范经营的目标，在实践中不断转危为机，实现了业务与口碑的双丰收。

中远集团通过自身努力打破了贸易壁垒。早在 20 世纪 90 年代，中远集团就面临被美国列入"受控承运人"歧视名单的困境，竞争环境极度不利。该公司曾被美国议员公开指责为"间谍基地"，并被列入《考克斯报告》，影响了其正常租用美国长滩集装箱码头的商业行为。但中远集团并未因此停止其业务，而是通过采取一系列措施，主动与美国议员、政府官员和美国主流媒体进行沟通，并积极开展公关活动去影响美国公众，逐渐改变其对中国及中国企业的看法，转向支持中美两国海运谈判，最终也使美国政府修改了相关政策。到 2004 年 4 月 1 日，中国航运公司终于摆脱了困扰其多年的"受控承运人"问题。经过不懈努力，短短十年间，中远集团不仅收获了节节攀升的在美港口吞吐量和利润，也使美国人对其的看法由偏见和误解转变为尊重和欢迎。

中远集团通过构建价值认同，实现互利共赢。2002 年，美国波士顿港受国际航运市场不景气的影响陷入可能关闭的危机，失业风险也可能因此降临在 9000 名码头工人身上。中远集团收到马萨诸塞州长邀请后实地调研，决定将该港作为其挂靠港，以保障这些工人的工作。2009 年，中远集团参与比雷埃夫斯港口私有化，到 2017 年底，该公司对当地的直接经济贡献达到了 7 亿欧元，为当地提供直接和间接工作岗位 2600 个和 8000 多个。同样在日、韩、阿拉伯、欧洲等国家和地区，中远集团都坚持将诚信作为其经营之本，通过构建价值认同获得了其他国家的尊重。

中远集团通过资源整合，形成合力。中远集团自 2004 年起每年都会举办国际海运（中国）年会，与其共同举办的还有英国德鲁里航运咨询公司和美国商务日报等国内外企业。2007 年，中远集团邀请巴拿马运河管理委员会成员到中国参加"巴拿马海运日"，当时我国政府与巴拿马政府还没有正式的交流途径。在活动期间，巴拿马运河管理委员会成员与中国各界人士进行了广泛交谈，切身感受到了中国人民的友善，体会到了中国发展取得的伟大成就。这些活动都是资源整合的成功尝试，不仅促成了全球海运业及相关产业形成发展合力，而且增强了中远集团及中国航运业在国际上的话语权，提高了中国港航企业在国际上的影响力。

中远集团通过主导创新，提升国际竞争力。企业"走出去"的必由之路少不了模式创新、技术创新。中远集团每年都投入大量的资金用于创新,被国家列入了创新型企业名单。例如,其主导研发的第六代超深水半潜式钻井平台"创新者"号,拥有多项自主创新和建造技术,展现了中远集团强大的创新能力。中远集团通过不断引进先进技术和高端人才,成功涉足曾被外国人拒之门外的世界码头经营领域。截至2022年1月,以总吞吐量计,中远海运已成为全球第一大码头运营商,其国际竞争力不断提升。

(二)英特尔公司的在华经营

英特尔成立于1968年,是美国一家以中央处理器(central processing unit, CPU)研制为主的公司,是全球最大的CPU和个人计算机零件制造商,长期作为市场领导者引领产品创新与行业发展。随着电脑和网络的日益普及,英特尔成了世界上最大的设计并生产半导体的公司,旨在为计算机制造提供微处理器、芯片组等集成模块,为互联网经济提供客户机、服务器等服务模块。2018年,英特尔营业额627亿美元,雇员107 400人,市值2314亿美元,在2018年《财富》全球500强企业排行榜中位列第146位。英特尔认为在良好的透明度、规范的公司治理并遵循商业道德的前提下长期坚持履行企业社会责任,并积极推动可持续发展,有助于其降低风险和成本并拓宽未来市场,创造更多的价值。

信息披露的公开透明是英特尔公司规范经营的重要体现。2007年8月27日,英特尔发布《英特尔2006年企业责任报告》,并在此之后坚持每年披露企业履行社会责任的各种信息。该报告包括企业在全球及东道国的经济、环境可持续、责任供应链、多元化和包容性及社会影响力等方面的数据,并清晰记录了企业参与的各项社会活动,同时在以英特尔为中心的供应链中,联系上下游企业,与供应链中的企业合作履行更多的社会责任。英特尔在带动整个行业更加积极履行社会责任的同时,也更加深入地融入了当地市场的供应链。

英特尔视推动科学技术发展为其重要使命。它通过将技术带入东道国,提高了企业在当地的认可度,也为在东道国市场形成配套的产业链提供了土壤。1998年11月,英特尔中国研究中心(Intel China Research Center, ICRC)成立,主要作用在于进行计算机的未来应用和产品研发。2002年10月,亚太区应用设计中心(Application Development Center, ADC)成立,主要作用在于为中国从事计算和通信行业的厂商提供顶尖的设计与校验服务,并帮助他们开发出更能满足顾客需求的产品。在此之后,英特尔在中国设立多所实验室和工厂,推广先进计算机技术,支持高校进行计算机技术的科学研究。英特尔的投资所带来的技术外溢,有助于我国互联网技术的快速发展。

英特尔植根当地,与东道国政策互动紧密。1985~2020年,英特尔多次响应中国政府的政策和号召,树立了良好的企业形象。2006年10月30日,英特尔推出"世界齐步走,建设新农村"计划来响应中国政府建设新农村的号召,以期用信息技术来改善农民的生活。随后,英特尔联合教育部,宣布启动"共创未来教育计划",还对国内高校的100多个联合研究项目进行了资助,对100所国内高校的实验室进行了创建,并提供1万多台个人电脑给中国农村学校,以培养我国青少年对计算机及信息通信技术的兴趣,为未来的互联网经济发展培养人才。2018年12月,英特尔FPGA[①]中国创新中心在重庆成立,集聚各方产业资源,并加速以FPGA为核心的科技创新和人才培养,使得中国FPGA创新生态得以健康发展。面向2020年东京奥运会和2022年北京冬奥会,2019年9月英特尔宣布将与阿里云计算有限公司在3608KVR、3D数字孪生、云转播等领域密切进行合作。英特尔公司积极响应中国政府的政策、规划,将自身的技术优势与中国的社会经济发展相结合,在助力中国信息通信技术发展的同时实现了规范化经营,获得了中国各界的普遍赞誉。

英特尔积极参与环境保护,推动可持续发展。2018年,英特尔大连工厂水资源利用量约810.1万吨,处理量744.9万吨,循环利用量256.5万吨,循环利用率约为31.7%。此外,英特尔1740万平方英尺的建筑面积获得了能源与环境设计认证,约占总运营面积的26%,处于领先水平。英特尔还注重绿色能源的使用并加强了无害废弃物的回收利用,2018年英特尔成都工厂的一般工业废弃物回收利用率超过90%,危险废物填埋处置率低于1%。英特尔公司在中国响应政府可持续发展的号召,通过商业智慧来建设推广一个科学、健康的社会发展生态系统,与中国政府和供应链上下游的企业群策群力,共同解决社会问题,同时取得了商业上的成功。

二、失败案例

(一)中国某矿业投资项目前期遇挫

中国某公司投资缅甸铜矿停工事件是中国企业海外经营不规范导致项目前期经历挫败的典型案例。该铜矿是中缅两国的重点合作项目。然而建设初期,该项目就经历了多次停工、复工的波折,使中国企业蒙受了巨大的损失。

企业多方沟通的意识欠缺,文化了解不到位。虽然该项目是中缅两国重点合作项目,深受政府重视,但中方企业在进入东道国后却只注重同政府打交道而忽

[①] FPGA: field programmable gate array,现场可编程门阵列。

视了与当地民众的沟通。一方面，缺少沟通导致项目透明度降低，易触发当地民众对项目生产过程安全程度及生态环境影响程度的担忧，在项目开始后容易引起当地居民的抗议和不满。另一方面，企业未和当地居民就搬迁和土地补偿事项沟通妥当就开始施工，未充分考虑当地民众利益的做法极易激起抵触情绪。2012年6月，项目就因部分村民不满土地赔偿金而遭到反对，致使被迫停工，此次停工时间长达3个月。中国企业在境外投资经营过程中，尤其在经济欠发达的国家投资时，可能会忽视同当地民众和民间组织间的沟通，漠视当地文化，为项目运行埋下巨大的隐患。

东道国法制渐趋完善，跨国公司粗放经营难以为继。在2010年政治转型前，缅甸是一个长期由军人政权统治的国家，专制、集权使得社会民主力量难以发声，日益突出的环境问题始终得不到重视。已有的环保部门鲜有作为，相关的环境法律和政策也不够完善，当地政府为发展经济而牺牲环境、侵害劳动者权益的行为会使得一些跨国公司在当地更加肆意妄为。2010年新政府上台后，从中央到地方的环境管理开始加强，民众的环保意识不断提高，2012年3月缅甸《环境保护法》也正式颁布。自此，跨国公司对生态环境造成的破坏不再被姑息。2012年11月，当地居民和环保组织展开大规模抗议，投诉中国企业破坏当地环境、攫取资源等，迫使铜矿的建设工作全面中断，停工期间，该公司每月的损失高达200万美元。

企业社会责任意识不强。生态环境保护、安全生产、产品质量与安全保障、劳工关系改善、反腐败等都是企业社会责任系统的组成部分，这些不仅需要法律的约束和社会的监督，而且需要依靠企业的自觉和自我管理。项目运营过程中，该公司不仅没有采取事前的环境防治措施，也未及时解决由其造成的环境污染问题。工厂开放式开采造成的多种污染损害了当地居民的身心健康，矿区令人担忧的生态环境和生存环境引发了民众的不满，产生了恶劣的社会影响，这正是企业社会责任意识不足的表现。虽然最终在考虑了经济、环保和国际关系等各方面因素后，该项目仍被允许继续实施，但中方企业也被要求必须对矿区移民搬迁、环境保护、合作协议等问题进行整改，其间造成的信誉、资金等损失已成定局。跨国企业在"走出去"的过程中不仅要严格遵守东道国的生产经营标准和要求，而且要主动加强社会责任意识，不以牺牲他国利益为代价谋求自身发展，积极构建可持续的经营模式。

国内对境外投资经营行为的监管力度薄弱。近年来，中国的对外投资部门对企业境外经营行为一直较为关注，有关部门也发布了相应的文件，如《企业境外投资管理办法》和《民营企业境外投资经营行为规范》都对企业经营、竞争行为、社会责任履行、环境保护等提出了要求；《对外投资合作环境保护指南》也针对绿色经济、污染防治、生态保护、环保培训、环保公益等多方面做了规定。但这些文件不具有强制执行效力，需要企业根据自身情况执行，并且从整体上来看，文件条款内容较为模糊，缺少对各个领域具体的治理规则、监管措施、惩罚措施及应承担的法律责任的规定，从而无法对企业境外不规范的经营行为形成很强的约束力。另外，我国虽然鼓励和提倡企业披露社会责任报告，但除了部分被要求的企业需要披露以外，大多数企业仍以自愿为原则，同样无法起到很好的监管作用。

（二）赞比亚某中资公司屡遭冲击

赞比亚是南部非洲第一个与中国建交的国家。该国开放矿权后，中国企业在该国南部成立，但在经营期间多次遭受冲击，甚至有人付出了生命的代价。

企业法治观念不强，劳工权益保障不到位。2012年6月，该企业在赞比亚工程协会的突击检查中被发现存在较大范围的违规开采，多名员工未在工程协会注册登记等问题，被协会处以约13.6万美元的罚款。劳工权益保障问题也与企业的法治观念密切相关，企业在海外经营时应严格遵守东道国的劳动法，重视员工的工作环境、薪酬待遇、福利保障等问题。2010年，该企业因市场不景气主动给员工放假一周，按照当地劳动法规定，雇主需要支付放假期间的员工工资，但该企业在支付工资时并没有将这部分工资包含在内，矿工的收入没有得到应有的保障，进一步激化了此前就存在且较为严重的劳资矛盾，进而导致200多名矿工闹事，并最终引发枪击事件。

专业化人才欠缺，语言沟通不畅。赞南当地人沟通以本地语言为主，英语沟通水平较低，而该企业不仅缺少懂得当地语言的人才，英语水平较高的管理人员也很少，双方沟通存在明显的语言障碍。一方面，缺乏沟通导致工人不能很好地向矿方传达他们的不满，矛盾不断累加升级，沟通不畅还可能导致双方对彼此的误解，为之后的生产经营埋下了隐患。另一方面，当持续累积的矛盾爆发造成冲突时，中方管理人员不能及时有效地进行沟通调节以控制冲突规模，甚至可能导致误解加深，引发更大规模的冲突。该企业就不止一次受此影响遭遇暴力冲击。

21世纪是全球化的时代，中国企业"走出去"是实现对外经济发展的重要战略之一，遵守国内外法律法规，合规经营、建立良好的国际信誉是企业国际化发展过程中重要的一环。但是，由于企业初期对于东道国法律法规、政治倾向、风俗习惯等认识不足、企业的标准化程度不高、企业自身实力不足，我国部分企业在国际化过程中屡屡碰壁。近年来，在国家政策要求和企业对自身问题的反思总结下，"走出去"企业的规范经营日益受到重视，许多企业都做出了有益尝试。通过分析总结成功经验与失败教训，我们发现跨国公司的规范化经营需要注重以下几个方面：①"走出去"企业应严格遵守国内外法律法规，同时深入了解东道国的风俗习惯等，做到知己知彼，达到规范经营的"硬指标"；②公开透明的信息披露是构建价值认同、取得东道国信任、赢得尊重的基础，具体包括财务信息、社会责任履行情况等的披露;③跨国企业的经营应积极响应东道国政府的发展政策,将企业自身发展与东道国的发展相结合,找准经营利益和社会责任之间的平衡点;④保证企业专业化人才充足,促进行业资源整合,加强与东道国产业链之间的合作,形成有益于企业健康发展的产业生态。

第五节 规范我国企业海外经营的改进建议

一、"走出去"企业海外经营中存在的问题

(一)对外投资

随着全球化与全球价值链的发展,对外投资已经成为国内企业参与国际分工、扩展经营规模、助力企业国际化、促进企业发展的重要途径。为引导企业合规进行对外投资,有关部门发布了一系列政策文件,建立了对外经济合作领域严重失信主体联合惩戒机制,要求企业从经营管理、合规诚信、社会责任、环境保护、风险防控等五个维度开展全方位、全流程的合规经营。

结合相关案例及《民营企业境外投资经营行为规范》的相关规定,对外投资中存在的违规行为主要包括:①经营管理体系不完善,没有健全的投资风险管控制度;②未按规定及时履行国内申报程序,使用虚假境外投资非法获取外汇、转移资产和进行洗钱活动;③违背公平竞争原则,行使不正当竞争手段;④对东道国有关项目及产品管理的标准和规定把控不严;⑤未能切实履行企业社会责任;⑥忽视资源环境保护,尤其在采矿业和建筑业,环保问题亟待解决。此外,农业领域的对外投资过程中,由经营管理体系滞后所引发的无序竞争问题也日益严重。

(二)对外承包工程

近年来,虽然中国企业对外承包工程发展迅速,但其海外经营之路也屡屡碰壁,100多家"走出去"的中国企业被世界银行等国际组织列入黑名单。

为了推动对外承包工程高质量的发展,国务院于2008年发布了《对外承包工程管理条例》(以下简称《条例》),并于2017年进行修订;多部门于2018年印发《企业境外经营合规管理指引》;根据商务部于2017~2019年对140家企业的承包项目进行抽查的结果并结合《条例》内容发现,对外承包工程中存在的问题主

要包括：①以低价承揽工程项目、串通投标、商业贿赂等不正当方式竞争；②未执行工程质量和安全生产规章制度；③非法将工程项目转包或分包，并违规分包给不具相应资质或者未取得安全生产许可证的企业；④非法从事对外承包工程外派人员中介服务，选择非法中介机构招用外派人员；⑤未按照相关主管、财政部门的规定及时缴纳足额备用金；⑥未在对外承包工程合同订立后及时向工程项目所在国使、领馆进行汇报；⑦未及时向相关部门汇报项目进展并报送业务统计资料。

二、规范企业海外经营的整治及改进建议

（一）针对海外经营违规行为类别的整治建议

合规经营是企业"走出去"的根基，是企业增强国际竞争力的软实力。违规行为不仅会产生巨额经济损失，也会阻碍企业未来海外经营之路。因此，对违规行为的整治十分重要。

对于合规性问题的差异性，应针对具体领域、具体问题进行有针对性、有目的性的监管和整治。有关部门应提高监管和整治的深度与广度，加大惩治力度，对发生频率相对较高的违规问题进行定期严查，从监管上杜绝海外经营企业违规行为的发生。同时，采取分化治理政策，因事而异，做到心中有数、胸中有策，有的放矢。有关部门应结合现有政策法规，将不同地区、不同领域的违规行为归类，并与相应条文进行匹配，实行分化治理，提高治理违规行为的精度。在大幅提高治理效率的同时，能够帮助有关部门结合企业实际情况协助企业规避违规风险。对于企业而言，要针对具体问题，有步骤、有策略地进行及时处理并向相关部门及时汇报。

推进企业"走出去"的合规化经营还应当认识到海外合规经营问题的共同点。企业是海外经营的主体，因此，整治海外合规经营共有问题的重点在于企业的合规化经营与违规行为整治。企业海外经营需要在追求利润的同时，从长远利益出发，遵守国家法律法规、企业制度、商业道德（关符，2018）。打铁还需自身硬，企业要想行稳致远必须着眼长远、立足当下。

首先，企业应着力构建全方位、全流程的合规体系。通过设立内部监管组织，实施全流程监管把控，及时处理可能的突发情况。针对现存问题，及时展开内部治理。确保"走出去"企业的经营行为符合项目涉及国家（地区）的法律法规要求，符合相关国际规则及规则的新变化；确保企业及时对合规风险进行评估和处理，对项目进展及存在的问题有步骤、有策略地向相关政府部门及

时报备、汇报。

其次，企业应剖析违规行为形成原因，在违规经营整治案例中寻找共性，结合自身主营业务特点与企业性质挖掘特性，构建自己的合规经营体系，使企业在合规化经营、治理和规避违规行为过程中更具有针对性，节约成本、提高效率、避免"过度治理"。

最后，企业应培养自身的合规文化，增强社会责任感，营造依规办事的文化氛围，并以员工作为企业合规经营的基本出发点进行定期培训，提高人才素质，将合规行为纳入企业员工的绩效考核，增强企业合规意识和行为自觉。

此外，针对企业经营过程中高频出现的违规行为，也需要政府及企业形成合力，共同进行有针对性的管理、监督工作。例如，定期对现有海外经营企业的第三方聘用情况，业务投标、业务合同、业务招待、业务开展合规情况，经营手段情况，法律法规了解情况等进行审查，一旦出现问题严惩不贷，杜绝一系列潜在违规行为的发生，实现国家、企业与东道国的"三赢"局面。

（二）规范企业海外经营的改进建议

以美、英、日为代表的部分发达国家，在海外经营具有丰富的经验和成熟的体系。研究并归纳这些国家在促进企业海外经营合规性方面采取的措施，将为我国规范企业海外经营，建立合规管理体系提供有益的启示。

加强海外合规经营相关法律的执行力度，建立完善的监督体系。随着全球化发展日益深入，发达国家对海外合规经营早有明确的法律规定和完善的监管体系。如英国的《反贿赂法案》和美国的《反海外腐败法》等发达国家反腐败法案的推行，构成了处罚严格、结构严谨、体系完善的国际海外合规经营监管及治理体系（王炜，2012；李斐和杨枝煌，2018）。我国目前已经出台了一系列法律法规以规范企业海外经营，但在具体落实的细节处尚有不足。未来我国应进一步深化改革，构建全面的监督体系，丰富执法部门，细化海外合规经营的具体内容，加大对违规企业的惩处力度，建立一套完善的合规管理体系和全面的监督体系。

创办全国性对外投资服务平台并建立海外分支机构。为企业提供充足海外投资信息是引导企业合规经营的重要一环。美国政府通过建立全国性对外投资咨询中心等相关机构为投资者提供信息和技术援助服务（孙元媛，2008；黄锦明，2003）。英国海外贸易局还通过由高级专家组成的海外贸易委员会为各类中小企业提供专业的市场意见。创办全国性对外投资服务平台可以有效引导企业合理合规选择项目，正确履行海外投资立项所需的法定程序。而建立海外分支机构对东道国的投资环境进行调查，可以为企业的投资合规提供充分的依据和保障，进一步确保海外投资立项合规，必要时还能在企业与东道国之间充当润滑剂，缓解双方可能出现的矛盾。

建立企业内部合规审查体系，将内部合规与外部合规相结合。企业自身建立良好的合规意识对海外合规经营意义重大，既培育了跨国公司海外合规文化，也建立了合规经营体系的基本框架。目前，可口可乐、索尼、西门子、雅芳等多数大型跨国公司利用出台内部规定、设立审查机构、自我举报等方式，形成了一套完善的内部审查体系，通过与外部的法律或政策相结合，共同强化企业海外合规经营。我国企业应加强合规管理意识，对外做好投资项目前期的尽职调查、风险评估，了解东道国的风俗环境与法律制度，对内制定一套完善的合规管理体系，内外呼应，为企业在海外经营的长远发展夯实基础。

本章执笔人：洪俊杰　陈　明

参 考 文 献

关符. 2018. 企业"走出去"合规风险浅析. 国际工程与劳务，（4）：24-26.
韩秀丽. 2018. 中国海外投资的环境保护问题——基于投资法维度的考察. 厦门大学学报（哲学社会科学版），（3）：148-159.
黄锦明. 2003. 美国政府在对外直接投资中的作用及启示. 国际经贸探索，（5）：50-52.
李斐，杨枝煌. 2018. 海外合规经营——企业国际化的最高境界. 国际工程与劳务，（7）：22-25.
孙佑海. 2017. 绿色"一带一路"环境法规制研究. 中国法学，（6）：110-128.
孙元媛. 2008. 美国对外投资政策概述. 技术与市场，（10）：38-39.
王炜. 2012. 中国企业海外商业贿赂治理研究. 上海：复旦大学.
英特尔中国. 2019. 2018-2019年度企业社会责任报告. http://finance.sina.com.cn/stock/relnews/us/2019-11-22/doc-iihnzahi2726699.shtml[2019-11-22].
中国远洋运输（集团）总公司. 2011. 中远集团：探索外宣工作新途径. 中国经贸，（11）：70-71.

第八章 "一带一路"项目投融资方式研究

第一节 我国应尽快建立以股权投资为主的"一带一路"投资公司

当前"一带一路"建设的融资缺口巨大,为降低政府投资风险、吸引国际资本参与,建议结合当前低利率甚至负利率的国际背景,新建具有完善的公司治理体系的"一带一路"投资公司,面向全球发债募集资金,按照市场化机制参与竞争,进行"一带一路"项目股权投资,重视国别风险,重点布局优势区域,力争在风险可控的前提下利用全球化资本使股东利益最大化,从而缓解"一带一路"融资压力。

一、我国"一带一路"建设存在的融资问题

当前,大部分"一带一路"沿线国家和地区经济发展水平不高,基础设施供给严重不足,融资成本普遍偏高,且融资缺口较大。以亚太地区为例,根据亚洲开发银行 2017 年发布的《满足亚洲基础设施建设需求》报告预测,到 2030 年,亚太地区基础设施的资金需求将达到 26 万亿美元,每年需投入 1.7 万亿美元,而目前亚太地区的年基建投入约 8810 亿美元,与资金需求相比存在明显缺口。

此外,"一带一路"沿线地区是全球最大的外汇储藏地,全球前 10 大外汇储备国家中有 8 个在"一带一路"沿线地区,而这些巨额的外汇储备多数都投向欧美发达国家,在发达国家普遍低利率的背景下,这些外汇储备的资产收益率普遍较低,资金使用效率不高。此外,"一带一路"沿线国家市场潜力巨大,

据统计"一带一路"沿线国家（不包括中国）的总人口超过32亿人，占全球人口的43.4%。

我国已构建了包含四个层级的政策性金融体系，为"一带一路"项目提供融资支持。这四个层级分别是四大政策性金融机构、国内/国外注册的政策性投资基金、地方政府主导的产业投资基金和多边开发金融机构。从国家层面来看，"一带一路"建设的融资模式还存在一些问题。

首先，参与主体基本上是国有企业，国内民企及国际资本参与过少。其次，资本金性质与投资标的不匹配。目前不少政策性金融机构的注册资金来自外汇资金，而外汇资金是比较保守的资金，适合配置风险较低的资产，但不少"一带一路"沿线国家的政治风险和市场风险较大，这与外汇资金的投资定位不匹配。最后，由于信息披露较少，西方媒体和政客多次抹黑"一带一路"倡议。

针对以上问题，我国有必要在国家层面新建专注于支持"一带一路"融资的"一带一路"投资公司，该公司定位为以股权投资为主的主权财富基金。尽管早在2007年，我国就已成立了第一家主权财富基金——中国投资有限责任公司（以下简称中投公司），然而，其组建宗旨是实现中国外汇资金的多元化投资，股权投资只占其投资总额的一部分。截至2018年底，中投公司投资的公开市场股票仅占总投资资产的38.3%，而且大部分股票资产都分布在发达国家，新兴市场国家的股票占比不到14.2%。另外，"一带一路"沿线国家多数为政治风险和市场风险较大的发展中国家，投资风险较大，不符合中投公司的风险偏好。

二、新建"一带一路"投资公司的发展建议

（一）通过发债募集全球资本进行投资

当前全球资金充裕，总体融资利率处于历史低位，很多国家甚至还出现负利率，大量海外资金在寻求收益稳定的投资项目。我们建议"一带一路"投资公司利用国际资本市场的低利率现状，根据实际情况发行债券进行多币种融资。这样做有以下几个好处。第一，分散风险。减少对中国外汇资金的依赖，通过全球募资降低中国的投资风险，实现风险共担。第二，利益共享。全球资本面临优质投资项目的缺乏，中国新建"一带一路"投资公司的债券，可以为全球资金提供新的收益机会，同时间接增加了全球各国对"一带一路"的参与程度，实现利益共享。第三，减少敌意。随着"一带一路"投资的资金来源越来越全球化和多样化，西方媒体和政客对中国在"一带一路"投资上的敌意也会相对减少。

为了拓宽融资渠道，减少对中国外汇资金的依赖，"一带一路"投资公司应该

充分利用全球各大资本市场募集资金。例如,针对东南亚地区的项目,"一带一路"投资公司应该积极寻求与新加坡证券交易所的合作,由于新加坡证券市场对东南亚地区的投资项目更熟悉,因此更容易认可这些项目,"一带一路"投资公司可以发行以项目为基础资产的资产抵押证券,提高资金利用效率,也可以与东南亚地区的投资机构合作,成立项目合作公司,然后以项目合作公司的名义去投资。这样既可以解决资金不足的问题,也有利于降低投资风险。

在人民币国际化的背景下,建议"一带一路"投资公司充分利用中国香港作为国际金融中心的作用,以自身信用为基础,在香港证券交易所发行外币债券,面向全球进行融资,这需要"一带一路"投资公司提高信息披露质量,引入国际先进审计及评级机构,发行主体信用债有利于"一带一路"投资公司提高自身国际影响力。

除了为投资项目募集资金,"一带一路"投资公司还可以在适当时机推动所投企业在全球各大证券交易所上市。上市有助于所投企业提高抗风险能力,拓宽"一带一路"投资公司的股权退出渠道。此外,除中国的香港地区、新加坡以外,在中欧地区,"一带一路"投资公司也可积极与法兰克福、伦敦、苏黎世等地的证券交易所寻求合作。

(二)在"渐进式"的投资模式中实现"在干中学"

除东南亚以外,"一带一路"沿线国家的宗教、法律和社会风俗与中国差异较大,中国企业和投资机构进入这些地区后容易"水土不服",如与当地企业和政府沟通不畅,或者因当地民众反对而参股或并购失败。以中国葛洲坝集团股份有限公司在阿根廷投资的基塞水电站项目为例,基塞水电站项目是中国企业在海外承建的最大规模水电工程项目,项目总造价约 47.14 亿美元,其中 85%是中方银团向阿根廷政府提供的买方出口信贷。2014 年 7 月,中方与阿方正式签署融资协议。截至 2015 年底,环境影响评估已获通过,工程初步设计工作完成度约 70%,现场临建基本铺开。2015 年 12 月 10 日,阿根廷政府更迭,新政府上台后决定对基塞水电站项目合同重新审议并暂停支付。受资金和成本限制,项目被迫中断。暂停施工 10 个月后,阿根廷政府才批准了基塞水电站的建设,项目中断给中方企业带来不少损失和风险。

为了减少投资风险,实践"一带一路"投资公司有必要实行"渐进性"的投资模式,即先购买某个企业的小部分股权,以便快速进入到目标企业,并争取派员入驻目标企业的董事会,通过近距离、亲近式的观察和接触,详细地研究目标企业的基本面,深入评估各类投资风险,待充分了解并十分看好后,再逐步增加持股,以"蚕食"的方式逐步达到参股或并购的目的。这种投资模式既可以有效控制单项投资的风险,也有利于减少与目标企业的各类摩擦,并逐步得到对方的信任。

(三)定位为战略投资者,为目标企业引入优质资源

目前针对"一带一路"已成立的金融机构多以债权投融资为主,专注于股权投融资的金融机构非常少。"一带一路"投资公司应主要以股权的形式提供融资支持,与受资国目标企业共担风险、共享收益;同时与亚投行等提供债权融资的金融机构形成良好互补。

"一带一路"是我国在新时期下的长期战略,因此"一带一路"投资公司应将自身定位为长期战略投资者,追求长期收益,与所投的企业共同成长,不以短期套利为目的。另外,在实践中,不刻意谋求东道国目标企业的控制权,减少"一带一路"地区民众对国资背景的抵触情绪。长期投资并不意味着永久持有,"一带一路"公司还应考虑长期股权退出机制,如在适当时机帮助目标企业在全球各大证券市场上市,通过在证券交易所售出所持有的股份退出。

"一带一路"沿线国家的经济发展水平普遍落后,而中国自改革开放以来经济发展取得举世瞩目的成就,在基建、通信、能源和物流等基础设施领域处于国际先进水平,为"一带一路"沿线国家提供了宝贵的经验借鉴。"一带一路"投资公司可以充分利用中国本土企业的相对优势,积极撬动相关行业的国内优秀企业参与投资和合作,嫁接中外优势资源,搭建中国企业与受资国企业进行交流与合作的平台。例如,相当一部分"一带一路"沿线国家拥有丰富的原材料和能源资源,也拥有庞大的人口基数和潜力巨大的消费市场(如南亚和东南亚),而中国内陆市场不少行业出现产能过剩,产能利用率较低。因此中方企业和"一带一路"沿线国家的企业存在优势互补、合作共赢的空间,但由于信息不对称、地理文化阻隔等,双方难以直接展开合作,而"一带一路"投资公司正好可以起到"桥梁"的作用,通过共建项目公司、投资基金的方式开展合作,中方企业通过合作开拓了原材料市场和消费市场,受资国企业则获得了更先进的生产技术和管理经验,提高了生产经营效率。

此外,"一带一路"沿线国家的公司管理和治理水平与发达国家差距较大,落后的公司管理和治理水平成为制约受资国目标企业健康发展的重要因素,因此"一带一路"公司要重视投后管理工作。一方面,"一带一路"投资公司应尊重目标企业管理层的自主权,一般不干涉日常经营决策;另一方面,派驻人员进入目标企业的董事会,在近距离、亲近式的互动中,深入研究企业及受资国的实际情况,研究提升公司经营效率的解决方案,并通过董事会向目标企业推介国际先进的管理经验和人才。提高目标企业的管理和治理水平有利于降低"一带一路"投资公

司的投资风险。

(四) 吸纳国内外优秀人才,完善公司治理

长期成功的投资离不开优秀的专业人才,"一带一路"投资公司要大力引进和培养国际化的专业人才。优秀的人才队伍是"一带一路"投资公司长期健康发展的重要保证。"一带一路"投资公司既需要懂法律、财务的人才,也需要具备行业项目实操经验的人才,还需要在受资国当地有深厚人脉和资源积淀的人才。

改革开放以来,中国在基建、通信、能源和物流等领域培养了大量人才。这些人才拥有丰富的实操经验,对行业发展的逻辑及风险点有深刻的理解,可以在投前企业筛选及投后管理上发挥重要的作用。"一带一路"投资公司可以吸纳其中的优秀人才,为其搭建优秀的职业平台。由于"一带一路"沿线各个国家的国情差异大,对于每个受资国,"一带一路"投资公司都需要当地的人才,这些人才往往深入了解当地实情,并拥有广泛的人脉和资源。因此,"一带一路"投资公司需要重视培养受资国本地的金融人才,逐步在受资国开设办事处。

为了提高优秀人才的长期留存率和对公司的认同感,一方面,"一带一路"公司要对员工实行市场化薪酬考核制度,薪酬待遇水平对标国际一流主权财富机构的水平;另一方面,创建优秀的企业文化,切实保障全体员工的合法权益,提高员工对企业的忠诚度。

在公司治理上,"一带一路"投资公司由国家全资控股,因此股东董事由政府委派,代表出资人的利益,股东董事薪酬由政府支付。股东董事应保持自己的独立性,其最重要的职责就是任命"一带一路"投资公司的管理层,通过市场化的薪酬在全球范围内聘请公司管理层,管理层的薪酬由"一带一路"投资公司支付。另外,要坚持监管的多元化,在内部监管上,要发挥董事会的核心作用,在外部监管上,通过披露企业年报、举办新闻发布会等方式,接受国际评级机构、审计机构和媒体的监督。"一带一路"公司的运作和管理尽可能地保持稳健和透明,避免滋生腐败。"一带一路"投资公司应以成为国际一流的主权财富机构为目标,为"一带一路"倡议贡献自己的力量。

(五) 提高信息披露质量,营造良好的舆论环境

目前,国内企业和投资机构对海外投资项目的信息披露较少,这给了部分西方媒体抹黑中国可乘之机,让国际社会对中国企业和投资机构产生不少误解。因此,"一带一路"投资公司要加大信息披露力度,提高信息披露质量,同时引进国际一流的审计机构和信用评级机构,提高信息披露的可信度,完善公司的治理体

系，消除国际社会对中资机构的误解和偏见，同时也为公司在证券市场发行债券融资做好准备。

另外，"一带一路"投资公司需要通过定期发布年度报告、举行新闻发布会和举办国际交流论坛等形式，向国际社会展示良好的品牌形象，为自身发展营造良好的舆论环境。

第二节　发挥国有企业主导作用，助力"一带一路"建设

国有企业作为我国经济发展的支柱，充分利用自身实力、技术与竞争优势，积极投身于"一带一路"的伟大建设中，在"一带一路"沿线建设中已成为名副其实的先行者与主力军。中国一带一路网数据显示，截止到 2020 年 1 月，中国 81 家央企在"一带一路"沿线共承担超过 3400 个项目，分布在基础设施建设、能源资源开发、国际产能合作及产业园区建设等各个领域，2019 年央企在第二届"一带一路"国际合作高峰论坛上签约超过 460 亿美元。此外，中央国有企业充分发挥在基础设施领域积累的经验和优势，主动参与重大工程建设，在已开工和计划开工的基础设施中承担的项目数占比超过 60%，合同投资额占比超过 80%，建设了一批标志性工程项目。然而，目前国有企业在"一带一路"建设过程中仍面临融资渠道狭窄、恶性竞争、汇率风险大、所有权性质限制等诸多问题。

一、国有企业在"一带一路"中的投融资管理研究

"一带一路"建设是一项巨大的系统工程，持续时间较长。其建设进程可初步划分为前期开发、巩固提升和全面深化三个阶段。对于不同阶段，建设的优先领域和业务重点有所不同，因此相应的融资机构及动态匹配方式也应进行调整，以期做到有机结合，力争取得最佳投资效益。

（一）国有企业在"一带一路"中的融资管理研究

"一带一路"背景下，国有资本直接参与"一带一路"倡议有以下几个融资来源。

第一，亚投行。作为多边政府间金融机构，主要支持亚洲基础设施建设和促进亚洲经济一体化，初期的投资主要集中在能源、城市发展、交通、物流、农村发展等五大方向。

第二，丝路基金。由外汇储备、中投公司、中国进出口银行、国家开发银行共同出资成立，丝路基金主要通过以私募股权为主的多种市场化方式，投资于基础设施、产能合作、资源开发等领域。

第三，金砖国家新开发银行。作为由金砖五国成立的开发性金融机构，初始投资不仅面向金砖五国，符合条件的发展中国家也可取得贷款。

第四，开发性及政策性金融机构。主要指的是国家开发银行、中国进出口银行、中国出口信用保险公司等机构。

第五，商业性金融机构。目前主要指的是工、农、中、建、交五大国有银行。五大国有银行通过出口信贷融资服务、境外发债服务、跨境投资与并购融资服务、境外项目贷款及与各种境内外股权投资基金采取投贷联动等模式共同为"一带一路"涉及的重大项目、跨境贸易等提供融资支持。

其中，基础设施融资以多边开发性和政策性金融机构、专项投资基金为主，商业银行侧重于为企业提供国际金融服务，同时参与部分已具备商业开发价值的投资项目。

（二）国有企业在"一带一路"中的投资管理研究

现有的国有企业参与投资建设的方式主要有两种：国有企业直接出资和PPP模式。

1. 国有企业直接出资

国有企业作为投资主体，重点参与"一带一路"中铁路、公路等交通建设和通信网络建设，主要方式有以下几种。

第一，工程承包。在促进"一带一路"基础设施互联互通方面，中国在轨道交通、建材、通信等多个领域对外承包的大量工程中，以国有企业承包为主。例如，中国交通建设集团（以下简称中交集团）在"一带一路"沿线修建了10 320公里公路、152座桥梁、95个深水泊位、10座机场。

第二，进出口贸易。在对外工程承包的同时，中国还对"一带一路"沿线国家和地区进行了大量的建材设备、辅助基础设施建设，提供相应的技术支持。例如，中石化与三一重工股份有限公司签署了海外合作战略协议，出口中资设备。

第三，投资收购。国有企业在"一带一路"沿线国家和地区进行了大量的投资收购，包括境外投资、收购并购境外企业、设立分公司。例如，中交集团收购澳大利亚第三大工程企业John Holland公司的100%股权，进入澳大利亚基建市场；中国中车股份有限公司在美国、南非、巴西、马来西亚等国家设立分公司。

第四，中外合资。国有企业与沿线国家和地区当地的公司进行大量合资合作，努力实现新的突破和发展，全面带动"一带一路"基础设施建设和经济进步。例如，中国石油天然气集团有限公司与沿线19个国家进行50个项目合作，建成了中亚、中俄、中缅和上海等4大油气运输通道。

第五，工业园区建设。近年来，央企加强了"一带一路"沿线国家产业园区建设，开展了多个工业和制造业项目，有力推动了"一带一路"沿线国家和地区当地经济的转型升级。例如，由中国机械工业集团有限公司和招商局集团有限公司两大央企投资建设的中国—白俄罗斯工业园。

2. PPP 模式

"一带一路"倡议提出以来，基础设施等大型投资项目增长迅猛，但是在项目建设上各经济体国家面临"融资难"问题。因此，在此背景下PPP模式应运而生，并且该模式曾经受到人们的广泛关注。PPP是政府部门和私人共同提供公共产品和服务的一种模式，它适用于建设交通、供水和污水处理工程等基础设施，而这些基础设施的建设符合"一带一路"倡议的合作重点。同时，PPP模式能够发挥私人部门的资金优势，为"一带一路"建设资金不足提供重要补充。PPP投融资模式不仅在调动私人投资资本、缓解政府在公共建设资金压力方面有很大的优势，并且PPP模式的运作方式比较灵活，可以通过不同的结构安排来实施。

目前"一带一路"沿线有很多项目便是采用的该模式，如斯里兰卡科伦坡港口城项目、缅甸皎漂特别经济区深水港和工业园项目等。中国"一带一路"项目共涉及基础设施、能源资源、产业投资等八个领域，倡议提出实现"五通"。随着"一带一路"建设进程的不断加快，PPP模式的发展与运用越来越得到人们的重视。尽管PPP模式有利于项目融资，减少进入壁垒，但是PPP这一融资方式所创造的激励机制使政府和企业的关系过于密切，政府承担过高风险，企业则会夸大项目成本，抬高政府投资的风险。

二、国有企业开展"一带一路"建设存在的问题

（一）融资主体过于单一，亟须拓宽融资渠道

当前我国国有企业参与"一带一路"建设的主要融资来源是国内政策性银

行、丝路基金、亚投行、金砖国家新开发银行等金融机构,而这些金融机构多由中国政府牵头成立,其资本金几乎全部由中国政府提供。从长远来看,无法单纯依靠中国政府提供的资金来解决"一带一路"资金问题。一方面,中国政府提供的资金难以从根本上解决资本不足问题,而且会给中国政府造成很大的财政压力;另一方面,由中国政府直接管理投融不利于吸收民间资本参与,反而容易造成"一带一路"项目专门为国有企业定制的印象。这就要求国有企业必须创新投融资模式,高效配置金融资源,强化国际合作机制,支持"一带一路"建设。

(二)在投标过程中,国有企业间存在恶性竞争现象

由于国有企业在基建、研发、材料等领域具有成本优势和技术优势,"一带一路"建设中许多大型项目的开发权都由国有企业承包,因此国有企业间竞争非常激烈,主要表现为投标人不顾成本压低报价,投标人为争取项目不按现行定额计算价格,有意降低投标报价,直接压缩了我国国有企业在项目中的利润,严重影响了企业的盈利能力和稳定性。因此,我国需通过相关政策措施引导企业进行公平竞价竞争,推动企业在国际项目中不断发挥核心竞争优势,促进"一带一路"建设持续深化。

(三)东道国的资本管制,易使企业面临汇兑风险

目前"一带一路"沿线仍有少数国家未实现货币的自由兑换,且许多国家仍存在一定程度的资本管制措施,我国国有企业在这些国家进行"一带一路"建设将面临较大的汇兑风险。东道国的外汇兑付限制主要体现在三方面:一是外汇资金汇入环节受到限制,人民币或美元在进入东道国时被强制结汇为当地货币;二是本外币互换环节受到限制,无法兑换原材料采购所需的外汇;三是经营所得收入在提取和利润汇出环节受到限制,企业难以将赚取的利润汇回国内。这些限制直接影响企业的经营活动,导致企业资金运转不畅,从而影响企业在"一带一路"沿线的战略布局。

(四)国有企业的"所有权"性质易引发国际信任危机

国有企业特有的产权性质使国有企业在"一带一路"建设过程中面临国际信任危机及一定的政治风险。受社会认知偏见及大国战略博弈等因素影响,许多国家对中国提出"一带一路"倡议的意图仍存有疑虑,甚至有国家称"一带

一路"为中国版的"马歇尔计划",认为其是中国与美国争夺霸权做出的地缘战略。近年来,中国企业的海外投资在一些国家、地区增长速度过快,其中国有企业的占比过高,也引发了部分东道国国家的政治和舆论担忧。"一带一路"倡议下众多基础设施建设项目扎根沿线各国,此类项目有着较高且特殊的政治敏感性。一方面,基础设施项目需要掌握东道国的地理信息,勘察设计和运营时也需要掌握沿线的主要经济数据,对于东道国来说这些关键数据让他国掌握具有一定风险;另一方面,由于基础建设周期较长,对东道国周边国家会形成一定的地缘战略压力,基础建设项目可能会打破东道国的地缘政治格局。因此在国际化经营中,国有企业因所有权性质问题屡次遭受国外安全审查和舆论指责,导致跨国并购失败事件频发,从而限制了中国国有企业在"一带一路"建设中投资的步伐。

三、发挥国有企业在"一带一路"建设中主导作用的政策性建议

(一)拓宽国有企业的海外融资渠道,促进融资结构多元化

国有企业具有资金实力强、政府支持力度大、人员素质高及装备更高尖端等优势,使其更容易开拓海外融资渠道,因此国有企业应积极开拓融资渠道。当前海外融资主流方式包括海外发债、股权基金、银团贷款等。尽管"一带一路"沿线国家国情复杂,当前市场也存在较多不确定性,但是亚洲大部分地区仍然具有大量的基础设施投资机会。为推进"一带一路"设施领域项目建设,动员更多资源,让越来越多的国家拉紧互联互通纽带,让更多国家和地区融入经济全球化中。国有企业应积极通过海外发债、股权基金、银团贷款等方式展开外融资放眼全球进行海外融资,调动国际资本参与"一带一路"建设。

一是积极开展海外发债活动。通过海外发债可以满足国有企业的融资需求,提高融资效率和透明度,同时为境外企业参与"一带一路"建设提供良好的投资渠道,吸引更多国家的企业参与"一带一路"建设。2017年6月7日,中国电力建设集团有限公司就成功以3.5%的票面利率发行首期5亿美元的高级永续债券,发行人为其子公司电建海裕有限公司,母公司提供全额无抵押担保。国有企业可以借鉴上述经验,借力母公司的高信用级别,积极主动到海外市场发行债券以满足融资需求。

二是重视股权基金的作用。自2007年以来,中国陆续与非洲、拉美、欧洲等

多个区域性金融组织成立了投融资专项基金。尽管当前丝路基金等股权投资基金为"一带一路"建设做出了较大贡献，但这些基金大多数由政府出资，长期以来给各国政府带来很大的财政压力。因此，国有企业作为我国践行"一带一路"倡议的重要骨干力量，应加强拓宽融资渠道，积极开展海外股权基金业务，发展沿线国家金融市场，吸引国际资本流入，并降低对中国资金的依赖度。在着力解决沿线国家基础设施建设资金缺口问题的同时，通过海外股权基金扩大长期融资来源，降低货币错配风险。此外，国有企业还应与商业性金融机构、第三方服务机构等加强合作，充分利用各自优势进行海外股权基金业务，为"一带一路"建设提供资金支持和其他金融服务。

三是积极采用银团贷款方式融资。银团贷款指由两位或以上贷款人按相同的贷款条件、以不同的分工，共同向借款人提供贷款。银团贷款提供的贷款金额大、期限长，可以满足借款人长期、大额的资金需求，在同一银团贷款内，可提供多种形式贷款或者根据需要可选择不同的货币或货币组合。"一带一路"建设项目多为基础设施，具有投资数额多、规模大、投资回收期长等特点，银团贷款恰好能为该类项目提供资金支持。国有企业应积极申请海外银团贷款，获取项目建设所在国的货币资金，降低不同货币的转换成本，优化融资方案。同时，由于银团的成功组建是基于各参与行对借款人财务和经营情况的充分认可，国有企业可以借此业务机会树立良好的企业形象，提升国际竞争力。

（二）督促相关行业协会进行监督引导，减少企业间恶性竞争

为减少本国企业间恶性竞争，国资委及相关行业协会应在"一带一路"工程项目招标过程中对投标企业进行科学合理的监督引导，帮助投标企业在报价合理的前提下进行良性竞争，通过行业自律促进各企业健康有序发展。同时，政府应做好风险防控工作，科学制定和出台相关法律文件，对国有企业的国际化发展进行管理监督，引导其规范从事经营活动，为其参与"一带一路"建设提供制度保障。

（三）探索创立外汇流通区块链平台，降低企业汇兑风险

为解决国有企业在"一带一路"建设中存在的外汇兑付限制问题，建议由中国银行保险监督管理委员会（以下简称银保监会）和国家外汇管理局（以下简称外管局）牵头、中国人民银行备案，引入区块链技术自创外汇流通平台，在此区块链平台中各东道国货币均可用人民币（或美元）标价，标价方式与官

方汇率一致。参与"一带一路"建设的企业注册为外汇流通区块链平台的用户，在区块链平台上发布外汇需求，如进驻企业需要人民币换东道国货币而退出企业需要东道国货币换人民币，实现需求信息全网实时同步，当任意两方需求重合时即可达成交易。商业银行以寄存机构的身份参与外汇流通区块链平台，提供贴现、增信等金融服务，提高整个区块链平台的流通效率。长期来看，自创外汇流通区块链平台既可以有效规避东道国政府的资本管制，又有利于各国监测"一带一路"建设中的资金动向，加强外汇流通的监督管理，防止金融犯罪的发生。当然，外汇流通区块链平台的建设涉及很多法律和监管问题，这需要中国政府和"一带一路"沿线国家政府不断协调，进一步探索区块链平台落地的实操性。

（四）规避国有企业"所有权"劣势，加强国有企业与民营企业合作发展关系，共同实现"一带一路"发展战略

由于国有企业的"所有权"性质在进行国际化经营中具有一定的劣势，国有企业应避开自身机制劣势，将经营权交给民营企业，将"最后一公里"交给市场。利用国有企业和民营企业在海外投资中的不同特点，让不同市场主体互为补充、形成合力，以此提高工作效率，引导我国企业"集群式"发展。一方面，国有企业应充分利用自身强大的公信力和资源整合能力，为民营企业提供相应的平台资源和市场支持，引领民营企业"抱团出海"；另一方面，民营企业应发挥自身灵活度高和市场化程度高的优势，将自身品牌做大做强，发挥品牌优势借助国有企业的资源与发展平台，携手推进"一带一路"建设进程。

具体而言，国有企业可通过与民营企业进行专业分工、服务外包、订单生产等多种方式建立合作共赢的产业互助关系，共建产业园区，打造经贸合作平台，有效整合资源，集中发挥人力资源的集聚效应，构建"一带一路"产业合作带和国际合作产业链，推动经济合作区内产业升级。此外，可通过税收优惠、信贷支持、简化审批程序等政策，吸引企业入园发展，共同拓展海外市场。同时建立企业参与"一带一路"建设及国际产能合作的项目库，完善配套的金融扶持体系。以此加强企业间信息共享和产业协作，形成国有企业和民营企业相互补充、共同发展的格局，健全国际合作的供应链、产业链与价值链，通过国际产能合作实现企业转型与发展，共同加速开拓海外市场。

第三节 民营企业参与"一带一路"建设面临问题和对策

随着"一带一路"的推进,民营企业参与"一带一路"建设程度不断加深,已成长为"一带一路"的生力军。然而,民营企业也面临着融资难、多头管理、风险管控难等种种难题,需要采取整合多方力量服务民营企业、利用国际资本打破融资难困境、科技创新助力风险防控等措施促进民营企业更好地参与"一带一路"建设。

一、民营企业是"一带一路"建设的生力军

(一)民营企业参与"一带一路"具有重大战略意义

截至2019年,民营企业税收贡献超50%,民间投资占比超60%,民营企业数量占比超过95%,民营企业是中国经济微观基础的最大主体。一方面,民营企业采取市场化方式运作,国家背景和政治色彩弱,可以有效规避有关国家的政治文化渗透的舆论,推进"一带一路"的投融资发展,增进与"一带一路"沿线国家的友好关系;另一方面,随着中国产业结构的不断升级,民营企业已逐渐成为推动中国经济发展的重要力量,引导民营企业参与"一带一路",有利于调动全社会资本的积极性。

(二)民营企业在全球布局是一种趋势

民营企业的全球化布局具有一定的必然性。第一,民营企业涉猎范围极广,在基建、水泥、机械、汽车、纺织等传统制造业拥有深厚的技术积累,在全球产业链中具有比较优势,这是民企跨国经营的前提条件。第二,21世纪以来,我国部分民营企业率先开始了全球化业务布局,有不少优秀的民营企业,如华为技术有限公司等,已经取得了较好的成绩,并积累了相对丰富的全球化管理经验。第三,多数"一带一路"沿线国家原材料(如石油、汽油、天然气等)成本和劳务成本相对较低,民营企业参与"一带一路"有利于寻找成本洼地,提高企业的利润率和经营效率。

（三）民营企业参与"一带一路"程度加深

外贸方面，2019年，民营企业进出口总额13.48万亿元，同比增长11.4%，占外贸总值的42.7%，民营企业成为我国第一大外贸主体。对外直接投资方面，根据国家信息中心"一带一路"大数据中心的数据，在"一带一路"建设影响力前50企业中，民营企业占42%，高于中央企业（36%）和国有企业（20%），成为"一带一路"建设上的生力军。境外合作园区方面，截至2019年11月，纳入商务部统计的境外经贸合作区累计投资超过410亿美元，入区企业近5400家，促进了东道国税收、就业和经济增长。

二、民营企业参与"一带一路"面临的问题

虽然民营企业积极参与"一带一路"建设，也发挥了越来越重要的作用，但其面临的难题和矛盾同样不可忽视。

（一）部分沿线国家营商环境差

许多"一带一路"沿线国家政治环境不稳定，宏观经济景气度不佳、产业基础薄弱、法制体系不健全，这对企业经营产生了巨大的不确定性。中华全国工商业联合会（以下简称全国工商联）调查数据显示，有超过30%的民营企业反映"一带一路"沿线国家的营商环境较差。同时，民营企业规模偏小，组织形式较为分散，自身资本实力积累不足，抗风险能力弱，难以应对复杂多变的国际环境，只得对部分"一带一路"的投资机会"敬而远之"。

（二）民营企业缺乏资金支持

融资难是民营企业最为头痛的问题。配套"一带一路"的金融支持包括政策性金融机构、商业银行、投资基金等众多方式，但出于风险考虑，它们更多地支持中央企业、国有企业及基础设施类项目，对民营企业的支持力度不足。而"一带一路"沿线国家多为欠发达地区，金融市场发展不充分，企业可采用的融资渠道非常有限。

（三）民营企业对配套设施依赖性较大

民营企业对外投资高度依赖国有企业、中央企业在东道国的基础设施建设。

国有企业和民营企业在产业链中分工不同，国有企业在基础设施领域，如石油、燃气、电力和物流等，具有天然的优势，而民营企业在传统的制造业和轻工业领域具有比较优势。基础设施建设规模大、成本高、周期长，民营企业无法单独承担其中的成本和风险，必须依赖国有企业的先行投资；同时，只有具备了生产所需的基础设施后，民营企业来自劳务和资源的成本优势才能显现。

（四）民营企业对东道国信息掌握不够

截至2019年11月，中国已同137个国家和30个国际组织签署197份共建"一带一路"合作文件，不同国家的法律法规、经贸政策、商业习惯和民族文化等各不相同，这些复杂的国情信息搜集难度大、耗费周期长。民营企业对东道国信息掌握不够，可能面临较大的业务开展阻力，导致参与"一带一路"建设的积极性降低。

（五）多头管理导致效率低下

当前"一带一路"建设的管理部门是国家发展和改革委员会与商务部，前者偏重宏观政策的指导，后者将"一带一路"建设纳入海外投资执行具体管理，多头领导的模式使"一带一路"的管理覆盖面既有空白又有重叠，信息不对称，进而导致管理效率低下。因此，"一带一路"建设需要一个统一、有规划的管理部门，对"一带一路"建设中的各个方面进行协调，并有效指引企业规避各种非市场风险。

（六）外汇管制增加了民营企业投资的不确定性

很多"一带一路"沿线国家都实施外汇管制，然而外汇管制是一把双刃剑，在发挥维稳国内金融环境作用的同时，一定程度上阻碍了企业的对外投资，具体体现在投资规模、时间和方向的不确定。严重的外汇管制甚至会导致违约，影响民营企业信用，当然也会带来投资效率的下降，民营企业会因为资金流通受阻而错失良机。

三、民营企业的投资模式研究

民营企业参与"一带一路"建设的主要投资方式有四种：独资子公司、绿地投资、跨国并购、产业园区，其中"抱团出海"模式（包括民营企业联合体的海外并购和产业园区模式）逐渐成为受民营企业欢迎的对外投资模式新选择。

（一）独资子公司

在我国企业对外投资的早期，独资子公司是民营企业"走出去"最直接的选择，这种模式有助于降低生产和运营成本，转移过剩产能，提升民营企业的竞争力。虽然民营企业建立独资子公司在制度上没有硬性限制，但不得不承认，有关东道国的市场信息都需要民营企业管理人员积极探索，"单打独斗"的模式极其依赖企业管理人员的个人能力，在实践中很容易失败。

（二）绿地投资

绿地投资指国内民营企业与国外优质企业合作建立中外合资子公司。合资公司一般有两国或以上的投资者共同出资，按照东道国的相关法律法规注册，在选定的区域内投资建厂，以盈利为目的的公司实体。绿地投资是"一带一路"民营企业对外投资的重要方式，具有鲜明的特征。第一，绿地投资具有很大的灵活性，多国投资者既可以基于一个项目建立合资公司，也可以进行长期合作。第二，国内民营企业具有成熟的技术和企业经营管理经验，而东道国投资者了解当地的政策法律，熟悉当地的交易习惯，具有当地的供应链和合作伙伴，绿地投资的双方和多方可充分发挥自身优势，很好地解决了国内民营企业对外投资的不适应问题，降低企业的运营成本。第三，合资企业由多国投资者共同经营、共同决策，并按股权份额实现利益共享、风险共担。

（三）跨国并购

跨国并购是跨国兼并和跨国收购的合称，指一国企业以获得资源优势和协同效应为目的，购买他国企业足够数量的股权，进而对被并购企业的经营决策形成实质控制权的投资方式。随着民营企业参与"一带一路"建设的程度加深，海外并购的案例不断增多，对并购资金的需求量不断提高，为了获得充足的并购基金、提高并购的成功率，许多企业开始抱团，通过联合财团的方式开展跨国并购。

（四）产业园区

境外产业园区，即境外经济贸易合作区，是指在中华人民共和国境内注册、具有独立法人资格的中资控股企业，通过在境外设立的中资控股的独立法人机构，投资建设的基础设施完备、主导产业明确、公共服务功能健全、具有集聚和辐射效应的产业园区。2005年，商务部出台了一系列政策，鼓励民营企业"抱团出海"，大力发展境外产业园区，2013年实施"一带一路"倡议后，境外产业园区受到越来越多的关注。截至2018年末，园区累计投资超400亿美元，入区企业近5000家，上缴东道国税费30亿美元，创造就业岗位30余万个。境外产业园区作为"一带一路"重要的经济贸易合作平台，推动了东道国轻纺、家电、钢铁、建材、化工、汽车、机械等重点产业的发展，在就业、税收和居民收入等方面推动了当地的经济发展。此外，园区也是与东道国居民的重要交流平台，园区企业积极履行社会责任，增进了两国的友好合作。

从时间维度看，早期的民营企业常采用独资子公司的方式开拓市场，对外投资多是自发的、零散的，这种模式对企业的人才和资金储备有较高的要求，在国情复杂的"一带一路"沿线国家可复制性较差；绿地投资和企业并购模式强调利用东道国合作伙伴的资源和渠道优势，快速适应东道国营商环境，提高民营企业抵御风险的能力和经营效率，在"一带一路"建设中发挥着较大的作用。随着"一带一路"倡议的逐步深化，产业园区模式的价值不断凸显。科学的园区设计规划解决了民营企业对基础设施的强依赖问题，并可在资金、人才、风险管理等维度针对性地帮扶民营企业，为民营企业在"一带一路"建设中的经营管理提供有效指导。

四、鼓励民营企业参与"一带一路"的政策建议

（一）整合力量，管理和服务民营企业

民营企业参与"一带一路"建设受益于多方力量的关注和支持，整合各方力量，进而形成合力，以更好地管理和服务民营企业是当务之急。第一，成立"一带一路"建设的专门指导部门，统一制定各类政策，协调"一带一路"投融资的各环节，撰写各国的政策和风险指引，同时加强中央和各省份的政策对接，确保政策的贯彻执行。第二，加强海外商会、当地大使馆、工商业联合会和各级民投组织服务民营企业的能力，集结民营企业力量，为民营企业提供咨询服务，帮助民营企业开展风险管理，积极维护中国企业的海外权益。第三，政府应给予民营企业和国有企业同等的市场地位和经营条件，在银行贷款、投资备案或审批、外汇使用、政府性服务等方面，对民营企业和国有企业一视同仁。第四，金融监管当局应不断优化外汇管理，为民营企业的海外投资保驾护航。第五，政府组织力量为民营企业提供充分的法律服务，保护民营企业合法权益，减少运营纠纷。

（二）利用国际资本，打破融资难困境

善于利用国际资本有利于打破当前民营企业面临的融资难问题。

首先，政府应从宏观层面进行资金融通的顶层设计，拓宽民营企业融资渠道，让民营企业可以充分利用国际资本。

其次，民营企业可以积极与当地企业（如海外华侨企业）合作，利用其信用在东道国进行融资，并一定程度上规避风险。

最后，基于当前低利率的国际环境，有条件的民营企业也可采取海外贷款的形式进行融资，有利于降低资金成本。这方面可以参考山东岱银纺织服装集团的模式，该集团进驻马来西亚市场时，先后获得了新加坡大华银行的 7000 多万美元贷款支持，其秘诀在于：①熟知海外银行的贷款业务流程；②培养和外资银行打交道的思维；③采用分期融资的方式，逐步积累企业的海外信用，即前期仅贷款少量的启动资金，待企业取得收入、有现金回流后，贷款路径会更加通畅，进而实现良性循环。

（三）科技创新助力民营企业风险防控

政府应积极关注东道国的相关政治经济环境，建立"一带一路"国别和企业数据库，运用大数据、人工智能等技术搭建风险监测预警和防范体系，指导民营企业有序应对"一带一路"建设的各种不确定性，提升企业的抗风险能力。

（四）大力发展产业园区

由于民营企业投资对配套基础设施高度依赖，大力发展产业园区模式成为推动民营企业参与"一带一路"投资的重要方式。总体上看，中国境外产业园区还处在起步阶段，与国际一流的高科技园区和国内发展较好的产业园区差距较大，并且存在着产业配套不全、融资渠道较少、缺乏专业人才等问题。

产业园区的优化需要从以下几方面入手。第一，实施集群式招商。努力依托国内完备的制造业集群优势，构建完备的产业链、价值链、创新链，打造良好的产业生态以带动园区的发展。第二，积极拓宽园区的融资渠道。一方面可成立针对园区发展的专项基金，为园区的发展、企业融资、人才引进和培训等提供资金支持；另一方面要完善与有关国家双边金融合作机制，不断推进跨境贸易人民币结算业务，减小企业的外汇风险，降低结算成本。第三，加大人才培养力度。开展校企合作以培养园区发展所需人才，同时加大人才引进力度，吸引国内外高层次人才支持园区建设。

第四节　通过金融创新服务"一带一路"投融资需求

政策性机构、商业银行、专项投资基金和多边或双边金融机构四层次的金融体系为"一带一路"建设提供多元化的金融服务，取得了一定成果，已成为金融支持的中坚力量。但面对融资难、风险大、外汇转化三大难题，金融服务还严重滞后于"一带一路"投融资需要，建立多元化融资体系、创新风险管理模式、引入区块链技术自创外汇流通系统等将有利于发挥金融的服务作用。

一、"一带一路"的金融支持初具规模

金融是"一带一路"的重要支撑力量，"一带一路"建设必须坚持金融并行。从企业的资金支持、项目的投资分析、运营期的风险管控到退出期的结算和外汇转换，任何一个环节都离不开金融的支持。"一带一路"倡议中的金融机构主要分为四个层次，分别是政策性机构、商业银行、专项投资基金和多边或双边金融机构，如图 8-1 所示。

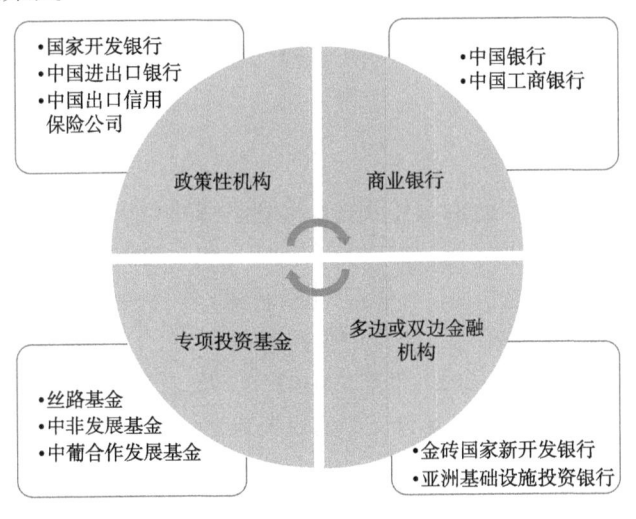

图 8-1　"一带一路"倡议中金融机构的四个层次

（一）政策性机构

国家开发银行和中国进出口银行两家政策性银行为"一带一路"建设提供了大量的资金支持，是"一带一路"建设金融队伍的中坚力量。其参与"一带一路"主要采取贷款服务、自营投资、国际结算服务和担保承诺的形式。国家开发银行是我国最大的开展对外投融资业务的政策性银行，其采用商业化的运作模式提供以贷款为核心的多项金融服务，支持国内企业海外投资，同时为外国政府和企业提供资金支持。截至 2018 年末，国家开发银行一共为 600 多个"一带一路"项目提供了超过 1900 亿美元的融资额，在"一带一路"的国际业务余额高达 1059 亿美元[①]。中国进出口银行为外国政府和中国企业提供优惠贷款，以商业利率为基准提供出口信贷、信贷额度等，以支持"一带一路"倡议。截至 2019 年 4 月，中国进出口银行在"一带一路"沿线国家的贷款余额超 1 万亿元，共支持建设项目约 1800 个。

中国出口信用保险公司是我国唯一的政策性出口信用保险机构，主要经营出口信用保险、海外投资保险、应收账款管理等政策性保险服务，为应对保险实施过程中的信息不对称现象，中国出口信用保险公司海外投资保险设定了免赔条款和免赔额，保险机构只覆盖 95%的风险，剩下 5%的风险由被保险者自担，有效地解决企业投保后自我风险防范意识下降的问题，规避了可能发生的逆向选择和道德风险。截至 2019 年末，中国出口信用保险公司累计支持的国内外贸易和投资规模超过 4.6 万亿美元，为超过 16 万家企业提供了信用保险及相关服务，累计向企业支付赔款 141.6 亿美元，累计带动 200 多家银行为出口企业融资超过 3.6 万亿元[②]。"一带一路"的保险领域主要集中于基础设施和能源领域，这些项目资金量大、周期长、风险较大，中国出口信用保险公司的保险支持显得尤为重要。

（二）商业银行

商业银行具有分布广泛的海外分支机构和丰富的全球运营经验，以商业贷款、国际银团贷款和海外债券发行的方式为"一带一路"提供资金支持，关注领域集中在交通运输、基础设施、通信、能源、建筑等行业[③]，中国银行和中国工商银行尤为典型。截至 2019 年末，共 11 家中资银行在 29 个"一带一路"沿线国家设立 79 家一级分支机构。截至 2019 年末，作为"一带一路"沿线和全球机构布局最广的中资银行，中国银行的海外分支机构已覆盖全球 61 个国家和地区，其中"一

[①] 数据来源于国家开发银行 2018 年报。
[②] 数据来源于中国出口信用保险公司官网 http://www.sinosure.com.cn/gywm/gsjj/gsjj.shtml。
[③] 中国民生银行官网：金融科技助力银行业务"一带一路"建设的策略分析，2019 年 4 月 3 日。

带一路"沿线国家占 25 个,跟进"一带一路"沿线国家项目 600 多个,项目总投资额超过 1600 亿美元。自 2015 年来,中国银行先后发行 5 期"一带一路"主题债券,总规模近 150 亿元,发型币种达 7 个[①]。

(三)专项投资基金

专项投资基金由中方发起,中外金融实体合作共建,是长期融资的重要资金来源。我国目前成立的专项投资基金多为政策性股权投资基金,高度市场化运作,可提供多元化的金融服务。主要支持的产业领域为基础设施和资源开发、现代农业、制造业和信息技术、物流业、工业园区,以及教育、医疗等可持续发展的项目。丝路基金是我国最典型的服务于"一带一路"的专项投资基金,截至 2018 年底,丝路基金协议投资金额约 110 亿美元,实际出资额达 77 亿美元。2018 年 7 月,由丝路基金和欧洲投资基金共同出资的中欧共同投资基金开始实质化运作,投资规模达 5 亿欧元。同年,丝路基金出资 20 亿美元设立中哈产能合作专项基金。[②]

(四)多边或双边金融机构

由中国主导的双边或多边金融机构也在积极参与"一带一路"建设,典型的如金砖国家新开发银行和亚投行。金砖国家新开发银行于 2014 年 7 月成立,创始国是中国、巴西、俄罗斯、印度和南非,总部设在上海,初始资本由 5 个创始成员平均出资,主要为金砖国家、其他新兴市场和发展中国家的基础设施建设和可再生能源等可持续发展项目提供长期主权贷款、非主权贷款、主权担保贷款及金融债券融资等服务。根据金砖国家新开发银行 2019 年举行的第四届年会消息,该行近 80%的贷款用于交通、清洁能源、水资源和污水处理等领域。2015 年 12 月 25 日,由 57 个创始成员国出资的亚投行正式成立,初始认缴资本为 981.514 亿美元,其中中国的认缴资本为 297.8 亿美元,占总认缴资本的 30.34%,为亚投行的第一大股东。亚投行向成员国提供主权贷款,主要投资领域为基础设施建设。到 2020 年 4 月 22 日,亚投行的成员国有 102 个国家,累计投资了 70 个项目,投资总额达到 137.7 亿美元[③]。

总之,自"一带一路"倡议提出以来,我国的金融机构积极响应,推出了多元化的金融服务,海外分支机构大幅拓展,融资支持项目不断增加,取得了一定的成绩。

---

① 数据来源于《中国银行股份有限公司 2019 年度社会责任报告》。
② 数据来源于《融合投融资规则,促进"一带一路"可持续发展》报告。
③ 数据来源于亚投行官网 https://www.aiib.org/en/projects/summary/index.html。

二、金融发展仍滞后"一带一路"需求

尽管金融机构为"一带一路"建设做出了诸多努力，我国的金融服务总体上还是滞后于"一带一路"的投融资需求，其中融资难、风险大、外汇兑换难是金融服务的三大痛点。

（一）融资难

融资难是"一带一路"建设中企业面临的头号难题。首先，"一带一路"沿线国家和地区多为欠发达地区，金融市场发展不充分，企业在当地可采用的融资渠道非常有限，往往在东道国金融市场融不到资金或融资成本过高。其次，"一带一路"征信体制不够完善，跨境征信等金融基础设施较为落后，信息不对称导致金融机构在贸易融资中难以发挥巨大力量。最后，"一带一路"企业资金缺口大、投资周期长、风险大，出于财务可持续的考虑，金融机构的投资意愿不强，这一点在民营企业上体现得尤为明显。根据《中国"一带一路"境外经贸合作区助力可持续发展报告》，39%的受访区表示从银行获得了金融支持，61%的受访区表示没有获得任何类型的金融支持，部分中国境外经贸合作区运营方表示很难从多边金融机构获得资金。

（二）风险大

"一带一路"沿线国家和地区数量众多，国情复杂，给金融服务带来了巨大的不确定性。第一是国别风险，即地缘政治、资本管制、政府债务等因素可能会导致经营受阻和债务违约。比如，印度尼西亚和东欧国家劳工保护势力强大，一旦发生劳资纠纷，无法有效诉诸法律途径，面临较大损失；部分中亚和南亚国家部族势力色彩浓厚，政治清算事件频繁发生，对企业的正常经营造成非常不利的影响。第二是市场风险，如部分"一带一路"沿线国家还存在着不同程度的外汇管制，汇率大幅波动使金融资产贬值，导致外汇兑换时产生利润损失等。第三是异地监管风险，如马来西亚规定外资占金融机构资本的比重不得超60%，且要接受不同程度的运营限制。

（三）外汇兑换难

外汇兑换难是企业参与"一带一路"最棘手的问题。"一带一路"沿线国家或地区大多为贫穷经济体，经济开放度较低，外汇储备量不足，经济制度不健全，

金融市场不成熟，存在着不同程度的外汇管制，因而催生了企业进出东道国的外汇转换难问题。一方面企业可能面临巨大的外汇风险，遭受利润损失；另一方面东道国货币无法汇回中国，只能在东道国内流转。企业在进驻"一带一路"沿线国家时，首先要将人民币换成美元，或直接取得美元融资；其次将美元兑换成东道国法定货币，购买原材料、发放员工薪资和在东道国开展业务。然而，由于资本账户管制和外汇兑换的限制，企业在退出时，往往无法将东道国货币兑换成美元或人民币，实现利润回流，导致资金在东道国内空转。倘若东道国风险较大，发生汇率的大幅度贬值，企业可能将遭受无法回转的损失。

三、金融创新服务"一带一路"投融资

（一）建立多元化融资体系，优化跨境金融基础设施

建立多元化的融资体系应从三方面着手。一是扩大融资参与主体，政府应通过广泛的国际交流合作打通国际资本渠道，金融机构间应加强国际金融合作，使本国和国际商业银行、开发性金融机构、出口信贷机构、国际或区域多边机构等都成为企业参与"一带一路"建设的资金提供方；二是发展多元化融资方式，积极开发透明度高的国际资本市场进行融资，结合不同融资方式的特点，针对企业面临的环境、项目情况和具体发展时期设计合适的融资方案；三是金融机构应创新跨境金融产品，支持企业的不同融资需求，推动"一带一路"融资的可持续发展。同时，引入大数据和区块链技术优化跨境征信平台的建设，实时处理包括物流、商流、资金流、信息流的海量数据，改善投融资中的信息不对称问题，完善金融基础设施建设，为"一带一路"的金融支持提供沃土。

此外，针对民营企业融资难的突出问题，监管机构应完善商业银行的考核机制，给予国有企业和民营企业相同地位，让民营企业也可以享受到银行信贷的支持。

（二）健全风险应对机制，创新风险管理模式

金融机构要牢固树立风险意识，高度重视财务的可持续发展，改变以往单打独斗的思维模式，充分利用国际银团贷款、资产证券化等方式分散风险，利用国际担保、出口信用保险等保险手段转移风险，积极开发衍生金融产品对冲市场风险，规避企业交易中随时可能发生的汇率和利率大幅波动，对冲市场风险，保障资金的安全性。与此同时，利用大数据、云计算等技术建立大数据风险预警平台，

即时监测风险，为企业提供专业化的风险管理和金融咨询服务，提升企业的风险防范意识，增加投资项目的成活率，进而从源头上降低风险。

（三）探索自创外汇流通区块链平台

由银保监会和外管局牵头，中国人民银行备案，引入区块链技术自创外汇流通平台或成为解决外汇转化难的有效渠道。

区块链是一个分布式记账的共享账本和数据库，其去中心化、不可篡改、可追溯等特点，为区块链创造信任而奠定基础。打造一个区块链平台，使各东道国货币均用人民币（或美元）标价，标价方式与官方汇率一致，所有参与"一带一路"建设的企业都注册为外汇流通区块链平台的用户，在区块链平台上发布自己的外汇需求，如进驻企业需要人民币换东道国货币而退出企业需要东道国货币换人民币，这些需求信息全网实时同步，当任意两方需求重合时即可达成交易。商业银行以寄存机构的身份参与外汇流通区块链平台，可以提供贴现、增信等金融服务，提高整个区块链平台的流通效率。

从长期来看，区块链平台具有较高的信息透明度，既可以有效规避东道国政府的政策管制，削减办事流程，又有利于各国监测"一带一路"建设中的资金动向，加强外汇流通的监督管理，防止各种金融犯罪的发生。同时，在外汇流通区块链平台推行人民币和其他货币的双边可兑换，有助于推动人民币的国际化进程。当然，外汇流通区块链平台还会涉及很多法律和监管问题，这需要中国政府和"一带一路"沿线国家政府不断协调，进一步探索区块链平台落地的可行性。

随着区块链、大数据、云计算等基础技术的普及，金融科技广泛应用于征信、结算、风控和交易领域，效率和经济价值不断凸显，只有积极拥抱金融科技，发挥金融科技的正向作用，金融机构才能更好地支持"一带一路"建设。

本章执笔人：江　萍

第九章 "一带一路"信息平台建设研究

第一节 问题的提出与研究现状

共建"一带一路"倡议,"我们秉持的是共商、共建、共享,遵循的是开放、透明原则,实现的是合作共赢。"(习近平,2019)"一带一路"倡议提出以来,共建"一带一路"迅速扎实推进,愿景和理念迅速转化为行动和成果,取得丰硕成绩。根据中国一带一路网的相关统计数据,截至2019年11月底,中国政府已与137个国家和30个国际组织签署197份政府间合作协议。共建"一带一路"的国家已由亚欧延伸至非洲、拉美、南太、西欧等区域。2017年5月首届"一带一路"国际合作高峰论坛达成的279项务实成果,其中269项已完成或转为常态化工作,10项正在推进,落实率达96.4%(张明,2019)。2019年4月第二届"一带一路"高峰论坛形成了6大类283项建设性成果,取得更丰硕的成果。

虽然"一带一路"建设已经取得丰硕成绩,但随着"一带一路"建设的深入推进和我国企业持续"走出去","一带一路"倡议的持续推进也面临着一些挑战:一是对外投资面临的外部环境复杂多变,西方投资保护主义抬头,以国家安全、窃取技术、知识产权侵害、国有企业等借口诋毁我国企业的对外投资;二是美国、日本、欧盟等担心中国的"地缘战略意图",关注项目的质量水平和可持续性,对中国可能掌握合作主导权也抱有疑虑(张明,2019),对于"一带一路"倡议仍存在战略担忧与互信问题;三是"一带一路"倡议的国际话语权经常被西方掌控,造成共建"一带一路"倡议在国际上被歪曲、攻击和排斥;四是在治理机制、融资和风险防控等方面,仍然面临较大的挑战。共建"一带一路"尚未形成专门的区域治理平台,而是采取灵活的方式,以双边高层会晤、主场外交、多边机制嵌入相关议题等形式,谋取沿线国家合作治理的共识(陈伟光和王燕,2016)。由于不以约束性强的合作机制为依托，因此风险治理机制的系统性、有效性和灵活性有待提高（王亚军，2018）。同时，"一带一路"沿线的投资目的国风险系数较高，中国企业"走出去"面临信息获取、市场风险、东道国民事纠纷三大风险[①]。因此，"一带一路"倡议的实施和推进，面临着外部环境复杂多变、战略担忧与互信、治理机制、融资和风险防控等问题和挑战。

应对以上问题和挑战，建设信息充分、权威、开放、透明的信息平台至关重要。原因在于这些问题和挑战的存在与当前推进"一带一路"倡议中缺少信息充分、权威、易得和透明的信息平台相关联。具体而言：一是"一带一路"倡议的核心内容"五通"中的任何一通都离不开信息畅通（丁波涛，2017）；二是国内外企业、金融机构等微观主体对"一带一路"沿线国家投资、贸易、融资等决策均需要充分、详尽、可靠的信息支撑；三是主导"一带一路"倡议的国际话语权，向国际社会传播充分、权威的共建进展和成果信息，迫切需要具有国际公信力的充分、透明和易得的话语平台；四是营造不同国家、企业、金融机构和民众等各层次参与主体的互信需要充分和透明的信息；五是展示参与国家合作共赢的示范效应，吸引更多国家和企业参与，也需要信息平台的广泛传播。

因此，在当前关系治理主导的多元合作治理模式下，由中国承担类似区域经济合作组织秘书处功能，牵头建立跨国信息采集、整合和共享平台，提供充分和透明信息，构建信息充分、透明、具国际公信力的"一带一路"信息平台，对于"一带一路"建设稳步推进具有非常重大的意义。

目前，在国内有关部门和机构的共同努力下，近年来我国已陆续建立起一些具有较大影响力的信息平台，为"一带一路"建设的推进提供了重要的信息支撑。较有影响力的平台包括国家信息中心在国家推进"一带一路"建设工作领导小组办公室指导下主办了中国一带一路网、中国商务部对外投资和经济合作司主办的"走出去"公共服务平台、国研网"一带一路"研究与决策支撑平台、国家信息中心中国经济信息网（以下简称中经网）一带一路统计数据库等。

已有的网站和数据库等信息平台立足于中国视角，主要着眼于为国内政府、研究机构和企业提供宏观层面的新闻资讯、政策环境、国别指南、统计数据等信息，其中部分提供的信息偏重满足学术机构的研究需要。虽然已有信息平台提供了较丰富的信息来源，但仍无法满足当前共建"一带一路"推进的需要，主要存在以下几个问题：定位有偏差、信息跨国共享缺乏、信息不充分和碎片化、信息获取不便利、部分主办和建设机构不具有权威性等，无法有效满足当前政府、企业和金融机构等参与主体的需要，难以支撑"一带一路"倡议的持续推进。因此，需要进一步加强对"一带一路"信息平台建设的研究并推进建设。

---

① http://china.cnr.cn/gdgg/20170409/t20170409_523698701.shtml[2017-04-09]。

然而，虽然共建"一带一路"倡议提出后，就持续成为国内外学术界持续讨论的热点话题，一大批丰硕的研究成果为共建"一带一路"提供了扎实的理论指导和政策评估，但目前对于"一带一路"信息平台建设问题的研究仍相当薄弱。

国内相关研究主要关注"一带一路"倡议提出的重大意义和如何推进建设的问题，如白永秀等（2019）所指出的，目前国内关于"一带一路"研究主要集中于从宏大视角探讨背景与原则（如卢锋等，2015）、内涵与意义（如裴长洪和于燕，2015；金碚，2016）、建设必要性（如王义桅，2015）、合作重点（如马广奇和姚燕，2018）、合作机制（如廖丽，2018）、风险障碍（如周平，2016）及保障措施（如刘波，2018）等问题。

而国外相关成果则更多关注"一带一路"倡议实施的经济效应、环境风险及国别影响等，包括：①贸易效应，较多研究关注"一带一路"倡议带来的贸易影响及其影响的机制（如 de Soyres et al., 2018；Johns et al., 2018；Baniya et al., 2019；Liu et al., 2020）；②投资效应，较多研究同样关注"一带一路"倡议带来的投资促进影响和影响因素（如 Fan et al., 2016；Chen and Lin, 2018；Derudder et al., 2018）；③环境风险，少数研究关注"一带一路"倡议可能的环境影响（如 Losos et al., 2019）；④债务风险，极少数研究担忧"一带一路"倡议可能的债务风险问题（如 Baltensperger and Dadush, 2019）；⑤国别影响，部分国家的政策研究成果关注"一带一路"倡议对本国经济及双边关系的影响及其如何参与"一带一路"倡议的建议，涉及韩国（Lee et al., 2017）、日本（Enomoto, 2017）、意大利（Fardella and Prodi, 2017）、俄罗斯（Timofeev et al., 2017）等。

以上文献梳理表明，对于"一带一路"建设中的跨国信息共享、整合机制及其信息平台建设这一重要问题，国外的研究几乎没有涉及，而国内研究也是极为稀缺。目前可得的极少量相关文献涉及以下三个方面：一是关于信息平台的概念、结构与基本要素（谷虹，2012）；二是"一带一路"大数据分析服务体系和决策支持体系建设，这方面研究主要基于国家信息中心大数据中心团队的成果（于施洋等，2017a，2017b）；三是"一带一路"数据资源归集体系建设（于施洋等，2017c；丁波涛，2017，2018）。

已有的有限研究为如何建设"一带一路"信息平台奠定了一定基础，并部分得以实践应用，但总体而言，目前对于"一带一路"信息平台建设问题的研究相当薄弱，已有研究显然仍然没有解决前文提出的现有平台存在的主要问题。因此，有必要围绕"如何构建信息充分、透明、具国际公信力的'一带一路'信息平台"这一核心问题，加强建设方案和支持政策的研究。

基于此，本章将在调研企业对参与"一带一路"建设的信息需求，和评估已有"一带一路"信息平台建设情况的基础上，借鉴国际上类似信息平台建设经验，提出信息平台的功能定位、建设主体、建设模式、建设重点、内容架构、运营模式和信息采集等建设思路，为建设一站式"一带一路"信息平台提供建设方案和政策建议，助力实现"一带一路"信息畅通，推进共建"一带一路"进程。

第二节　企业参与"一带一路"建设的信息需求

"一带一路"倡议在提出之初，习近平总书记就强调指出，"'一带一路'建设是一项长期工程，要做好统筹工作，正确处理政府和市场的关系，鼓励国有企业、民营企业等各类企业参与，同时发挥好政府作用。""要加大对外援助力度，发挥好开发性、政策性金融的独特优势和作用，积极引导民营资本参与。"[①]我国企业积极响应并广泛参与到"一带一路"建设中，积极参与国际竞争和全球资源配置，成为促进"一带一路"建设走深、走实的生力军[②]。2013～2018年，我国企业对沿线国家直接投资超过900亿美元，在沿线国家完成对外承包工程营业额超过4000亿美元[③]。2018年，我国企业对"一带一路"沿线国家实施并购项目79起，并购金额100.3亿美元，占并购总额的13.5%[④]。2018年末，我国境内投资者在"一带一路"沿线的63个国家设立境外企业超1万家，涉及国民经济18个行业大类，当年实现直接投资178.9亿美元[⑤]。民营企业500强参与"一带一路"建设的热情高涨，2018年有179家参与"一带一路"建设，参与"一带"建设的企业数量比上年增加14.74%，参与"一路"建设的企业数量比上年增加41.53%[⑥]。

因此，国内外特别是我国各类企业的持续参与，对于加快"一带一路"建设意义重大。但是，企业在开拓"一带一路"沿线国家业务时并非一帆风顺，面临着来自国内外的缺信息、缺人才、缺资金等诸多困难，其中，信息缺乏问题受到的关注较少。因此，了解企业对于参与"一带一路"建设的信息需求、获取现状与面临问题，有效满足企业的信息需求，对于吸引国内企业特别是民营企业积极持续地参与"一带一路"建设具有重要的推动作用。

为此，我们通过对国内企业进行问卷调查，了解当前企业参与"一带一路"

---

① http://www.xinhuanet.com//politics/2014-11/06/c_1113146840.htm[2014-11-06].
② https://www.163.com/dy/article/EV0S652M0514AN1F.html[2019-11-27].
③ https://www.yidaiyilu.gov.cn/zchj/qwfb/86697.htm[2019-04-22].
④ 商务部、国家统计局、国家外汇管理局，2018年度中国对外直接投资统计公报，第11～12页。
⑤ 商务部、国家统计局、国家外汇管理局，2018年度中国对外直接投资统计公报，第17页。
⑥ http://cppcc.china.com.cn/2019-08/22/content_75126396.htm[2019-08-22].

建设现状,重点关注信息获取现状和问题,最终为建设"一带一路"信息平台有效满足企业信息需求提供政策依据。

调查主要针对广东企业,共发放问卷814份,收回506份,经复核筛选有效问卷354份。有效问卷中,受访企业来源广泛,约45%的企业为私营企业,约28%的企业为国有企业,其余分别为三资企业(8.47%)、集体所有制企业(8.19%)、联营企业(4.24%)等。这些企业中,主要为大型和中型企业,分别占比34.75%和34.46%,微型企业占比仅为8.19%。

一、企业参与"一带一路"建设的现状

(一)贸易和投资仍是多数企业参与"一带一路"建设的主要方式

受访企业中,与"一带一路"共建国家和地区开展的业务主要为进出口贸易(61.58%)、境外投资并购(40.4%)、融资等金融服务(34.46%)、劳务合作(32.77%)和承包工程(26.55%),表明贸易和投资仍是当前多数企业参与"一带一路"建设的主要方式。调查也表明,有4.24%的受访企业当前未在"一带一路"沿线国家开展业务,但其中20%的企业有在两年内开拓相关业务的计划。

(二)困扰企业参与建设的主要问题是缺信息、缺人才、缺资金

企业在开拓"一带一路"沿线国家业务时并非一帆风顺,面临着来自国内外的诸多困难,调查结果显示,受访企业面临的前五大困难是:目标国信息缺乏(70.76%),企业海外经营人才缺乏(56.14%),国内法律服务、会计服务、投资服务、信息咨询等专业服务机构不健全(50.88%),目标国汇率波动风险大(47.95%)和国内金融支持不够、融资困难、资金缺乏(47.37%)。这表明,困扰企业参与"一带一路"建设的主要问题仍然是缺信息、缺人才、缺资金。

(三)目标国政策、投资环境、市场等信息缺乏是面临的最大困难

调查重点关注信息壁垒问题,结果表明,目标国政策、投资环境、市场等信息缺乏的困难高居榜首,受访企业中约71%均面临信息缺乏这一问题。当前针对企业"走出去"参与共建"一带一路"的综合信息服务体系仍不够健全,企业进入东道主国家面临信息不对称风险。

缺乏对相关背景资料全面而深入的了解,在很大程度上影响企业对外合作的

决策和结果，因此，推进"一带一路"信息畅通，有效满足企业的信息需求，对于激发企业更加积极参与"一带一路"建设具有非常重要的现实意义。全国工商联发布的《"一带一路"沿线中国民营企业现状调查研究报告》也佐证了企业对于信息的渴求，受访企业对工商联系统助力民营企业在"一带一路"沿线国家发展的第一位需求是"组织当地法律法规，尤其是劳动仲裁纠纷方面的知识培训与专业化服务"（40.6%）；排在第二位的需求是"与国内和当地相关部门协调，争取更多政策支持"（37.4%）；第三位到第五位的需求则分别是"海外投资与经营知识培训"（29.8%）、"搭建信息沟通平台，实现商务信息共享与投资经验交流"（26.8%）和"在当地组织环境监测标准、资源开发审查政策专业化服务"（24.9%）。

二、企业参与"一带一路"建设信息获取现状与面临问题

（一）企业信息需求的重点是法规政策与具体项目信息

对企业在开拓国际业务时需要获取的信息类别的调查统计表明，企业需求的信息包罗广泛，包括从宏观动态、政策法规、基础数据至微观项目信息等在内的十余项信息类别。按企业选择排序，前五项信息类别是：目标国对外国投资合作法规与政策、中国与目标国政经关系和特定优惠政策、目标国贸易投资具体项目信息、目标国政治经济动态和中国对外投资合作政策法规等。

在这些信息类别中，企业最想获取的信息比较分散，显示出不同的企业在亟须获取的信息需求上存在较大差异，较多企业（20%以上）最想获取信息类别是目标国对外国投资合作法规与政策，目标国政治经济动态，中国与目标国政经关系和特定优惠政策，目标国法律、金融、保险等专业服务机构信息，目标国投资指南与分析报告，目标国贸易投资具体项目信息，目标国风险预警和国内咨询，金融、保险、法律等专业服务机构信息等八类信息。

从信息获取难易程度来看，受访企业目前最难以获取和最容易获取的信息均相对分散，显示出不同企业在获取不同信息的难易程度上存在较大差异。调研表明，问卷中列出的15类信息中，较多企业（20%以上）认为最难以获取的信息类别包括：目标国对外国投资合作法规与政策、目标国政治经济动态、目标国投资指南与分析报告、中国与目标国政经关系和特定优惠政策、目标国贸易投资具体项目信息。因此，要准确识别不同企业的信息需求情况，有效满足不同企业不同类别的信息需求，确实面临较大的挑战。

(二)企业仍主要依靠官方和半官方渠道获取信息

在信息获取渠道方面,调查表明,超过一半的企业通过政府部门、行业协会、商业合作伙伴和专业服务中介机构获取信息,部分企业通过搜索引擎、展会和投资推介活动等获取信息,仅少数企业通过朋友等私人渠道获取。总体来看,当前企业获取的信息仍主要来源于官方和半官方渠道,原因主要在于,从官方和半官方渠道获取的信息具有权威性,减少了企业识别筛选信息真伪的成本,降低了信息有误导致决策失误的风险。

调研也表明,在问卷给出的提供"一带一路"建设相关信息的13类网站和机构名单中,均有企业通过这些网站和机构获取过信息,但各网站和机构的企业利用率存在较大的差异。如表9-1所示,高达81.36%的企业曾通过中国一带一路网获取信息;第二是中国国际贸易促进委员会(含各地分会),占比 62.15%;第三是商务部或地方"走出去"公共服务平台网站,占比60.17%。科研和资讯类数据库平台,如国家信息中心中经网"一带一路"统计数据库、国研网[①] "一带一路"研究与决策支撑平台等也为超过半数的企业提供了信息来源。总体来看,绝大多数企业仍然依靠官方和半官方的渠道获取信息。

表9-1 企业获取信息的网站和机构来源

选项	小计/家	比例
全国一带一路官方网站:中国一带一路网	288	81.36%
商务部或地方"走出去"公共服务平台网站	213	60.17%
商务部"走出去"导航网	133	37.57%
广东省商务厅"走出去"公共服务平台网站	204	57.63%
新华社新华丝路数据库	147	41.53%
亚投行网站	143	40.4%
中国国际贸易促进委员会(各地均有分支机构)	220	62.15%
中国出口信用保险公司(各地均有分支机构)	139	39.27%
国研网"一带一路"研究与决策支撑平台	192	54.24%

---

① 国务院发展研究中心信息网。

续表

选项	小计/家	比例
国家信息中心中经网"一带一路"统计数据库	200	56.5%
社科文献出版社"一带一路"数据库	114	32.2%
电子工业出版社"一带一路"工业和信息化产业资源平台	128	36.16%
其他（可填写）	5	1.41%

（三）企业信息获取主要面临来源分散、精准性和时效性较差、微观项目信息缺乏问题

企业在获取相关信息时也面临较多问题。表 9-2 调查数据表明，企业在获取信息时面临着信息来源太分散、精准性和时效性较差、微观项目信息缺乏、收费不合理等各类问题。绝大企业面临的问题是信息来源太分散（72.6%）、信息精准性较差（57.06%）和信息时效性较差（54.8%），同时有近一半的企业面临微观项目信息缺乏的问题。这表明，要有效满足企业对参与"一带一路"建设的信息需求，应重点在构建一站式信息平台，提高信息精准性和时效性，增加微观项目信息等方面推进。进一步对企业付费获取信息的调查发现，绝大多数企业（71.75%）曾为开拓国际业务获取信息付费，而未曾付费获取信息的企业中，62%的愿意在未来为所需的精准信息付费，共 89.27%的企业认可付费方式获取相关信息。

表9-2　企业在获取"一带一路"建设相关信息面临的问题

选项	小计/家	比例
信息时效性较差	194	54.8%
信息精准性较差	202	57.06%
信息来源太分散	257	72.6%
信息收费不合理	101	28.53%
微观项目信息缺乏	175	49.44%
其他（可填写）	2	0.56%

三、结论与启示

以上调研结果分析表明，信息缺乏是制约当前企业参与"一带一路"建设的重要问题，企业在获取信息时受制于来源分散、精准性和时效性较差，信息搜寻成本高，表明企业参与"一带一路"建设的信息需求未能得到有效满足。因此，有必要将部分扶持资源和精力，从"给钱"转向提供充分、权威、精准信息从而降低信息壁垒上，从支持推动"项目出海"向"平台出海"演进，通过发挥平台的信息集聚效应助推企业主动出海。

基于以上分析，可考虑整合建设一站式的"一带一路"综合信息服务平台，为企业提供充分、权威、精准信息，降低境外信息不对称风险，尽力解决企业参与"一带一路"建设面临的缺信息、缺专业服务等问题。调查结果也表明，近七成企业认为很有必要，26%的企业认为有必要，共95%的企业支持建设一站式"一带一路"综合信息平台。同时，根据企业对已有信息平台的知晓情况，可考虑在中国"一带一路"建设工作领导小组办公室的统筹指导下，由中国国际贸易促进委员会（中国国际商会）、商务部"走出去"导航网、中国出口信用保险公司、新华社新华丝路数据库等联合成立信息平台运营主体，以充分发挥各机构的信息优势，打通部门间信息壁垒，构建一站式平台。

第三节 国内"一带一路"信息平台建设现状

如本章第一节指出的，在国内有关部门和机构的共同努力下，近年来我国已陆续建立起一些具有较大影响力的信息平台，为"一带一路"建设的推进提供了重要的支撑。目前，国家信息中心在国家推进"一带一路"建设工作领导小组办公室指导下主办了中国一带一路网，作为中国政府"一带一路"倡议的官方门户。同时，国内一些部门和机构也开始提供"一带一路"相关的信息，较有影响力的平台包括：中国商务部对外投资和经济合作司主办的"走出去"公共服务平台、全国工商联"一带一路"信息服务平台、"一带一路"大数据综合服务门户、国研网"一带一路"研究与决策支撑平台、国家信息中心中经网"一带一路"统计数据库、社科文献出版社"一带一路"数据库、新华社新华丝路数据库、电子工业出版社"一带一路"工业和信息化产业资源平台、锐思数据"一带一路"数据库信息平台、浙江省发展和改革委员会主办的浙江一带一路网、商务部"走出去"导航网等。本节将对"一带一路"以上相关平台建设现状进行评估，分析已有平台存在的问题，为推进"一带一路"信息平台建设提供政策启示。

一、相关平台建设现状评估

我们根据平台主办背景、平台定位、服务对象、信息覆盖、信息来源、信息呈现、信息获取、更新频率、信息语种等方面对以上"一带一路"信息平台进行梳理比较，结果如表9-3所示。

（一）平台主办与定位

从表9-3可以看出，现有平台主要为官方或半官方机构主办，因此总体具有一定的权威性，绝大多数平台定位于为国内的企业、研究机构提供"一带一路"建设的相关信息，少数平台如中国一带一路网、新华丝路数据库同时以外文语种提供信息，意味着平台将同时为国际组织、国外政府、国外企业等提供信息。这表明，现有绝大多数平台以中国视角来定位平台，似乎并未有国际视角的考虑。

（二）平台信息覆盖

从平台信息的覆盖面来看，绝大多数平台以宏观层面的新闻资讯、政策动态、国别指南、统计数据等信息为主导，仅有新华丝路数据库提供了"投融资项目、海外项目跟踪系统"和"走出去"导航网提供了"引资项目库、专业服务机构库"等较完整的微观信息，但两家平台的微观信息以国内信息主导，海外项目信息偏少，且更新较慢。

（三）平台信息来源

信息来源方面，已有相关平台中除新华丝路数据库和"走出去"导航网两家平台外，其余平台的信息主要源于国内来源，显示出"一带一路"海外信息的跨国采集和共享上严重不足。但其中值得再次指出的是，新华丝路数据库平台可利用新华社遍布全球的网络采集、发布信息，因此在海外信息的跨国采集上具有天然优势，并且新华社已牵头发起了"一带一路"经济信息共享网络（the Belt and Road economic information partnership，BREIP），搭建了"一带一路"经济信息共享平台BRInfo，从而奠定了海外信息采集的国内优势地位。

第九章 "一带一路"信息平台建设研究

表9-3 "一带一路"相关信息平台建设现状评估汇总

平台名称	平台背景	平台定位	服务对象	信息覆盖	信息来源	信息呈现	信息获取	更新频率	信息语种
中国"一带一路"网	政府官方	中国"一带一路"官方网站	国际组织、国内外政府、科研机构、企业、公众	宏观信息主导	国内来源	列表模式	免费	实时	中文+6种外文
"走出去"公共服务平台	政府官方	商务部企业"走出去"公共服务综合门户	国内企业	宏观信息主导,兼业务办理	国内来源	列表模式	免费	实时	中文
"一带一路"大数据综合服务门户	半官方	"一带一路"大数据中心平台	国内企业	宏观信息主导	国内来源	列表模式	—	已下线	中文
"一带一路"研究与决策支撑平台	半官方	"一带一路"研究与决策支撑平台	国内企业、研究机构	宏观信息主导	国内来源	列表模式为主+检索模式	收费	总体较快,微观信息更新慢	中文
"一带一路"统计数据库	非官方	"一带一路"统计数据库	国内研究机构、企业	宏观统计数据为主	国内来源	检索模式为主+列表模式	收费	较快	中文
"一带一路"数据库	非官方	"一带一路"基础资料、时事热点资料数据库	国际组织、国内外政府、科研机构、企业	宏观信息主导	国内来源	列表模式	免费	网站2019年9月后未更新	中文
新华丝路数据库	半官方	"一带一路"国家级信息服务平台、投资顾问、智库总汇	国际组织、国内外政府、科研机构、企业	宏观、微观信息(投融资项目、海外项目)	国内外来源	列表模式+检索模式	收费	实时更新,但项目信息主要为国内项目,更新慢	中文、英文
"一带一路"工业和信息化产业资源平台	非官方	"一带一路"工业和信息化产业资源平台	国内科研机构、企业	宏观信息主导	国内来源	列表模式	免费	2019年8月后无更新	中文
"一带一路"数据库信息平台	非官方	"一带一路"数据库、法律文档数据库平台	国内科研机构、企业	宏观统计主导	国内来源	列表模式+检索模式	其中基础数据库收费	较快	中文

续表

平台名称	平台背景	平台定位	服务对象	信息覆盖	信息来源	信息呈现	信息获取	更新频率	信息语种
浙江一带一路网	政府官方	浙江"一带一路"建设官方平台	国内政府、科研机构、企业、公众	宏观信息主导	国内来源	列表模式	免费	较快	中文
"走出去"导航网	准官方	商务部"走出去"信息和服务平台	国内企业	宏观、微观信息（引资项目、专业服务机构库）	国内外来源	列表模式+检索模式	免费浏览 收费服务	实时	中文
全国工商联"一带一路"信息服务平台	准官方	全国工商联"一带一路"信息服务平台	国内民营企业	宏观信息主导	国内为主	列表模式+关键词检索模式	免费浏览	较快	中文，未来将提供英文版

注：①信息覆盖指包括的信息类别范围，其中宏观信息如政策法规、新闻、国别基础资料、统计数据等，微观信息如合作投融资项目、企业、专业服务机构信息等，难以通过深加工、推荐模式和检索模式进行深加工，通常列表模式未表取检索模式基于对信息的深加工建立数据条目，通过指定检索条件可获取精准信息；②信息呈现分列表模式、推荐模式、检索模式三类，通常列表模式未表取检索模式基于对信息的深加工建立数据条目，通过指定检索条件可获取精准信息；③表中资料由作者根据各信息平台网站资料整理分析

（四）平台信息呈现

由于"一带一路"建设涉及的信息海量，因此信息呈现方式对于企业等用户快速获取想要的精准信息至关重要。信息呈现通常分列表模式、推荐模式和检索模式三类。列表模式由于未对信息进行深加工，因此难以通过特定组合检索获取精准信息；检索模式基于对信息的深加工建立数据条目，可通过指定组合检索条件获取精准信息。已有相关平台中，超过一半采用的是列表模式，制约了用户获取信息的精准性，其他少数采用列表模式+检索模式的平台中，主要也仅针对统计数据或微观信息采用检索模式，针对政策、法规等仍然采用列表模式，从而也一定程度上影响了用户在政策等信息上获取的精准性。

（五）平台准入与更新

从信息获取准入的难易来看，多数平台为免费使用，"一带一路"研究与决策支撑平台，"一带一路"统计数据库、新华丝路数据库、"一带一路"数据库信息平台采用收费使用模式，"走出去"导航网则采用了免费浏览、收费服务的创新模式。但结合更新情况等综合来看，免费的非官方平台更新较慢，且易出现停止更新的情况，如"一带一路"数据库和"一带一路"工业和信息化产业资源平台均在2019年下半年停止了更新，"一带一路"大数据综合服务门户则在提供服务不久后直接下线了。

（六）平台运营模式

特别值得指出的是，"走出去"导航网免费浏览、收费服务的模式，降低了企业用户获取信息的准入门槛，同时通过收费提供项目和服务对接服务，筛选出了真正有海外微观信息需求的企业用户，既提高了信息服务的精准性，也部分弥补了信息平台的运营成本，提高了平台运营的灵活性，为官方背景平台如何平衡免费的信息公共服务和收费的精准对接服务提供了很好的参照。

总体而言，已有的网站和数据库等信息平台立足于中国视角，主要着眼于为国内政府、研究机构和企业提供宏观层面的新闻资讯、政策法规、国别指南、统计数据等信息，其中部分提供的信息偏重满足学术机构的研究需要。已有信息平台中，完全政府背景的中国一带一路网和浙江一带一路网作为中国和浙江省的官方网站来说，总体实现了其平台建设定位。除此之外，总体而言，新华丝路数据库和"走出去"导航网两家平台无论在信息覆盖、信息来源的广泛性，信息呈现和更新频率上均强于其他平台，但在服务对象局限国内、微观信息较少、信息获取收费等方面存在不足。

二、相关平台建设存在的不足

综上评估结果，虽然已有信息平台提供了较丰富的信息来源选择，但各平台仍存在各自的局限性，并且对照前文企业参与"一带一路"建设的信息需求，现有平台仍难以有效满足当前共建"一带一路"推进的需要，总体主要存在以下几个不足。

一是定位有所偏差。已有平台基本上是从中国视角而极少从区域经济合作平台的国际视野来定位平台功能，在信息平台建设上未能充分体现"一带一路"倡议秉持的共商、共建、共享原则，"一带一路"其他参与国的参与较低。

二是信息跨国共享缺乏。内容架构上未能突出除中国外其他国家的参与性，跨国信息采集渠道较少，主体间、项目间的信息共享机制与平台较少（王亚军，2018），从而未能从其他国家立场有效提供充分完整信息。

三是信息不充分和碎片化。已有平台的内容偏重宏观信息，对于企业对外投资关注的具体项目信息、参与国专业服务机构信息等微观信息供给不足，难以满足企业信息获取需要，信息供给不够充分完整；且对分散的新闻报道式信息缺少明晰地系统梳理和归纳加工，信息呈现碎片化特征。

四是信息获取不便利。对于非统计数据信息的梳理、整合等加工不够，特别是对于双边合作进展、政策文件等内容多以新闻报道呈现，未能加工为数据库条目通过检索方式呈现，信息获取不便利，同时绝大多数平台采取收费制，减少了信息可得性。

五是部分主办和建设机构不具有权威性。

总体而言，已有信息平台存在定位有偏差，信息供给不够充分，信息分散化、碎片化、不易获取等不足，仍难以有效满足各参与主体特别是企业的信息需求。

三、结论与启示

以上对已有信息平台的评估分析表明，由于"一带一路"建设参与主体的信息需求多样，已有的单个信息平台难以独立提供充分完备的信息，因此，有必要由国家有关部门牵头，整合各个信息来源渠道，建设一站式的"一带一路"综合信息服务平台门户，为各参与主体特别是国内外的企业提供充分、权威、精准信息，服务于企业参与"一带一路"建设的投资贸易决策和经营的全过程信息需求。同时，考虑到国内提供相关信息平台建设现状，如本章第二节提出的，可在国家推进"一带一路"建设工作领导小组办公室的统筹指导下,由商务部"走出去"导航网、新华社新华丝路数据库、中国国际贸易促进委员会(中国国际商会)等联合成立信息平台运营主体,以充分发挥各机构的信息优势。考虑到新华社新华丝路数据库和商务部"走出去"导航网的现有数据库基础,可考虑在其基础上进行整合,形成"一带一路"综合信息平台的主体基础。

为提升企业获取信息的精准性,平台内容组织要宏观微观信息并重,强化检索模式的信息呈现方式。应强化对宏观和微观信息的深加工,建立数据条目,提供通过指定组合检索条件获取精准信息的功能,最大程度实现信息的充分性、精准性、易获取性。

目前已有平台的信息基本源于国内,海外信息的跨国采集和共享上严重不足,而海外信息对于降低国家信息壁垒和信息不对称带来的风险至关重要。可利用新华社、中国国际商会、中国出口信用保险公司等的海外网络特别是新华社"一带一路"经济信息共享平台 BRInfo,建立海外信息跨国采集共享机制,强化平台的海外信息供给,满足企业的信息需求。同时,平台可移植采用"走出去"导航网的免费浏览、收费服务运营模式,降低企业获取信息的准入门槛,在允许企业免费浏览信息的同时,通过收费提供项目和服务对接等精准服务,提高平台运营的灵活性。

第四节 国际经济合作组织信息平台建设经验

共建"一带一路"旨在共同打造开放、包容、均衡、普惠的区域经济合作架构,其本质上属于非组织化的区域经济合作平台。因此,"一带一路"信息平台建设需要借鉴国际经验。为总结国际上重要区域经济合作组织信息平台的建设经验,我们对有关信息平台进行在线调研,筛选出欧盟、欧盟开放数据门户(European Union Open Data Portal,EUODP)、东南亚国家联盟(Association of Southeast Asian Nations,ASEAN)、联合国亚洲及太平洋经济社会委员会(United Nations Economic and Social Commission for Asia and the Pacific,UNESCAP)、安第斯共同体(Comunidad Andina,CAN)、亚洲开发银行、非洲开发银行(African Development Bank,AfDB)、亚投行等区域经济合作组织的信息平台进行分析。

一、重要经济合作组织信息平台建设特色

（一）欧盟官网

欧盟官网（https://www.europa.eu/european-union/index_en）是由欧盟委员会通信部主办和提供技术支持的免费信息平台，其主要栏目包括欧盟主题、欧盟法律、欧盟的生活与商业、文件与出版物。欧盟官网的主要特色体现在：一是每天都有大量的在线实时信息，包括立法、统计数据、新闻稿、政策报告等，官网对这些信息进行明确分类以提供信息路标；二是分别按民众、企业等用户分类提供一站式信息资料，如针对民众提供在欧盟生活、工作、旅行的相关详细信息，针对企业提供在欧盟经商的全方位的政策法规，同时特别针对儿童和教师提供关于欧盟、欧洲的书籍和地图等。

（二）欧盟开放数据门户

欧盟开放数据门户（https://data.europa.eu/euodp/）是欧盟所有机构开放数据的单一访问门户网站，其主要功能在于整合欧盟开放数据提供检索查找，主要的信息栏目包括：数据、数据提供者区域、应用领域、关联数据、开发商专区及关于开放数据门户介绍等。欧盟开放数据门户的主要特色包括以下几个方面。一是强调突出欧盟"公共信息应该可以免费使用和重复使用"的数据开放理念，邀请欧盟所有机构开放数据，数据可以免费重复使用，不受任何版权限制。二是开放数据门户是欧盟数据的单一访问点但其结构分散，数据本身保留在数据提供者的网站上，并且提供者对其质量和可用性负责。欧盟数据提供者向门户网站提供所发布的数据集的元数据（有关数据的信息），元数据存储在门户网站上。三是开放数据门户将不同来源的数据标准化并建立目录，并用于将用户重定向到数据提供者的网站，以便于访问数据，同时开发了重用这些数据的应用程序和 Web 工具列表等工具。

（三）东南亚国家联盟门户网站

东南亚国家联盟官方门户（https://www.asean.org）由东盟秘书处负责。其主要信息板块包括：东盟、新闻、日历、资源、媒体库、商机、社区。东盟网站的主要特色在于以下几个方面。一是突出愿景、身份和社区的理念来组织信息。二是突出社区，提供了"东盟：机会社区"版块，按照东盟政治安全共同体、东盟经济共同体、东盟社会文化共同体三个社区交流平台组织信息，每个共同体社区下均链接了

相当多的相关信息栏目。三是提供东盟项目模板和东盟资源包等有用的工具，如东盟合作项目提案模板、项目完成报告、财务报告模板、东盟合作项目提案编制手册。

（四）联合国亚洲及太平洋经济社会委员会网站

联合国经济和社会理事会下属联合国亚洲及太平洋经济社会委员会主办的官方网站（https://www.unescap.org/），主要栏目包括：2030议程、我们的工作、分区域办事处、伙伴、研究与数据、媒体中心等。其主要特色体现在：一是强调提高机构能力，以服务区域人民的权利，并解决他们的愿望和需求，促进"2030年可持续发展议程"的实施和实现可持续发展目标；二是提供了亚洲及太平洋经济社会委员会所有工作的细节和示例，创建了诸多专门的网站来展示特定的项目和合作关系，如果需要了解更多信息，可以跳转到列出的相关网站。这些专门的网站包括知识与分析、资料库、合作伙伴、专案、会议、工具包、在线培训、在线门户等八个类别共50余个，提供了从知识、政策、数据、工具、培训等多方面的翔实信息。

（五）安第斯共同体门户网站

该门户网站（http://www.comunidadandina.org/）是由安第斯共同体总秘书处主办的免费信息平台，主要栏目包括安第斯一体化系统、主题、文件、安第斯法规、Andinoteca图书馆、出版物、就业、透明度等。该网站主要特色体现在：一是开设文件专栏，对包括官方文件、基本文件、信息文件、统计文件、会议纪要及公报等文件进行分类整理；二是对安第斯法规开设检索查询功能；三是开设体现机构内部规则、工作计划和工作报告的专栏，体现透明度；四是Andinoteca兼具数字出版物和图书馆功能，如年鉴收集、国际组织文件收集、百科全书等参考作品集、法律文件、商业统计公报、视听收藏等，既满足用户的信息需求，又有助于安第斯文化的知识保存和传播，提供多样化信息，针对内部和外部用户提供不同的服务；五是信息分类非常细致具体，便于企业和公众查找定位。

（六）亚洲开发银行网站

该网站由亚洲开发银行主办的免费信息平台（https://www.adb.org/zh），主要栏目包括：新闻和活动、数据和研究、出版物、国家、项目与招标采购、亚行学院等。网站特色主要体现在：一是强调信息获取政策的原则"明确，及时，适当地披露"及"向受项目影响的人和其他利益相关者提供信息"和"持续监控"；二是网站信息中文、英语、日语三种语言可选,有利于信息的国际化与共享;三是出版物下面的子菜单栏内容涵盖丰富详细,包括特色栏目如国别规划文件、手册和宣传页、官方文件等具有国际性的、权威的、全面的、官方的参考资料梳理;四是特别提供了实时详细的项目与招标采购信息及信息文档整理,并链接各下属机构(如亚洲区域一体化中心、亚行数据库)提供更详尽的研究和数据资料信息,为企业提供一站式服务。

(七)非洲开发银行门户网站

非洲开发银行集团的官方门户网站(https://www.afdb.org)主要栏目包括:国别、新闻与事件、文件资料、主题与部门、项目和运营、知识等。主要特色在于:一是开发了除英语、法语以外的中文、日文和韩语信息网站;二是特别提供按国家检索下的一站式资料信息,包括该国经济展望、具体项目信息、知识产品等;三是提供与项目有关的微观信息,包括项目组合、精选项目、项目与运营文件、项目周期;四是专门给出信息披露和信息获取政策栏目,强调开放、准入、透明的信息披露和获取政策,其中公开和透明是该政策的主要原则。

(八)亚投行网站

亚投行官方网站(www.aiib.org)主要栏目包括:政策和战略、新闻和见解、工程项目、财务等。总体而言,该网站信息简洁、明晰、及时,为公众和企业了解亚投行的政策、业务及其进展等提供了完整的信息。特别是,该网站重点提供了亚投行的项目详细信息,并进行分类呈现,包括批准的项目、项目进程、拟议项目、项目融资申请、项目准备特别基金等,这种公开透明非常有助于减少争议和提高公众参与监督,值得学习借鉴。

二、重要经济合作组织信息平台建设经验借鉴

以上对欧洲开放数据门户、东南亚国家联盟等区域经济合作组织信息平台的建设特点分析表明,这些组织的信息平台提供的信息内容均比较充分并各具特色,其经验对"一带一路"信息平台建设有以下特别值得借鉴之处。

(一)借鉴信息获取政策理念和原则

如欧盟开放数据门户"公共信息应该可以免费使用和重复使用"的数据开放

理念，亚洲开发银行信息获取政策（access to information policy，AIP）的原则"明确、及时，适当地披露"及"向受项目影响的人和其他利益相关者提供信息"和"持续监控"，以及非洲开发银行信息披露和信息获取政策：开放、准入、透明和披露。在"一带一路"信息平台建设中，应有明确的信息获取政策，总体上应突出数据开放、准入、透明、及时。

（二）借鉴多机构数据共享、整合单一数据门户的建设模式

欧盟开放数据门户邀请所有欧盟机构将数据添加到门户，但数据本身保留在数据提供者的网站上，由提供者对其质量和可用性负责。门户网站只是采集存储元数据（有关数据的信息），将不同来源的数据标准化并建立分类目录，开发相应应用程序等工具，将用户检索结果重定向到数据提供者的网站。因此，欧盟开放数据门户采用的是各机构原始数据分散存储，元数据共享整合为单一检索门户的模式。

这种数据采集共享整合的单一门户模式，一方面有利于门户降低数据存储管理负担，另一方面则非常方便用户的数据查找，特别适应于需要应对来自大量不同部门机构数据的整合利用情境。这一模式在欧洲数据门户网站也得到采用，欧洲数据门户从整个欧洲的公共部门及欧盟开放数据门户网站中收集元数据，整合提供24种欧盟官方语言的单一访问点，为用户提供数据检索和分析功能。

这种模式非常值得"一带一路"信息平台借鉴，因为"一带一路"信息平台需要整合来源于国内不同部门机构的信息，远期甚至需要整合参与"一带一路"倡议不同国家的信息，因此，如何对不同格式的海量数据进行存储和标准化，进而建立检索数据库，最终为用户提供易于访问检索的精准信息，也是"一带一路"信息平台建设面临的问题，而欧盟开放数据门户的各机构原始数据分散存储，元数据共享，整合为单一数据门户的模式显然是可资借鉴的成熟方式。

（三）借鉴按信息需求者分类组织呈现信息资料的经验

如亚洲开发银行提供按信息需求者（私营部门项目投资者、民间组织、商业人士和咨询顾问等）展示的一站式资料数据；欧盟分别按民众、企业等分类提供一站式信息资料，如针对企业提供在欧盟经商的全方位的政策法规，包括初创企业、增值税和关税、欧盟标准、招聘和员工福利、进口和出口、财务和资金、环境法等有关信息等。

（四）借鉴信息覆盖与分类经验

已有区域经济合作组织信息平台提供的信息内容均比较充分，信息覆盖与分类各有特色，除常规信息外，安第斯共同体、联合国亚洲及太平洋经济社会委员会等网站在信息覆盖与分类方面特别值得"一带一路"信息平台学习借鉴，如安第斯共同体网站的信息覆盖涉及市场准入、农业健康、质量和技术上的障碍、设施整合、生产转型、服务与投资、社会事务、知识产权、贸易和海关便利化等细致分类。联合国亚洲及太平洋经济社会委员会则涉及贸易、投资和创新、交通、能源、学习与培训、工具等信息分类。

（五）借鉴项目微观信息、社区架构等内容组织呈现经验

如亚洲开发银行提供了详细的项目与招标采购信息，链接各下属机构（如亚洲区域一体化中心、亚行数据库）提供更详尽的研究和数据资料信息。亚投行亦提供项目详细信息，并进行分类呈现，包括批准的项目、项目进程、拟议项目、项目融资申请、项目准备特别基金等。非洲开发银行特别提供按项目和运营分类的微观信息，包括项目组合、精选项目、项目周期。东盟网站则提供项目模板信息，特别提供了东盟政治安全共同体、东盟经济共同体、东盟社会文化共同体三个社区交流平台。"一带一路"信息平台的内容组织中，也需要强化为企业提供项目微观信息，以及按国家分类的一站式资料信息，同时，为促进"一带一路"民心相通，可在适当的时候，在信息平台搭建"一带一路"命运共同体社会-文化社区交流平台。

第五节　建设一站式"一带一路"信息平台的建议

为更好地满足参与国政府、企业、金融机构和国际组织等各层次参与主体特别是企业的信息需求，实现"一带一路"信息畅通，增进政治互信，吸引更多国家、组织和企业持续参与共建"一带一路"，有必要整合建设信息充分、透明、具国际公信力的一站式"一带一路"信息平台。

一方面，前文对企业参与"一带一路"建设信息需求的调研结果分析表明，信息缺乏是制约当前企业参与"一带一路"建设的重要问题，企业在获取信息时受制于来源分散、精准性和时效性较差，微观项目信息缺少，信息搜寻成本高，

特别是对其他国家存在信息壁垒和盲区，表明当前企业参与"一带一路"建设的信息需求未能得到有效满足。

另一方面，前文对国内已有相关信息平台建设现状的评估结果表明，由于"一带一路"建设参与主体的信息需求多样，目前已有的单个信息平台难以独立提供充分、完备、权威的精准信息。

因此，有必要将部分扶持资源和精力，从"给钱"转向提供充分、权威、精准信息从而降低信息壁垒上，从支持推动"项目出海"向"平台出海"演进，通过发挥平台的信息集聚效应助推企业主动出海。

为此，可考虑由推进国家"一带一路"建设工作领导小组办公室牵头，整合建设"一带一路"一站式综合信息服务平台门户（网站），服务于企业参与"一带一路"建设的投资贸易决策和经营的全过程信息需求，为各参与主体特别是国内外的企业提供充分、权威、精准信息，以降低信息不对称风险，尽力解决企业参与"一带一路"建设面临的缺信息、缺专业服务等问题，帮助企业合法依规参与"一带一路"建设，降低企业投资经营风险。

基于以上分析结果，借鉴国际经验，并基于共建"一带一路"倡议本质上属于非组织化的区域经济合作平台这一特性，本节提出以下"一带一路"一站式信息平台的具体建设建议。

一、功能定位：基于区域经济合作组织视角的一站式"一带一路"综合信息服务平台

共建"一带一路"旨在共同打造开放、包容、均衡、普惠的区域经济合作架构，打造政治互信、经济融合、文化包容的利益共同体、命运共同体和责任共同体，其本质上属于非组织化的区域经济合作平台。因此，在当前未形成区域经济合作实体组织，无法由组织秘书处提供权威信息的背景下，作为发起和主导国家，中国理应发挥组织秘书处功能，从区域经济合作组织的国际视野，从参与国家整体视角，构建"一带一路"综合信息平台，实现"信息畅通"。

因此，需要基于不同国家、企业、金融机构、国际组织等各层次参与主体特别是企业主体的信息需求，和当前共建"一带一路"以关系治理为主、规则治理为辅的现状与发展进程，遵循开放、透明原则，基于合作治理机制，以信息需求驱动，提出信息平台功能定位。同时，由于信息平台的建设难以一蹴而就，因此，在平台功能定位和建设中，需要分阶段推进，突出近期和远期的平台建设重点。

建议近期内信息平台功能定位为："为国内外企业参与'一带一路'建设提供

一站式的政策、法规、国别、项目、融资、专业服务等的充分、权威、精准、透明的信息。"

这一近期定位，凸显信息平台的重点是要为参与"一带一路"建设的企业服务，为企业贸易投资等经营决策提供高质量的信息，注重促推"五通"中的政策沟通、贸易畅通、资金融通、设施联通，重点实现经济融合。

远期内信息平台要成为"一带一路"倡议的官方一站式综合信息平台，因此要从区域经济合作架构平台的整体视角定位平台功能："作为'一带一路'倡议的官方一站式综合信息平台，为参与国政府、企业、民众和国际组织等服务的综合信息平台"。

这一定位凸显平台作为"一带一路"倡议的官方一站式综合信息平台，要为除企业以外的其他参与主体，包括参与国政府、民众和国际组织等服务，因此，平台提供的信息相比近期内要更加广泛和综合，促推政策沟通、贸易畅通、资金融通、设施联通及民心相通，全面促进政治互信、经济融合和文化包容。

基于信息平台的远期功能定位，信息平台建设也应当置于当前共建"一带一路"的合作治理体系下，应同样参照"一带一路"倡议秉持的"共商、共建、共享"原则，远期建设中要突出除中国外其他国家的参与主体性，凸显信息平台的"开放、透明、公信力"。

二、建设主体：由多机构联合组建信息平台建设运营主体

对于信息平台的建设主体，为保证信息平台的权威性，打通国内不同部门信息壁垒，以及方便与"一带一路"倡议其他参与国家的对接，不宜以私人机构为主体，而应该以政府或具有政府官方背景的机构来主导。同时，考虑到信息平台的运营可能涉及部分收费服务，因此不宜以政府部门来主办。总体而言，应平衡权威性与运营灵活性来选择信息平台建设主体。

同时，考虑到国内提供相关信息的现有平台的建设现状，以及企业对现有平台建设机构的知晓情况调查结果，我们认为，可在中国"一带一路"建设工作领导小组办公室的统筹指导下，由中国国际贸易促进委员会（中国国际商会）、全国工商联、商务部"走出去"导航网、中国出口信用保险公司、新华社新华丝路数据库等联合成立信息平台运营主体，以充分发挥各机构的信息优势，打通部门间信息壁垒，建立各相关部门间和跨国信息交流共享机制。考虑到新华社新华丝路数据库和商务部"走出去"导航网的现有数据库基础，可考虑在其基础上整合，

形成"一带一路"综合信息平台的主体基础。

关于信息平台建设和运营的资金来源，建议在平台建设早期，可考虑如下组合方式：建设初期由政府启动专项资金+建设机构出资；运营期则由政府公共采购+收费服务提供资金来源。具体而言：一是考虑到"一带一路"信息平台具有信息公共产品的属性，信息平台建设需要国家在启动初期给予一次性专项建设经费，专项建设经费可考虑由丝路基金出资；二是由以上多机构联合出资建立运营主体，为信息平台建设提供部分资金；三是信息平台运营后，基于信息平台的公共产品属性，国家以政府采购方式购买信息平台的信息查询浏览服务，由信息平台免费提供给国内外企业等需求主体使用；四是信息平台可对向企业提供的项目对接等精准服务收费，向服务对象收取相应费用，获取相应收益。

三、建设模式：多机构数据共享、整合单一数据门户的建设模式

"一带一路"一站式信息服务平台作为一站式服务的信息门户，重在信息整合+检索结果展示，因此需要整合来源于国内不同部门机构的信息，远期甚至需要整合参与"一带一路"倡议不同国家的信息，因此，如何对不同格式的海量数据进行存储和标准化，进而建立检索数据库，最终为用户提供易于访问检索的精准信息，是"一带一路"信息平台建设面临的问题，而欧盟开放数据门户和欧洲数据门户的各机构原始数据分散存储，元数据共享，整合为单一数据门户的模式显然是可资借鉴的成熟方式。

这种数据采集共享整合的单一门户模式，一方面有利于门户降低数据存储管理负担，另一方面则非常方便用户的数据查找，特别适应于需要应对来自大量不同部门机构数据的整合利用情境。因此，"一带一路"一站式综合信息服务平台（网站）建设可借鉴采用多机构数据共享、整合单一数据门户的建设模式，即"一带一路"一站式综合信息服务平台作为单一检索和数据分析展示门户，邀请所有参与平台的各部门和机构将数据添加到门户，但原始数据本身保留在数据提供者的网站上，由提供者对其质量和可用性负责。门户网站只是采集存储元数据（有关数据的信息），将不同来源的数据标准化并建立分类目录，开发相应应用程序等工具，将用户检索结果重定向到数据提供者的网站。另外，为降低多部门机构数据共享的阻力，门户网站可考虑根据数据来源情况，按数据浏览量等方式向原始数据采集存储机构支付数据使用费，以弥补其数据采集存储成本。

四、建设重点：以满足企业的信息需求作为平台建设重点

一方面，充分、透明的信息对于相关国家企业做出参与"一带一路"项目的决定至关重要；另一方面，"一带一路"建设规模的扩大和持续推进，迫切需要企业的长期积极参与。因此，信息平台的建设重点应该立足于满足企业的信息需求，以此为基础主导信息平台的内容框架。应基于企业投资、贸易决策和经营的全过程，提供从国别指南、政经动态、风险预警等宏观信息至项目供求、融资、保险、法律、咨询专业服务等微观信息，为企业投资经营决策提供全方位的，充分、透明和具有公信力的精准信息支持。

由于信息平台建设不可能一蹴而就，因此，在信息平台建设早期，应优先提供企业认为必不可少的急需信息。根据企业调查结果，信息平台应提供必不可少的信息包括：各国对外国投资合作法规与政策，中国与各国政经关系和特定优惠政策，各国政治经济动态，各国行业市场信息，各国投资合作具体项目信息，各国投资指南与分析报告，国内咨询、金融、保险、法律等专业服务机构信息，中国对外投资合作政策法规，各国风险预警，各国成功和失败案例分析，各国贸易投资促进活动，各国营商环境及各国专业服务机构信息等。

同时，平台内容组织要宏观微观信息并重，强化检索模式的信息呈现方式，提升企业获取信息的精准性。已有平台普遍以宏观信息为主，微观信息缺乏，而微观项目信息等对于助推企业的参与意义重大，因此，平台的信息组织要宏观微观并重，在提供政策法规、新闻报告、国别指南、政经动态、风险预警等宏观信息的同时，更加重视提供国内外特别是海外投融资项目、专业服务机构、企业等微观信息。同时，强化对宏观和微观信息的深加工，建立数据条目，提供通过指定组合检索条件获取精准信息的功能，最大程度实现信息的充分性、精准性、易获取性。

五、运营模式：采用会员免费注册浏览、收费服务模式

一方面，由于信息平台具有信息公共服务的属性，因此需要降低企业用户获取信息的准入门槛，尽可能帮助企业以免费的方式获取信息；另一方面，信息平台又面临较高的运营成本需要补偿，同时，也面临着信息服务完全免费导

致服务被滥用从而挤出真正有需求的企业的问题。因此，综合来看，可移植采用商务部"走出去"导航网的免费浏览、收费服务模式，由国家以政府采购方式购买信息平台的信息查询浏览服务，由平台免费提供给国内外企业等需求主体使用，同时，采用向服务对象收费方式，提供项目和服务对接等精准服务，提高平台运营的灵活性，在降低企业信息搜寻和获取成本的同时，提高信息服务的精准性。

六、内容架构：以参与主体的信息需求驱动信息平台内容架构

应基于"政策沟通、设施联通、贸易畅通、资金融通、民心相通"五个方面目标，梳理"一带一路"参与国家的政府、企业、金融机构和民众、国际组织等各层次参与主体的信息获取需求，以此为基础架构信息平台的内容框架。可借鉴欧盟分别按民众、企业等分类提供一站式信息资料，亚洲开发银行按信息需求者（私营部门项目投资者、民间组织、商业人士和咨询顾问等）提供一站式资料数据的思路。信息平台建设可考虑按参与主体提供如下一站式信息（表9-4），通过信息标签进行各级信息分类组合，并可通过信息检索显示。

表9-4 基于"一带一路"参与主体信息需求驱动的信息平台内容架构

参与主体	信息需求	信息类别	实施阶段	"五通"影响
国内外企业	各国政策法规、政经动态、行业市场、投资指南、风险预警、营商环境、贸投促进、专业服务、具体项目等	宏观与微观信息并重	近期	政策沟通、设施联通、贸易畅通、资金融通
参与国政府	政策法规、政经动态、贸投促进、人文教育、环保医疗等	宏观信息为主，微观信息为辅	部分近期，部分远期	政策沟通、设施联通、资金融通、民心相通
参与国民众	政经动态、文化历史、地理交通、旅游教育、经济生活等	宏观信息为主，微观信息为辅	远期	民心相通
国际组织	政策法规、政经动态、贸投促进、人文教育、医疗环保等	宏观信息为主，微观信息为辅	部分近期，部分远期	政策沟通、资金融通、民心相通

另外，可借鉴亚洲开发银行的项目微观信息和东盟网站的东盟政治安全共同体、东盟经济共同体、东盟社会文化共同体三个社区交流平台等内容组织呈现经验，强化为企业提供项目微观信息，以及按国家分类的一站式资料信息，同时，为促进"一带一路"民心相通，可在适当的时候，在信息平台搭建"一带一路"命运共同体社会-文化社区交流平台。

七、信息采集：利用多机构海外网络强化平台海外信息供给

目前已有平台的信息主要源于国内，海外信息的跨国采集和共享上严重不足，而海外信息对于降低国家信息壁垒和信息不对称带来的风险至关重要。由于在推进"一带一路"倡议过程中对如何建立跨国信息共享机制未有明确规划，在一定程度上存在"重业务、轻数据"的倾向（丁波涛，2017），并且数据跨国采集共享涉及国家机密和数据安全等多方面的问题，因此在"一带一路"倡议框架下推进信息跨国收集共享，短期内存在非常大的困难。在此背景下，在信息平台建设早期，可利用新华社、中国国际商会、中国出口信用保险公司等的海外网络，强化平台的海外信息供给。

一方面，新华社可利用其遍布全球的网络采集、发布信息，且新华社已牵头发起了"一带一路"经济信息共享网络，搭建了"一带一路"经济信息共享平台BRInfo；另一方面，中国国际商会在诸多国家均有海外各级商会分会，中国出口信用保险公司也具备海外信息跨国采集网络。因此，建议在多机构组建建设运营主体后，信息平台建设初期要充分利用新华社、中国国际商会、中国出口信用保险公司等的海外网络，建立海外信息跨国采集共享机制，强化平台的海外信息供给，满足企业的信息需求。

同时，为实现信息平台的远期功能定位，推进"一带一路"倡议参与国家共建"一带一路"信息平台，本章建议在"一带一路"倡议下启动"一带一路"跨国信息共享规划，提出信息互联互通议案，将"信息互联互通"纳入"一带一路"倡议框架内，最终建立"一带一路"倡议下的跨国信息交换和共享官方机制，从而为"一带一路"信息平台提供权威、透明和具有公信力的官方信息来源，远期实现"一带一路"一站式信息平台作为"一带一路"倡议官方信息平台的功能定位。

本章执笔人：陈龙江　钟晓凤　刘　佳　刘洪铎

参 考 文 献

白永秀，何昊，宁启. 2019. 五年来"一带一路"研究的进展、问题与展望. 西北大学学报（哲学社会科学版），49（1）：149-162.

陈伟光,王燕. 2016. 共建"一带一路":基于关系治理与规则治理的分析框架. 世界经济与政治,(6):93-112,158-159.

丁波涛. 2017. "一带一路"沿线国家信息资源整合模式——基于国际组织和跨国企业经验的研究. 情报杂志, 36(9):160-164.

丁波涛. 2018. 基于数据银行的"一带一路"信息资源整合研究. 情报理论与实践, 41(12):88-92.

谷虹. 2012. 信息平台的概念、结构及三大基本要素. 中国地质大学学报(社会科学版), 12(3):72-77.

金碚. 2016. 论经济全球化3.0时代——兼论"一带一路"的互通观念. 中国工业经济,(1):5-20.

廖丽. 2018. "一带一路"争端解决机制创新研究——国际法与比较法的视角. 法学评论, 36(2):166-173.

刘波. 2018. "一带一路"安全保障体系构建中的私营安保公司研究. 国际安全研究, 36(5):120-136, 159-160.

卢锋,李昕,李双双,等. 2015. 为什么是中国?——"一带一路"的经济逻辑. 国际经济评论,(3):9-34, 4.

马广奇,姚燕. 2018. "一带一路"背景下人民币由"丝路货币"走向"世界货币"的推进策略. 经济学家,(8):60-66.

裴长洪,于燕. 2015. "一带一路"建设与我国扩大开放. 国际经贸探索, 31(10):4-17.

王亚军. 2018. "一带一路"国际公共产品的潜在风险及其韧性治理策略. 管理世界, 34(9):58-66.

王义桅. 2015. 论"一带一路"的历史超越与传承. 人民论坛·学术前沿,(9):19-27.

习近平. 2019. 中国与意大利签署"一带一路"合作文件. https://www.yidaiyilu.gov.cn/xwzx/gnxw/83639.htm[2019-03-24].

于施洋,杨道玲,王璟璇,等. 2017a. "一带一路"大数据分析服务体系建设. 电子政务,(1):15-22.

于施洋,杨道玲,王璟璇,等. 2017b. "一带一路"大数据决策支持体系建设. 电子政务,(1):2-7.

于施洋,杨道玲,王璟璇,等. 2017c. "一带一路"数据资源归集体系建设. 电子政务,(1):8-14.

张明. 2019. "一带一路"倡议已成为全球最大规模公共产品. https://www.yidaiyilu.gov.cn/ghsl/gnzjgd/83617.htm[2019-03-23].

周平. 2016. "一带一路"面临的地缘政治风险及其管控. 探索与争鸣,(1):83-86.

Baltensperger M, Dadush U. 2019. The Belt and Road turns five. https://www.jstor.org/stable/resrep28494?seq=1#metadata_info_tab_contents[2020-11-01].

Baniya S, Rocha N, Ruta M. 2019. Trade effects of the new silk road: a gravity analysis. World Bank Policy Research Working Paper,(8694).

Chen M X Y, Lin C H. 2018. Foreign investment across the Belt and Road: patterns, determinants and effects. World Bank Policy Research Working Paper,(8607).

de Soyres F, Mulabdic A, Murray S, et al. 2018. How much will the Belt and Road Initiative reduce trade costs?. World Bank Policy Research Working Paper, (8614).

Derudder B, Liu X J, Kunaka C. 2018. Connectivity along overland corridors of the Belt and Road Initiative. World Bank MTI Global Practice Discussion Paper, (6).

Enomoto S. 2017. China's One Belt One Road Initiative is the new world order leading to mutual prosperity (Japanese). Research Institute of Economy, Trade and Industry (RIETI) Policy Discussion Papers, (17021).

Fan Z B, Zhang R H, Liu X T, et al. 2016. China's outward FDI efficiency along the Belt and Road. China Agricultural Economic Review, 8 (3): 455-479.

Fardella E, Prodi G. 2017. The Belt and Road Initiative impact on Europe: an Italian perspective. China & World Economy, 25 (5): 125-138.

Johns M B, Clarke J L, Kerswell C. 2018. Trade facilitation challenges and reform priorities for maximizing the impact of the Belt and Road Initiative. World Bank MTI Global Practice Discussion Paper, (4).

Lee S S, Lee H T, Hyun S, et al. 2017. China's Belt and Road Initiative and implications for the Korean economy. Policy Analyses, (17-3).

Liu A L, Lu C C, Wang Z X. 2020. The roles of cultural and institutional distance in international trade: evidence from China's trade with the Belt and Road countries. China Economic Review, 61: 101234.

Losos E, Pfaff A, Olander L, et al. 2019. Reducing environmental risks from Belt and Road Initiative investments in transportation infrastructure. World Bank Policy Research Working Paper, (8718).

Timofeev I, Lissovolik Y, Filippova L. 2017. Russia's vision of the Belt and Road Initiative: from the rivalry of the great powers to forging a new cooperation model in Eurasia. China & World Economy, 25 (5): 62-77.

第十章　我国参与 WTO 补贴问题改革的挑战和建议研究

第一节　WTO 的当前危机和改革趋向

一、WTO 当前面临危机的主要表现

（一）当前 WTO 面临的外部环境挑战

当前，全球贸易治理正处于发展与变革并存的时期，以 WTO 为核心的多边贸易体制面临前所未有的困难和挑战。第一，世界经济本就增长乏力，国际贸易前景堪忧。而突如其来的 COVID-19 疫情及其在全球范围内的大幅蔓延促使本就呈下行趋势的世界经济与国际贸易加速下滑，各国产业严重停摆、全球产业链分工遭受巨大冲击，对世界经济造成重大而广泛的负面影响。疫情对经济全球化无疑敲响了警钟，将各国深度分工、高度依赖的全球经济结构的内在脆弱性暴露无遗。而抗击疫情导致的各国经济内顾性不断上升，由此引发的国家主义和贸易保护主义使全球贸易环境面临极大的不确定性。

第二，随着全球价值链中数字贸易、跨境电商等兴起，国际贸易中的新领域和新问题不断出现。除了关税及市场准入等传统的边境规则，非关税壁垒、投资、知识产权、竞争规则、数据保护与流动等边境后议题变得愈加重要。传统的以管理货物贸易和边境规则为主的 WTO 框架已不能完全适应新的国际经济贸易形态，亟须改进完善。同时，全球价值链时代的各国产业依存度不断增强，形成"你中有我、我中有你"的格局，对全球经济治理风险的防范机制提出了新挑战。当前全球 COVID-19 蔓延的公共卫生危机致使各国产业严重停摆，对依托全球分工的

产业链运转造成了严重影响,大幅冲击了世界经济。疫情对经济全球化无疑敲响了警钟,将各国深度分工、高度相互依赖的全球经济结构的内在脆弱性暴露无遗,对此亟须加强经济全球化的全球性协调和管制,突破相应的国际制度障碍和瓶颈。

第三,新一轮技术革命推动了全球价值链与分工布局的重塑,促使全球产业布局及劳动力市场急剧分化,影响着各国就业与国民收入。进入21世纪以来,以互联网、人工智能为代表的高科技快速发展,由此改变了传统制造业的原有格局。西方发达国家拥有的传统科技优势正在被中国等新兴科技强国所赶超,由此引发全球制造业转移的"雁形模式"。制造业的大规模转移严重影响了部分国家的传统部门就业和收入分配,而在政府未能做出适当经济政策调整的情况下,引发了各国对于全球经贸合作中的不平衡问题的担忧,产生贸易自由化是否有利于国家经济的长远发展、是否应继续坚持全球化等方面的思考和讨论,其中"逆全球化"思潮的泛起对WTO所奉行的贸易自由化和经济全球化宗旨形成了挑战。

第四,各国经济实力的相对变化引发国际经贸关系和经济治理结构发生深刻变化。中国等新兴国家的迅速崛起打破了世界经济原有格局,导致美欧等西方经济体竞争优势的下降,带来全球贸易利益分配发生历史性变化。发展中国家的群体性崛起使其成为全球经济治理中不可忽视的重要力量,也使发达国家主导多边贸易体制的强势地位受到挑战,带来了WTO的权力结构变化,也引发了WTO各成员对现行体制的公正性和合理性的质疑。一方面,美欧等西方经济体认为新兴国家的崛起对WTO现行体制产生了冲击,造成利益分配不公平,而WTO现行规则并未对此产生约束规范作用;另一方面,发展中国家对美欧等西方发达国家和地区操纵WTO决策及对发展中国家不断施压早已产生不满。

第五,区域经济一体化的兴起使WTO面临强大的外围挑战。区域主义的兴起使各成员的注意力发生了转移,削弱了其对多边贸易谈判的兴趣,使WTO在全球规则谈判中的中心地位受到了挑战。并且,当前区域贸易谈判议题的广度和深度不断拓展,超越了WTO现有的贸易自由化水平。然而,区域贸易协定并不能很好地替代WTO框架下的多边体系,并且将建立一个迥异于WTO的具有分散性和排他性特征的国际贸易体系。

(二)当前WTO存在的内部制度性问题

当前,WTO这一全球贸易治理机制面临重大困难,主要体现在WTO多边谈判功能的基本停滞和争端解决机制的局部瘫痪,从而使其现有规则框架和治理机制难以有效协调各成员间的关系,也难以适应当前世界贸易格局的重大变化。

1. WTO 多边谈判功能和决策效率低下日渐凸显

当前,多哈回合的停滞不前反映了 WTO 多边谈判功能面临的巨大挑战。在谈判成员方面,与 GATT 时期美国主导多边贸易体制不同,当前世界贸易格局正朝着多极化的方向演变。新兴经济体作为发展中国家的崛起,一方面造成了发达国家地位的相对衰落,另一方面也使发展中国家的国际影响力极大提高。在这一过程中,发达国家和发展中国家的发展理念和利益诉求差距逐渐扩大,使 WTO 面临难以调和的谈判格局。

在谈判原则方面,由于多哈回合的停滞,部分成员对 WTO "协商一致"原则存在不满,认为这导致了 WTO 决策的低效。目前,WTO 的正式成员已达 164 个,并且各成员在经济发展水平、政治、文化等方面差异较大,要想通过全体一致达成最终协定实属不易。另外,WTO 实行"协商一致"原则是保障广大成员利益的核心要义,但在实践中,所谓的 WTO "四国集团"长期主导 WTO 决策,后续的"绿屋会议"也是由少数主要成员先行磋商决定,再使其他成员接受,这导致广大发展中成员对 WTO 决策的合法性和透明度产生了质疑。

2. WTO 争端解决机制法律与程序性问题日益突出

WTO 争端解决机制是多边贸易体制的重要支柱,其被视为有史以来最完善的国际争端解决机制之一。但通过多年的实践,争端解决机制在制度设计、程序规范和裁决执行方面暴露出了一些不足之处。美国更是将其对争端解决机制的不满直接体现在阻挠上诉机构成员的遴选上,直接导致了上诉机构的瘫痪,使争端解决机制陷入危机。纵观 WTO 争端解决机制存在的问题,主要包括以下方面。

首先,争端解决机制的制度设计不够清晰。其一,争端解决机制的法律依据存在内生性缺陷。作为争端解决法律基础的各 WTO 协定本身存在一般化和模糊化的表述,并且缺乏相应的规则调整、补充和更新,不仅使 WTO 成员间的分歧难以弥合,也为争端解决机制的司法解释带来了诸多障碍。其二,WTO 争端解决机制虽较之于 GATT 时期有所改进,体现了较高的独立性、完备性和强制性,但执行效力仍然有限。由于 WTO 作为国际性组织,其权力由成员方赋予,并不具备超国家权限,因而争端解决机制对成员的约束效力仍很大程度上取决于各成员对自身利益及力量的判断。其三,WTO 争端解决机制的现有人员配置难以应付庞大的案件审理需求。作为全球最繁忙的国际司法机制之一,WTO 争端解决机制需要处理的案件数量庞大,且案件本身趋于复杂化。但 WTO 秘书处、技术支持人员,以及专家组、上诉机构的成员数量都较少,难以如期完成庞大的案件审理工作,案件拖延的情况愈加明显。

其次，争端解决机制的程序效率和公正性有待改善。WTO 争端解决程序耗时较长、投入较大，专家组和上诉机构的裁决及其执行具有不确定性。争端解决程序的众多流程及程序超期拖延的情况往往会耽误有效时机，使制裁难以起到理想的效果。同时，对于小型发展中国家而言，其能力和财力的限制决定了其依靠自身力量远不能充分利用争端解决机制，而历史数据也表明，这些国家在争端中获胜的可能性较低。虽然 WTO 会对小型发展中国家提供一定的法律和技术援助，但从现实情况来看支持的水平仍然不够。

最后，争端解决机制的救济手段较为有限。从救济措施来看，WTO 争端解决机制除了要求违约方取消违反规则的措施外，仍然缺乏其他有效的救济手段。尽管在违约方不执行裁决的情况下，受害方可以要求报复，但其作用依然有限。实践中，小国由于经济和贸易体量较小，其对大国的报复能力显然不足。同时，报复措施同样会损害施行报复成员的进口商、进口产品销售商及国内消费者，这也令各国慎于贸易报复。

在此背景下，WTO 改革已势在必行。2018 年以来，美国、欧盟、日本、加拿大等成员已就 WTO 改革先后发表了书面意见，提出了各自的主张和建议。中国也发表了针对 WTO 改革的有关文件，并积极与其他成员沟通和协调立场。2019 年 G20 领导人的大阪峰会同意启动 WTO 改革，就 WTO 改革的必要性和紧迫性形成广泛共识。但从目前的进展来看，主要成员就 WTO 改革的基本原则、关键议题和方向路径的立场虽有一致，但更多是分歧。COVID-19 疫情暴发后，关于 WTO 改革的议题讨论仍在持续，但由于各国应对疫情的政策"内顾性"增强，影响到推动谈判的政治意愿和外交资源，WTO 改革取得成功的难度进一步增加。

二、WTO 主要成员的 WTO 改革立场

虽然国际上对于 WTO 改革的必要性达成共识，但意图通过 WTO 改革实现的立场取向与核心诉求多有差异，形成了多个利益集团和谈判小组（刘敬东，2019）。综合来看，WTO 成员的立场取向主要表现为以下三种。

第一种是美国秉持的全面改革 WTO 的激进立场。作为战后多边贸易体制的缔造者，美国特朗普政府颠覆了以往的贸易政策立场，采用"破坏性建设"的方式对 WTO 带来沉重打击，一边实施以"极限施压"为特点的单边主义和贸易保护主义，极度破坏 WTO 所奉行的自由贸易理念与原则；另一边将推动 WTO 改革作为其最重要的多边贸易政策议程，主张对包括争端解决机制在内的 WTO 运行机制及国有企业、产业补贴、技术转让等 WTO 规则体系进行全面且彻底的改革，

意在重塑"美国优先"的国际贸易体系。对此，美国利用 WTO 的成员方权力，人为导致 WTO 上诉机构瘫痪、并屡次以若改革不力将"退出 WTO"为要挟，迫使其他成员接受美国的改革立场和议题诉求。

第二种是以中国为代表的广大发展中成员秉持的基本维护 WTO 的稳健立场。中国作为 WTO 发展中成员的典型代表，是 WTO 多边贸易体制的最大受益者之一。面对美国带头引领逆全球化浪潮，WTO 的核心价值和基本功能受到重创，发展中成员的发展诉求和发展模式受到挑战，中国认为应迫切增强 WTO 现有体制的权威性和有效性，对单边主义和贸易保护主义形成有效制约；同时在坚持多边贸易体制基本原则和宗旨的前提下，针对反映 21 世纪国际经贸现实的新问题，应加强 WTO 在全球经济治理中的相关性。总体而言，以中国为代表的广大发展中成员认为对 WTO 的一些方面进行必要性改革是可取的，但改革不是另起炉灶、推倒重来，更不能成为某些国家为一己之私而设计的制度陷阱。

第三种是以欧盟、日本、加拿大为代表的主要成员秉持的灵活推动 WTO 的折中立场。这些成员虽然对美国大肆破坏现行国际体制、引发 WTO 生存危机心怀不满，但也有借美国诉求，创立反映其利益的新规则体系的意愿，因而保留灵活立场，希望在当前 WTO 改革进程和中美力量博弈中维护自身利益。一方面，这些成员主张维护 WTO 多边贸易体制、打破争端解决机制僵局，在美国之外通过建立中欧双边机制、加拿大牵头的"渥太华集团"等[①]，积极就危及 WTO 生存的关键性问题寻求共识；另一方面，这些成员在制定新规则约束国有企业、产业补贴、技术转让等"非市场导向的政策和做法"，以及强化 WTO 透明度和监督功能等方面与美国的立场趋于一致，主张 WTO 应以此作为改革的起点和重点，其中以美欧日建立的三方机制会谈最具代表性。

在上述立场驱动下，主要成员就 WTO 改革进行磋商，提出了多项议题方案。美欧日共发表七次联合声明，涵盖国有企业、产业补贴、技术转让等"非市场导向"问题，以及数字贸易与电子商务、外国投资审查机制、政府支持出口信贷等议题；同时美欧日联合其他成员向 WTO 货物贸易理事会提交了关于增强 WTO 透明度和通报义务的两份提案[②]。美国在《2019 年贸易政策议程和 2018 年年度报告》中系统提出了美国有关 WTO 改革的主张，并向 WTO 总理事会提交了关于发展中

---

① 目前关于 WTO 改革的"渥太华集团"包括加拿大、澳大利亚、巴西、智利、欧盟、日本、肯尼亚、韩国、墨西哥、新西兰、挪威、新加坡和瑞士。

② 参见 WTO 网站：https://docs.wto.org/dol2fe/Pages/SS/directdoc.aspx?filename=q:/Jobs/GC/204.pdf&Open=True[2021-09-10]；https://docs.wto.org/dol2fe/Pages/SS/directdoc.aspx?filename=q:/Jobs/GC/204R1.pdf&Open=True[2021-09-10]。

成员特殊与差别待遇的两份提案[①]。欧盟共发布了两份 WTO 改革文件，分别为欧盟委员会公布的《WTO 现代化的概念性文件》[②]和欧洲议会通过的关于《WTO：未来之路》的决议[③]。加拿大形成了《WTO 的强化与现代化》讨论文件；并联合欧盟等 12 个 WTO 成员在加拿大首都渥太华共同发布了关于 WTO 改革的联合公报。中国分别于 2018 年 11 月发布了关于 WTO 改革的立场文件及 2019 年 5 月向 WTO 总理事会提交了关于 WTO 改革的建议文件[④]。同时，中国连同欧盟等其他成员向 WTO 总理事会提交了关于争端解决机制上诉机构改革的两份联合提案[⑤]；并且联合印度、南非等发展中成员，向 WTO 总理事会提交了关于特殊与差别待遇的提案[⑥]。此外，印度、中国等 23 个发展中成员在印度新德里举行部长级会议，其中 17 国共同发表《共同努力加强 WTO 以促进发展和包容》文件[⑦]；非洲集团、古巴、印度等成员向 WTO 联合提交《以包容性方式加强 WTO 透明度与通报要求》提案[⑧]；印度、古巴、玻利维亚和 8 个非洲国家向 WTO 联合提交《加强 WTO 以促进发展和包容》提案[⑨]。

迄今为止，包括中国在内的 WTO 主要成员通过有关的改革方案或建议，一致认为需要改革 WTO 的谈判决策、争端解决、通报和透明度等程序性机制：在谈判机制方面，主张增加谈判机制的灵活性，打破多边规则谈判僵局；在争端解决机制方面，主张对现有制度进行改进，打破上诉机构遴选僵局，确保 WTO 争端解决功能的正常运转；在纪律约束方面，强调更好地发挥 WTO 的审查和监督功能，加强对 WTO 成员履行透明度和通报义务的约束。但在对 WTO 实体规则的改革上，WTO 成员难以广泛协调立场，主要表现在对产业补贴、国有企业、非市场导向等结构性议题的深化方面，以及反映 21 世纪商业现实的新经贸议题的规则

[①] 参见 WTO 网站：https://docs.wto.org/dol2fe/Pages/SS/directdoc.aspx?filename=q:/WT/GC/W757R1.pdf&Open=True[2021-09-10]；https://docs.wto.org/dol2fe/Pages/SS/directdoc.aspx?filename=q:/WT/GC/W764.pdf&Open=True[2021-09-10]。

[②] 参见欧盟网站：https://trade.ec.europa.eu/doclib/docs/2018/september/tradoc_157331.pdf[2021-09-10]。

[③] 参见欧盟网站：https://www.europarl.europa.eu/doceo/document/TA-8-2018-0477_EN.html[2021-09-10]。

[④] 参见 WTO 网站：https://docs.wto.org/dol2fe/Pages/SS/directdoc.aspx?filename=q:/WT/GC/W773.pdf&Open=True[2021-09-10]。

[⑤] 参见 WTO 网站：https://docs.wto.org/dol2fe/Pages/SS/directdoc.aspx?filename=q:/WT/GC/W752R2.pdf&Open=True[2021-09-10]；https://docs.wto.org/dol2fe/Pages/SS/directdoc.aspx?filename=q:/WT/GC/W753R1.pdf&Open=True[2021-09-10]。

[⑥] 参见 WTO 网站：https://docs.wto.org/dol2fe/Pages/SS/directdoc.aspx?filename=q:/WT/GC/W765R1.pdf&Open=True[2021-09-11]。

[⑦] 参见网站：https://pib.gov.in/PressReleasePage.aspx?PRID=1571846[2021-09-11]。

[⑧] 参见 WTO 网站：https://docs.wto.org/dol2fe/Pages/SS/directdoc.aspx?filename=q:/Jobs/GC/218R1.pdf&Open=True[2021-09-11]。

[⑨] 参见 WTO 网站：https://docs.wto.org/dol2fe/Pages/SS/directdoc.aspx?filename=q:/WT/GC/W778.pdf&Open=True[2021-09-11]；https://docs.wto.org/dol2fe/Pages/SS/directdoc.aspx?filename=q:/WT/GC/W778R1.pdf&Open=True[2021-09-11]。

谈判；同时，在保障发展中成员根本利益的"特殊与差别待遇"问题上存在根本性的分歧，由此导致 WTO 改革的未来进展仍充满变数。

第二节　WTO 补贴规则改革的内容

截至 2020 年 11 月，美国、欧盟、日本等主要发达成员已经在 WTO 改革讨论中明确表达了强化产业补贴规则的立场。与以往 WTO 成员在多哈回合规则谈判中提出的广泛补贴议题相比，当前 WTO 成员的关注更为聚焦，主要表现在透明度、公共机构和国有企业、有害补贴、更广泛的"非市场导向"问题等方面（刘斌等，2020；余莹，2020）。

一、补贴的透明度问题

透明度是 WTO 成员长期关注的一个问题。在美欧日发布的七份三方声明、美欧日向 WTO 提交的两份透明度和通报提案、欧盟的《WTO 现代化的概念性文件》、加拿大的 WTO 改革讨论文件中，均强调透明度和通报问题。特别是在美欧日三方声明中，提出一些 WTO 成员未能通报在其领土内获得或维持的大部分补贴，这阻止了其他成员评估补贴的贸易影响并理解补贴计划的运作，因此建议应为 WTO 成员完全遵守其通报义务建立直接或间接的激励机制。在美欧日向 WTO 货物贸易理事会提交的关于增强透明度和通报义务提案中，则具体提出了应对未能很好履行通报义务的成员设置惩罚措施，并从强化监督和激励方面提出改善 WTO 成员遵守通报义务的建议[①]。提案既有对现有制度的改进，如在贸易政策审议工作中增加关于成员遵守其通报义务的具体标准和情况，强化反向通报的做法，以及提到发展中成员在履行通报义务时可能面临的挑战和一系列涉及可能的援助和能力建设支持的建议；也有增加新的"行政措施"，即对持续不遵守通报义务的成员进行不同方式的处罚。

美欧日的提案具有一定的针对性，但也遭到了其他成员的反对。在非洲集团、古巴和印度向 WTO 提交的提案中，提出了发展中成员在履行透明度和通报

[①] 美欧日提交至 WTO 货物贸易理事会的两份透明度和通报义务提案，参见 WTO 网站：https://docs.wto.org/dol2fe/Pages/SS/directdoc.aspx?filename=q:/Jobs/GC/204.pdf&Open=True[2021-10-03]；https://docs.wto.org/dol2fe/Pages/SS/directdoc.aspx?filename=q:/Jobs/GC/204R1.pdf&Open=True[2021-10-03]。

义务中的能力和资源限制，因此强烈反对任何超越现有纪律的通报和透明度义务，即美欧日提出的"行政措施"和反向通报[①]。与之相对，提案建议应给予发展中成员更多特殊与差别待遇，并从农业补贴、服务贸易、知识产权等方面加强通报和透明度。同时，提案强调比通报义务更重要的是 WTO 的运作必须透明和包容[②]。

与上述观点相比，加拿大的看法较为温和，其强调了透明度对于多边贸易体制运行的重要性，同时要求应对通报义务进行全面审查，以确保它们不会过于复杂和繁重[③]。中国则在肯定通报和透明度义务改革必要性的前提下，一方面强调发达成员在通报义务上的"示范"作用，另一方面强调对发展中成员的技术援助和能力建设，相关立场体现出建设性和均衡性特点。

二、"公共机构"和国有企业问题

在需要厘清补贴定义的情况下，关于"公共机构"和国有企业性质的争论备受关注（徐程锦和顾宾，2016）。在美欧日发布的多份三方声明中，主张应更好地解决国有企业和公共机构扭曲市场的行为，以及未被定性为公共机构的实体受到国家影响的扭曲市场行为；应对国有企业和公共机构施加额外的透明度义务。在以往 WTO 争端案例中，上诉机构将公共机构定义为拥有、行使或者是被赋予政府权力的实体，但美国在以往对华反补贴调查和执行 WTO 争端裁决时，试图泛化公共机构定义，通过论证党和政府对国有企业和国有商业银行形成有意义的控制，将中国的国有企业和国有商业银行认定为公共机构。进一步地，美国认为，中国的国有企业多处于产业链上游，多接受了政府补贴，其生产的钢铁、铝等产品为下游制造业提供了低廉的原材料和中间品，对此可视为上游补贴；同时中国的国有银行贷款定价也存在补贴行为，尤其是政策性银行提供的出口信贷支持等（胡建国和刘柒，2019）。对此，美国联合欧日，意图从 WTO 规则层面固化公共机构的宽泛定义，在此基础上，国有企业和国有商业银行向下游企业提供货物、服务、贷款、参股等行为都将构成补贴。

---

① 参见 WTO 网站：https://docs.wto.org/dol2fe/Pages/SS/directdoc.aspx?filename=q:/Jobs/GC/218R1.pdf&Open=True[2021-10-05]。

② 参见 WTO 网站：https://docs.wto.org/dol2fe/Pages/SS/directdoc.aspx?filename=q:/Jobs/GC/218R1.pdf&Open=True[2021-10-05]。

③ 参见 WTO 网站：https://docs.wto.org/dol2fe/Pages/FE_Search/FE_S_S009-DP.aspx?language=E&CatalogueIdList=248327&CurrentCatalogueIdIndex=0&FullTextHash=371857150&HasEnglishRecord=True&HasFrenchRecord=True&HasSpanishRecord=True[2021-10-07]。

中国则在关于WTO改革的建议文件中表明了相关立场,强调"WTO应坚持公平竞争原则,确保不同所有制企业在进行商业活动时的公平竞争环境"。一方面,中国回应了美欧日试图在反补贴规则中将国有企业定性为公共机构的主张,声明"在补贴相关纪律讨论中,不能借WTO改革对国有企业设立特殊的、歧视性纪律"。另一方面,中国针对美国在外资安全审查领域的频繁动作,指出应"在外资安全审查中,实行公正监管,按照透明度和程序适当原则,对来自不同所有制类型企业的同类投资提供非歧视待遇"。

三、构建更有效的有害补贴规则

美欧日主张应制定更加严格的产业补贴规则。一是扩大禁止性补贴范围,除了WTO《补贴与反补贴措施协定》第3条涵盖的出口补贴和进口替代补贴之外,应将无限担保,在无可靠重组计划的情况下对资不抵债或困难企业提供的补贴,对处于产能过剩的部门或行业并且无法从独立商业来源获得长期融资或投资的企业提供的补贴,以及某些直接的债务免除列为禁止性补贴。

二是在某些情况下允许补贴的举证责任倒置,如涉及过度大额补贴、支持不具竞争力的企业并阻止其退出市场的补贴、在缺乏私营企业商业性参与的情况下创造大规模制造业产能的补贴,以及降低投入物国内价格并使之低于同类产品出口价格的补贴,那么另一WTO成员在请求与提供补贴的成员进行磋商时,需由提供补贴的成员证明所涉补贴不存在对贸易或产能的严重负面影响,并证明所涉补贴为公开透明,否则其他成员可采取相关行动。

三是澄清反补贴中计算补贴利益的"外部基准",说明可以不采用提供补贴成员的国内价格而是采用提供补贴成员市场以外的替代价格即外部基准来计算补贴幅度的情况,对此美欧日似乎意图弱化使用外部基准所遵守的纪律。

四是对造成产能过剩的补贴进行特殊规制。美欧日高度关注产能过剩问题,除前文所述的主张将已造成产能过剩的补贴视为禁止性补贴、对可能造成或正在造成大规模产能的补贴适用举证责任倒置之外,主张将产能过剩这一事实认定为补贴存在"严重侵害",从而适用相应WTO争端解决程序。

四、对更广泛的"非市场导向"政策的规制

美欧日在形成"市场导向"的条件标准方面协调立场,以此判断第三国实体

是否在"市场导向条件"下运营。在美欧日的第三份联合声明中，提出了某一企业或行业符合"市场导向"条件的7条标准，包括：①企业对价格、成本、投入、采购和销售的决策是根据市场信号自由决定和做出的；②企业对投资的决策是根据市场信号自由决定和做出的；③资本、劳动力、技术和其他因素的价格由市场决定；④针对或影响企业资本分配的决策是根据市场信号自由确定和做出的；⑤企业遵守国际认可的会计准则，包括独立会计制度；⑥企业受制于公司法、破产法和私有财产法；⑦在上述商业决定中没有显著的政府干预。在上述7条标准的基础上，美国在2020年2月向WTO提交的《市场导向条件对世界贸易体系的重要性》提案中修正和添加了相关标准，包括将第6条标准修正为"企业遵守市场导向的、有效的公司法、破产法、竞争法和私有财产法，并可通过公正的法律程序行使其权利，如独立的司法制度"；同时将"企业能够自由获取相关信息，并以此作为商业决策的基础"添加为新的"市场导向"标准。这是美国首次在正式文件中提出信息自由问题，但尚未对信息的内涵和外延做出任何界定，也未说明信息自由的具体标准，未来美国及其盟友可能会在此基础上衍生出相关规则。

综上所述，美欧日在产业补贴这一所谓的"非市场导向"议题上形成了广泛共识，并与中国具有明显的立场差异（柯静，2020）。相对于美欧日侧重于改进WTO补贴规则，中国则主张WTO改革重点应放在防止反补贴措施的滥用和误用，消除歧视性规则和做法上。具体地，中国建议应恢复不可诉补贴并扩大范围；应澄清和改进补贴认定、补贴利益确定、可获得事实等补贴和反补贴相关规则，防止反补贴措施滥用；应改进反补贴调查透明度和正当程序，加强效果和合规性评估；应给予发展中成员、中小企业和公共利益更多考虑。面对美欧日与中国之间的立场交锋，其他成员对此议题尚未展开深入讨论，所持立场可能呈现不对称倾向。一方面，美国强硬实施单边主义保护措施受到了WTO成员的广泛质疑和不满，由此会侵蚀美国在WTO的谈判势力，并且由于WTO的成员驱动议程机制和共识决策原则，若美国在WTO层面强推产业补贴等"非市场导向"议题将会受到不小阻力。但另一方面，美国对中国经济体制和发展模式的质疑发难，在较多发达成员甚至个别新兴体也引发某种响应附和，美欧日未来可能联手更多成员，通过诸边谈判等方式进行改革诉求的战略性推进，以此对中国形成外围规则压力，并逐步将"市场导向"理念渗透至WTO规则体系。可以预见，中国将在此问题上面临与美欧日等成员的长期互动和博弈。

第三节 WTO 主要成员的补贴政策

根据 WTO《补贴与反补贴措施协定》第 25 条的要求,WTO 成员应当每年通报一次其领土范围内给予或维持的所有专向性补贴。各成员向 WTO 通报的补贴资料提供了其补贴政策的相对权威和完整的信息。本节将基于美国、欧盟和中国向 WTO 提供的通报信息分析其各自补贴政策的总体框架及其特点。

一、美国的补贴政策

自 WTO 成立以来,美国共向其进行了 13 次补贴政策项目通报。美国的补贴政策分为联邦和地方两个层面,共计通报了联邦补贴政策项目 648 项、地方补贴政策项目 5417 项。

(一)美国联邦层面的补贴政策

美国联邦层面的补贴政策通报较为详尽,具体内容包括各项补贴的项目名称、政策目标、补贴对象、补贴方式、补贴金额和对贸易的影响等。

1. 补贴领域

美国历年补贴通报共涉及 15 个产业领域,具体补贴领域的年度分布情况如表 10-1 所示。

表10-1 美国历年通报中不同补贴领域下政策项目数量分布(单位:项)

补贴领域	1996年	1997年	1998年	2002年	2003年	2007年	2009年	2010年	2011年	2014年	2015年	2018年	2019年	总数	年均
航天航空	6	6	6	5	1									24	5
农业	5	12	11	9	9	8	8	8	7	5	4	5	4	95	7
汽车	5	5	5	1										16	4
建筑设备和系统	3	3	3											9	3

续表

补贴领域	1996年	1997年	1998年	2002年	2003年	2007年	2009年	2010年	2011年	2014年	2015年	2018年	2019年	总数	年均
化学-轻质材料	2	2	2											6	2
化学-石油化工	1	1	1											3	1
能源与燃料	13	22	22	15	14	13	21	20	22	19	20	29	33	263	20
金属和矿物等	1	5	5	5	5	5	5	5	5	3	2	2	2	50	4
纺织和衣物	2	2	2	2	1	1	1	1	1	1				14	1
渔业		1	1	5	4	4	4	4	4	4	4	4	6	45	4
木材		4	4	3	3	3	3	3	3	3	3	3	3	40	3
钟表/珠宝		1	1	1	1	1	1	1	1	1				10	1
医疗				2	2	2	2	2	2	2	2	2	2	20	2
造船									1	1	1	1	1	5	1
其他	1	3	3	5	5	5	5	6	5	3	2	2	3	48	4
总数	39	67	66	51	45	42	50	50	53	44	41	47	53	648	50

资料来源：https://www.wto.org

从各补贴领域的横向对比来看，能源与燃料领域是通报政策项目最多的领域，年均20项，可见这一领域是美国补贴的重点领域。从动态变化来看，这一领域近些年项目出现持续上升趋势，并且可再生能源和高效能源补贴提高，这体现美国近些年对能源领域补贴的结构优化（罗蓉，2012）及重视程度的提高。其次是农业领域，年均7项，但其中包括一项"农业收入支持和营销援助类"项目，包括了多项子项目，若将该类别下子项目一一统计，农业领域年均补贴政策项目数量可达18项，可见美国在农业领域的补贴力度相当大。除能源与燃料领域、农业领域外，航天航空、汽车、金属和矿物等、渔业及其他领域项目补贴力度适中，年均4~5项。除以上领域外，剩余领域的补贴政策项目通报较少，年均仅有1~3项。

从补贴金额来看，投入最多的是农业领域，年均达139.54亿美元，占比达46.53%，即有近一半的补贴被分配到农业领域。其中，"农业收入支持和营销援助类"项目每年补贴额巨大，占农业领域补贴的80%以上，足见美国大力通过补贴政策来稳定农业收入与支持农产品市场价格。能源与燃料领域的补贴金额稍次于农业领域，年均 106.91 亿美元，占比 36.03%，且近年来呈现出明显增长趋势。此外，仅有不足 20% 的补贴金额分配到了其他领域。

2. 政策目标

补贴的政策目标可以分为四类：一是支持产业发展类，旨在支持和促进相关产业的发展；二是研发创新类，即政策目标中明确与研发相关的；三是节能环保类，主要是促进可再生能源发展、鼓励对绿色能源制造业投资、节约能源等项目；四是地区扶持类项目，以鼓励恢复贫困地区活力或支持受灾地区经济发展为目标。

从美国通报的联邦补贴项目数量角度考察，可以发现产业发展类项目最多，其次是研发创新类项目，其他类项目通报数较少。具体来讲，支持产业发展类的政策占绝对优势，可见这是美国进行补贴的一个重要目标（Wang et al., 2015）。其次是支持研发创新类项目。节能环保类补贴政策项目基本呈现上升趋势，说明美国对环境和资源保护方面的重视程度越来越高。地区扶持类项目在 2011 年通报中达到最高值，主要与当年发生的龙卷风、强风暴或洪水等自然灾害有关。

从补贴金额来看，支持产业发展仍是重点目标，年均 163.86 亿美元，占比高达 57.79%，充分说明美国补贴政策的重点在于支持产业发展。次之是节能环保类补贴政策项目，虽然通报的项目数量不多，但补贴金额巨大，且近些年来也呈现上升趋势，表明随着全球资源、能源和环境约束的加强，发展"低碳、环保、高附加值"的产业成为发达国家重振制造业的主要方向（吴晓琪，2018）。在研发创新上，美国投入的补贴金额年均 25.97 亿美元，主要集中在能源与燃料领域，占所有研发补贴金额的约 80%。地区扶持类的政策投入虽年均总量较大，但从趋势来看，波动性极大，从 0~70 亿美元不等。

3. 补贴方式

根据《补贴与反补贴措施协定》的分类及美国补贴通报的实际情况，补贴方式可以分为四类：一是资金的直接转移类，包括直接拨款、奖助金、价格支持、赠款、基金、合作协议和成本分摊等方式；二是与贷款有关的及潜在资金的直接转移类，包括贷款、贷款担保等方式；三是放弃税收或不征收税收类，即税收减免；四是政府提供的技术援助或咨询服务类。

根据上述分类考察美国联邦补贴方式，可以发现税收减免是美国使用频率最高的方式，年均占比达到 50.83%。拨款等资金直接转移类方式的使用仅次于税收减免，这类方式主要集中在农业领域，其中的"农业收入支持和营销援助"项目主要是通过各种拨款、补助等方式进行补贴。除以上两类支持方法，仅有不足 10% 的项目通过其余的方式进行补贴。

从补贴金额角度看，可以发现拨款等资金直接转移及税收减免是主要的补贴支持方式。从趋势来讲，税收减免在前几次通报中使用的占比不高，但却呈现逐步增加的趋势。相对来说，以拨款等资金直接转移的方式进行补贴的项目近些年出现了下降。贷款类项目下降得更为明显，而技术援助或咨询服务类及其他类的补贴金额都相对极小。

（二）美国地方层面的补贴政策

相对于联邦层面的通报来讲，美国地方层面的通报完整度较低。在补贴项目名称、政策目标、支持方法和对象、补贴金额上均存在不同程度的通报不明确现象。本部分基于可获得信息考察各地方通报的补贴政策项目数量、补贴领域、政策目标和补贴方式。

1. 通报数目

从通报数目总数来看，美国各地方通报数目存在明显差异。如图 10-1 所示，康涅狄格州是通报补贴政策项目数最多的州，而佛罗里达州、伊利诺伊州等 15 个州通报数在 130 项以上，也是通报较多的地区。通报数在 50～130 项的地区最多，有 27 个地方通报总数在这一区间。最后，仅有 9 个地区的通报数极少，均不超过 50 项。

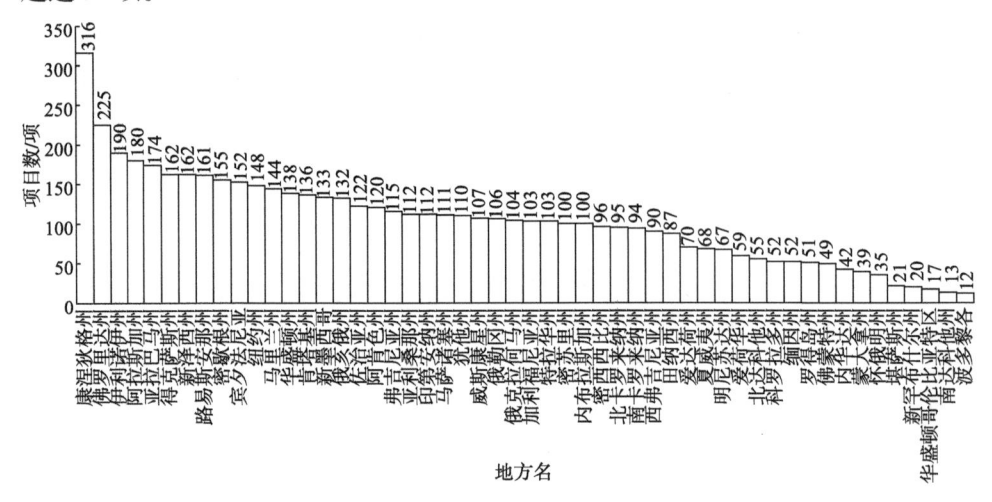

图 10-1　美国各地方通报补贴政策项目总数量图

资料来源：https://www.wto.org

2. 补贴领域

美国各地方通报中属于区域性补贴的最多，共有 46 个地方政府通报了 1210 项此类补贴项目，主要是对指定区域内的产业进行补贴。能源与燃料及电影等媒体领域是通报项目数仅次于区域性补贴且总数在 600 项以上的领域。农业、渔业及航空航天领域的补贴项目分布在 100 项到 200 项之间,并且涉及这些领域补贴的地区相对未占据大多数,有 30%~40%的地区对这些领域进行了补贴。木材、建筑及金属和矿物等领域的补贴项目相对较少,均仅有 40 余项,并且对这些领域进行通报的州不足 30%。最后,美国地方补贴在汽车和造船领域的补贴力度极小,进行补贴的地方不足 10 个。汽车领域中大多数州的补贴项目不足 5 项,而在造船领域,仅有华盛顿州和马里兰州进行了补贴,补贴项目数也不超过 10 项。

3. 政策目标

美国各地方补贴中,支持产业发展类项目数最多,总数达 3436 项,占比高达 63.56%,并且美国全部 52 个地区均有此类项目,大部分地区的产业发展类项目超过 40 项。可见地方层面与联邦层面相似,产业发展是美国补贴政策的主要目标。

由于各地区的区域领域项目较多,因此以区域发展为目标的项目数也较高,仅次于产业发展类,说明区域发展是地方补贴政策项目的主要目标之一。就业和研发创新类的补贴项目也相对较多,分别有 488 和 329 项补贴政策项目,并且涵盖这些项目的地区分布也较广,有 30 多个地区实行了就业和研发创新类补贴政策项目。节能环保类项目补贴数较少,并且仅有不足一半的地区进行了该类补贴。

4. 补贴方式

与联邦层面的情况相似,税收减免是使用频率最高的补贴方式。共计有 3390 项(61.87%)以税收减免为支持方式,且自 1998 年起到 2009 年呈现明显的上升趋势。与之相似的是,拨款等资金直接转移类项目在 2007 年通报前也呈现上升趋势,但是近些年却基本保持稳定,并且相对来说占比较低。另外,与联邦层面不同的是,地方层面对贷款这一支持方式选择得更多,共通报了 1174 项贷款类项目,贷款也成为一个主要支持方式。

二、欧盟的补贴政策

(一)欧盟补贴政策的概况

欧盟补贴政策按照补贴主体分为两个层级:欧盟层面补贴和各国层面补贴。1996~2017 年,欧盟共向 WTO 进行了 12 次补贴通报,欧盟层面的补贴项目共 151

项，各国层面的补贴项目共 5278 项（表 10-2）。

表10-2　欧盟1996~2017年向WTO通报补贴数量（单位：项）

行业	1996年	1997年	1999年	2001年	2003年	2005年	2007年	2009年	2011年	2013年	2015年	2017年	总计
能源和运输/工业	2	3	3	3	4	4	4	4	2	4	3	5	41
农业	1	1	1	3	3	2	2	3	3	3	4	3	29
渔业	0	0	2	2	2	2	2	2	3	1	2	2	20
研究领域	1	2	2	2	3	3	3	5	3	1	3	5	33
结构性	2	2	2	2	2	0	0	0	3	3	1	1	18
其他	0	0	2	2	0	2	2	2	0	0	0	0	10
欧盟总计	6	8	12	14	16	13	13	13	15	14	11	16	151
各国通报数	89	356	322	305	348	696	646	545	474	462	348	687	5278

资料来源：http://www.wto.org

基于欧盟自身的组成结构，欧盟的补贴政策根据主体划分为两部分：一是欧盟授予的预算内补贴；二是欧盟成员国授予并实施的国家资助补贴。欧盟成员国层面上授予的补贴也称国家援助，法律规定任何一项国家资助计划都必须经过欧盟委员会的审查，以确定其法律合规性。欧盟建立了行政审查国家援助的规制模式，这一模式奉行原则禁止与例外允许的规制思路，对象上区分现有国家援助与新国家援助，并建立国家援助的例外豁免规则（刘弘阳，2018）。

从欧盟的补贴通报情况看，欧盟层面补贴主要包括能源和运输/工业、农业、渔业、研究领域、结构性和其他这六个方面。每年补贴项目数量相对稳定，基本都在 10~15 项之间，行业间分布波动幅度不大，历年总计 151 项。其中，能源和运输/工业领域的补贴项目最多，历年共计 41 项，约占补贴项目总数的 27%，第二是研究领域，共计 33 项，约占 22%，第三就是农业领域，共计 29 个，约占 19%，渔业、结构性和其他计划相对较少，历年总数均在 20 项以内。基本上所有补贴项目都采用直接赠款的补贴形式，少数利用金融工具（贷款、担保权益与赠款结合）或者贷款的形式，如与欧盟能源政策有关的共享管理基金、泛欧运输网络发展指南、欧洲农村农业发展基金等项目采取贷款与赠款相结合的方式，渔业领域则明确规定 98.5%以赠款的形式，1.5%通过金融工具提供（可偿还的担保和贷款）。

从欧盟各成员国层面来看，补贴项目数量参差不齐。历年补贴总数超过 100 的国家有 18 个，其中奥地利、英国、丹麦历年补贴项目数量最多，分别是 707 项、658 项、524 项；最少的为希腊、斯洛伐克、立陶宛等国，他们补贴项目均在 50 项以内。2005 年之前，各国通报补贴项目数量较少，一般都在 350 项以内，2005 年和 2007 年两次提交的通报中，补贴项目数量创历史新高，高达 600 项以上，随后四次通报逐年减少，一度接近 2005 年之前的水平，然而 2017 年提交的最新通报补贴项目数量提升到 687 项。

（二）欧盟补贴政策的特点分析

1. 农业和能源是重点资助领域

欧盟历年在农业和能源领域的补贴项目数量基本上占当年总补贴项目的半数以上。在农业领域，主要有三个补贴计划分别是欧洲农业保障基金、欧洲农业农村发展基金和加入前农村发展援助基金等，其中欧洲农业保障基金于 2016~2018 年补贴金额分别高达 441.241 亿欧元、445.044 亿欧元、441.477 亿欧元，欧洲农业农村发展基金为 123.535 亿欧元、110.949 亿欧元、124.455 亿欧元，加入前农村发展援助基金为 3.392 亿欧元、0.916 亿欧元、0.983 亿欧元。2016~2018 年欧盟层面在农业领域的补贴金额分别共计为 568.168 亿欧元、556.909 亿欧元、566.915 亿欧元，不难看出近几年农业补贴金额基本稳定。

欧盟历年在能源领域的补贴项目数量最多，共计 41 个，占历年补贴项目总数的 27.15%，补贴计划包括跨欧洲网络-能源计划、欧洲能源复兴计划（能源基础设施项目）、《跨欧洲能源基础设施指南》（欧盟 347/2013 号条例）及其修订（欧盟 1391/2013 号条例）、与欧盟能源政策相关的共享管理基金、泛欧运输网络发展指南及对煤炭工业的援助等。

2. 重视研发补贴

欧盟非常注重研发领域的补贴。欧盟 1996~2017 年的历年通报中共有 33 项是关于研发与创新的补贴，占总补贴项目数量的 21.85%。欧盟层面的科研补贴计划有：欧洲共同体第七个研究、技术开发和示范活动框架方案（2007~2013 年）、欧洲原子能共同体核研究和培训活动框架方案（2012~2013 年）、地平线 2020 欧盟研究和创新框架方案（2014~2020 年）、欧洲原子能共同体的研究和培训方案（2014~2018 年）及煤、钢研究。前四个补贴计划方案从 1990~2020 年已累计补贴 1029.16 亿欧元，且呈逐年递增态势。

从欧盟各国来看，欧洲理事会在里斯本（2000 年）和巴塞罗那（2002 年）举行的峰会上宣称欧洲的研发支出在 2010 年增加到 GDP 的 3%，目前欧盟各国投入研发计划资金占比的平均水平是 2%。其中，英国专门推出了大量研发补贴项目，如投资-研发与创新计划拨款，以鼓励公司与高等教育机构（包括研究机构）之间的有效合作，提高研发活动的质量，该项目于 2016 年补贴 1450 万英镑。法国将研发领域的补贴计划单列一章，出台的计划有：促进研究的税收抵免，国家研究机构，支持从事航空运输可持续发展研究的计划，航空运输创新与可持续发展研究等，2016 年研发领域共计补贴 61.035 亿欧元。

3. 直接赠款是主要的补贴方式

在补贴形式上，欧盟层面采取的补贴形式相对美国较少，包括赠款、贷款和金融工具（贷款、担保和权益、与赠款结合）等，并且不同于美国采取税收优惠的方式，大部分补贴项目全部都是以直接赠款的形式予以直接援助，涵盖能源和运输/工业、农业、渔业、研究和结构性补贴等的所有领域，个别项目辅之以贷款和金融工具。例如，渔业领域，98.5%以赠款的形式，只有 1.5%是通过金融工具提供（可偿还的担保和贷款）；农业领域，部分项目采取赠款或贷款的形式。从各国来看，同样普遍采用赠款的补贴形式，如英国在 2017 年提交通报的 27 个项目中，有 22 个主要采取赠款的补贴形式，4 个采取贷款的形式，1 个没有明确补贴形式；芬兰提交通报的 24 个项目中，3 个采取贷款形式，4 个采取税收优惠，剩下的全部采用赠款的补贴形式。

4. 实施国家援助行政审查和规制

欧盟在宪法性文件中列出加强市场统一、抑制贸易保护的条例，使得欧盟委员会拥有规制成员国之间贸易的权力。由于欧盟属于一个国家间联盟的特殊一体化形式，各成员国有其独立的财政自主权，为了减少各国财政补贴对贸易的扭曲作用，欧盟实施了对各成员国的补贴政策（国家援助）进行审查的机制。这一机制的实施既保证了各成员国国家援助政策不会对贸易产生负面影响，同时也有利于对其 WTO 合规性进行事先审查。另外，欧盟强调平衡整体利益与成员国利益，禁止成员国实施有悖于共同体利益并对成员国之间贸易造成不利影响的国家援助。

三、中国的补贴政策

自 WTO 成立以来中国共进行了 6 次补贴政策通报。中国的补贴政策分为中央和地方两个层面，6 次共计通报中央补贴政策项目 418 项，地方补贴政策项目 628 项。

（一）中央层面补贴政策通报具体分析

中央层面的历年补贴政策通报包括政策项目名称、主管单位、法律依据、支持方法和对象等，但未区分补贴领域进行通报，且以税收减免为补贴方式的政策金额基本未进行详细通报。因此本节基于项目名称和对象等识别补贴领域，仅从补贴政策数目角度分析不同的补贴领域、政策目标和支持方法下的补贴程度。

1. 补贴领域

根据中央补贴政策通报统计各年通报项目数量如表10-3所示。从历年通报的总数来看，各年通报项目数量波动不大，最少年通报78项，最多93项。历年通报共涉及农业、能源与燃料、林业、建筑、渔业、金属和矿物、交通、医疗、造船、航空航天、电子信息、纺织及汽车等领域。从补贴的项目数量看，大致可分为四个等级，获得补贴最多的领域是农业，共有98项，约占总数的21%。其次是区域、能源与燃料及外资领域，分布在30~50项，占比在8%~10%。再次，部分领域补贴项目相对较少，如中小微企业24项、科技企业24项、林业18项、基础设施建设12项等。最后，部分领域的补贴项目很少，均不超过10项，如金属和矿物8项、交通7项、医疗6项、造船6项、航空航天5项等。

表10-3 中国历年通报中不同补贴领域下政策项目数量分布（单位：项）

补贴领域	2006年	2011年	2015年	2018年	2019年	合计
农业	23	26	20	17	12	98
区域	14	11	10	5	6	46
能源与燃料	1	5	11	16	11	44
外资	13	11	9	2	2	37
中小微企业	5	6	3	4	6	24
科技企业	3	5	4	6	6	24
林业	6	4	3	3	2	18
基础设施建设	2	3	3	2	2	12
环保		2	3	3	5	13
建筑	2	3	2	2	2	11
渔业	1	2	1	2	5	11
金属和矿物	3	3		1	1	8
交通			2	3	2	7
其他（电子信息、纺织、汽车）	1		3	2	1	7
医疗	1	1	1	1	2	6
造船		1	2	2	1	6
航空航天				3	2	5
未明确	14	21	16	17	16	84
合计	89	104	93	91	84	461
共计通报项目数	78	93	86	82	79	418

资料来源：http://www.wto.org

注：由于部分项目涉及两个及以上领域，因此表中合计数多于实际共计通报项目数

2. 政策目标

按照通报中对政策目标的具体描述，可以将其归纳为13类：支持产业发展类、节能环保类、研发创新类、吸引外资类、区域发展类、民生类（如残障者使用产品税收减免）、产业结构优化类、区域扶持类、就业类、基础设施建设类、保护野生动物类、化解产能过剩类和促进出口类。相较于美国通报来说，政策目标呈现多样化特征。其中，产业发展是主要目标，有146项项目属于产业发展类项目，占比约33%。其次是节能环保类项目，共计92项。研发创新、吸引外资、区域发展、民生、产业结构优化、区域扶持、就业及基础设施建设类项目相对较少，分布在10~50项之间。最后，保护野生动物、化解产能过剩和促进出口类项目最少，最多不超过5项。

3. 支持方法

中国补贴政策通报中所通报的政策项目使用的支持方法仅包括拨款等资金直接转移和税收减免两种。相较来说，税收减免使用的频率相对较高，有257项项目，占比约61%。从趋势来看，两种类型的项目数量基本保持稳定。从涉及的领域来看，除造船和纺织领域的补贴项目外，其余领域项目均涉及税收减免这一支持方法，其中基础设施建设、建筑、金属和矿物、外资和医疗领域的项目均通过税收减免进行补贴。另外，同一个项目基本仅使用一种方法进行补贴。

（二）地方层面补贴政策通报具体分析

中国地方的历年补贴政策通报共3次，与中央相似，包括政策项目名称、主管单位、法律依据、支持方法和对象等。一个明显的特征是地方层面的补贴政策的支持方式非常单一，均通过拨款等直接资金转移方式进行补贴。从省份来看，3次通报分别有19个、30个和31个省份进行通报，完整度逐渐上升。其中，浙江和广东通报项目数量最多，分别为61项和60项，其次是福建和四川，分别通报42项和35项；再次，北京、河北、河南、黑龙江等18个省市通报数在10~30项；最后，海南、湖北、湖南、云南等9个省份通报项目不足10项。

1. 补贴领域

从补贴领域来看，与中央层面不同，地方的多数项目是区域性项目，共计299项，占比高达48%。这点与美国地方补贴的情况类似。其中，大多数是省份下针对某个市区进行的补贴。其次是能源与燃料、汽车、中小微企业及渔业类项目，分别有36项、32项、30项和28项。而林业和农业相对较少，仅各有 10 余项。最后，纺织、外资、金属和矿物等 5 个领域项目数最少，均不足 3 项。从趋势来看，2019 年通报的领域覆盖最广且各领域数目最多，这与其通报总量多有关。

2. 政策目标

不同于中央层面，地方层面的补贴政策目标以研发创新为主，此类补贴共计 159 项，占总数约 25%。此外，节能环保、产业发展和产业结构优化也是地方补贴的主要目标，分别通报了 141 项、124 项和 107 项。就业、区域扶持、产能过剩、区域发展、促进出口等政策目标下的项目相对较少，分别在 10~25 项。其中，属于禁止性补贴的促进出口类政策项目在 2016 年通报中数量最多，为 9 项，2018 年仅剩 1 项，2019 年通报则不再出现这类补贴。此外，产业安全、吸引外资的政策目标下项目数最少，均不足 5 项，不是地方政府补贴的主要方向。

第四节 补贴规则改革的前景展望与我国应对策略

一、补贴规则改革的前景展望

在缺乏多边谈判成果的情况下，WTO 成员可能更倾向通过诸边谈判达成协议。究竟选择多边主义还是诸边主义，实质上取决于 WTO 成员能否找到打破多边谈判僵局的可行途径，以及 WTO 成员在补贴规则改革方面的期望和雄心。对此，本节将简要讨论可能在多边层面或诸边层面推进补贴规则谈判的方式。

（一）赋予更多灵活性的多边路径

近期 WTO 成员对补贴规则的重新关注和热烈讨论，可能为重启 WTO 多边补贴规则谈判提供一个机会窗口。但多边层面的谈判更可能基于一个有限的谈判方案，即澄清和改进现有《补贴与反补贴措施协定》。对于中国而言，在多边层面完善《补贴与反补贴措施协定》是挑战最小的谈判路径，谈判雄心水平最低，但包容性最强。

1. 可能的多边补贴协定的范围

在开展实质性的补贴规则谈判前，WTO 成员需要适当确定谈判的范围和议题的优先次序。多哈回合谈判中"一揽子协定"模式的好处在于，成员间可以在其他不相关的领域进行利益交换，从而就一些议题达成协定，但是，如果这些议题被孤立对待，成员间就没有动力取得任何进展。然而，多哈回合的范围之广并没有使谈判变得更容易，因为不同议题间的利益权衡太过复杂，成员在处理其特定的国家优先事项时未能通过议题联系交换共识。似乎更实际的做法是，需要更具体地开展补贴规则谈判，并只将其与最相关议题的进展联系起来。例如，产业补贴谈判可以与农业补贴谈判并行推进，为发达成员与发展中成员之间提供谈判空间。此外，在产业补贴谈判中，也可以在不同补贴类别的承诺之间进行平衡。

2. 可能的多边补贴协定的发展维度

WTO 成员的异质性被视为阻碍多哈回合谈判的主要障碍之一。补贴规则只有密切反映 WTO 成员的差异性，并考虑到补贴在其经济发展中的特定目标和效果，才能得到遵守，并导致成员政策行为的调整。《贸易便利化协定》开创性地设定了具备灵活性的 A、B、C 三类承诺，由成员自我选择履行承诺的时间表，并将一些发展中成员和最不发达成员履行承诺的情况与技术援助和能力建设挂钩，这有助于促进尽可能多的成员参与，并很好地考虑了承诺履行中的发展维度，为未来的多边协定谈判模式奠定了基调。然而，某些 WTO 成员（如美国）可能会质疑这种灵活性带来的是协定实际有效性的下降。因此应在协定的可执行性与包容性之间找到平衡。

（二）雄心水平更高的诸边路径

从理论上来看，多边层面的谈判无疑是最优选择，因为所有成员同时履行义务，并且享受权利。但当前来看，能够使成员"选择性加入"的诸边谈判似乎更可能成为未来深化和拓展 WTO 特定领域的形式。

诸边协定包括两类。第一类是"开放性诸边协定"，谈判在利益相关的成员内部进行，其结果在最惠国待遇的基础上实施。代表性的例子是《信息技术产品协定》。第二类是"排他性诸边协定"，谈判在利益相关的成员内部进行，并且协定仅适用于缔约方，其他成员既不承担义务，也不享受权利，可借鉴的例子是《政府采购协定》。

比较两种形式的诸边协定，对于补贴规则谈判，"开放性诸边协定"似乎优于"排他性诸边协定"。首先，补贴规则在本质上往往是非歧视性的，这意味着，一且此类诸边协定缔约方履行了补贴方面的承诺,将广泛惠及其他成员。其次,"排他性诸边协定"要求 WTO 成员在程序上承担额外的负担,使该诸边协定成为 WTO 协定附件并具有法律约束力。一旦志同道合的成员达成协定,他们需要将文本提交 WTO 进行事前审查。这种事前协商一致的规则可能会使缔结"排他性诸边协定"的进程极大地复杂化。

更为重要的是,当前区域经济一体化的兴起已经对 WTO 构成了强大的外围挑战,在 WTO 框架下进行重要规则的谈判是极其重要的,因此,无论选择何种形式的诸边协定,完善 WTO 关于诸边谈判的制度性设计迫在眉睫,以保证未来诸边谈判的顺利开展,如讨论制定一个发起、开展和执行诸边谈判的工作程序,设立诸边谈判的专属委员会或工作组,明确非参加方的权利、明确诸边协议与争端解决机制的关系等,将诸边协议作为未来一个时期推动 WTO 进程的主要谈判方式。

二、我国应对补贴规则改革的对策建议

在 WTO 迫切需要改革的背景下,补贴作为一个重点问题,受到各方密切关注。中国的补贴政策改革尤其面临较大压力,在中美经贸磋商、WTO 改革过程中,美国都对中国国内补贴政策具有明显的针对性。本节基于 WTO 成员对补贴规则改革诉求的梳理和对美欧补贴政策现状的分析,就我国如何应对补贴规则改革提出以下对策建议。

(一)借鉴美欧经验,完善我国补贴制度

通过对美国和欧盟补贴政策的概况和特点的分析,以下成功经验值得我们借鉴吸收。

1. 国家加大对优势产业的补贴力度,地方因地制宜

美国联邦层面和欧盟层面补贴的重点均包括了农业、能源与燃料领域。中国也应根据国内产业发展情况,加大对于优势产业的补贴,一方面扩大补贴支持的优势产业覆盖范围,另一方面加深补贴力度。而在地方层面,借鉴美欧经验,中国的地方补贴也应因地制宜,根据地方不同优势进行补贴,而非简单地效仿,即减少地方一味跟进中央或者模仿其他地方补贴政策项目而忽略自身资源优势进行补贴这一现象,避免各地区间的同类补贴竞争。

2. 明确补贴政策措施的法律基础

美国通过《美国联邦预算法》《国内税收法》等多种专项法律对补贴政策进行

管理，使其补贴政策做到了有法可依、有责可循，中国应借鉴其经验，夯实补贴政策法律基础，完善相关的法律体系，厘清各类补贴的立法依据，加强监管，减少在补贴政策项目出台及补贴发放过程中的随意性和人为因素，确保财政支出严格遵循法章。

3. 多样化补贴方式，谨慎使用易引起摩擦的方式

从美欧补贴的具体方式看，补贴的方法均呈现多样化但又有侧重，如美国联邦层面以税收减免和拨款等形式为主，地方层面以税收减免和贷款为主。比较而言，中国的通报中采用拨款等资金直接转移的方式较多，易引起贸易摩擦。借鉴美欧经验，我国应实行多样化补贴方式，配合使用多种补贴方式以充分发挥各种补贴方式的优势，谨慎使用拨款等资金直接转移的方式，降低被诉可能性。例如，相对于直接拨款、贷款等补贴方式，税收减免具有不事先占用大量财政资金的优势，我国在补贴方式上可以选择以税收减免为主并配合使用直接拨款、贷款等多种补贴措施。

4. 重视补贴政策的合规性

从美欧的补贴政策情况看，均比较重视不可诉补贴措施的应用，在其补贴政策中占有较大比重。研发补贴、环保补贴和落后地区补贴属于 WTO 规则中原有的不可诉补贴，这三类补贴引起争议的概率相对较低，加之我国已在 WTO 改革声明中支持恢复不可诉补贴，在补贴措施的选择上可以更多地向此类措施倾斜。

5. 以解决就业等政策目标淡化直接支持产业发展的补贴目标

就业是美国地方补贴和欧盟各国补贴的主要政策目标之一，强调补贴解决就业、扶助失业的政策功能，有助于淡化其直接支持产业发展的特征。相比较而言，中国的补贴通报中以就业为目标的补贴政策项目占比较少。在这一方面，可以借鉴美欧补贴政策设计的经验，强调补贴解决就业、扶助失业的政策功能，淡化其直接支持产业发展的特征。

（二）对其他 WTO 成员补贴政策中不合规之处择机采取反制措施

针对美欧补贴政策中存在的通报不完整、补贴措施不合规等问题，我们应积极收集和掌握相关信息，必要时选择合适时机采取双边、多边的反制措施。

1. 对应通报而未通报的补贴措施在 WTO 框架下提出反向通报

如前所述，美欧补贴通报中也存在各种通报不完整问题，对此，我们需要尽可能地全面收集其补贴政策信息，做到"知己知彼"，对其应通报而未通报的补贴

措施提出反向通报。此外，对其通报中存在通报内容不完整的问题，如某些通报缺失补贴金额、补贴政策目标、补贴对贸易的影响评估等，也可以通过质疑和提问指出其存在的问题。需要注意和是，提出反向通报需要特别注意补贴措施的可靠信息来源和其法律证明力。

2. 通过 WTO 多边机制对相关补贴措施质疑

WTO 的贸易政策审议机制和争端解决机制均可用于解决成员间的贸易摩擦。对于美欧等 WTO 成员可能构成违规补贴的相关政策措施，我们可以在贸易政策审议中提出我方主要关注并要求予以答复，也可以对其违反 WTO 规则实施的禁止性补贴措施或对我国产业造成不利影响的可诉补贴措施提起 WTO 争端解决，通过多边裁决制止违规补贴措施的继续实施。

3. 通过国内调查程序对违规补贴措施进行确认和制裁

根据我国的贸易壁垒调查制度，对其他国家可能构成违规补贴的政策措施可以通过贸易壁垒调查予以确认，并根据调查结果开展进一步的双边磋商或提起多边争端解决。对我国相关产业因国外受补贴产品大量进口而遭受损害的，可以通过反补贴调查采取加征反补贴税的贸易救济措施。

4. 跟踪补贴动态，发现潜在问题

从美欧等诉中国补贴案件中可以发现，其往往能够提供有关中国补贴政策的文件、数据，可见其关注中国补贴政策的同时特别注意对相关信息数据的收集。对此，我国也应加强对国外补贴政策信息的收集和跟踪研究，由专门的人员及时搜集政策动态和数据并进行分析考查。

（三）以更开放的姿态推进国内补贴制度的改革完善

当前全球逐渐加强对于补贴制度的重视，对于美欧日提出的补贴规则改革方案，我国可以结合其中与经济改革方向一致的合理性内容，改革和完善国内补贴制度。

1. 提高地方补贴通报的完整性

提高补贴透明度是补贴规则改革的一个重要方面，我国在"入世"后努力履行补贴通报义务，及时按规则要求进行通报，然而地方补贴通报还有较大提升空间。为此有必要对国内补贴项目进行全面的摸底和梳理，特别是数量庞大的地方补贴项目，建立起覆盖中央和地方的内部补贴数据库。

2. 改革和完善财政预算管理与监督制度

与美欧预算、税收等具有较完善的法律基础相比较，我国的预算编制主要是政府负责，政府通过各级财政部门来制定具体的财政预算编制内容，最终形成的财政预算草案交由人大代表会议审议并批准。这种预算编制过程过于倚重政府相关部门的力量来制定财政预算，易导致财政预算的不严谨、不科学，并且对于预算的编制和实施绩效也缺乏有效监督。借鉴美欧的经验，我国可以在财政预算的编制和实施中强化第三方的审查与监督机制，并强化税收与财政预算的合法性。

3. 强化补贴制度设计中的市场化运作

减少补贴的市场扭曲作用是改革的方向。美欧补贴政策中虽然也存在股权投资基金、政策性银行担保等补贴形式，但从其具体做法看，政府在其中占较少股份，在经营方式上更加强调市场化运作，如在股权投资中，政府主要提供咨询服务、贷款担保、就业培训等辅助作用，在投资基金中主要参与前端研发等基础研发环节。因此，在国内补贴制度改革中，应坚持以减少补贴的市场扭曲作用作为补贴制度改革的大方向，强调市场化运作。

4. 谨慎出台"与贸易有关"的补贴措施

补贴政策各国普遍存在，WTO 作为一个国际贸易组织，我国应坚持其对各国补贴政策的干预限于"与贸易有关"的范畴。至今我国因补贴措施在 WTO 争端解决中被诉的案件基本都属于与鼓励出口相关的补贴措施。因此，对此类补贴措施的出台应当是事先审查的重点，尤其应避免出台直接支持出口或实施进口替代的补贴措施，多采取普惠性的补贴政策。

5. 积极参与 WTO 改革谈判

截至 2020 年 1 月，美欧日先后七次发表 WTO 改革的联合声明，其中补贴规则改革是其重要内容之一。在补贴规则可能趋于更加严格的压力下，我国作为 WTO 主要成员，应当积极参与补贴规则改革的谈判。基于我国国情和发展中国家利益考虑，在谈判中一方面主张恢复并适当扩大不可诉补贴的范围，另一方面反对扩大禁止性补贴范围，反对将企业所有制属性与公共机构挂钩，反对将 WTO 规则的约束对象扩大至"与贸易有关"的补贴措施之外。

本章执笔人：屠新泉　杨荣珍　李思奇

参考文献

胡建国，刘柒. 2019. 美国对华反补贴中"公共机构"的泛化及法律规制. 法学，（10）：62-74.
柯静. 2020. 新一轮世贸组织体制市场导向之争及其前景. 国际关系研究，（3）：89-112，157.
刘斌，宫方茗，李川川. 2020. 美日欧 WTO 补贴规则改革方案及其对中国的挑战. 国际贸易，（2）：57-63.
刘弘阳. 2018. 我国地方政府差异性补贴的规制路径——以欧盟国家援助行政审查模式为借鉴. 学习与实践，（9）：51-59.
刘敬东. 2019. WTO 改革的必要性及其议题设计. 国际经济评论，（1）：34-57，5.
罗蓉. 2012. 从能源补贴政策看美国的补贴与反补贴. 中国贸易救济，（8）：3-6.
吴晓琪. 2018. 美英等国"再工业化"战略的效果评价及其启示. 特区实践与理论，（5）：66-71.
徐程锦，顾宾. 2016. WTO 法视野下的国有企业法律定性问题——兼评美国政府相关立场，上海对外经贸大学学报，23（3）：5-22.
余莹. 2020. 大国产业竞争视阈下美欧推动的国际产业补贴新规则——中国的立场与对策. 中国流通经济，34（1）：21-29.
Wang S Y, Fan J, Zhao D T, et al. 2015. The impact of government subsidies or penalties for new-energy vehicles a static and evolutionary game model analysis. Journal of Transport Economics and Policy, 49（1）: 98-114.

第十一章 增加多边贸易体系灵活性的诸边谈判机制研究

当前，WTO 主要成员都在呼吁 WTO 规则的现代化改革。推动开放式的具有灵活性和包容性的诸边贸易谈判是当前推动 WTO 改革的一个可行路径。本章从 WTO 与诸边协定谈判的关系入手，分析推动诸边谈判的正当性和可行性，并进一步对在 WTO 框架下推动开放式诸边谈判的多个议题进行深入研究，重点选择了投资便利化、跨境电商、国内服务监管、中小微企业及政府采购等议题的开放式诸边谈判模式进行分析和研判，提出中国推动这些领域诸边谈判的原则、立场和谈判策略。

第一节 WTO 改革与诸边协定谈判

一、开放式诸边协定简介

（一）诸边协定的类型

诸边是相对于多边而言的，是指三个或者三个以上成员方签署的贸易协定，由此形成了诸边主义。采取诸边协定方式思考问题的谈判模式被称为诸边模式，也被称为"俱乐部方法"，后者隐含诸边模式是志同道合成员之间合作的含义（龚柏华，2019）。

根据与WTO的关系来看，诸边协定可以分为WTO框架内的诸边协定和WTO框架外的诸边协定。龚柏华（2019）指出 WTO 体制内的诸边谈判模式可分为封闭式诸边谈判和开放式诸边谈判。封闭式诸边谈判是指有限数量的 WTO 成员先就特定问题能够通过谈判形成一致立场，然后在更广泛的多边背景下推进这些立场，这部分聚集一起的成员被要求在大的 WTO 规则框架下达成协定（Rudolf and Hamid，2017）。开放式诸边谈判，或称"关键多数协定"（critical mass agreement，CMA），是指对某项议题感兴趣的部分 WTO 成员之间可以先相互谈判而签署协定，而协定成果必须在满足最惠国待遇的基础上包含全部 WTO 成员。"关键多数"是该谈判模式的关键，是指在特定谈判议题上参与谈判的各成员在世界总份额中所占的市场份额应足够大（80%以上），从而使这些参与的成员所制定出来的协议规则更符合市场需求和未来发展需要（钟英通，2017）。这两种模式最大的不同点在于谈判各方是否基于最惠国待遇原则而进行谈判并签署协议。

1. WTO 框架内的诸边协定

（1）封闭式诸边协定。根据 WTO 协定第 2 条第 3 款的规定，WTO 协定附件 4 所列的协定及相关文件被称为"诸边贸易协定"，这些协定对于接受的成员也属于 WTO 协定的一部分，并只对这些成员具有约束力。《民用航空器贸易协定》、《政府采购协定》、《国际奶制品协定》和《国际牛肉协定》被列于 WTO 协定的附件 4 之中。后两个协定已于 1997 年底终止。现在只有《政府采购协定》与《民用航空器贸易协定》具有效力。[①] 这一类诸边协定采用的是"诸边约束、诸边受益"的原则，是一种排他性、封闭式的诸边协定。

（2）开放式诸边协定。开放式诸边协定是一种临界数量协定，它将谈判参与方在相关领域的贸易权重作为协定的生效要件。开放式诸边协定采用的是"诸边约束、多边受益"的原则，参与方只有部分 WTO 成员，但谈判成果必须在最惠国待遇原则的基础上适用于所有成员，具有利益外溢的性质。开放式诸边协定的典型代表是《信息技术协定》。

2. WTO 体制外的诸边协定

在 WTO 体制外达成的诸边协定的典型例子是《反假冒贸易协定》和《服务贸易协定》，该类协定的谈判尚未通过法定程序纳入 WTO 框架内。谈判中的《服务贸易协定》没有得到 WTO 成员的广泛同意，也没有 WTO 秘书处的介入，谈判相对封闭。

（二）开放式诸边协定：推动 WTO 改革的次优选择

在 WTO 谈判方式上，多哈回合谈判的失败成为一个标志性事件，即多边贸易

---

① 中国于 2001 年底加入 WTO 时并未承诺参加诸边协定；中国于 2007 年 12 月底向 WTO 提交政府采购市场开放清单，开始加入 WTO《政府采购协定》的谈判。

体制由来已久的涉及众多议题、由所有成员参与的"回合"型的大范围谈判,已经很难适应当前 WTO 成员众多、利益多元及贸易模式日新月异的现实。为此,欧盟、加拿大等成员提出,在维持所有成员参与的多边谈判的同时,应允许志同道合的部分成员先行先试,在一些议题上率先谈判,谈判成果对所有成员适用。

尽管目前 WTO 主要成员方,包括欧盟、美国和中国等都对在 WTO 框架下推进诸边贸易谈判持开放态度,但是当前仍然缺乏在 WTO 体制下的关于诸边谈判的特定规则或框架设计,仍然采用的是"一事一议"的方式在推进诸边谈判,这可能会对将来带来不可预见性。因此,制定一个发起、开展和执行诸边谈判的工作程序,设立诸边谈判的专属委员会或工作组变得非常紧迫,这样可以帮助诸边谈判的参与和非参与方成员明确各方权利,明确诸边协议与争端解决机制的关系,确立将诸边协议作为未来一段时期内推动 WTO 进程的主要谈判方式。开放式诸边谈判是挽救 WTO 谈判的必要步骤,必然成为 WTO 改革的可行选择之一。

诸边谈判机制对于多边贸易体制和各成员方而言都是机遇和挑战并存。诸边协定可以帮助 WTO 实现贸易规则的现代化,重新激活 WTO 对国际贸易规则的贡献作用;但同时也给对犹豫不决的发展中国家带来风险。发达国家可能会把发展中国家抛在一边自己走向另一个方向,这也会从逻辑和政治上分化 WTO,从而导致产生"双层"结构的风险,进而弱化 WTO 的包容性和可持续发展。诸边协定应通过提供更多"公共品"来吸引"观望"国家后续加入,同时需要避免诸边协定的倡议和承诺对后进国家带来伤害,进而避免政治分化,同时也需要保证差异性政策的透明度、开放性和包容性,确保内部成员具有向心力,确保诸边协定符合 WTO 法律和制度框架,避免内部的分化,最终确保开放式诸边协定在未来实现多边化。

二、WTO 框架下开放式诸边协定谈判进展

2017 年 12 月,在布宜诺斯艾利斯举行的 WTO 第十一届部长级会议上,不同小组的 WTO 成员发起了四项诸边协定谈判倡议,分别是投资便利化、电子商务、服务国内规制和中小微企业。

(一)关于投资便利化的诸边谈判进展

在 WTO 第十一届部长级会议上,70 个 WTO 成员方签署了《关于投资便利化的部长联合声明》,该声明强调投资与贸易和发展密切相关,应推动在全球层面

加强国际合作；支持开展深入讨论以建立投资便利化多边框架；主张与相关政府间组织合作，评估发展中成员和最不发达成员需求，并给予相应技术援助和能力建设支持；认可成员监管权以满足其政策目标和发展需要；呼吁第十一届部长级会议进行投资便利化议题部长级专题讨论，呼吁全体WTO成员积极参加，争取通过《关于投资便利化的部长决定》。

WTO关于投资促进发展多边框架的结构性讨论于2018年12月6日对迄今所取得的成果进行了评估。2019年11月，92个WTO成员在上海举行的WTO小型部长会议签署了另外一个声明，再次强调了投资与发展的关系，并提出最终的协议框架应考虑发展中和最不发达国家的诉求。截至2020年4月，共有101个WTO成员参与了投资便利化的谈判进程，包括了发达国家、发展中国家和最不发达国家，而且也将有更多的国家参与进来。

（二）关于电子商务的诸边谈判进展

在WTO第十一届部长级会议上71个WTO成员签署了《关于电子商务的联合声明》，启动WTO框架下"与贸易相关的电子商务议题"的谈判探索工作。2019年1月25日，包括中美欧等成员在内、代表世界贸易90%份额的76个WTO成员签署《关于电子商务的联合声明》，启动WTO电子商务诸边谈判。自2019年3月谈判正式启动以来，WTO成员已提交了30多份议案，内容广泛涉及电子商务的传统问题和数字贸易新规则，其中不少成员提出了具体条文建议。2020年1月24日瑞士达沃斯小型部长会议上，WTO总干事阿泽维多再次呼吁谈判成员继续保持谈判的包容性和开放性，并利用第十二届部长级会议召开之机产出实质性成果，而非止步于盘点谈判进展或规划谈判路线图等。谈判自2019年3月正式启动，到2020年3月进行六轮密集谈判，目标为2020年6月WTO第十二届部长级会议召开前取得重要成果或进展（由于受疫情影响，该次会议被无限期推迟）。

（三）关于服务国内规制的诸边谈判进展

在第十一届部长级会议上，59个WTO成员签署了联合声明，决定开启关于服务部门国内规制的规则谈判。2019年5月23日，在巴黎举行的WTO小型部长会议期间，中国和澳大利亚、加拿大、欧盟、瑞士、韩国等共59个WTO成员发表服务国内规制联合声明，欢迎国内规制纪律谈判自第十一届部长级会议以来取得的进展，并致力于继续就悬而未决的问题开展工作，以期在第十二届部长级会议前取得实质性成果。这一规则谈判的目的是制定相关服务国内规制相关规则全面且切实可行,一旦建立,国内和国外的服务提供商将在一个公平和透明的规则下运行。参与谈判的成员方已经同意国内规制规则将基于最惠国待遇原则来实施。

(四)关于中小微企业的诸边谈判进展

在大多数国家,中小微企业都是解决就业的重要部分。在发达国家和发展中国家,中小微企业就业往往都占据 2/3 以上。特别是在发展中国家,小企业能为妇女提供更多的就业机会。在大多数国家,中小企业通常被定义为雇员人数在 10 人到 250 人之间,而小于 10 人的企业被称作微型企业。尽管中小微企业对一国就业和产出都有重要影响,但是它们在参与国际市场竞争时往往面临更大的障碍,对于非关税壁垒、边境措施、融资困难等中小微企业更加难以解决。近年来,一些 WTO 成员努力将中小微企业议题提出来讨论。2016 年夏天,中小微企业友好团体(Friends of MSMEs[①])提交议案,主张 WTO 将中小微企业发展纳入 WTO 发展议程。在 2017 年 WTO 第十一届部长级会议期间,该团体再次提交了在 WTO 框架下成立工作组来关注中小微企业的发展需求的议案。

三、我国参与和推动开放式诸边协定谈判的策略

(一)旗帜鲜明地支持开放式诸边协定谈判,推动实现 WTO 现代化改革

WTO 改革势在必行,开放式诸边协定因其开放性、灵活性和包容性特点是目前最符合 WTO 成员各方利益的可行的改革路径。中国需要在立场文件和官方发言基础上更加旗帜鲜明地支持推动开放式诸边协定谈判,积极与欧盟和其他支持开放式诸边谈判的发展中国家达成共识,争取尽快确立开放式诸边协定在 WTO 法律体系中的合法地位,针对特定议题的诸边协定出台更加具体明确的改革方案。在此过程中,中国应在明确自身基本立场和核心关切的前提下,提出相应的规则建设方案,确保诸边协定谈判的开放性、透明度和向多边化过渡的保障机制。

---

① 中小微企业:micro, small and medium enterprises, MSMEs。

（二）遵循循序渐进原则，构建多个平台加强与其他主要成员的对话和沟通，为推动开放式诸边协定做准备

囿于当前形势，希望各方很快达成共识是不切实际的，以务实的态度挑选部分多哈议题，综合考虑当前形势和历史成果，逐步推动诸边谈判，可能是现实的选择。在新议题上，可利用WTO现有的理事会、委员会和工作组等机制展开非谈判性质的讨论，并通过研讨会等方式发挥企业界和智库的作用，逐步达成一些非约束性的成果。为确保发展中成员能够有效参与这些新议题的讨论，中国可考虑通过"南南合作基金"，通过国内外智库的平台，利用专题培训、研讨会等方式，增强发展中谈判集团的领导人和日内瓦谈判官员对这些新议题的了解，协助其做好未来参与诸边协定谈判的准备。

（三）坚持诸边协定谈判的开放性、灵活性和包容性原则，保障诸边协定成为新一轮多边贸易自由化的"垫脚石"

开放性是开放式诸边协定谈判的重要特征，我国应该坚持诸边协定谈判的开放性特点，坚持谈判过程的透明度原则，所有与谈判相关的资料应当及时公开并告知参与成员，有关谈判进展也应当及时以书面形式通报全体WTO成员。坚持在谈判过程中通过诸边谈判参与方"协商一致"原则允许WTO成员加入和协定生效后向WTO成员开放。同时，应增强诸边协定谈判的包容性和灵活性，在具体议题选择上应兼顾贸易自由化与发展的双重标准，维护发展中国家享受特殊与差别待遇的权利，避免诸边协定谈判和承诺对后加入国家带来伤害，避免政治分化；同时确保诸边协定内部成员的向心力，确保诸边协定符合WTO法律和制度框架，避免分化，确保诸边向多边转化。

第二节 有关投资便利化的开放式诸边谈判模式研究

一、中国参与投资谈判的进展

目前，中国投资便利程度与美、欧等发达国家和地区相比，仍存在较大差距，

在市场准入、国有企业"竞争中性"、投资者-国家争端解决机制上尚不成熟、不完善,以及可持续发展条款、国内相关法律制度和治理体系还不够健全等。

作为发展中成员,中国积极推动实施《贸易便利化协定》,并且,与RCEP、中日韩、中欧多个自贸区及投资协定的谈判也在加速。2009年8月15日,中国与东盟十国签署《中国-东盟自由贸易区投资协议》。2012年5月13日,《中华人民共和国政府、日本国政府及大韩民国政府关于促进、便利和保护投资的协定》在北京正式签署。2018年11月,中新两国在新加坡正式签署《关于升级〈中华人民共和国政府与新加坡共和国自由贸易协定〉的议定书》。2015年6月17日,中国与澳大利亚正式签署《中华人民共和国政府和澳大利亚政府自由贸易协定》。2015年12月20日,《中华人民共和国政府和大韩民国政府自由贸易协定》正式生效。中欧双边投资协定谈判于2014年1月21日举行,截至2020年已经进行了6轮谈判。2020年11月15日,东盟十国与中国、韩国、日本、澳大利亚、新西兰15个成员方共同签署RCEP。多位成员方领导人肯定了协议达成的效应,认为RCEP将推动东盟经济共同体建设,将为促进地区发展繁荣增添新动能,也将成为拉动全球增长的重要引擎。

二、投资协定的相关议题

中国在投资谈判中涉及的投资规则议题比较广泛,如国民待遇,最惠国待遇、投资争端的解决、环境政策、透明度、公平公正待遇、充分保护和安全在内的待遇等(表11-1)。

表11-1 中国投资谈判的相关议题

名称	具体的内容
国民待遇	各方在管理、经营、运营、维护、使用、收益或处置方面,应当给予另一方投资者的投资及与该投资相关的活动不低于其在同等条件下给予其本国投资者的投资及相关活动的待遇
最惠国待遇	各方在准入、扩大、管理、经营、运营、维护、使用、收益或处置方面,应当给予另一方投资者、投资者的投资及与该投资相关的活动不低于其在同等条件下给予任何第三国投资者的投资及相关活动的待遇
投资者-国家争端的解决	磋商与谈判,提交仲裁请求
其他	环境政策,透明度,公平公正待遇,充分保护和安全在内的待遇

例如,《中国-东盟自由贸易区投资协议》主要在投资者国民待遇、最惠国待遇和投资公平公正待遇、投资相关法律法规的透明度等方面进行相关规定。中日韩之间的国际投资协定主要包含投资定义、适用范围、最惠国待遇、国民待遇、

征收、转移、代位、税收、一般例外、争议解决等条款,协定将为三国投资者提供更为稳定和透明的投资环境,推动三国经济的共同发展和繁荣。中韩自贸协定规定,在市场开放方面,中韩两国将对进入本国资本市场的对方金融企业提供互惠待遇。中新自贸协定规定,双方在投资章节纳入了全面的投资者与国家间争端解决机制,为双方投资者提供充分的权利保障和救济途径。另外,从中欧双方历次谈判的公开文件可以看出,中欧双边投资协定主要涉及投资自由化、投资保护、争端解决和可持续发展等四个方面内容。此外,中澳自贸协定中规定,在投资领域,除互相基于最惠国待遇外,澳方将对中国企业赴澳投资降低审查门槛,并做出便利化安排。

三、中国参与投资诸边谈判面临的问题

(一)中国投资便利化水平需进一步提高

根据中国与其他国家投资便利化的比较分析发现,中国的基础设施排名37位,且存在较大的区域差异,排名相对靠后;制度支持排名26位,处于中等水平;金融服务得分排名第19位,金融服务效率尚待提高。商业环境得分排名第40位,反映出当前中国外资投资商业环境存在较大的劣势。中国投资便利化水平与欧美等发达国家和地区相比,还存在较大的差距,未来需要进一步提高。

(二)准入前国民待遇+负面清单制度模式仍处于探索阶段

市场准入是中欧等投资诸边谈判的核心议题。现阶段中国已经实现了概念上从正面清单向负面清单的转换,但中国尚属发展中国家,产业保护诉求比发达国家更强,负面清单过长、具体项目定义模糊及国内法律体系不完善是谈判中需要解决的主要问题。

(三)西方国家频繁提出国有企业竞争中性要求,国内改革需加速

中国目前无论是与发达国家还是发展中国家签订的双边投资协定中都没有涉及国有企业竞争中性条款。一方面主要发达国家对中国国有企业竞争中性问题步步紧逼,关注度逐步提高,在公平竞争的理解上存在偏差(江清云,2014);另一方面,中国在与其他发展中国家的谈判中对竞争中性问题的关注度也不够,不利于本国投资者的利益保护。

（四）投资者-国家争端解决机制不够完善，慎用"用尽国内救济"条款

投资者-国家争端解决条款之间的规定差异较大，错综复杂，在重要问题上立场不够明确，部分协定中的重要条款措施不够严谨，可能导致仲裁结果不可预测。中国在加入解决 ICSID 时提出的声明与各协定中国际仲裁管辖权的规定存在冲突。此外，投资者-国家争端解决条款在应用过程中存在很多争议。甚至，已经签订的部分诸边协定缺少专门的投资者-国家争端解决条款。

另外，"用尽国内救济"条款的前提条件是要求投资者在向 ICSID 提交争端诉求前，需要先寻求东道国政府的投资争端裁决。这一前提倾向于保护东道国政府的利益，而 ICSID 在裁决争端诉求时，更偏向于保护投资者的利益。因此，中国在参与建立投资者-东道国争端解决机制的过程中要慎用"用尽国内救济"这一前提条件，防止被别国利用。

（五）相关法律制度与治理体系不健全、可持续发展条款逐渐提上议程

从实际情况来看，与欧美等发达国家和地区相比，中国投资便利化水平还处于较低水平。相对应地，关于投资的制度建设不够完善，在投资便利化领域的法律制度还有所欠缺，如与投资者-国家仲裁执行相关的国内法律缺位，并且还没有形成成熟、健全的治理体系。另外，在过去的投资条款中中方不愿提及劳工和环境标准，中方现有的范本也没有明确规定劳工和环境问题，或尽管有，但这些条款大多仅具有"软法"特征。

（六）谨慎处理国际投资规则的改变

长期以来，中国对外投资始终采用的是欧式 BIT 的国际投资规则。因此，在新的国际投资规则下，中国面临的投资规则的改变及在国际投资中的地位的改变都使中国面临着很大的挑战。一方面，中国从单方面地吸引外资向吸引外资和对外投资并驾齐驱转变，中国如果在这一过程中不积极思变，很有可能与参与国际投资规则制定的机会失之交臂；另一方面，在参与国际投资规则制定的过程中，中国需要注意发展中国家与发达国家国情的差异，不能完全按照发达国家的思路，一味地追求投资自由化，而放松了对投资的保护。

（七）技术标准缺少，安全审查与反垄断条款透明度不足

由于中国的技术标准低于欧盟标准，这就意味着中国企业在欧盟的合规成本和投资成本将大大上升，而欧盟企业投资中国则没有障碍，中国需要加快国内相应标准的建立，积极参与国际技术标准的建立，加强在国际社会上的话语权，才能在与其他国家的谈判中占据主动权。

欧盟目前尚没有统一的外来投资审批程序，中国企业在不同的成员方可能遭遇不同的准入障碍。中国企业还可能面临欧盟统一市场的反垄断调查，使投资项目运行受到影响。此外，基于政治或安全理由设置障碍是中国企业在欧洲投资经常遭遇的，即使是那些与此无关的低端产业，进入欧盟市场时也通常会遭遇与中国外贸产业重叠度较高的欧盟成员方的阻击（江清云，2014）。

四、中国推动诸边投资谈判的对策

（一）以"一带一路"为契机推动投资便利化，促进国际发展合作

第一，借力"一带一路"建设之机，以基础设施建设为突破口，带动周边国家加强基础设施建设，为跨国企业海外生产提供基本的货物运输系统（左思明和朱明侠，2019），共同营造以投资便利化为核心的互联互通环境；第二，依托跨境电子商务重构供应链，发挥市场主导作用实现投资便利化的需求创造机制和分工深化机制，提高投资便利化，通过与沿线国家合作实现共赢。

（二）优化诸边谈判中的负面清单，放宽市场准入

以《鼓励外商投资产业目录（2019年版）》为依托，中国在诸边谈判中明确负面清单的长短及对具体项目的定义，鼓励外资参与中国制造业高质量发展，继续将制造业作为鼓励外商投资的重点方向，支持外资更多投向高端制造、智能制造、绿色制造等领域。另外，鼓励外资投向生产性服务业。此外，支持中西部地区承接外资产业转移。

（三）推动国内经济体制改革，逐步实现国有企业的竞争中性

第一，坚定推动国内经济改革，扩大投资开放领域，确保诸边谈判各方投资者享受同等待遇、公平竞争。第二，针对国有企业按其功能进行分类，在进行诸

边谈判时，应放开竞争性的国有企业，使其自主经营、自负盈亏，同民营企业在市场上共同竞争，通过竞争逐步提升国有企业治理能力，按照市场原则推动其发展。谈判中涉及承担公共服务和具有自然垄断的国有企业则需要同诸边谈判的成员进行解释，与诸边谈判中的竞争中性并不矛盾。

（四）完善投资者-国家争端解决机制

第一，对当前较模糊的国际投资保护规则予以明晰化。第二，对投资争端体系的运营予以改进。首先，不允许投资者在不同的仲裁机构提起同一诉讼；其次，提升仲裁机制的透明度。第三，参照 WTO 争端解决机制设立投资争端机制，制定行为准则，设定法官的特定和强制性义务，包括利益冲突的界定及更广泛的涉及法官职业道德的规范。第四，投资者母国也可参与到投资者-国家争端解决机制中，和投资者东道国一道对仲裁机构做出的解释发表意见。

（五）加强政策沟通，为投资便利化提供稳定的政策环境和良好的营商环境

第一，积极主动地参与诸边投资谈判，建立各国政府间关于投资便利化政策的长效沟通机制，针对各国的投资便利化发展策略进行交流和对接，主动地争取自身的经济利益，维护本国的合法权益，保护投资安全。第二，提高投资审批程序中政策的透明度，使跨境投资企业面临问题时有法可依、有章可循，为投资便利化提供稳定、公平、有效的政策环境。第三，健全国内投资法律体系，完善外商投资的规章制度，建立合理的税收机制，提高相关人员的水平和能力，简化边境管理制度和投资审批流程等是吸引外商投资的前提和保障（段秀芳和李雪艳，2019）。

（六）完善绿色金融服务体制，提高金融服务效率

第一，建立金融机构合作平台，降低金融服务成本，提高资本市场的融资能力，充分发挥金融的核心引领作用。第二，简化贷款的审批程序，增强银行的稳健性，把货币流通作为促进区域合作的突破点。第三，加快建立一套完善的绿色金融体系，在诸边谈判中逐步将绿色投资纳入投资谈判的范围之中，通过国际合作，积极发挥资金配置资源的激励作用，使得资金从污染行业逐步退出，最终实现资源的最优配置。

第三节　有关中小微企业的开放式诸边谈判模式研究

中国与世界各国中小微企业数量占到了企业总数的 90% 以上，对各国国内经济与就业的贡献重大。例如，2008 年金融危机之前，美国中小企业数量一度达到 600 多万家，此后虽有下滑趋势，但其数量一直占全国总数的 99.7% 左右，且其提供了美国私营企业 50% 以上的就业机会、65% 的新增就业岗位，创造了 50% 以上的非农 GDP，占美国出口收入的 35%（胡艳超和李靖怡，2017）；日本中小企业数目约为 359 万个，其中中型企业 53 万个，小微企业 305 万个，占企业总数的 99.7%（浦文昌，2019）；英国的中小微企业在制造业中数量占 94%，在零售业中占比 96%；而中国中小微工业企业数量共占据全部工业企业的 99% 以上；等等。虽然各国中小微企业数量、就业人口比重巨大，但其出口状况正面临困境。根据 WTO 2016 年 9 月发布的《全球贸易报告（2016）——改善中小企业贸易环境》，发达国家中小企业占出口商总数的 78%，但其出口状况不容乐观，中小企业出口额仅占全部出口额的 34%。东盟国家中小企业在出口方面也未发挥明显作用，如菲律宾中小企业出口额占比为 10%、印度尼西亚为 15.7%、马来西亚为 17.6%、泰国为 26.3%、印度为 42.4%。另外，国际贸易中心专门发布的《2020 年中小企业竞争力展望》中也明确指出，COVID-19 疫情蔓延将给世界中小微企业贸易带来无可避免的冲击及限制。在此背景下，越来越多学界业界人士开始关注中小微企业贸易困境及其解决方案。

一、开展中小微企业开放式诸边谈判的必要性

首先，中小微企业对中国经济与就业贡献重大，但其对外贸易正面临困境。2008 年到 2017 年十年间，中国中小企业年均增长 67.57 万户，目前中小企业提供的城镇就业岗位超过 80%，创造的最终产品和服务占 GDP 的 60%，上缴利税占 50%。中国发明专利的 65%、企业技术创新的 75% 以上和新产品开发的 80% 以上都由中小企业完成。在统计数据较完备的工业领域，截至 2016 年末，从数量来看，我国中小微工业企业数量共占据全部工业企业的 99.7%。从就业来看，我国中小

微工业企业就业人数合计超过全部工业企业就业人数的 75%。但其对外贸易正面临困境。2000~2016 年，我国规模以上中小工业企业出口交货值占比由 67.90% 一路下降至 44.22%，2016 年后利润总额占比也出现了明显下降。具体到企业层面，存在生产与贸易融资相对困难、劳动生产率和人力资源管理水平较低、应对内外部风险冲击能力相对较弱、产品难以在国际贸易中获取竞争优势等问题，而在 COVID-19 疫情与美国针对中国发动的贸易战与经济脱钩的环境下压力巨大，中小微贸易企业在融资、研发、用人、产品等方面的短板将被无限放大。

其次，WTO 目前尚无针对中小微企业特殊待遇的制度性保障。随着中小微企业在世界贸易与各国就业方面的作用不断显现，以及近年中小企业在开展国际贸易中面临的诸多困难，WTO 越来越重视发挥中小企业在国际贸易中的活力，在 2017 年底结束的第十一届部长级会议上发布了《关于中小微企业的部长联合声明》，并设立了很多机构与平台来帮助中小微企业，如中小微企业非正式工作组（Informal Working Group on MSMEs）、全球贸易平台（Global Trade Helpdesk），贸易、债务和金融工作组（Working Group on Trade, Debt and Finance），在补充中文 TRIPs 框架下保护中小企业知识产权，促进中小微企业参与政府采购项目等。但其形式大多为工作组、倡议、工作方案等，未能涉及关税减免、贸易便利化优惠等核心领域，且并未能设立一个针对中小微企业特别待遇与帮助的，至少对于参与方有约束力的制度性安排。由于中小微企业在国际贸易及各国就业与经济增长中的地位越来越突出，亟须 WTO 考虑设立一个针对性的制度框架，如协商达成《中小微企业协议》。

二、关于中小微企业的开放式诸边谈判的内容

为应对贸易困境，除了中小微企业自身加快与数字与信息技术紧密结合，尽快利用电子商务发展贸易以外，可以尝试通过 WTO 框架下的开放式诸边谈判，争取达成对中小微企业贸易实行普遍优惠待遇的《中小微企业协议》来帮助中小企业脱困。谈判内容建议如下。

（一）中小微企业国际标准的界定

不同国家由于处于不同经济发展阶段，对中小微企业的标准界定均有所区别，并且相同国家不同产业划分中小微企业的标准也有所差异。同时，采用的指标也有所区别，有的国家仅依据雇佣人数，有的国家需要同时考查人数、资产总额，有的国家则考虑人数、年营业收入/销售额，等等。这种"国家-行业-指标"的多重标准差异导致当前并不存在一个通用于世界的"中小微企业"标准，而是否属

于"中小微企业"会导致各国各类中小企业能否公平地得到优惠。因此首先需要在谈判中明确一个 WTO 各成员方能够接受的、各行业"中小微企业"的标准与指标体系。界定清楚之后才能考虑在协议中商订 WTO 中《中小微企业协议》的签约方针对"中小微企业"的各种优惠待遇。

（二）针对中小微出口企业提供特别关税减免与优惠

当前 WTO 关税减免与优惠政策在国家层面有明确的发展中国家差别待遇，但在企业层面上并没有给予各成员方中小企业以明确的优惠关税安排。WTO 在改革过程中应可尝试协商在《中小微企业协议》中达成协定，要求成员方在进口来自中小企业（无论来自发展中成员方还是发达成员方）产品之时，在国别优惠关税基础上再提供特别的中小企业优惠关税税率。这对资金缺乏、抗风险能力较弱的中小企业而言无疑是莫大的支持。

（三）针对中小微企业提供程度更高的贸易便利化措施

中小微企业资金链脆弱，对于贸易效率要求较高，因此旨在降低通关成本、提升贸易效率的贸易便利化措施对于中小微企业而言意义更为重大。在贸易自由化便利化方面，WTO 已经取得多项重要成果：一是达成《贸易便利化协定》并推动协定生效，相关条款完全实施将使全球贸易成本减少 14%，每年增长 1 万亿美元出口；二是全面取消农产品出口补贴，有助于创造更加公平的农产品贸易环境；三是取消信息技术产品关税，相关产品出口从 1996 年的 5490 亿美元扩大到 2015 年的 1.7 万亿美元，这些成果有力地推动了全球经济的复苏与增长，且对发展中成员方也有了优惠的区别对待。但从企业规模层次上，各国中小微企业在国际贸易中遇到的种种问题，如海关手续复杂、通关成本高昂等贸易便利化问题相对大企业而言更难以承受，仍未得到有效解决，亟待 WTO 通过改革与谈判，如在《中小微企业协议》中为各成员方广大中小微企业提供单独的、更高程度的贸易便利化措施。

（四）允许签约国在国内税收、市场信息、贸易融资、担保服务等方面为中小微企业提供优惠安排

首先，《中小微企业协议》可倡议并允许签约国从国家立法层面出台有利于中小企业的法规来帮助其进行国际经贸活动。例如，加快制定中小企业基本法，研究和调整中小企业的产业政策，除降低税率外，还可以制定税收减免、提高征税

点、提高固定资产折旧率等政策来降低中小企业发展的负担。

其次，除立法之外，政府还应积极在市场信息、贸易融资、担保服务等方面为中小企业提供更具有针对性的服务。例如，建立专门为中小企业融资服务的金融机构、建立融资担保体系、建立中小企业独立的信用评级制度、建立中小企业基金会、建立中小企业投融资信息平台，完善投融资风险防范体系、成立专门的中小企业研究机构，支持中小企业研究、开发和创新，重视加强中小企业的基础设施建设，等等。可以通过《中小微企业协议》谈判要求签约国金融与贸易信贷机构、担保机构等为本国及其他国家中小微企业提供平等而适量的费用与政策优惠。

（五）允许签约国政府在COVID-19疫情等特殊时期应给予中小微企业特别帮扶政策政策

本次COVID-19疫情带来的供需剧降、全球化倒退等外部冲击会无限放大全球广大中小微企业在融资、研发、用人、产品等方面的短板，导致其贸易与经营陷入困境甚至绝境。在COVID-19疫情下，以及今后出现类似世界性经济冲击时，签约国政府针对中小微企业的特殊政府补贴，如提供税收和贸易信贷优惠、整合部分财政资金持续优先定向采购中小贸易企业原先用于出口的产品与服务、向居民发行中小企业产品消费券等国内补助政策应当得到WTO《中小微企业协议》的认可与支持。

三、谈判模式与中国策略

由于各国中小微企业数量与雇佣职工众多，且存在贸易困境的共同问题，帮助中小微企业提振国际贸易是各国的共同目标，谈判阻力相比政府采购、服务业国内规制等涉及较多利益分配的敏感议题要小得多。但由于当前在中小企业的定义方面各国标准不一，届时针对中小微企业制定的WTO标准不一定能被所有WTO成员方认同，因此建议采取更有灵活性的开放式诸边谈判的方式。在"诸边约束、多边受益"的原则下，一部分有意向达成《中小微企业协议》的成员方"先行先试"，已经取得的谈判成果（如对中小微企业的关税优惠）在最惠国待遇原则的基础上适用于所有WTO成员，从而大大增加协议谈判成功的可能性。

就中国而言，近年我国中小微企业数量占比非常高，工业企业中中小微企业更达到99%以上，对我国就业与经济发展贡献巨大，而近年中小微企业国际贸易表现并不佳，COVID-19疫情及美国特朗普政府针对中国发起的"贸易战"与"经济脱钩"等单边主义行为对我国中小微企业贸易冲击很大,更需要我国主动推进 WTO《中小微企业协议》的达成。中国在国际电商平台、物流企业、5G 数字信息技术等与中小微企业贸易发展相关的领域具有较强国际竞争力,可积极倡议与部分"一带一路"沿线的 WTO 成员先进行"先行先试"的开放式诸边谈判,以期达成前提效果,吸引更多成员方加入《中小微企业协议》。

第四节 关于服务贸易国内规制的开放式诸边谈判研究

一、规范服务贸易国内规制有利于一国服务业发展和服务贸易的国际协调

服务贸易国内规制（domestic regulation in services trade）最早在 GATS 第 6 条提出,旨在规范各成员服务业非歧视性的管制性措施,属于国境之内的"边境后措施"（behind-the-border measure）。首先,服务业国内规制可以规范和促进服务业的发展:一是确保市场能够正常运转,纠正服务业市场失灵,具体表现为反垄断、资格审查、价格管制等;二是保障服务产业健康运营措施,如制定行业标准、认证等;三是健全社会保障体制,如制定消费者保护法（陈志阳和安佰生,2014）。然而,服务贸易国内规制纪律在国际法律渊源中是不完整的。GATS 第 6 条国内规制条款已做了关于呼吁制定国内规制纪律的规定,但 WTO 成员方未在制定条约方面达成更多共识,造成了成员方在争端解决过程中引用该条款始终处于被动。其次,服务贸易国内规制与服务贸易的发展密不可分,不合理的国内规制会形成一国潜在的服务贸易壁垒,限制服务贸易的发展（赵瑾,2015）。

二、服务贸易国内规制在 WTO 多边谈判和 WTO 框架外的 TISA 谈判下均告失败

WTO GTAS 生效后,WTO 服务贸易理事会于 1995 年建立了专业服务工作组（working party on professional services,WPPS）,主持专业服务部门的国内

规制谈判工作。1999 年，WTO 成立国内规制工作组（working party on domestic regulation，WPDR），旨在制定出适用于所有服务业部门的规则。服务贸易国内规制纪律谈判最初经历了多边谈判模式尝试，但多哈回合谈判破裂，多边谈判模式不能够促进服务贸易的一系列议题落实。主要存在两方面原因。一是参与谈判的成员利益诉求各持立场。以美、欧为首的发达国家和地区希望通过在知识密集型等服务产品上提高自由化程度，并力主制定较高的服务贸易标准形成技术壁垒来阻碍发展中国家准入，发展中国家则更希望通过多边谈判使发达国家做出实质性承诺。二是单轨制谈判模式的失败。服务贸易议题与其他议题相互影响，因农业、补贴等敏感议题难以推进而使服务业谈判也陷入僵局。

2011 年以美国、澳大利亚为首包括欧盟在内的 23 个 WTO 成员重新尝试开展服务贸易谈判，又称 TISA 谈判。但 TISA 谈判自 2013 年以来迟迟没有较大进展，直至 2016 年，TISA 停止了后续谈判。TISA 是一个较为典型的 WTO 多边框架外的诸边谈判，但学术界普遍认为 TISA 谈判是一次服务贸易谈判的失败尝试（谢理，2019；周艳和李伍荣，2016）。由于 TISA 违反了多边主义立场，TISA 没有得到部分谈判成员和非成员方的普遍认可；TISA 也没有得到广大发展中国家的认可，因为 TISA 拒绝采用 WTO 给予发展中国家的优惠待遇原则。此外，Devarakonda（2013）提出 TISA 谈判具有封闭性和不透明性，谈判仅以非官方和非公开的形式进行，在形式上缺乏监督，在议题选择上也缺乏广泛性。所以 TISA 在现有成果未经修改前作为 WTO 诸边协议是不具备可能性的。中国曾提出参加 TISA 谈判，但受到阻挠而未曾实现。

三、开放式诸边谈判模式适合服务贸易国内规制谈判

在国内规制的谈判模式上，本节认为开放式诸边谈判更符合实际需要，并且具备以下特征而容易使国内规制议题谈判达成一致。

其一，精选谈判议题。国内规制议题涉及的范围较广，参与谈判的成员可以不采用 WTO 的一揽子承诺模式，只需承接 WPDR 的阶段性成果，对国内规制中需要重点讨论的部分有针对性地展开讨论。例如，在服务贸易谈判中，WTO 已经就一些服务业部门达成了开放式诸边协定，《信息技术协定》、《基础电信协议》和《金融服务协定》都被纳入 WTO 框架[①]，对协议签署成员方乃至世界各国的信息

---

① 《信息技术协定》（Information Technology Agreement，ITA）于 1997 年生效。《基础电信协议》（Agreement on Basic Tele-communications）于 1998 年生效。《金融服务协定》（Agreement on Financial Services）于 1999 年 3 月 1 日生效。后两者的参加方在 WTO 部长级宣言中先后予以发布。

产业、电信服务业、金融服务业,都发挥了非常重要的作用。

其二,"关键多数"的核心成员参与,使得拥有较大服务贸易份额的成员能够先行实践,逐步通过最惠国待遇惠及未参与谈判的成员方。一方面,由于服务贸易不同于货物贸易,大多交易发生在发达成员方之间,如果这些服务贸易核心成员都参与到国内规制诸边谈判,那么谈判很容易达到关键多数的标准(份额达80%以上)。WTO 2015年的统计显示,美国和欧盟的国际服务贸易份额已占到了世界总份额的38.3%,其他WTO发达成员如日本、韩国、澳大利亚、加拿大、瑞士、新加坡等份额加起来已经超过了34.1%,中国的国际服务贸易份额占比为7.7%。另一方面,对于发展中国家而言,服务业和服务贸易已经成为其经济增长的重要环节,《世界贸易报告》2019年统计数据显示,独联体国家[①]在ICT(电信、计算机、信息服务业)部门中的GDP增长已经超过了13%,非洲国家在运输服务、旅游服务的GDP增长已经超过了9%和12%。如果WTO能够先行在服务贸易诸边谈判中取得成果,发展中成员也可以享受贸易谈判所带来的最惠国待遇下的市场开放。

四、服务贸易国内规制谈判的四个重要议题

(一)基于GATS第6条相关规则的法律解释

对于GATS而言,政府管制条款可分为两类。涉及外向型管制是第16条市场准入条款和第17条国民待遇条款,涉及内向型管制则是第6条国内规制条款。因为GATS对于国内规制的界定和对国内规制纪律制定的范围是严重缺失的,国内规制纪律可能会被滥用(王衡和柯杨,2012);国内规制条款也可能会与市场准入和国民待遇条款产生冲突,而对国外服务供应商在同一问题上出现"双轨制"的评价标准(王东,2014;韩龙,2006)。WTO若想实现GATS下国内规制纪律制定,要以不损害成员方国内规制的相关权利为前提,明确国内规制条款实际意义上的解释,并界定内向型管制条款和外向型管制条款的关系。

(二)基于国内规制纪律的必要性测试

服务贸易国内规制的必要性测试能够区分国内规制合理调控和滥用调控之间的界限,能够对拟定的管制措施进行系统评估分析,实现 "理性监管"(王衡和

---

① 独联体国家主要包括亚美尼亚、阿塞拜疆、白俄罗斯、摩尔多瓦、哈萨克斯坦、吉尔吉斯斯坦、塔吉克斯坦、乌兹别克斯坦、俄罗斯。

柯杨，2012）。但是必要性测试可能威胁到主权国家行使其国内监管权的灵活性，也可能干扰主权国家对未来合理政策的思考，所以讨论必要性测试就是探讨一个"度"的问题（安佰生，2015；Picciotto，2003）。根据 GATS 第 6 条第 4 款规定"为了确保……不致构成不必要的服务贸易壁垒"，讨论必要性测试实际上只需探讨成员方对一国制定的国内规制措施对自身所造成负担的承受能力。讨论必要性测试问题还需要各方制定出一套可执行的方案，该方案可溯及各成员方行政法的渊源并执行统一意见。欧盟行政法在实践中已将"必要性测试"称为比例原则并纳入其法律原则当中。美国行政法则更加重视行政部门的效益，着重分析行政执法的成本和收益，逐渐将"必要性测试"发展成"成本-收益原则"。但发展中国家，如中国，大多对于必要性测试的研究仅停留在学术层面而未纳入行政法实践。由于服务贸易国内规制问题涉及经济效率和行政效率的价值判断，临时甄别贸易负担和管制收益有一定困难，所以本节认为谈判成员可以先参考各成员方的行政法渊源所确立的法律原则，就特定的国内规制措施予以事前判断，建立具体的WTO 职权机构行使必要性测试的权利。

（三）规制透明度和监管一致性

规制透明度（regulatory transparency）问题是服务贸易国内规制中十分重要的一项议题。坚持透明度原则不仅有利于减少不必要的服务贸易壁垒，促进服务贸易发展，而且有利于减少不必要管理程序而提高政府治理的经济效率。在各方均认识到透明度意义之后，谈判方还需考虑西方国家提出的"事先评价"和"所有服务行业"予以衡量，并且综合考虑发展中国家的诉求和最不发达国家人力、财力限制，选择合理的透明度管制。监管一致性（regulatory coherence）旨在通过加强各国间信息交流而对各国国内规制进行经济法律分析，以谋求政策替代和化解国内规制差异所导致的贸易壁垒。遵守监管一致性应要求各国政府必须先明确相关法规目的并使监管要求一致，以避免不同的司法管辖区在相同问题上采用不同的执行方案，出现歧视性监管的问题。诸边谈判时应明确各成员方的服务业相关法律法规，明确国内规制问题的司法辖区和量化尺度，致力于国内规制的监管要求达成一致。

（四）基于发展中国家利益强调国内规制的国际标准

2019 年 12 月，印度、南非等 7 个发展中国家就该年度一些 WTO 成员方发起的第二次联合声明提到的国内规制纪律谈判提出反对意见，认为一些成员方试图建立平行的竞争机制而忽略发展中国家发展。在发展中国家议题方面，WTO 有对发展中国家的优惠贸易安排，包括发展中国家在协议生效后的过渡期安排，要求发达国家对发展中国家予以技术援助，鼓励最不发达国家应用该纪律。然而由于服务贸易具有特殊性，服务贸易的技术标准具有很强的隐蔽性，发展中国家在对于技术标准的设定方面可能不具优势，很难在国际标准问题上有发言权，这将导致制定的国际标准是以发达国家意愿为导向的，强制执行国际标准对于发展中国家的难度会增加而使得发展中国家在该议题上变得敏感（Hoekman and Mavroidis，2015）。此外，当前国际组织制定的国际标准大多是自愿采用的，如果国内规制条款将其纳入强制性标准，成效尚未可知。

五、中国积极参与服务贸易开放式诸边谈判的对策

自 2001 年入世以来，中国积极参与服务贸易国内规制谈判，中国于 2002 年 12 月、2005 年 6 月先后向 WTO 递交了该议题的相关提案，积极参与讨论关注的重点问题，在 2017 年和 2019 年，先后两次同其他成员方一道发表国内规制诸边谈判的联合声明。尽管中国近年对服务贸易的发展和谈判十分重视，但中国服务贸易占 GDP 比重远低于世界平均水平，服务贸易竞争力较弱，服务国内规制水平有限，谈判的"硬筹码"仍不够充分。考虑到我国在服务贸易和服务业监管的现状，中国应当在 WTO 服务贸易国内规制诸边谈判中，制定以"跟随制胜"为主的战略谈判理念，既持有中国立场，也要发展中国实力。

首先，我国应当以学习的态度坚持"跟随制胜"，不断学习发达经济体服务贸易发展的经验，研究发达经济体在国内规制方面所制定的法律法规和所签署的双边多边条款，总结 WPDR、TISA 谈判等留存下的国内规制相关议题的宝贵经验，在所需要探讨的议题方面提前做好准备工作，提前根据中国国情做出中国预判；但因为我国在服务贸易发展和国内规制体系相对发达国家都较为落后，所以我国也应当尽最大努力争取到发展中国家特殊和差别待遇，既谋求自身服务贸易的发展，也主动参与服务贸易发展的国际协议的制定和国际经济秩序的治理。

其次，中国应当积极参与谈判，充分表达中国立场，提出中国议案。中国是最大的发展中国家和新兴大国，应当与广大发展中成员利益休戚与共，在国际治理框架下有使命承担特有的责任，所以中国对国内规制议题应有中国提案。中国提案应以 WTO 现有框架和协议为主，参考金砖国家、东盟等发展中国家的利益诉求，充分维护发展中国家利益。同时中国议案也要在重要议题上积极提议：在规制条款法律解释上，中国应积极分享《中华人民共和国外商投资法》的中国经验，坚持内外资一致原则；在必要性测试问题上，中国应积极推动谈判，但在中

国问题上要持有基于中国国情的事前判断；在透明度和监管一致性方面，中国应尽可能与其他成员求同存异，在差异性较大的问题上可通过中国议案提前表明立场；在发展中国家利益问题方面，中国应努力为自身和为广大发展中国家争取差别和特殊待遇，在特定部门中争取过渡期安排。此外，以开放促改革，提高中国政府监管能力，提升服务贸易国内规制的"硬条件"和"软实力"。

第五节 关于跨境电商的诸边谈判模式研究

一、各国持续加快对跨境电商法律体系和政策规则的制定

伴随着信息网络的不断发展和网络用户的不断扩大，跨境电商在全球市场迅速崛起。同时，市场间的差异也对跨境电商的发展形成阻碍。较为成熟和完善的法律体系对跨境电商的发展产生重要作用。美国有完善的跨境电子商务法律体系，包括《互联网商务标准》《电子签名法》《网上电子支付安全标准》和《互联网保护个人隐私法案》等，还积极主导建立跨境电子商务的国际规则。美国所签订的大部分双边贸易的协定中，专门设置了"跨境电子商务"章，规定电子认证、无纸化贸易管理等内容，如《美韩自由贸易协定》。欧盟在跨境电子商务方面主要的法律有：《电子商务行动方案》《电子签名指令》《电子商务指令》。欧盟于2007年通过了一项有关网上支付服务的指导意见，该指导意见引进了一项特殊的新型认证制度，以鼓励一些非银行的机构进入交易支付市场，使得欧盟范围内的支付标准更加透明化。2015年5月，欧盟委员会公布"数字单一市场"战略具体措施，制定简化跨境电子商务的规则，包括统一网上购买合同和消费者保护规定，审议《消费者保护合作规定》，更好地保障消费者权益，提出"欧洲数据自由流动倡议"，使得欧盟范围内的数据资源可以得到更好的交流。日本为推动跨境电子商务的发展，推出了《数字化日本之发端——行动纲领》。在2017年WTO第十一届部长级会议上71个WTO成员签署了《关于电子商务的联合声明》，启动WTO框架下"与贸易相关的电子商务议题"的谈判探索工作，并不断推进相关谈判。

美日欧跨境电商在快速发展的同时也遇到一定阻碍。一方面，跨境电子商务在欧洲各国国内的发展低于预期水平，受到跨境物流成本、语言障碍、支付方式的安全隐患、换汇成本、法律制度差异、买方和卖方之间不信任等因素的影响，

从而导致欧盟境内消费者更倾向于购买国内产品。另一方面，欧盟境内电商大部分商品主要依赖内销，大约20%的电商向另一个欧盟国家销售商品，并且在对消费者权利的保护方面存在弱点，导致欧洲消费者对境内零售商信任提升缓慢，在线购物比例下降。同时，跨境电子商务在欧盟内部发展还面临运输时间、收付款流程、海关、价格交付不透明、价格不透明等市场障碍，并且跨境电商的发展还需要建立跨越国际买卖双方之间的信任关系。各国注重加大对跨境电商支付安全和信用评价的建设，着力提升跨境电商物流配送与贸易清关的效率，亟须应对跨境电商贸易成本与市场差异的阻碍。

二、跨境电商诸边谈判面临的问题

（一）跨境电商全球市场格局的变化对诸边谈判力的影响

在跨境电商的发展过程中，日益激烈的市场竞争和发达国家相对发展中国家的技术和市场优势将对我国参加跨境电商诸边谈判的谈判力产生重要影响。电商企业在外贸活动中能够以个性化和差异化的产品将获得巨大的优势（孟宪军和刘莹，2013）。由于发达国家与发展中国家的技术差距，发展中国家与发达国家的外贸企业在跨境电子商务活动中可能出现马太效应（王骊，2010）。如何应对不断变化的全球市场格局对跨境电商诸边谈判的谈判力造成的冲击将成为我国参与诸边谈判的重要问题。

（二）跨境电商的新型业态特征对诸边谈判内容的影响

信息要素在跨境电商中发挥的重要作用和信息加速流动对跨境电商的信息对称性造成的影响，将对我国参与跨境电商新型业态领域的诸边谈判内容产生重要影响。跨境电子商务推动信息成为重要的生产要素，国际贸易的产品将逐渐向信息密集型转变（谢雪玉，2013）。随着跨境电子商务对国际贸易供需双方的信息对称性和完整性的提高，同质性产品的竞争将更加激烈（翁海洁，2010）。如何有效应对跨境电商新型业态的信息要素所产生的重要作用和信息对称性推动的同质性竞争将成为我国参加跨境电商诸边谈判的重要内容。

（三）跨境电商的网络化连接方式对诸边谈判策略的影响

跨境电商的分工合作与价值创造将建立在网络化的跨国合作基础之上，"四流一体"的网络化商业模式将推动跨境电商诸边谈判向共享、共商、共建、共赢的方向发展。跨境电子商务通过交互式的网络机制，以物流为依托，资金流为形式，信息流为核心，商流为主体，实现了国际贸易中"四流一体"的贸易方式（张晓，2012），通过全球范围的生产系统和价值网络打破传统的生产和贸易格局（张花萍，2010）。如何有效建立共享、共商、共建、共赢的网络化合作方式将对我国参与跨境电商诸边谈判的策略产生重要影响。

（四）跨境电商的开放包容性发展对诸边谈判规则的影响

跨境电商的发展将对开放包容性的全球一体化市场提出新的要求。发展跨境电子商务还需要积极参加国际公约和贸易伙伴协议（李斌，2013）。各国对于无形贸易品的税收政策将提出新的要求，对于电子合同有效性的规范也将更加完善（覃远覆，2012）。跨境电子商务促进了国际标准和管理体系的统一和完善（应小凡，2011）。如何积极参与和协调各国在跨境电商诸边谈判中的规则制定，统一和规范跨境电商领域的开放包容性发展将成为我国参与跨境电商诸边谈判的重要问题。

三、我国应对跨境电商谈判问题的策略

跨境电子商务领域从外贸主体、外贸内容、外贸方式、外贸规则等多方面对全球诸边谈判体系提出了新的要求。表11-2结合外贸主体、外贸内容、外贸方式、外贸规则等方面展示了跨境电商诸边谈判体系中的相关问题。在跨境电商诸边谈判的具体过程中从以下方面提出对策建议。

表11-2　跨境电商诸边谈判体系的相关问题

外贸主体	外贸内容	外贸方式	外贸规则
电子商务方式	外贸结构改变	"四流一体"	国际税收
货币结算	产品链的完整性	最后一公里	知识产权保护
诚信机制	无形贸易品	无纸化	法律规定
货物供应	电子化程度	争端解决机制	电子货币
诚信平台	eWTP[1]统一平台	公共管理平台	支付风险监管

1）电子世界贸易平台：electronic world trade platform，eWTP

（一）充分建立竞争优势，有效应对马太效应

充分发挥电商企业作为外贸主体在跨境电商市场建立的竞争优势，通过跨境诸边谈判有效应对市场竞争格局中的马太效应。我国在参与跨境电商诸边谈判的过程中需要充分发挥电商企业跨时间、跨空间的经验特点和市场优势（刘佳，2013），通过多元化和协同性的合作方式推动我国电商企业融入国际市场（窦雯璐，2011），通过跨境电商诸边谈判进一步建立企业参与全球市场的竞争优势，有效应对发达国家利用技术和市场优势对发展中国家企业形成的马太效应。

（二）充分结合新型业态，构建有序竞争

充分结合跨境电商新型业态信息化和无纸化的特征，通过跨境电商诸边谈判构建信息加速迭代环境下的有序市场竞争格局。出口的产品同质性在信息公开的条件下也将更加严重，需要避免同类产品的恶性竞争。跨境电商交易双方的电子化程度和产业链的完整性成为新的竞争点（王建强和刘建宁，2013），先入优势对跨境电商企业的发展具有重要的战略意义。建立 eWTP 统一的跨境电子商务平台，有效建立跨境电商企业在全球市场竞争中的先入优势。

（三）充分建设贸易网络，推动合作共赢

充分建立跨境电商网络化连接的贸易方式，结合"一带一路"倡议通过跨境电商诸边谈判推动共享、共商、共建、共赢的国际分工合作。为避免各部门的职能分割，需要建立统一的公共管理平台（南洋，2012）。跨境电商的发展将进一步推动各国在价值创造的过程中的网络化国际分工合作机制。我国在跨境电商诸边谈判可结合"一带一路"倡议，积极推动各部门协同建立统一的公共管理和综合服务平台，完善线上跨国纠纷解决机制，为共享、共商、共建、共赢的合作机制提供有利条件（降雪辉，2011）。

（四）充分参与制定国际规则，发展国际包容体系

充分参与跨境电商的国际贸易规则制定，通过跨境电商诸边谈判积极推动国际化包容性跨境电商体系的发展。新型业态下的跨境电商模式和法律界定有待进一步完善（周嘉娣，2013），将进一步影响各国的经济利益分配和跨境电子商务的国际包容性。中国对跨境电商诸边谈判的参与将有效推动相关领域的规则确立，

进一步解决各国的监管冲突和法律争议，合作建立全球税收体系和知识产权保护体系，有效协调各国在跨境电商中的利益分配，推动和促进国际化包容性的跨境电商体系发展。

（五）我国开展跨境电商诸边谈判的具体对策

在谈判态度上，根据电子商务"十三五"发展规划，我国应当积极参与电子商务国际规则制定，通过多双边对话积极推进多双边及区域电子商务交流与合作[①]。跨境电商谈判的商品和服务将受WTO框架下的GATT和GATS的影响，同时可通过 eWTO 的形式向跨境电商领域的贸易规则进行延展（龚柏华，2016）。

在谈判焦点上，美国提案关注的焦点在于数字信息在国家间的自由传播及对软件源代码和算法的保护。欧盟则赞成数据的流动和禁止本地化的相关操作。我国目前则具有多层次需求，致力于推动我国数字、实体经济的一体化成长。

在谈判路径上，eWTO 的谈判可采取企业与政策共同驱动的方式，借由关键电商为导向向目标成员做出示范，同时由我国政府在 WTO 中依据多边协商的思路启动对电子商务协定的制定。WTO 谈判中的关键议点在于各国对数字贸易新规则的看法与出发点。

第六节　有关政府采购的诸边谈判模式研究

一、《政府采购协议》谈判进展

（一）加快加入《政府采购协议》的必要性

目前世界经济处于衰退期，不确定性显著增加，国内供给侧结构性改革任务繁重，错综复杂的国内外经济形势要求我国继续推动全方位的对外开放，加快加入《政府采购协议》，进一步开放我国政府采购市场，是扩大我国进口的重要途径；

[①] 中国商务部，www.mofcom.gov.cn。

WTO成员方众多,在气候变化、知识产权保护等诸多空白领域的规则形成多边协议的难度巨大,加快加入《政府采购协议》,从诸边协议入手,逐步吸纳更多国家,是当前推动WTO改革的重要手段;基于我国巨大的经济体量和政府采购规模,加入《政府采购协议》,能为协议各方提供更广阔的国际贸易市场,促进更多发展中国家开放政府采购市场,推动世界范围内的贸易自由化,为世界经济发展贡献力量。

(二)我国加入《政府采购协议》谈判历程和进展

2007年12月28日我国向WTO递交了加入《政府采购协议》的申请和出价清单,正式启动加入谈判进程。截至2020年底已提交了七份出价单,但谈判仍未完成。根据中国统一战线新闻网2020年两会提案选登,中国民主同盟中央提出提案,认为越早加入该协定,可以越早为我国企业参与其他参加方的政府采购市场提供公平竞争的条件,且为此付出的制度成本也越低,同时有利于促进我国自身的改革,有利于在自由贸易协定中启动政府采购章节的谈判。

二、《政府采购协议》谈判焦点及其存在的问题

(一)国有企业与公用事业领域的有关争议

《政府采购协议》参加方一直希望我国能够扩大国有企业与公用事业领域的开放。美国、日本等参加方要求我国在出价清单中列入"为政府目的进行采购的所有国有企业和国家投资企业"和"出于政府目的创建、成立或授权承担基础设施建设或其他建筑工程的国有企业"。在欧盟等参加方要求我国列入电力、燃气、城市交通、铁路、机场、港口、邮政等公用事业领域的国有企业中,我国除电力、燃气、邮政领域外也均已进行了出价,但欧盟还提出中国应对照其在国内实行的欧盟《政府采购公共指令》进行开放等要求。

(二)发展中国家待遇和中小企业保护的有关争议

以美国为首的部分发达国家主张我国应当以发达国家的身份加入《政府采购协议》。例如,美欧等国家和地区并不同意我国享有补偿交易和过渡期等发展中国家优惠待遇和设置中小企业保护在内的例外措施。从经济成就角度来说,2018年

中国人均国民总收入为9732美元,按照世界银行标准,属于中高收入发展中国家;从高新技术创新的角度来说,中国产品正从价值链低端走向高端,出口产品中高技术产品的比重也超过发展中国家的标准;从援助国的角度来说,中国正经历从"受援国"向"援助国"的转换。

(三)《政府采购协议》封闭诸边及其局限性

在WTO《政府采购协议》框架下,互惠原则是其核心支柱。实际运行过程中,这一原则与强调国际贸易市场竞争机会均等的无条件最惠国待遇原则往往无法兼得,通常要求在第三方提供同样的补偿之后才能享有两国之间互惠原则的优惠,即有条件最惠国原则。这一原则在贸易实力相当的谈判主体之间较为适用,但相应地在美国处于主导位置并要求补偿的情况下难以引起发展中国家的兴趣,发展中国家在加入《政府采购协议》时均不得不在互惠原则的基础上进行出价,同时也缺乏根据本国实际产业发展情况所做出的政策安排(宋雅琴,2009)。

三、推进《政府采购协议》谈判的策略建议

(一)出价策略

在对等出价原则上主动改进出价。一方面需要扩大国有企业政府采购市场的开放,另一方面需要仔细研究各参加方的关键保留,坚持对等原则采取不同的具有针对性的出价,保留有关国家安全、经济命脉的部门及其他敏感部门作为适用《政府采购协议》的例外条款进行出价。可以直接采用政府采购市场规模进行谈判,对后续加入《政府采购协议》的国家形成一定的示范效应与谈判基础。

(二)关键立场

虽然中国经济社会各方面迅速发展,但是仍然存在着地域差别,并且整体发展程度不高,依然属于发展中国家地位。因此,在未来可能的进一轮谈判过程中,我国可尝试从《政府采购协议》潜在标准对我国发展中国家地位进行论证,在进一步的谈判中争取发展中国家权利和相应的发展中国家待遇和优惠。发展中国家立场和中小企业保护是谈判中不能放弃的底线,应当坚持我国是发展中国家的基

本事实，必须享受发展中国家贸易补偿、价格优惠、渐进式覆盖和过渡期门槛价的优惠待遇。

（三）政府采购国内立法

积极出台国内歧视性采购政策立法，利用国内法将政府采购市场留给国内企业，以消除开放国有企业和公用事业领域的负面影响，增加谈判筹码。例如，在制定实体清单的顺序时，可以事先进行一定的成本效益分析，明确找出我国哪些采购实体最适宜承担国家安全、公共秩序、环境保护及弱势群体保护等公共政策目标的职责，并确定哪些工业部门、服务领域最需要进行歧视性采购政策的保护，充分利用《政府采购协议》自身的例外及发展中国家例外条款。

（四）政策配套改革

通过对比国内采购规则和《政府采购协议》规则的差异，将冲突的地方进行改革与调整，以适应国际政府采购环境。我国政府和国有企业采购依照的法律是《中华人民共和国政府采购法》及《中华人民共和国招标投标法》。这两部法律与《政府采购协议》规则在采购目标、采购方式、采购程序和救济机制上均存在一定程度的差异。立足我国战略发展需要，对其进行相应修订，并将国有企业也纳入两部法律的调整范围，建立健全国有企业政府采购制度，促进产业升级。同时保证与国际政府采购规则的接轨，贯彻国民待遇和非歧视待遇，来增加我国的谈判筹码。

（五）要价预期管理

首先，要推动建立常设沟通调解平台，对我国国情进行客观说明，使谈判各方消除误解、降低预期。其次，通过建立类似 WTO 的国际性政府采购领域的协调组织，从而构建起完善的争端解决机制，来保护《政府采购协议》诸边谈判成果。最后，可以通过采取低姿态、稳出价、高弹性的谈判做法，即先对我国发展中国家的实际国情进行定位和说明，再稳步推进出价筹码，最后预留较大的谈判空间，并根据具体谈判过程和各方的反应与接受程度来对我国出价承诺进行相应放宽。

四、基于"一带一路"倡议构建政府采购国际合作新格局

（一）构建"新政府采购协议"的必要性

在 WTO 上诉机构停摆、传统的《政府采购协议》面临崩溃风险的大背景下，建立"新政府采购协议"，是我国实行对外开放战略过程中，应对国际政策环境不确定性的一条有效途径。作为原《政府采购协议》职能的替代与发展，"新政府采购协议"能够充分利用"一带一路"联通的基础设施、贸易关系、政治经济联系等，且有效规避原有《政府采购协议》框架下的局限性；同时，在保留一部分原《政府采购协议》内容、概念和标准的基础上，"新政府采购协议"还可以吸收先进国际协定的设计，增强其灵活性与适用性。

（二）"新政府采购协议"的可行性分析

"一带一路"倡议范围涵盖历史上丝绸之路和海上丝绸之路行径的中国和中亚、北亚和西亚、印度洋沿岸、地中海沿岸、南美洲、大西洋等地区的国家（Chohan，2017），具有承接 WTO 部分职能的良好经济、政治、制度和文化基础。财政支出通常由政府人力资本支出、政府补贴、建设性支出、政府行政性支出和公共服务供给支出等支出构成，后三项本质上经由政府采购支出（肖北庚，2019）。统计发现，亚洲与欧洲各国政府采购支出规模较大。排名前三的国家分别为意大利、韩国与俄罗斯，均超过 500 亿美元；规模超过 100 亿美元的国家共计 21 个；超过 50 亿美元的国家共计 33 个。预计随着"一带一路"倡议影响力的不断增加，相关政府采购的市场体量将足够容纳共建一个互利互惠、共建共享的开放经济环境。

（三）"新政府采购协议"的内容建议

应继续秉承其在 WTO 框架下的基本目标，即建立一个有效的关于政府采购法律、规则、程序和措施方面的权利与义务的多边框架，进而扩大世界贸易自由化程度，改善并协调现行世界贸易环境，促进贸易发展；形式上应对采购主体、采购对象、契约形式和采购限额等及本条目进行具体的规定，并就公开招标、选择性招标、限制性招标、谈判式采购等方式进行严格的规定。此外，还可以部分借鉴《BEPS 多边公约》特点与优势，即通过在包容性框架内担任观察员的角色，

从而在实施 BEPS 协定时进行更加协调和更有针对性的能力建设,减少谈判与合作冲突(唐宜红等,2018)。

五、"新政府采购协议"谈判策略与路径研究

(一)"新政府采购协议"谈判策略建议

"一带一路"非洲成员方没有加入《政府采购协议》,但有着较为可观的政府采购市场规模,且分布集中。因此,在谈判时我国可能取得一定优势与出价空间。亚洲各国具有巨大的政府采购市场,占比仅次于欧洲,但《政府采购协议》覆盖范围较小,因此在谈判时面临更高的灵活性与机动性。大部分欧洲国家具有良好的制度基础,其中俄罗斯作为政府采购市场第二大所在地,尚未正式加入《政府采购协议》,可作为重点合作伙伴。在北美、南美与大洋洲共计 29 个"一带一路"沿线国家中,只有新西兰加入了《政府采购协议》,在谈判时可能会受到现有开放规则的影响,而与其余各国的谈判则具有较高的灵活性。

(二)"新政府采购协议"谈判路径分析

基于双方经贸联系和外交合作关系两个维度进行选择,可将"一带一路"沿线国家按照与中国的经贸联系与合作等级分为三个梯队。第一梯队为具有较强贸易联系与较高合作等级的国家,应在建立"新政府采购协议"时优先进行协商与谈判,包含韩国、越南、马来西亚、俄罗斯、泰国和印度尼西亚。第二梯队为具有一定贸易联系或者有良好合作基础的国家,可以在第一梯队国家协商完成后逐渐进行谈判,实现由少到多、由近及远逐步扩大,包括智利、意大利、伊朗、新西兰、新加坡等国家。第三梯队为具有较弱经贸联系或较低合作等级的国家,应在实现前两个梯队的谈判与协调后再做处理。包括除前述两个梯队外的其他"一带一路"沿线国家。

本章执笔人:唐宜红　符大海　林发勤
马光明　张　艳　霍　达　杨　武

参 考 文 献

安佰生. 2015. WTO"必要性测试"规则探析. 财经法学，（2）：95-113.
陈志阳，安佰生. 2014. 多双边贸易谈判中的国内规制问题. 国际贸易，（10）：15-18.
窦雯璐. 2011. 新经济背景下电子商务对国际贸易的影响分析. 中国商贸，（24）：198-199，210.
段秀芳，李雪艳. 2019. "一带一路"背景下中国与周边国家投资便利化水平比较研究. 新疆财经，（2）：63-71.
龚柏华. 2016. 论跨境电子商务/数字贸易的"eWTO"规制构建. 上海对外经贸大学学报，23（6）：18-28.
龚柏华. 2019. 论WTO规则现代化改革中的诸边模式. 上海对外经贸大学学报，26（2）：13-23.
韩龙. 2006. 市场准入与国内规制在WTO法中应如何合理界分. 政法论坛，（4）：143-152.
胡艳超，李靖怡. 2017. 美国激发中小企业发展活力的主要做法. 智慧中国，（7）：33-36.
江清云. 2014. 中欧双边投资协定谈判的现状、问题与应对. 德国研究，（4）：81-93，127.
降雪辉. 2011. 电子商务在国际贸易中的应用研究. 中国商贸，（30）：125-126.
李斌. 2013. 电子商务与对外贸易的关系及作用. 经营管理者，（31）：160.
刘佳. 2013. 探讨电子商务对国际贸易发展的影响. 中国经贸，（18）：28.
孟宪军，刘莹. 2013. 论电子商务对国际贸易发展的影响. 黑龙江科技信息，（6）：113.
南洋. 2012. 电子商务对我国国际贸易发展的影响与对策. 金融理论与教学，（5）：75-76.
浦文昌. 2019-10-17. 日本中小企业政策的经验与启示. 中华工商时报，（3）.
覃远覆. 2012. 电子商务运营模式及其在国际贸易中的应用. 中国商贸，（11）：130-131.
宋雅琴. 2009. WTO《政府采购协议》之互惠原则研究//国际关系学院公共市场与政府采购研究所.全球金融危机形势下的政府采购与公共市场研究——应对全球金融危机·政府采购与公共市场改革论坛文集. 北京：中国经济出版社：52-61.
唐宜红等. 2018. 全球贸易与投资政策研究报告（2018）——中国与"一带一路"国家经贸互通的政策协调. 北京：人民出版社：249-253.
王东. 2014. 论《服务贸易总协定》中市场准入与国内规制的平衡——以美国赌博案为例. 海关与经贸研究，35（4）：98-114.
王衡，柯杨. 2012. 《服务贸易总协定》国内规制实体规则缺陷及应对. 法学，（9）：82-90.
王建强，刘建宁. 2013. 浅论电子商务对国际贸易发展的推动作用. 经济论坛，（9）：124-125.
王骊. 2010. 浅论电子商务对国际贸易的影响. 中国商贸，（22）：120-121.
翁海洁. 2010. 电子商务对国际贸易的影响及对策研究. 企业导报，（2）：191-192.
肖北庚. 2019. 与现代财政制度相适应的政府采购体制机制创新. 中国政府采购，（1）：16-17.
谢珵. 2019. 诸边贸易协定和WTO谈判的路径选择. 国际经济法学刊，（2）：63-79.
谢雪玉. 2013. 电子商务对国际贸易的影响及应用现状分析. 企业导报，（15）：83-84.

应小凡. 2011. 电子商务对国际贸易的积极影响与存在问题分析. 商业时代,（11）: 53-54.

张花萍. 2010. 浅析电子商务对国际贸易的影响. 中国商贸,（6）: 96-97.

张晓. 2012. 电子商务对国际金融的影响及对策分析. 经济生活文摘（下半月）,（7）: 274-275.

赵瑾. 2015. WTO国内规制改革与国际服务贸易自由化发展趋势. 国际经济合作,（11）: 27-33.

钟英通. 2017. WTO体制中诸边协定问题研究. 重庆：西南政法大学.

周嘉娣. 2013. 我国跨境电子商务的现状分析及建议. 中国商贸,（34）: 102-103.

周艳, 李伍荣. 2016. 《服务贸易协定》会否多边化？. 国际经济评论,（3）: 125-141, 7.

左思明, 朱明侠. 2019. "一带一路"沿线国家投资便利化测评与中国对外直接投资. 财经理论与实践, 40（2）: 54-60.

Chohan U W. 2017. What is One Belt One Road? A surplus recycling mechanism approach. https://papers.ssrn.com/sol3/papers.cfm?abstract_id=2997650[2020-12-31].

Devarakonda R K. 2013. An Assault on Multilateral Trade Negotiations. Inter Press Service.

Hoekman B, Mavroidis P. 2015. WTO 'à la carte' or 'menu du jour'? Assessing the case for plurilateral agreement. RSCAS Working Papers, 26（2）: 319-343.

Picciotto S. 2003. Private rights vs public standards in the WTO. Review of International Political Economy, 10（3）: 377-405.

Rudolf A, Hamid M. 2017. Plurilateral trade agreement: an escape route for the WTO?. WTO Working Paper.

第十二章　WTO 框架下全球数字贸易规则研究

第一节　全球数字贸易规则谈判背景

全球数字贸易发展方兴未艾，COVID-19 疫情全球大流行更加凸显了数字贸易的活力和韧性，大力发展数字贸易已经成为大多数国家的共识。WTO 是世界多边贸易体制的核心，但由于其自身的体制机制问题和多哈回合的困境，WTO 在制定数字贸易规则协定方面的表现力不从心。世界主要数字贸易参与者纷纷转向区域层面制定于己有利的数字贸易规则，形成了具有不同特色的数字贸易规则范式。

一、全球数字贸易发展现状

随着数字技术的蓬勃发展，数字贸易已成为国际贸易的焦点之一。UNCTAD《2019 年数字经济报告》显示，2018 年全球数字交付的服务出口规模为 2.9 万亿美元，较 2008 年增长近六成，约占全球服务出口总额的半数，年均增速约为 5.8%。在最不发达国家，数字交付的服务约占服务出口总额的 16%，从 2005 年至 2018 年增长了两倍多。[1]数字贸易的增长速度超过了传统的商品和服务贸易。中国信息通信研究院发布的《全球数字经济新图景（2019 年）》报告指出，2018 年，47 个国家数字经济总规模超过 30.2 万亿美元，占 GDP 比重高达 40.3%。其中，有约半数国家数字经济规模超过 1000 亿美元，美国数字经济规模蝉联全球第一，达到 12.34 万亿美元，中国依然保持全球第二大数字经济体地位，规模达到 4.73 万亿美元。2018 年全球主要国家数字经济规模详见图 12-1。

---

[1] UNCTAD, Digital Economy Report 2019, United Nations Conference on Trade and Development, 2019: 47-121.

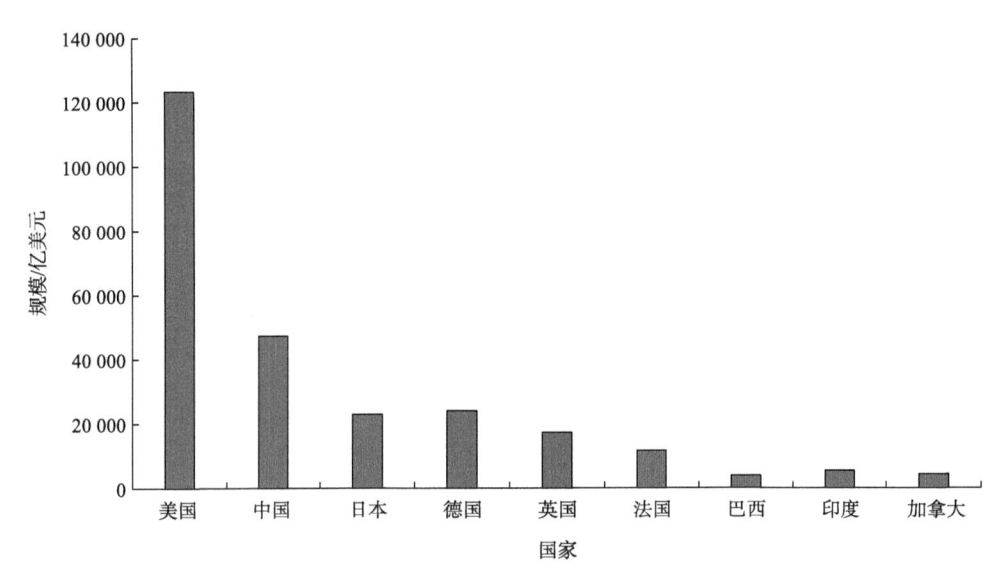

图 12-1　2018 年各国数字经济规模

资料来源：中国信息通信研究院

数字经济和数字贸易对各国经济发展越来越重要，促使各国纷纷推出促进数字经济和数字贸易发展的法律法规和政策文件。美国是数字经济第一大国，也是最早意识到数字经济重要性的国家，早早开始布局数字经济发展战略。1997 年美国发布《全球电子商务纲要》，系统性地为电子商务的发展明确规划了美国政府的立场和方向，包括五项基本原则和九大发展议题。1999 年美国商务部发布《新兴的数字经济Ⅱ》报告，明确提出了要大力发展数字经济。2013 年 7 月，美国国际贸易委员会在《美国与全球经济中的数字贸易Ⅰ》(Digital Trade in the U.S. and Global Economies, Part 1) 中正式提出了"数字贸易"。欧洲整体的数字经济规模可以与美国相抗衡，因此欧盟的目标是整合欧盟的数字经济优势。欧盟 2010 年发布了"欧洲数字议程"，2015 年提出"数字单一市场战略"，宣布目标是建成欧洲统一的数字市场。中国是数字经济第二大国，同时也是电子商务第一大国，近年来高度重视数字经济和数字贸易的发展。中国 2015 年发布了《关于积极推进"互联网+"行动的指导意见》，2016 年发布了《国家信息化发展战略纲要》为数字经济的发展指明了具体方向。同时中国相继制定了《中华人民共和国网络安全法》和《中华人民共和国电子商务法》等法律，为数字经济和数字贸易的发展提供了法律保障。

国际层面，2016 年 G20 杭州峰会首次以数字经济为主题发布了《二十国集团数字经济发展与合作倡议》，在促进数字贸易的发展方面达成共识。中国倡导发起了《"一带一路"数字经济国际合作倡议》，推动共建、共享国际丝绸之路。可见，大力发展数字经济和数字贸易是世界各国的优先方向，而在推动国际合作中促进数字经济和数字贸易的发展已经成为世界各国的共识。在这种情况下，迫切需要一个有效的国际平台使各国交流、对话、谈判、合作，制定满足各方的全球数字贸易规则。

二、WTO 规制数字贸易问题的困境

WTO 是多边贸易体制的核心，作为世界经济体系的三大支柱之一，在促进国际贸易发展方面发挥了巨大的作用。然而在应对数字贸易问题上，WTO 却陷入困境，表现出力不从心的状态。这主要是 WTO 自身的体制机制问题。

第一，WTO 成员谈判立场分歧严重。进入 21 世纪以来，WTO 成员围绕多哈回合的谈判陷入停滞状态，尤其是在环境保护、农产品等议题上的矛盾对立十分尖锐。其他议题的谈判困境也引得数字贸易规则谈判停滞不前，印度、印度尼西亚等国家就希望能以"电子传输免关税"等数字贸易议题换得发达国家在农产品问题上的让步。但是农业和环境保护等贸易议题相当复杂，涉及国家安全的层面，美国、欧盟和日本等成员不会轻易让步。这种情况下，WTO 的谈判效率已经越来越不适应数字知识产权等议题的紧迫需求，美国等数字贸易大国转向区域层面缔结贸易协定，以实现自身的利益诉求。

第二，争端解决机制陷入困境。WTO 的争端解决机制被誉为"皇冠上的明珠"，具有司法造法的能力，其最新判例可以作为处理这类问题的参考性范例。WTO 上诉机构按规定常设 7 位成员。由于美国在上诉机构成员连任和遴选方面蓄意阻挠，该机构从 2018 年 1 月起仅剩 3 位成员，分别来自中国、美国和印度。根据规定，每起上诉案件应由 3 位成员组庭审理。但是，成员任期届满后，虽不能接受新案件，但可继续参与审理手头未结的案子，直至做出裁决。因此，在美国籍成员格雷厄姆和印度籍成员巴提亚 2019 年 12 月 10 日任期届满后，由于仅剩中国籍成员赵宏一人，在新法官遴选出来前，上诉机构无法审理新案件，上诉机构的瘫痪难以避免。WTO 争端的专家组裁决都将面临法律效力的不确定性，因为专家组裁决的败诉方只要提出上诉，在上诉机构无法继续接新案子的情况下，将不会有终审裁决。若长此以往，WTO 争端解决机制则名存实亡。

第三，WTO 决策效率低下。WTO 的决策机制遵循"协商一致"的原则，即要求 WTO 所有成员对拟通过的决议均不提出明确反对，决议才得以通过。也就是说如果有 WTO 成员明确提出了反对意见，则决议案就无法通过，这显然会使得决策机制效率低下。尤其是在数字贸易相关的议题上，由于发达国家和不发达国家之间巨大的"数字鸿沟"，这两类成员在数字贸易问题上的利益诉求迥异。

WTO作为全球性的经济组织,显然不能无视这种差距而强行推出一项数字贸易协定,因此陷入僵局。

三、区域贸易安排层面的数字贸易规制进展

鉴于WTO在规制数字贸易问题上的力不从心,数字贸易大国纷纷转向区域层面缔结贸易协定,并纳入了数字贸易规制。2000年《美国-约旦自由贸易协定》包含了第一个不具有约束力的电子商务章,2003年美国-新加坡FTA中包含了第一个具有约束力的电子商务章。美国先在其主导的双边FTA(美国-澳大利亚,美国-智利,美国-约旦、美国-新加坡、美国-韩国、美国-秘鲁等)中不断发展数字贸易规则,在"电子商务章"、"跨境服务贸易章"、"信息通信技术合作章"及"知识产权章"中加入有助于促进数字贸易的具有"GATS+"、"TRIPs+"特征的规则条款。美国在TPP和USMCA等巨型贸易协定中将上述规则条款做了进一步地扩展和深化,逐渐形成了数字贸易规则"美式模板"。跟美国不同的是,欧盟对数字贸易的态度不具有内在一致性。欧盟在早期与智利的FTA中运用谨慎的"软"性语言仅要求与对方就数字贸易展开合作;然后在欧盟-韩国FTA中相关措辞变得具体和更具约束力并融入了部分"美式模板"要素;最后欧盟-加拿大FTA中引入了更加深入的更有助于电子商务便利化的规定。"消费者保护"议题上欧盟态度日趋坚定,并在"数据跨境自由流动""视听服务""公共服务业""数据存储非强制本地化""网络自由接入和使用"等议题上选择了不同于美国的立场,逐渐形成了数字贸易规则的"欧式模板"。中国在与韩国、瑞士、澳大利亚等国的FTA中引入了部分数字贸易规则,具有了一定的"GATS+""TRIPs+"特征,但在规则数量和条款深度上不及美欧。无论是已经签订的TPP、USMCA和欧日EPA,还是已经生效的RCEP,抑或是正在谈判中的美欧FTA,可以发现数字贸易规则的谈判场所呈现出从双边到诸边、从双边贸易协定到巨型贸易协定的趋势。

第二节 WTO框架下数字贸易规则谈判历程

散见于WTO项下诸协定中的某些规则可能适用于数字贸易问题,但WTO现有规则面临的挑战是主要方面。近年来,WTO成员重新对多边框架下的数字贸易规则谈判产生兴趣。从提交提案到签署《关于电子商务的联合声明》,再到各成员

的积极讨论，达成一致的 WTO 数字贸易协定又重燃希望。

一、WTO 现有规则对数字贸易的适用性

WTO 成立于互联网萌芽的 20 世纪 90 年代中期。尽管数字革命已在孕育之中，WTO 在设立之初并没有将关注重点放在具有前瞻性的专门的数字贸易规则上。散见于 WTO 的一些主要协议的部分规则和条款可能会有助于规制数字贸易，包括 GATS、《信息技术协定》、TRIPs 和《全球电子商务宣言》等。通过对这些协定中相关条款的适用范围和内容进行合理界定和阐释，在某种程度上可部分解决多边数字贸易治理问题。WTO 各协定所包含的数字贸易规则及涉及的具体问题详见表 12-1。

表12-1　WTO框架下的数字贸易规则及主要内容

协定	条款	适用的数字贸易问题
GATS	电信附件5. 公共电信传输网络和服务的进入和使用	公共电信网络的准入问题、跨境数据传输问题、数字保护措施
	第一条、第二条、第三条、第六条等	数字服务与新服务准入
	第十四条. 例外规则	数据本地化措施
《信息技术协定》		信息技术产品免关税
TRIPs		数字贸易中的知识产权问题、数字版权问题
	第十条. 计算机程序和数据汇编	保护计算机软件源代码和计算机程序
《全球电子商务宣言》		电子传输免关税问题

资料来源：根据 WTO 相关规则整理

二、WTO 现有规则面临的挑战

尽管 WTO 框架下有部分条款可用于治理数字贸易问题，但这些条款几乎都不是为数字贸易专门设立的，在具体适用时也遇到各种困难。同时，由于 WTO 成员众多，成员间信息技术发展水平差距悬殊，甚至存在数字鸿沟。在数字相关产业上，WTO 成员各自的比较优势和利益诉求又存在严重分歧。WTO 的决策和运行遵循"协商一致"原则，作为一个由成员驱动的国际组织，WTO 很难无视成员间的巨大差距而统一出台一套高标准的数字贸易规则。况且多哈回合在农产品和环境等议题上耗费了大量的谈判资源，数字贸易规则的谈判实质上被边缘化。经过总结，针对数字贸易治理的一些基本问题，WTO 迄今也未给出明确的解决思路。WTO 中现有的与数字贸易相关的规则很不完善，至少表现在以下方面。

第一，在 GATS 框架下，与数字贸易关系紧密的领域主要包括电信、计算机、信息及相关服务和视听服务，数字服务仅被部分 GATS 成员在上述部门中的特定承诺所覆盖，而 GATS 成员基于"肯定列表"所做承诺根本无法覆盖所谓的"新服务"（Trebilcock and Howse，2005）。例如，TISA 协议的附件第 2 条（d）款规定了"新金融服务"，其中包括不经传统手段交付，而以互联网为媒介跨境提供的"服务"，"新金融"在 GATS 的金融附件中并未体现。"新服务"的界定、分类及适用性是 GATS 面临的首要问题，然后是究竟应将以数字形式传输的产品视作货物还是服务也无定论。即使将其划分为服务，在数字时代由于视听媒体服务和计算机服务之间的界限变得模糊，与"高附加值的通信服务"、"视听服务"或"计算机及相关服务"相关的数字服务究竟应适用 GATS 中哪个具体部门的特定承诺也很难识别。此外作为"文化例外"与"贸易利益"之间冲突的重要体现，数字服务尤其是视听服务贸易自由化进程严重滞后。（周念利等，2018）

第二，《信息技术协定》是 WTO 项下的诸边协定，该协定旨在降低甚至消除成员间信息技术产品的关税税率。《信息技术协定》最初生效于 1997 年，覆盖了全球 97%的 ICT 产品出口额；2015 年在 WTO 第十届部长级会议时完成扩围，2016 年 7 月开始生效。需要关注的是，印度和越南等《信息技术协定》的初始缔约国没有加入扩围后的《信息技术协定》，但 ICT 扩围后的关税减让待遇是要基于最惠国待遇机制适用于所有的 WTO 成员，这可能会造成权利义务不平衡的"免费搭便车"现象。除此之外，《信息技术协定》宣称要实现全球信息技术产品贸易自由化，其内容只涉及关税减让，对非关税壁垒几乎没做约束。信息技术产品分类标准还过于陈旧僵化，无法覆盖到新产品。

第三，TRIPs 生效于 1995 年 1 月 1 日，并未具体涵盖数字环境中的知识产权保护和执法问题。比如，网络侵权案件中所谓"互联网服务提供者的中介责任界定"问题（如：若第三方在合法的互联网平台上创建或者分享的信息是侵犯他人知识产权的，互联网平台需不需要承担责任），TRIPs 根本未提及。虽然 TRIPs 第 10 条第 1 款规定："计算机程序，无论是源代码还是目标代码，应作为《伯尔尼公约》（1971 年）项下的文字作品加以保护。"但 TRIPs 的规定仅限于将软件源代码作为一种版权加以保护，并未涉及美欧等成员关注的源代码公开和转让等议题。

第四，《全球电子商务宣言》发表于 1998 年，当时全球电子商务方兴未艾，WTO 成员承诺对电子传输暂时免征关税。2005 年香港部长级会议后 WTO 成员决定延续免关税的决定。2017 年的 WTO 第十一届部长级会议中，成员方同意继续对工作计划进行定期评审，对电子传输关税暂停征收。但该宣言中的免税声明只是阶段性有效，况且宣言本身只是 WTO 成员间的政治承诺，不具有正式的法律效力。事实上，2017 年 WTO 第十一届部长级会议是在最后关头才达成了电子传输免关税延长至 2019 年的共识，未来的谈判仍然艰难，是否继续免征关税还存在相当大的变数。

以上分析表明，WTO 框架下的既有协议尚不能很好地解决数字贸易问题，某个协定的某些条款理论上有可能适用于数字贸易，但在实践中会遇到各类具体问题。针对"跨境数据流动"等为代表的第二代数字贸易规则，WTO 的相关协议更是几乎没有触及。GATS 电信附件 5 有"每一成员应保证任何其他成员的任何服务提供者可按照合理和非歧视的条款和条件进入和使用其公共电信传输网络和服务……"的表述，然而此条款强调的重心是市场准入而非"跨境数据流动"本身。数字贸易的发展日新月异，WTO 规则却严重滞后，更新和改革 WTO 规则无疑势在必行。

三、WTO 框架下数字贸易规则谈判进展

WTO 于 1998 年启动"电子商务工作计划"，开始了 WTO 框架下的数字贸易规则制定工作。《全球电子商务宣言》于 1998 年 WTO 部长级会议上通过，WTO 成员达成了对电子传输免征收关税的共识，但除此之外没有取得其他实质性成果。21 世纪以来，掣肘于多哈回合的谈判困境，WTO 没有在数字贸易规则谈判取得太大进展。2016 年开始，美国、日本、加拿大等传统发达经济体及中国、巴西、墨西哥、巴基斯坦等发展中经济体纷纷向 WTO 递交关于自身立场的数字贸易规则提案，截至 2017 年底已达 30 多份。这些提案已广泛涉及数字贸易的众多议题，包括但不限于"电子传输免关税""数字产品免关税""简化边境措施""无纸化贸易""改善数字基础设施""电子签名和电子认证""数据跨境流动""本地化措施""保护关键源代码""在线消费者保护""网络安全"等。WTO 框架下的数字贸易规则谈判重新燃起希望。

2017 年开始，各成员开始向 WTO 提交探索性文件，进一步探索在 WTO 框架下开展数字贸易规则谈判的可行性。2017 年 12 月在阿根廷首都布宜诺斯艾利斯召开了 WTO 第十一届部长级会议，电子商务成为核心议题之一。会议期间以美国为首的 71 个 WTO 成员方共同发布了《关于电子商务的联合声明》，宣布为将来在 WTO 框架下谈判与贸易相关的电子商务议题共同启动探索性工作。2019 年达沃斯论坛上，中国和其他 5 个国家加入《关于电子商务的联合声明》，使参与谈判的成员达到 76 个，截至 2020 年 7 月，已经有 83 个成员加入其中。参与成员的 GDP 总和占到世界 GDP 总量的 90% 以上，说明参与谈判成员在国际贸易中具有足够的代表性。截至 2020 年 9 月，参与《关于电子商务的联合声明》的成员已经向 WTO 提交了几十份提案，其内容较 2016 年的提案更为深入。以美国为例，

最新提案有以下新特点。

第一，美国正式以"数字贸易"的概念取代"电子商务"。美国在文件中指出，WTO定义的"电子商务"为"以电子手段生产、分配、营销、销售或交付商品和服务"。然而，习惯用法更倾向于将电子商务定义为"利用互联网进行的商品购买"，其他国际组织都采取了这种更狭义的说法。因此美国提出"数字贸易"这一术语，它更明确地涵盖了通过电子手段进行的与贸易有关的所有方面——它包括了WTO定义的"电子商务"的所有要素。在2016年的提案中，美国指出"WTO成员仍处于界定术语、研究含义的时期"；而2018年的文件中则正式提出以"数字贸易"取代"电子商务"，凸显出美国在多边框架下进行数字贸易规则谈判的雄心。

第二，美国更加重视WTO这一数字贸易规则谈判的平台。对比美国向WTO提交的两份文本的措辞，可以明显看出美国越来越将WTO作为推动其数字贸易标准的重要平台。美国在提案中声明其对"关于电子商务的具体方面是否应该进行谈判，以及在哪些基础上进行谈判，没有先入为主的看法。"而在文件中美国直截了当地指出"这份文件概述了维护和促进数字贸易的最高标准的贸易条款。"美国认为"全面且雄心勃勃的贸易规则将使发达国家和发展中国家收益，并确保全球数字经济有一个开放、公平和竞争的商业环境"。

通过阅读文本不难发现，美国提交的这份文件几乎就是TPP"电子商务章"的翻版。作者认为，虽然美国退出了TPP，但其在数字贸易上的全球利益并没有改变，特朗普政府需要一个其他平台来推广数字贸易规则的"美式模板"。WTO是一个理想的平台，尤其是在WTO成员普遍对多哈回合的停滞不前感到厌倦，并一致重视数字贸易的情况下，推动数字贸易规则的谈判有助于给多边贸易体系注入新的活力，甚至开启新的贸易谈判回合。即使在WTO框架下还不成满足美国胃口的多边数字贸易协议，也可以像《信息技术协定》先达成一个诸边协议。83个成员共同发布的《关于电子商务的联合声明》可以看作这种诸边协议的前奏。

第三，美国提出了更加完整的数字贸易规则体系。美国在提案中强调它"目前没有提出具体的谈判提案"，而是零散地提出一些政策概念"仅仅为了促进成员之间的建设性讨论"。而在文件中美国提出了具体的七大类议题，并表示"在这些条款上达成共识也将证明WTO应对全球经济变革的能力"。这说明美国寄希望于WTO能够在数字贸易规则上取得符合美国利益的进展，并将会积极推动这一进程。

数字贸易依托于全球互联网，本来就有全球属性，要求打破边界，实现世界范围内的互联互通。正如习近平主席在2019年6月G20大阪峰会上的发言所指出的："我们要营造公平、公正、非歧视的市场环境，不能关起门来搞发展，更不能人为干扰市场；要共同完善数据治理规则，确保数据的安全有序利用；要促进数字经济和实体经济融合发展，加强数字基础设施建设，促进互联互通；要提升数字经济包容性，弥合数字鸿沟。"①此次峰会达成了《大阪数字经济宣言》，各方重申致力于在达沃斯联合声明的基础上共同努力，并确认"在尽可能多的 WTO 成员参与的情况下，致力于实现一个高标准协议的目标。"WTO 作为全球最广泛参与的多边贸易体制，如果能在这一框架下达成全新的数字贸易规则，无疑将促进世界各国数字经济的发展。

第三节 基于成员提案分析 WTO 框架下数字贸易规则发展趋向

WTO 成员覆盖了全球绝大多数经济体，它们的发展水平差异巨大，尤其是在数字经济和数字贸易领域，发达国家和发展中国家甚至存在"数字鸿沟"。发展水平不同，在数字贸易领域的利益诉求有差异，在数字贸易规则制定上的立场也就存在分歧。根据最新的成员提案来看，总体上 WTO 成员在数字贸易规则谈判上的立场大致可以分为三类：第一类以美国和日本为代表，其立场是实现全球数字贸易自由化，同时严格保护先进的数字知识产权（表12-2）；第二类以欧盟和加拿大为代表，其立场是有选择地数据全球自由流动而不是完全的自由流动，保护传统知识产权和消费者个人信息；第三类以中国和巴西为代表，其立场是促进跨境电子商务的便利化，主要是通过互联网销售产品，尤其是帮助发展中国家和中小企业利用电子商务平台（表12-3）。接下来本节就数字贸易关键议题上的成员立场分析 WTO 框架下数字贸易规则的发展趋向。

表12-2 美国最新提案的具体内容

议题		具体内容
信息自由流动	跨境数据流动	互联网用户必须能够按照他们认为合适的方式移动数据
	防止数据本地化	不要求建立本地数据基础设施
	禁止网络阻塞	互联网访问不受限制
数字产品的公平待遇	数字产品免关税	数据传输免关税必然要求数据产品免关税
	数字产品的非歧视待遇	非歧视原则适用于数字产品

---

① https://baijiahao.baidu.com/s?id=1637570520879217841&wfr=spider&for=pc[2019-06-28]。

续表

议题		具体内容
专有信息保护	保护源代码	企业不应将其源代码、商业秘密或算法作为市场准入条件共享
	限制强制技术转让	贸易规则应该禁止转让技术、商业秘密或其他专有信息的要求
	禁止歧视性技术要求	禁止将使用本地技术作为市场准入条件
数字安全	加密	确保供应商能够使用创新的和安全的加密技术
	网络安全	确保政府有能力应对网络风险，同时不阻碍数字贸易
促进互联网服务	与数字相关的市场准入承诺	GATS 的分类和承诺适用于数字服务
	开放政府数据	鼓励和确保公众获取和使用政府信息
	互联网中介责任	仅存储、处理或传送内容的中介机构不对该内容负法律责任
竞争性电信市场		开放电信市场
贸易便利化		数字贸易领域适用《贸易便利化协定》

资料来源：WTO 网站

表12-3　中国最新提案的具体内容

议题	具体内容
建立良好的跨境电商贸易环境	简化货物的进出口手续和采取简化的边境措施
	建立跨境电子商务交易平台
	推进无纸化贸易
	促进成员间单窗口的互联互通和数据交换
	促进贸易融资创新，交流跨境电子商务交易网上贸易融资政策和监管措施信息，探讨便利措施的可能性
	加强与跨境电子商务交易有关的服务供应商的合作
提高政策框架透明度	发布与跨境电子商务有关的法律、法规和行政措施，向WTO通报其发布的官方网站，并尽可能向WTO提供此类法律、法规和行政措施
	定期更新跨境电子商务下进出口货物的程序
	建立调查网点以回应其他成员对跨境电子商务的合理查询
改善跨境电子商务的基础设施和技术条件	促进数字证书和电子签名的相互承认及其在跨境电子商务中的应用
	探索提高发展中成员的跨境电子商务发展的基础设施和技术条件的具体措施
其他相关话题	成员之间交流关于跨境电子商务其他议题的法律法规和行政措施，如消费者保护、隐私保护、知识产权，并讨论贸易政策之间的接口，以提高跨境电子商务消费者的信心

资料来源：WTO 网站

一、数据跨境自由流动问题

正如习近平主席指出的："随着信息技术和人类生产生活交汇融合，互联网快速普及，全球数据呈现爆发增长、海量集聚的特点，对经济发展、社会治理、国家管理、人民生活都产生了重大影响。"①数据是数字经济时代最重要的资源，掌握了数据就掌握了核心竞争力，数据的跨境流动是数字贸易发展的基础。因此，促进数据的跨境流动是各国共识，但其立场分歧在于如何促进数据的跨境流动及实现什么程度的数据流动。以美国、日本为代表的数字贸易自由化立场主张实现全球跨境数据的自由流动。美国总统特朗普则在 G20 大阪峰会上表示美国在数据经济上的成功基于数据自由流动，强大的隐私和知识产权保护，获得资本和创新。这代表了美国在数据流动上的基本态度，在向 WTO 提交的最新提案中，美国主张："互联网用户必须能够移动他们认为合适的数据。贸易规则可以确保消费者和公司都能跨边界移动数据而不受任意或歧视性限制。"②对数据跨境自由流动产生限制的一类重要措施是数据存储本地化，也就是数据只能存储在本地的存储中心。因此美国强烈反对数据本地化的措施，认为这是一种贸易壁垒，会抑制数字贸易的活力并且会损害数据网络的安全性。美国提案认为应该"确保企业无须在其服务的每个司法管辖区中建立或使用独特的、资本密集型的数字基础设施，从而可以更好地为客户提供服务"。②日本与美国的观点一致，认为政府通过政策限制数据的国际传输将阻碍跨境业务的运营，并阻碍数字贸易的健康发展。这种限制也将使来自发展中国家和发达国家的中小企业更加难以参与全球价值链。为了确保跨境商业环境的可预测性，并促进新的数字产业和市场的健康成长，WTO 应该考虑在成员方之间就确保数据自由流通的原则达成协议，并禁止数据本地化。

欧盟与加拿大主张有条件地实现数据跨境的流动。欧盟的提案中首先认同应致力于确保数据跨境流动，以促进数字贸易，不应受到数据本地化的限制。同时，欧盟提案指出数据流动应以保护个人数据安全为前提，"保护个人数据和隐私是一项基本权利，在这方面的高标准有助于人们对数字经济的信任和贸易的发展"。③因此欧盟主张，WTO 成员可以采取并维持它们认为适当的保护措施，以确保对个人数据和隐私的保护，包括通过采用个人数据的跨境传输规则。同时要求谈判承诺中的任何内容均不影响成员各自的保障措施所提供的个人数据保护和隐私。欧盟

---

① http://www.gov.cn/xinwen/2017-12/09/content_5245520.htm[2017-12-09]。
② 《美国关于电子商务倡议的联合声明》（WTO INF/ECOM/5，2019 年 3 月 25 日）。
③ 《电子商务联合声明：欧盟关于电子商务的 WTO 纪律和承诺的提案》（WTO INF/ECOM/22，2019 年 4 月 26 日）。

《通用数据保护条例》于 2018 年 5 月正式生效，这份被称为"史上最严"的数据保护法案要求欧盟公民的个人数据不得转移至不能达到与欧盟同等保护水平的国家。加拿大提案与欧盟类似，首先主张"任何缔约方不得限制企业通过电子手段对包括个人信息的数据进行跨境转移"。随后又要求"任何规定均不能妨碍缔约方为实现合法的公共政策目标而采取或维持与第 1 款不一致的措施"。[①]

以中国和巴西为代表的发展中国家对跨境数据自由流动持审慎态度。中国仅在 2016 年的提案中提到"促进成员间国际贸易单窗口的互联互通和数据交换",[②] 2019 年的提案中只认同了数据跨境流动的重要性："不可否认，与贸易有关的数据流方面对于贸易发展至关重要",[③] 并未提出应实现数据跨境自由流动。巴西 2019 年 10 月的提案中主张："各成员应在其国家外贸单一窗口系统上尽可能提供电子接口，以便与贸易商、国际贸易物流服务提供商、政府机构和其他利益攸关方交换数据。"[④] 可见中国和巴西等发展中国家主张的是贸易数据的互联互通，并非美欧等发达国家和地区主张的数字服务贸易数据的自由流动。中国认为数据不仅关系到消费者个人信息，还关系到国家的网络安全，因此数据传输必须以安全为前提。一个可能的解决方法是 WTO 将 APEC 构建的跨境隐私规则体系（cross-border privacy rules，CBPR）可作为参考模式进行推广。CBPR 建立了一个框架，APEC 成员的企业可以申请加入，旨在实现框架内的数据自由流动。CBPR 在行业自律的基础上增加了执法机构，在保证灵活性的同时给予企业多一层监管，进一步保护数据安全。WTO 应该将 CBPR 体系扩大到多边，这将大大有助于全球数据跨境流动和数字贸易的发展。（周念利等，2018）。

二、数字贸易关税问题

与数字贸易相关的关税问题有两个，一是电子传输是否免关税的问题，二是数字产品是否免关税的问题。WTO 主要成员在电子传输免关税的问题上已经基本达成共识，而在数字产品免关税的问题上却分歧巨大，有必要分别做出详细说明。

早在 1998 年，WTO 成员就已经在《全球电子商务宣言》的框架下达成电子传输暂时免征关税的共识，并在之后的部长级会议上不断延期。2017 年在阿根廷首都布宜诺斯艾利斯召开了 WTO 第十一届部长会议，经过艰难的谈判在最

---

① 《加拿大关于电子商务倡议的联合声明》（WTO INF/ECOM/34，2019 年 6 月 11 日）。
② 《十一届部长级电子商务工作计划——中华人民共和国会议通信》（WTO JOB/GC/110，JOB/CTG/2，JOB/SERV/243，JOB/DEV/39，2016 年 11 月 4 日）。
③ 《中国关于电子商务倡议的联合声明》（WTO INF/ECOM/19，2019 年 4 月 24 日）。
④ 《巴西关于电子商务倡议的联合声明》（WTO INF/ECOM/27/Rev.1/Add.，2019 年 10 月 17 日）。

后关头决定将电子传输免关税的决定延长适用至 2019 年。2019 年 12 月 WTO 成员方会议上一致同意维持不对电子传输征收关税的现行做法。加入《关于电子商务的联合声明》的成员中，美国主张将电子传输免关税永久化，并将电子传输免关税和数字产品免关税统一起来看。美国指出，"自 1998 年以来，WTO 成员同意不对电子传输征收关税——该协议明确要求对数字产品免税待遇。贸易规则可以确保政府继续实行永久性规避数字产品关税的做法"。[1]从美国的角度来看，音乐、视频、软件和游戏等数字产品贸易基本上都是通过电子传输实现的，因此电子传输免关税必然要求对数字产品同样免关税，"使创作者、艺术家和企业家在数字贸易中得到公平待遇"。

在这一点上，欧盟、加拿大与美国的意见一致，欧盟在其提案中指出："WTO 成员不得对电子传输征收关税，包括对传输的内容。"[2]加拿大在其提案中指出："任何一方不得对以电子方式传输的数字产品征收关税、费用或其他费用。"[3]但与美国不同的是，欧盟与加拿大主张对数字产品免关税的决定并不应影响对数字产品征收国内税的行为。加拿大提案强调："并不妨碍一方对以电子方式传输的数字产品征收国内税、费用或其他费用，但这些税收、费用或收费的征收方式必须符合 WTO 相关规则。"中国虽然没有主张电子传输免关税的永久化，但一直主张在现有框架下不断延长这一禁令的有效性。例如，中国在 2019 年 4 月向 WTO 提交的探索性文件中强调："各成员应继续保持不对电子传输征收关税的做法，直到下一届部长级会议为止。"[4]可见，中国在这一问题上的立场相对比较谨慎，也认同对电子传输免征关税的做法，但并未对数字产品免关税的议题做出表态。以往 WTO 部长级会议上对电子传输免关税反对最激烈的是印度等成员，印度认为不应该将电子传输免关税和数字产品免关税混为一谈，并担心免关税的做法会减少各自的税收收入。但是此次印度并没有加入《关于电子商务的联合声明》，也没有参与相关数字贸易规则的谈判。因此参与《关于电子商务的联合声明》的 WTO 成员在此框架下达成一项关于电子传输免关税的诸边协定是可行的。但是正如中国建议的那样，WTO 成员应统一定义电子传输等与电子商务相关的概念，并阐明这些规则与现有的 WTO 协议之间的关系。

---

[1] 《美国关于电子商务倡议的联合声明》（WTO INF/ECOM/5，2019 年 3 月 25 日）。
[2] 《电子商务联合声明：欧盟关于电子商务的 WTO 纪律和承诺的提案》（WTO INF/ECOM/22，2019 年 4 月 26 日）。
[3] 《加拿大关于电子商务倡议的联合声明》（WTO INF/ECOM/34，2019 年 6 月 11 日）。
[4] 《中国关于电子商务倡议的联合声明》（WTO INF/ECOM/19，2019 年 4 月 24 日）。

三、数字知识产权保护

数字知识产权保护问题向来是数字贸易规则研究的重要议题，原因在于数字产品一般都是知识密集型、技术密集型产品。所谓数字知识产权，即为与数字贸易相关的，或在数字贸易活动中涉及的知识产权。数字知识产权规则主要包括"数字内容版权保护""源代码非强制本地化""计算机网络系统中的商业秘密保护""网络服务提供者第三方侵权责任"，以及与数字贸易相关的技术转让等规则。数字知识产权背后涉及成员之间产业竞争力对比、国家利益考量等复杂因素，因此成员之间在数字知识产权规则上的矛盾十分尖锐，尤其是在中美之间。随着中国在电子商务领域竞争优势的提升，美国将中国视为其战略竞争对手。特朗普政府上台以来，美国在数字知识产权规则领域对中国发起一系列挑战，中美分歧已进入白热化阶段。从各成员方提交的提案来看，数字知识产权问题上的分歧主要存在于以下几个方面。

（一）源代码非强制本地化

源代码是按照一定的程序设计语言规范书写的文本，是计算机软件和程序的基础底层技术。TRIPs 之中其实存在与源代码有关的规则，如第 10 条指出"计算机程序，无论是源代码还是目标代码，应作为《伯尔尼公约》（1971 年）项下的文字作品加以保护。"但是 TRIPs 只是将源代码作为一种文字作品加以保护，关注重点在于保护源代码的版权，即禁止盗版。但是当前成员间关注的是"源代码非强制本地化"等问题，即缔约方不以将源代码转让给当地企业或者政府作为市场准入的条件。这一规则是为了避免企业开发软件的源代码被披露给当地的竞争者，从而模仿该源代码开发计算机程序和软件。对于现代软件来说，源代码是最基础的部分。源代码以程序设计语言编写，被计算机读取之后才能被人们使用。美国是世界上出口软件最多的国家，除了强调保护软件的正版性之外，还十分重视对软件源代码的保护。美国在 TPP 中首次提出"源代码非强制本地化"规则，第 14.17 条第 1 款规定："任何缔约方不得要求将转移或获得另一缔约方的人所拥有的软件源代码作为在其领土内进口、分销、销售或使用该软件或包含该软件的产品的条件。"也就是说，一个国家不能以转让或披露源代码作为另一个国家企业市场准入的条件。美国商会报告指出，美国公司表示它们所掌握的知识产权商业利益会因源代码检查相关的措施而受到损害。[1]美国认为如果企业面临强制性的源代码转让要求，那么该企业很有可能因为担忧其知识产权遭到盗窃而不进入该市场，因此

---

[1] 中国美国商会：《2018 中国商务环境调查报告》，https://portal.amchamchina.org/#/custom/FileDownLoadList。

美国贸易代表办公室将源代码的强制转让要求视为一种贸易壁垒。此后的USMCA、EPA 和《美日数字贸易协定》(US-Japan Digital Trade Agreement, UJDTA)都涉及了源代码非强制本地化条款。可见，美国、欧盟、日本、加拿大等发达成员在区域贸易协定层面已经达成一定共识，并在2019年向WTO递交的提案中都提出了源代码非强制本地化的要求。

从提案分析，上述发达成员在源代码非强制本地化上的立场也存在一定的差异。其中美国、加拿大和日本除了要求源代码非强制本地化之外，还提出算法和商业秘密等其他专有信息也应该避免强制性的披露和转让要求。"算法"是支持人工智能等数字经济发展最具有知识产权含量的基础技术之一，是由一系列的源代码所表达的。美国提出："作为进入市场的条件，公司不必共享其源代码，商业机密或算法。贸易规则可以确保政府不强制访问此类专有信息或与本地公司共享信息，同时保留当局实现合法监管目标的能力。"[①]日本认为公开源代码和算法的要求实际上是一种贸易壁垒，除实现合法公共政策目标的情况外，不应由政府强加。此类披露不应成为在成员境内进口、分销、销售或使用相关产品（包括数字编码产品）的条件。因此WTO规则应该"禁止披露重要信息，如商业秘密，包括源代码和专有算法"。[②]加拿大在提案中的主张完全照搬了USMCA中的条款，要求"任何一方不得要求转让或获取另一方当事人拥有的软件源代码，或该源代码表示的算法，作为在其领土内进口、分销、销售或使用该软件或含有该软件的产品的条件"。[③]欧盟的非强制本地化要求仅限于源代码："成员不得要求转让或访问其他成员的自然人或法人拥有的软件的源代码"，[④]而没有提及算法和其他专有信息。同时，与美国和日本不同的是，欧盟和加拿大对源代码非强制本地化规则的适用施加了一些限定条件。欧盟认为应该允许在GATS框架下与金融服务有关的行业中存在例外，也允许"自然人或法人在商业基础上自愿转让或授予对源代码的访问权"。源代码非强制本地化的要求也不能妨碍法院或竞争管理机构要求纠正违反竞争法的行为，以及其他威胁国家安全的行为。加拿大的观点是源代码非强制本地化"并不排除某一缔约方的监管机构或司法当局要求另一缔约方的人为特定的监管机构保留和提供软件的源代码或该源代码中表达的算法，以进行具体的调查、检查、审查、强制执行或司法程序，但应采取防止未经授权披露的措施"。[⑤]

中国和巴西等发展中国家普遍没有在其提案中提及与源代码等专有信息非强

---

① 《美国关于电子商务倡议的联合声明》(WTO INF/ECOM/5，2019年3月25日)。
② 《关于电子商务倡议的联合声明：日本的探索性工作提案》(WTO INF/ECOM/4，2019年3月25日)。
③ 《加拿大关于电子商务倡议的联合声明》(WTO INF/ECOM/34，2019年6月11日)。
④ 《电子商务联合声明：欧盟关于电子商务的WTO纪律和承诺的提案》(WTO INF/ECOM/22，2019年4月26日)。
⑤ 《加拿大关于电子商务倡议的联合声明》(WTO INF/ECOM/34，2019年6月11日)。

制本地化相关的议题，说明这些成员持有谨慎态度。随着网络的应用范围越来越广，大量的软件应用于重要领域，尤其是关键的网络基础设施领域，这些领域关系到国家安全。而美国的提案中要求所有的软件都实现源代码非强制本地化，这显然是当前阶段发展中国家所不能接受的。2017 年生效的《中华人民共和国网络安全法》第 23 条要求网络关键设备和网络安全专用产品必须由具备资格的机构安全认证合格或者安全检测符合要求后，方可销售或者提供。2019 年 5 月，中国国家互联网信息办公室颁布了《网络安全审查办法（征求意见稿）》，对所有"关键信息基础设施运营商"实施网络安全审查。美国认为该法案引起了权利人对其范围广泛且模糊、缺乏"关键信息基础设施运营商"定义的担忧。可见在当前条件下，在 WTO 框架下达成一致的源代码规则尚无法实现，相关的谈判势必艰苦而激烈。

（二）互联网服务提供商责任

各国对网络服务提供者（internet service providers，ISPs）的定义存在差异，大致来说，互联网服务提供商是指为其用户选定的材料进行在线数字通信提供传输、发送或提供连接服务的提供商。WTO 主要成员在 2017 年的提案中均未涉及该问题，但在数字贸易飞速发展的过程中，网络版权侵权案件频发，互联网服务提供者究竟是否应该承担及应该承担什么责任的界定问题变得日益迫切和必要。美国为了鼓励数字内容产品的流传和传播，提出互联网服务提供者（中介）不应该对此产品引发的知识产权侵权行为承担责任。美国贸易代表办公室数字贸易工作组将"互联网中介承担侵权连带责任"认定为一种数字贸易壁垒。2019 年的各成员提案中，只有美国提出了 ISPs 责任规则："对互联网服务提供商来说，如果政府规定其要对第三方创建的内容负责，则不可避免地会抑制在线服务商的活跃性并扼杀依赖用户参与度的服务创新。新制定的贸易规则应该确保仅存储、处理或传输内容不会使互联网中介机构对该数据的内容承担法律责任，同时仍可以采取措施确保严格执行知识产权和刑法。"[①]

虽然多边层面目前只有美国提出了 ISPs 责任规则，但关于 ISPs 的贸易规则谈判和立法实践已经相当广泛。美国从 2003 年的美国-新加坡 FTA 开始，之后所有包含知识产权章节的区域贸易协定（regional trade agreements，RTAs）都纳入了 ISPs 责任条款，要求对采取必要措施的 ISPs 豁免侵权连带责任。欧盟在其部分签订的贸易协定中也纳入了 ISPs 侵权连带责任豁免的规定，《电子商务指令》和《数字化单一市场版权指令》规定版权侵权不是由 ISPs 控制、发起或指

---

① 《美国关于电子商务倡议的联合声明》（WTO INF/ECOM/5，2019 年 3 月 25 日）。

示，且在了解侵权事实后及时采取必要措施的 ISPs 免除责任。中国在与澳大利亚签订的 FTA 中同样规定，在 ISPs 根据其法律法规采取行动防止访问版权侵权材料的情况下，限制互联网服务提供商因其用户使用其服务或设施而为发生的版权侵权承担侵权责任。且《中华人民共和国侵权责任法》和《中华人民共和国电子商务法》规定了只要 ISPs 接到通知后及时采取行动，就可以免除连带责任。总体来说，参与《关于电子商务的联合声明》的主要成员都认同 ISPs 责任豁免规则，但在具体细节方面有所差异，如 ISPs 责任豁免限制条件的不同及 ISPs 采取主动监管义务的规定不同。具体来说，欧盟对 ISPs 责任豁免的限制条件要求最严格，中国最宽松，美国则居中。美国这次在提案中提出 ISPs 责任规则的议题势必会引起参加《关于电子商务的联合声明》的其他成员讨论，而主要成员之间的大体立场是一致的，因此在多边 TRIPs 框架下引入"互联网服务提供商责任界定"条款应该是可行的。

四、线上消费者信息保护

数字时代消费者对个人信息的掌控能力减弱，对消费者权益的侵害却呈现便捷性、隐蔽性等特征，消费者信息、隐私和数据的保护已经成为各国关注的焦点。联合国人权理事会强调，人们在线上和线下享有相同的权利，这些权利是"适用的，不管国界的"，这说明把个人隐私保护作为一项基本人权纳入保护体系已成为国际共识。在应对网络消费者保护问题上，成员普遍对 WTO 寄予厚望，正如美国在提案中表示的，"有意义的贸易规则可以支持数字经济在促进全球经济增长和发展中的作用，同时可以使政府解决互联网用户对其个人数据的安全性和隐私性日益增长的担忧。在此类规定上达成共识也将证明 WTO 应对全球经济转型的能力"。美国的利益在于数据跨境自由流动、数字产品的非歧视待遇和国民待遇、互联网自由接入和访问、竞争性的电信市场及数字贸易便利化，这些都是与消费者个人信息保护一定程度上相违背的。因此美国虽然指出应在 WTO 框架下制定相关规则，但并未提出具体规则条款。事实上，美国对网络消费者信息保护的态度是"行业自律"，即将消费者保护作为一种市场行为，充分发挥企业的自律精神。但是 2013 年曝光的"棱镜门"事件及 2018 年 Facebook 用户数据大规模泄露事件显示，美国依靠行业自律保护线上消费者信息的实践是无效的。日本在数字贸易规则谈判中一直追随美国，因此在其提案中也没有提出与在线消费者个人信息保护相关的内容。

由于互联网的互联互通和数字贸易的全球属性，在 WTO 框架下达成线上消费者个人利益保护无疑是最理想的，因此除美国外的其他成员纷纷表达了各自立场和观点。中国在其提案中指出"成员应通过适当的方式为使用电子商务的消费者提供至少与成员各自法律、法规和政策规定的其他商业形式的消费者相同的保护",以及"成员应采取他们认为适当和必要的措施,以保护电子商务用户的个人信息"。欧盟向来重视消费者权益的保护,尤其是在数字时代,全球前十的互联网企业没有一家属于欧洲,因此欧盟更偏重消费者个人数据的高标准保护。《通用数据保护条例》被称为"史上最严"的数据保护法案,欧盟在WTO提案中也将其消费者数据保护立场纳入其中。欧盟在2019年3月的提案中强调了消费者保护的重要性,认为只有在消费者对在线交易活动具有信任和信心,在线购物时能保证其具体权利,以及提供有效解决可能出现的问题的手段的情况下,电子商务才能发挥其全部潜力。为此欧盟提出了以下建议。一是开展一项具有法律约束力的规则的探索性工作,以确保成员方拥有立法框架,以保护消费者免受欺诈和欺骗性商业行为的侵害,确保透明度,并提供有效的补救措施和其他增强信任的措施。二是在消费者保护机构与其他相关机构之间开展有效国际合作以促进实施消费者保护措施,以增强消费者的信任并支持跨境电子商务发展。三是虽然制定实际的消费者保护标准不在WTO的职能范围之内,但成员方可以商定一套具有约束力的框架,以确保消费者保护。在2019年4月的提案中欧盟又重申了在线消费者信息保护的重要性,其中第2.3条提出了"消费者保护",2.8条又提出"个人信息和隐私的保护",认为保护个人数据和隐私是一项基本权利,在这方面的高标准有助于人们对数字经济的信任和贸易的发展。欧盟在消费者信息保护议题上提出了以下规则建议:"成员可以采取并维持它们认为适当的保护措施,以确保对个人数据和隐私的保护,包括通过采用和适用个人数据的跨境传输规则。谈判的规则和承诺中的任何内容均不影响成员各自的保障措施所提供的个人数据和隐私保护。"加拿大在其提案中表达了类似的观点,并提出建议要求各成员方应公布其向数字贸易用户提供的个人信息保护制度。认识到成员方可能采取不同的法律规范来保护个人信息,每一成员方应鼓励发展各种机制,以促进这些不同制度之间的兼容性。

可见在线上消费者信息保护的问题上中国、欧盟和加拿大立场类似,认为数字贸易活动应该按照成员各自的法律规定标准保护消费者的个人信息。欧盟《通用数据保护条例》要求欧盟公民的个人数据不得转移至不能达到与欧盟同等保护水平的国家,而目前被欧盟认为达到同等保护水平的国家只有日本。由于成员之间各自的消费者信息保护法规标准不一,在WTO框架下达成一致的保护标准十分困难。因此加拿大的建议就显得比较具有可行性,即在WTO框架下开展广泛谈判的基础上,发展一种能兼容各方标准的机制,提高数字贸易在应对消费者信息保护上的效率。

五、WTO 成员关注的其他问题

除了上文提到的 WTO 成员共同关注的议题之外，不同成员在特定领域也表达了自身立场。美国和日本为代表的成员倡导数字贸易自由化，要求不受限制和歧视的市场准入条件。这类成员关注的其他问题包括以下几个。第一，自由访问和接入互联网。认为免费和开放的互联网使用户可以利用世界各地的大量信息和服务，而政府对某些网站和互联网服务的单方面和任意干预，将给有关国家的消费者和服务提供者造成严重损失。贸易规则包括网络访问的规则，可以确保政府不会任意阻止或过滤在线内容，也不会要求互联网中介机构这样做。第二，新服务适用于 GATS 规则。构成 GATS 下具体承诺基础的服务分类已严重过时，特别是对于通信服务。这类成员主张旧的分类和承诺可以适用于新技术，新的承诺应允许跨互联网提供与传统通信服务竞争的支持互联网的服务。第三，禁止强制适用特定技术。在电子商务或数字贸易领域，新技术和服务正在逐步发展。在这样的背景下，政府强制使用包括加密技术在内的特定技术会阻碍新技术和商业机会的发展，并且在强制使用特定技术有效地充当技术壁垒之后，还会阻碍外国公司进入市场。此外，如果企业被强制使用特定加密技术，那么其网络的安全性将会受到威胁。因此，除实现合法公共政策目标的情况外，政府不应对包括加密在内的特定技术的使用施加任何强制性要求。

欧盟在数字贸易领域相对于中美不具有竞争力，因此欧盟十分重视其传统领域的价值，如视听服务。欧盟在其提案中强调，欧盟及其成员国仍然有可能制定和实施文化与视听政策，以维护其文化多样性，包括不承诺视听服务。早在《关贸总协定》的乌拉圭回合谈判中，欧盟就将"文化例外"作为服务贸易谈判中的重要原则。原因在于欧盟高度珍视自身的文化传统，并以之为骄傲，因此将文化产品视作公共产品，对视听服务也不做出开放承诺。欧盟重视的另一个领域是保障互联网市场的竞争。欧盟本身没有可以与美国互联网巨头相抗衡的互联网企业，因此对美国互联网企业的垄断优势十分担心。欧盟认为应当采取适当措施，以防止单独或一起成为主要供应商的公共电信传输网络或服务供应商从事或继续进行违反竞争的做法。

中国向来站在发展中国家的立场，认为 WTO 框架下的数字贸易规则谈判应该切实帮助最广大的 WTO 成员的电子商务发展，而不应只关注于发达成员自身的利益最大化。中国认为 WTO 应致力于挖掘电子商务的巨大潜力，帮助成员，特别是发展中成员和最不发达成员融入全球价值链，弥合数字鸿沟，抓住发展机会并从包容性贸易中受益，从而更好地参与经济全球化。同时中国强调，谈判应有利于支持多边贸易体系，有助于振兴 WTO 的谈判职能，保持 WTO 规则的相关性，并最终取得多边成果。为了达到这一目的，谈判应设定合理的目标取向，充分考虑成员的监管权，在技术进步、业务发展和成员合法公共政策目标（如互联网主权、数据安全、隐私保护等）之间取得平衡，通过平等协商，取得反映所有成员方利益的平衡、务实的结果。为此，中国提出了以下两点建议。第一，促进跨境电子商务发展。成员应努力进一步改善海关程序；成员应在可行的范围内采用或建立程序，以允许选择通过电子方式支付；成员还应利用免税区和海关仓库来促进跨境电子商务。第二，弥合数字鸿沟。WTO应鼓励成员采取切实可行的措施，以改善发展中成员的电子商务基础设施和技术条件，帮助企业和公民实现数字过渡。

第四节　中国的应对策略

随着数字贸易的快速发展，网络安全、数据和隐私安全、数字知识产权保护等问题也日益受到关注，给成员带来了前所未有的安全风险和监管挑战。发起联合声明的成员不仅包括发达成员，而且包括发展中成员和最不发达成员。它们在国情和发展阶段上不同，在与数字贸易有关的问题上具有不同的挑战和关注。在加入WTO的全体成员中，利益更加多样化。因此，为了促进谈判，需要充分理解成员各自行业发展条件、历史文化传统及法律制度的差异。考虑到上述差异，成员应尊重彼此在数字贸易发展道路上的设计，以及采取监管措施以实现合理的公共政策目标的合法权利。基于以上理解，中国在WTO框架下的全球数字贸易规则谈判策略应有以下几点。

一、坚持在多边框架下开展数字贸易规则谈判

WTO是多边贸易体制的核心，由于数字贸易要求数据的跨境流动和网络的互联互通，因此在WTO框架下达成各方满意的数字贸易规则无疑是最佳选择。但是WTO成员众多，成员间经济发展水平差异巨大，文化背景习俗迥异，互联网和数字化尚处于不同阶段，甚至存在数字鸿沟。而且近年来WTO体制本身遇到了重大困难，不仅决策效率低下，争端解决机制也陷入停顿状态。2020年5月总干事阿泽维多意外宣布辞职，体现出WTO面临的内外部压力。美国总统特朗普上台以来指责WTO损害了美国利益，动不动以"退群"相威胁，可以预见

的是多边数字贸易谈判要取得有意义的成果，道路会很艰难曲折。尽管如此，中国应始终坚定维护以 WTO 为代表的多边贸易体制的地位，推动在 WTO 框架下开展数字贸易规则谈判，对 WTO 在治理全球数字贸易问题保持信心。首先，数字贸易是新型贸易形态，跟传统贸易的最大区分是将贸易从线下转移到线上，WTO 框架下的相关协议（GATS、《关贸总协定》、TRIMS、TRIPs 等）尽管挑战重重但依然具有一定适用性，这能为后续谈判提供现实基础。其次，2016 年以来部分 WTO 成员积极向 WTO 提交提案和探索性文件，说明这些成员有意愿在 WTO 框架下开展数字贸易规则谈判。尤其是美国不断在《关于电子商务的联合声明》框架下的谈判中试图推广数字贸易规则"美式模板"，表明美国也意识到 WTO 在规制数字贸易中的重要作用，不会轻易退出。最后也是最重要的是，数字贸易所依托的互联网治理和数据流动本身具有全球属性，在多边层面就这些议题开展谈判无疑更具效率。所以中国应坚持在 WTO 框架下推动数字贸易谈判，做多边数字贸易体制的坚定建设者和拥护者，以诚恳的态度吸引广大成员加入谈判。

二、站在发展中国家立场推动跨境电商便利化

中国是全球电子商务第一大国和数字经济第二大国，以中国为代表的广大发展中国家的相对优势不在于数字服务贸易，而在于通过全球互联网实现的商品流动。而要帮助发展中国家参与到全球价值链并从中获益，最重要的是要加强数字基础设施建设，弥合成员之间的数字鸿沟。反观美国等发达成员的提案，贯穿其中的主要是要求实现数字服务贸易自由化，并未真正地了解发展中成员和最不发达成员的迫切需求。中国可以从以下三点推动跨境电商便利化。第一，帮助数字基础落后成员的基础设施建设。中国可以推动世界银行、IMF、亚投行等国际金融组织向不发达成员提供资金支持，以帮助他们建设完善的数字基础设施，提高互联网渗透率，使中小企业和个人都能从参与全球电子商务中获利。第二，推动建立跨境电商消费者保护体系。上文分析的主要 WTO 成员都提出要重视数字贸易中的消费者保护，说明在这个问题上已达成基本共识。在 WTO 框架下建立跨境电商消费者保护体系，不仅能提高跨境电商的运行效率，也能打消成员消费者对跨境电商的顾虑和担忧，吸引消费者积极参与全球电子商务的发展。第三，提出有利于"促进跨境电商贸易便利化"的系列主张，重视完善全球跨境电商配套措施。积极推动 WTO 成员简化"跨境零售电商商品进口税收征管流程"，倡导"针对低价值货品的免关税待遇"和"对中小微企业参与跨境电商给予关税优惠"，甚至可主张"设立数字贸易单一窗口直至建立全球数

字关境"。加强各国在与跨境电商相关的物流运输、金融支付和专业服务等领域开展合作。

三、努力对接合理提案同时保障国家网络安全

不可否认，美欧等发达成员提案中包含一些合理议题，其中不少和中国的主张基本一致，如电子传输免关税、线上消费者保护等。同时对于那些中国尚未做出明确表态但相对合理的数字贸易规则，中国不妨尝试接受，尤其是相对于美国来说欧盟所主张的温和立场。但中国也应该坚持底线思维，即维护国家互联网主权和网络安全不动摇，对可能危害国家安全的规则不予采纳。中国不能承诺放弃对外国企业软件源代码的审查，因为这些源代码如果用于网络基础设施就关系到网络安全；但中国可以承诺获取的源代码仅限于政府部门及其主管机构的审查，不会将其交给中国境内的竞争企业。中国应当本着求同存异的态度去团结立场相似的 WTO 成员，如欧盟在数据跨境流动问题上的态度和中国接近，都不认同完全自由的数据流动。中国可以团结大多数成员，在《关于电子商务的联合声明》框架下基本上已经达成共识的领域先达成一份开放性的协议，并通过后续谈判不断加入新的共识。

本章执笔人：周念利　李玉昊

参 考 文 献

周念利，李玉昊，刘东. 2018. 多边数字贸易规制的发展趋向探究——基于 WTO 主要成员的最新提案. 亚太经济，（2）：46-54，150.

Trebilcock M J, Howse R. 2005. The Regulation of International Trade. London and New York：Routledge.